法治建设与法学理论研究部级科研项目成果

魏昌东 著

贿赂犯罪分层式罪名体系研究

法律出版社
LAW PRESS · CHINA
——北京——

图书在版编目(CIP)数据

赌赂犯罪分层式罪名体系研究 / 魏昌东著. -- 北京:
法律出版社, 2022

ISBN 978-7-5197-7231-4

Ⅰ. ①贿… Ⅱ. ①魏… Ⅲ. ①贿赂罪-罪名-研究-中国 Ⅳ. ①D924.392.4

中国版本图书馆CIP数据核字(2022)第194393号

贿赂犯罪分层式罪名体系研究
HUILU FANZUI FENCENGSHI ZUIMING TIXI YANJIU

魏昌东 著

责任编辑 蒋潆莹 陆帅文
装帧设计 鲍龙卉

出版发行 法律出版社
编辑统筹 法律教育出版分社
责任校对 杨锦华
责任印制 刘晓伟
经　　销 新华书店

开本 A5
印张 10.25　**字数** 306千
版本 2022年9月第1版
印次 2022年9月第1次印刷
印刷 唐山玺诚印务有限公司

地址:北京市丰台区莲花池西里7号(100073)
网址:www.lawpress.com.cn
投稿邮箱:info@lawpress.com.cn
举报盗版邮箱:jbwq@lawpress.com.cn
销售电话:010-83938349
客服电话:010-83938350
咨询电话:010-63939796

书号:ISBN 978-7-5197-7231-4
定价:45.00元

目　　录

导　　言

基于犯罪衍生结构的特殊性,贿赂犯罪必将是人类攻克腐败的最后一个堡垒。贿赂犯罪治理体系的现代化,以犯罪治理目标的系统性更新为根据,以立法体系的现代化为中心,是实现法治反腐目标的基础与关键。党的十八届四中全会通过的《中共中央关于全面推进依法治国若干重大问题的决定》提出了"建设中国特色社会主义法治体系"的重大命题,"建设中国特色社会主义法治体系,建设社会主义法治国家",被确立为全面推进依法治国的总目标。该决定强调:"建设中国特色社会主义法治体系,必须坚持立法先行,发挥立法的引领和推动作用,抓住提高立法质量这个关键。"同时明确提出:"加快推进反腐败国家立法,完善惩治和预防腐败体系,形成不敢腐、不能腐、不想腐的有效机制,坚决遏制和预防腐败现象。完善惩治贪污贿赂犯罪法律制度,把贿赂犯罪对象由财物扩大为财物和其他财产性利益。"

刑事法治是整个法治体系的重要组成部分,刑法立法对于刑事法治体系建设发挥着不可替代的基础作用。反腐败刑事立法作为中华人民共和国刑事法治体系的三大支柱之一,[1]是中国特色刑事法治体系的奠基之石,贿赂犯罪罪名及其体系建设,于首部刑法正式开启其独立建构历程以来,历经10余次立法修正,一个由11个具体罪名组成的贿

〔1〕 中华人民共和国成立之初,中央人民政府在根据《中国人民政治协商会议共同纲领》规定代行国家立法权期间,颁布了"新中国刑事三法",即三部具有单行刑法性质的条例,分别是《中华人民共和国惩治反革命条例》(1951年2月20日中央人民政府委员会第十一次会议批准,1951年2月20日中央人民政府公布)、《妨害国家货币治罪暂行条例》(1951年4月19日中央人民政府政务院公布施行)、《中华人民共和国惩治贪污条例》(以下简称《惩治贪污条例》)。参见孙国祥、魏昌东:《反腐败国际公约与贪污贿赂犯罪立法研究》,法律出版社2011年版,第83页。

赂犯罪罪名系列已然建成，成为中国特色“制度大爆炸”[1]时代最为活跃的立法领域之一。[2] 然而，通过对犯罪规制与评价能力上的评估，也暴露出亟待破解的诸多问题，促进刑法兼具对低容忍度贿赂与严重贿赂犯罪的复合评价能力，实现罪名体系的科学化，是优化罪名体系的目标所在。

一、贿赂犯罪罪名体系研究的目的与意义

法学以发现人类法治难题，提出科学破解之道为生命之源、发展之本，任何研究唯以问题意识为导向，方能真正彰显研究的价值与意义。

本研究的目的在于，以罪名体系作为观察贿赂犯罪立法体系科学性及其程度的窗口，揭示中国特色贿赂犯罪立法体系发展中所存在的治理效能危机的立法成因，依循“社会治理需求—刑事政策选择—刑法立法更新”的研究逻辑，建构“法益个别化—构成要件个别化—罪名系列—治理成效”的研究框架，力求提出与中国特色国家治理目标相吻合的科学的贿赂犯罪罪名体系完善方案。

为实现上述研究目标，准确揭示既有罪名体系之于犯罪规制与评价能力的实际状况，是研究的起点与基础。通过对中国特色贿赂犯罪

---

〔1〕 叶竹盛：《反腐败的“制度大爆炸”》，载《南风窗》2015年第11期。

〔2〕 我国刑法对贿赂犯罪立法的修改主要分为两个阶段：第一阶段为1997年《中华人民共和国刑法》（以下简称《刑法》）修订前，直至第二部刑法在吸纳所有局部性修订后，又做出了整体性的修订。对此，刘仁文教授做过观察，提出：“如将1988年全国人大常委会《关于惩治贪污罪贿赂罪的补充规定》和当时最高人民检察院起草的《反贪污贿赂法》的有关内容进行整合，在刑法分则中专门设立了‘贪污贿赂罪’一章，除了将原来规定在侵犯财产罪一章里的贪污罪和规定在渎职罪一章里的贿赂罪并入本章并对其定罪量刑的数额进行修改外，还增加了私分国有财产罪、私分罚没财物罪等罪名以及将斡旋受贿以受贿论等规定。”（参见刘仁文主编：《贪污贿赂犯罪的刑法规制》，社会科学文献出版社2015年版，第25页。）第二个阶段为1997年修订《刑法》颁布后。2006年《中华人民共和国刑法修正案（六）》（以下简称《刑法修正案（六）》）以后，除《中华人民共和国刑法修正案（十）》（以下简称《刑法修正案（十）》）外，每次刑法修正都涉及对贿赂犯罪刑法规制的修改完善，至《中华人民共和国刑法修正案（九）》（以下简称《刑法修正案（九）》）达到高潮，《中华人民共和国刑法修正案（十一）》（以下简称《刑法修正案（十一）》）又进行了零星修正。

立法体系发达史的考察,笔者揭示出当下贿赂犯罪立法所存在的“三重危机”:一是贿赂犯罪立法体系的内部危机。贿赂犯罪的罪名不断增繁,而其应对犯罪评价需要的能力却并未实现根本提升。其根源在于,一方面,贿赂犯罪构成要件要素的设置偏离对法益损害的揭示与评价需要,“利用职务上的便利”“为他人谋取利益”“不正当利益”等要素的存在,客观上造成了入罪评价与判断功能的严重阻碍。另一方面,贿赂犯罪罪刑结构关系与法益损害的识别标准,被错置为财产犯罪的结构关系,造成规范定性评价的系统性危机。二是贿赂犯罪立法体系的外部危机。刑法与国家特定时期犯罪治理的需求相契合,是立法发挥积极作用的前提,国家腐败治理战略的代际更新,时刻内生着对罪刑规范的新需求,使得罪刑规范要时刻面对消除“评价困境”的应变能力,“复杂中国面临着共时性的多重(传统的、现代的与后现代的)安全威胁,刑法必须回应彼此间具有内在张力的多元价值诉求(自由、民生与安全),这一现实决定了当代复杂中国的刑法不可能是单向度和单面相的”。[1] 转型时期贿赂犯罪的治理中,传统型贿赂与现代型贿赂共生,由此对罪名设定及其体系构建提出了更高的要求。一方面,基于腐败治理深化、降低对腐败容忍度的需要,要求刑法具备对低容忍度贿赂犯罪的评价能力。另一方面,因贿赂犯罪纪录仍处于屡被刷新的状态而需面对的危害程度量度性评价,前者要求设定“简式”的犯罪构成,后者则要求设定“复杂”的犯罪构成,由此形成了罪刑规范应当根据评价犯罪的现实需要做出差异化模式设定的要求。我国刑法以增设犯罪主体为中心的“粗放性”立法修正,无法破解治理需求的供求危机,立法更多具有“象征性”“形式性”功能,[2] 与以符合治理需求的立法“实质性发展”的供需矛盾并未因立法修正得以缓解,中国贿赂犯罪治理中迫切需要破解刑法评价能力不足的问题,但这一问题始终未能得到根本解决。三是贿赂犯罪立法体系的立法能力信赖危机。基于罪

---

〔1〕 梁根林:《刑法修正:维度、策略、评价与反思》,载《法学研究》2017 年第 1 期。

〔2〕 参见魏昌东:《刑法立法“反向运动”中的象征主义倾向及其规避》,载《环球法律评论》2018 年第 6 期。

刑规范在适用能力上的缺陷,贿赂犯罪罪刑规范被始终置于司法解释的“汪洋大海”之中,近20项的司法解释,几乎将罪刑规范的每一个文字解释得“干干净净”,然而,即便在这种“力度”的解释之下,罪刑规范依然存在无法满足适用需要的问题。毫无疑问,罪刑规范的确当性、明确性不足,是不得不使其长期处于司法解释的“手术台”与“显微镜”下的原因,如此高频的解释,大有取代罪刑规范适用之势,然而,“宁释法勿修法”的基本立场,使得立法修正止步于以增设新类型主体、克隆既有罪刑规范的行为结构方式,进行着简单的“外延扩张式”的修法完善,[1]而对于罪刑规范在规制与评价能力上带有的“基因残缺性”问题,始终难下全面的“内涵修复式”修正的坚定决心,抱残守缺的“冷处理”立法,值得引起深刻反思。

本研究的意义在于,在《中共中央关于全面推进依法治国若干重大问题的决定》将腐败治理纳入法治国家建设的基础机制,加快构建“不能腐”“不敢腐”“不想腐”立法体系的时代背景下,在中国贿赂犯罪罪名体系的完善方向选择已然成为立法体系完善的重大问题的现实中,以历史性回顾中国贿赂犯罪立法体系的发达史为基础,以提升中国刑法贿赂犯罪治理能力、提升腐败治理一体化程度为导向,提出立法体系的系统性完善方案。其理论意义在于:(1)创新罪名体系建设的理论基础,弥补既有理论的不足。论证“分层式”罪名体系建设的合理性,将犯罪分层理论引入立法完善的研究之中,更新立法的理论基础。(2)系统更新既有理论,将“微罪”原理引入贿赂犯罪立法。论证建构由行为模式、主体模式、损害程度为变量的贿赂犯罪罪名体系。其实践

---

〔1〕 刘艳红教授提出,改革开放以后,我国刑法的发展经历了由粗放型立法向象征性立法的变迁。“粗放型刑事立法,主要是指新中国第一部刑法典,即1979年刑法是在粗略与疏放亦即粗疏立法观指导之下制定的,它是我国刑事立法起步阶段立法技术欠发达的体现……1997年刑法并未从根本上摆脱1979年刑法粗略与疏放的特点,其刑法规范总体仍然呈现出粗放型的特点……从1997年至今,我国刑事立法呈现出象征性的特点。象征性刑事立法,是指1997年刑法典之后,我国立法机关颁布的十部刑法修正案,是在象征性立法观指导下制定的,它体现了我国刑事立法起步阶段法规范的随意性和欠操作性。”参见刘艳红:《以科学立法促进刑法话语体系发展》,载《学术月刊》2019年第4期。

意义在于:(1)探寻罪名规制体系障碍之于犯罪治理困境的原因,揭示既有立法模式与罪名体系建构的症结所在,提出前移关口、提升腐败治理能力的良策。(2)将利益冲突型贿赂犯罪理论引入中国,提出刑法立法完善方案,实现刑法与行政法、党法规范的有效衔接。

二、研究动态

将贿赂犯罪罪名体系建设方案作为一个专门的学术性问题加以研究,是中国刑法学者的重要贡献,我国学者对这一问题的关注始于20世纪90年代初,在中华人民共和国成立后的贿赂犯罪研究中,"罪名体系"研究是立法论研究的高级阶段,所针对的是对罪名重构而非单纯的新罪增设问题。在立法尚不完备、比较法资源尚不充分的条件下,面对如何提升受贿罪罪刑规范的适用能力问题,通过考察外国立法例的罪名设定模式,有学者鞭辟入里地提出罪名单一化、构成要件模糊化、要件要素冗余化,是罪名体系建设中存在的主要问题,[1]开中国罪名体系学术研究之先河。

问题意识导向下的罪名体系研究,并未因发现与提出问题而止步,对衍生问题的本原性揭示成为重点关注,是中国刑法罪名体系研究步入理论体系建构阶段的重要标志,对此,储槐植教授、苏惠渔教授、陈兴良教授、赵秉志教授、孙国祥教授、梁根林教授等一批刑法学者做出了重要贡献。储槐植教授最早在国内提出了"罪刑系列"的概念、类型与基本模式等基础性理论。所谓"罪刑系列"是指,就同一种罪法律规定的一串近似的犯罪构成以及与之相应的刑罚。采用"罪刑系列"立法方法的客观根据在于犯罪行为方式的复杂多样性,而其主观根据则在于国家严密法网的法制建设需要。从主客观的关系看,罪刑系列是犯罪形式多样化的立法反映,按罪刑法定原则,法律反映犯罪是国家惩罚犯罪的依据,罪刑单一则不足以有效地同形式多样的犯罪作斗争。[2]这一分析路径具有重要的理论创新性。苏惠渔教授、游伟教授则提出:

---

〔1〕 参见陈兴良、王玉珏:《建立受贿罪罪名体系的构想》,载《法学》1991年第6期。

〔2〕 参见储槐植:《完善贿赂罪立法——兼论"罪刑系列"的立法方法》,载《中国法学》1992年第5期。

“区分犯罪行为危害的不同社会利益的性质，是建立科学的刑法规范体系的重要前提，也是确定合理的罪刑关系的基础。由于贿赂犯罪在不同领域中实际危害的利益性质（我国刑法理论上称之为‘犯罪客体’）确有差别，其各自对社会的危害程度亦不相同，因此，在刑事立法中分别设定不同的罪刑条款，予以轻重不同的定性处罚，是十分必要的。”〔1〕

较之于理论的发达，尽管中国贿赂犯罪立法体系的完善始终立于立法完善的中心，但是，罪名体系的立法化实现进程却并非一帆风顺。第二部刑法乃至其后的立法修正，总体上仍是“粗放型”立法模式的延续，贿赂犯罪罪名系列的学术理论研究也由此进入“固化期”。党的十八大以来，腐败治理目标的全面提升，带给中国特色腐败治理体系现代化原理代际更新的崭新机遇，也再次全面激活了贿赂犯罪立法论问题的系统化研究。与此同时，贿赂犯罪研究也获得了更为充沛的比较法资源，利益冲突型犯罪、不法馈赠型犯罪、简化犯罪构成要素等立法与理论，使得罪名体系研究有了更为广泛的观照对象。面对国家治理共时性背景下贿赂犯罪治理的难题，如何促进立法迈向“集约化”发展的新时期，成为理论界关注的焦点，也使得贿赂犯罪罪名体系研究再次面临新的机遇。

三、本书的主要内容与主要观点

（一）主要内容

1. 中国特色“分体式”贿赂犯罪罪名体系的历史生成与理性批判。以中国贿赂犯罪罪名体系发展史的全面考察为基础，抽象概括出罪名体系“分体式”的理论范式，提出：(1)“分体式”罪名体系建设具有特殊的时代根据。(2)“分体式”罪名体系模式存在犯罪评价能力的危机。罪名单一化与构成要件要素设定的不足是其根源所在。(3)罪名体系发展中的“宁释法勿修法”基本立场与犯罪治理存在的严重危机。(4)有必要对既有罪名体系设定模式的客观批判进行理性反思。

〔1〕 苏惠渔、游伟：《完善罪名体系 重构犯罪要件——对我国贿赂犯罪立法的若干思考》，载《政治与法律》1996 年第 1 期。

2.“分体式”贿赂犯罪罪名体系建设的一般原理。包括:(1)以犯罪主体类型为中心。立法以增设主体类型、简单复制构成要件为己足,无法准确揭示权力属性与责任结构的关系模式。(2)以行为结构关系为中心。将对合关系作为罪名体系建构基础,采“行为群”设定方式,而非罪名系列方式,造成评价能力的不足。(3)以对价关系为中心。在对价关系类型选择上,以现实对价关系为基础建构罪名,无法面对社会发展“共时性”而衍生的不同犯罪类型的评价需求。

3.对价关系原理与贿赂犯罪罪名体系建设关系模式。“对价关系”是世界贿赂犯罪立法的首要支柱,但是长期以来缺乏对对价关系内涵、类型与立法功能的系统研究。包括:(1)对价关系的基本界定,即“职务或者职务行为”与“贿赂”的报酬对等或者合意关系。(2)对价关系的基本类型,即最广义的对价关系(“身份—贿赂”的对等或合意关系)、广义的对价关系(“职务—贿赂”的对等或合意关系)、狭义的对价关系(“现实职务行为—贿赂”的对等或合意关系)。(3)对价关系的立法选择功能。广义的对价关系可为刑法对低容忍度的贿赂犯罪评价提供根据,为增设不法馈赠型、利益冲突型贿赂犯罪提供理论基础。

4.贿赂犯罪罪名体系优化的刑事政策根据。以刑事政策与刑法立法关系为理论基础,建构宽严相济刑事政策与罪名体系建设的理论框架。包括:(1)刑事政策与刑法立法关系的一般原理。(2)宽严相济刑事政策与贿赂犯罪立法的方向选择。我国现行贿赂犯罪立法体系总体上仍固守于对“严打”政策的片面理解之上,“严”的政策导向功能仅局限于加重刑罚配置,对犯罪圈划定、优化罪刑结构则缺少应有的重视。(3)宽严相济刑事政策对贿赂犯罪立法完善的基本要求。“严而不厉”的刑法结构内在地要求建构能够评价不同梯度贿赂犯罪的罪名体系。

5.贿赂犯罪罪名体系建设的犯罪论根据。贿赂犯罪罪名体系建设必须优化犯罪论根据的理论基础,包括:(1)优化罪名体系的基本原则。对刑法评价确当性原则、构成要件个别化原则、制裁分配比例原则之于罪名体系完善的功能进行研究。(2)罪名体系建构与构成要件要素刑法评价危机的揭示。既有贿赂犯罪构成要件设置导致对犯罪的反复过滤,存在类型性与功能性的障碍,纵使司法解释力图消除规范评价的障碍，但既有罪刑规范的威慑功能缺失。(3)需要对不法馈赠型、利益冲突型贿赂设定有别于普通受贿罪的构成要件要素。

6. 贿赂犯罪"分层式"罪名体系的西方探索与理论构建。域外代表性国家贿赂犯罪罪名体系以"分层式"（危害程度的层级化以责任分级为中心建构立法体系）为中心，形成了不同的理论模式：(1)英国典型的"一体式"模式。(2)美国典型的"分层式"模式。(3)德国"分体+简单分层式"模式。(4)日本"复杂分层+分体式"模式。这些理论模式揭示出不同罪名体系模式中利益定位选择、法益导向与罪名体系建构原理、行为模式选择原理。

7. 美国"利益冲突型"贿赂犯罪罪名体系的理论逻辑。以美国贿赂犯罪罪名体系更新与重构考察为基础，首次在国内贿赂犯罪的比较研究中重点观察了以下问题：(1)利益冲突型贿赂犯罪的历史生成。(2)罪名体系的治理理论根据："全景式"治理。(3)罪名子体系的基本构成。(4)利益冲突型贿赂犯罪罪名体系建设的立法原理及其与其他罪名的衔接关系。

8. 腐败治理一体化与中国贿赂犯罪罪名体系更新。以中国腐败治理战略转型机遇期的现实治理需要为根据，提出：(1)时代变迁中的中国贿赂犯罪立法理念须向积极治理主义理念转型。(2)腐败治理一体化与中国贿赂治理立法体系一体化的基本标准，刑法有必要扩张其干预范围，进一步形成对贿赂犯罪的"双向"威慑效应。(3)"分层式"罪名体系的基本方案。即"微罪体系—轻罪体系—重罪体系"的立法设计改造方案。(4)为"微罪"立法模式的基本原理、"分层式"罪名体系与刑罚体系改造以及罪刑关系更新提供理论方案。

（二）主要观点

1. "分体式"贿赂犯罪罪名体系建构模式，是我国立法发展初级阶段的产物，已然落后于腐败治理的时代要求，因罪名体系建构基础的对价关系被严格限定于"现实的对价关系"，进而在构成要件设定上存在要素严重冗余的问题，是导致治理危机、阻滞贿赂犯罪刑法评价有效性的重要原因，必须进行全面改造。

2. 中国社会发展的高度"共时性"特征，导致中国贿赂犯罪立法体系必须同时面对以存在现实的利益交换关系为典型特征的传统型贿赂犯罪与以存在概括的对价关系为典型特征的现代型贿赂犯罪的评价需要，前者为量度性评价，后者为介入性评价，建构兼容二者的立法体系，才能使刑法同时具有对低容忍度犯罪与严重犯罪的评价能力，破解犯罪治理的共生性困局，需要立法观念的全面转型。

3.“分体式”贿赂犯罪立法体系属“外延扩张式”立法模式，立法所增设的罪名，并没有解决罪名单一、评价需求多元、构成要件要素叠加与冗余、无法揭示贿赂犯罪法益损害实质，以及罪刑结构关系模式异化的严重问题，贿赂犯罪立法亟待以“内涵修复式”模式为导向进行全面修正，据以建构根据行为对法益危害的抽象可能与实体危害进行评价的“分层式”立法体系。

4. 贿赂犯罪立法体系发展中所现实采取的“宁释法勿修法”基本立场，即通过颁布近20项的司法解释，以将受贿犯罪罪刑规范构成要件中的“利用职务上的便利”“为他人谋取利益”“不正当利益”等要素进行全面、反复解释的方式，造成犯罪构成要素的虚置化，不利于贿赂犯罪治理现代化目标的实现。

5. 对价关系作为贿赂犯罪立法体系建构的基础，在理论上可做类型化的区分，以为“分层式”立法体系建设提供理论根据。在以现实的对价关系为基础建构的交易型贿赂之外，拓展出不法馈赠型、利益冲突型贿赂犯罪的基本类型，形成有效评价不同危害程度贿赂行为的罪名序列。

6. 刑法评价的确当性、构成要件的个别化、制裁分配的比例原则，应当作为立法体系代际更新的犯罪论根据与理论基础，以宽严相济刑事政策为导向，重构贿赂犯罪罪名体系，实现科学评价犯罪与强化一般预防的双重目的。

7.“分层式”贿赂犯罪罪名体系因其犯罪评价的梯度性、犯罪评价要素的简洁性、行为分层与责任分级的组合，有利推进贿赂犯罪立法体系的建立，建构“微罪—轻罪—重罪”的罪名序列。

8. 利益冲突型贿赂犯罪模式肇始于美国，作为规制现代型贿赂犯罪的立法，具有积极的时代价值。在我国全面推进腐败治理现代化的背景下，在合理建构“党法”与“国家法”二元结构关系的基础上，将严重的利益冲突型贿赂行为纳入刑法规制确有必要。

9. 贿赂犯罪罪名体系建设，应当破除立法的“自足主义”“自满主义”倾向，正视刑法评价障碍的实质性问题。“分层式”立法体系并非要求大范围增设新罪，而是将重点置于罪名体系内部的机制优化，提高刑法评价的确当性，使刑法满足对“两极化”评价的需要。

四、本书的学术价值与创新之处

（一）学术价值

1. 本研究通过建构“时代根据—治理模式—立法选择—罪名体系”的分析框架，揭示了中国贿赂犯罪罪名体系建构发展史，不同法域的代表性国家贿赂犯罪罪名体系建构史、基本原理、罪名序列中要件要素的实质内容，以及犯罪评价能力的判断根据，进而提出了中国特色贿赂犯罪罪名体系的完善方案。

2. 以贿赂犯罪罪名序列建构为中心，在对既有罪名系列理论充分消化的基础上，从学说理论上，概括抽象出“分体式”“分层式”“分体+分层式”“简单分层式”“复杂分层式”等贿赂犯罪罪名体系建设的理论范式，并就不同范式的基本特征、构建原理进行全面的理论归纳，具有重要的学术价值。

3. 以中国特色社会发展的共生性与犯罪治理策略选择为基础，提出“二元化”的策略选择方案，在强化刑法对法益实质损害型贿赂犯罪评价能力的立法优化的同时，提出对法益抽象危险型贿赂犯罪评价能力的立法建构方案，促进我国贿赂犯罪刑法立法评价能力的提升和“二元式”方案的理论论证。

4. 对作为贿赂犯罪罪名建构理论基础的“对价关系”进行系统的理论建构，就其概念、类型、对立法的功能进行体系化探究，提出概括的对价关系、现实的对价关系、严格的对价关系、宽松的对价关系等基本类型，并对其在贿赂犯罪罪名体系建构的应然功能进行全面论证。

5. 对罪名体系建设的犯罪论根据进行研究，建构出刑法评价确当性、构成要件个别化与制裁分配比例原则与罪名体系建设的原理根据，并就贿赂犯罪的罪名体系进行了学理研析。

6. 对世界代表性国家贿赂犯罪罪名体系建构与发展史的系统考察、理论梳理，进行建构性研究，为同类研究提供可资借鉴的根据，具有重要的学术价值。

（二）创新之处

1. 在研究重点选择上，聚焦国家反腐战略整体推进中最具价值性的降低容忍度实现路径问题。完善国内刑法学研究中对罪名体系建构的基本原理，为中国特色贿赂犯罪罪名体系的优化方案提供较为全面的理论论证。集中研究英美"利益冲突型"贿赂犯罪立法功能，"分层式"贿赂犯罪罪名体系的法益定位、行为模式、责任根据、权责机制、罪刑关系等基本问题。最具创新意义地提出贿赂犯罪"微罪"模式与理论，实现贿赂的一体化治理中与纪律治理、行政治理、微罪治理、重罪治理的"梯级化"衔接。

2. 在研究定位选择上，聚焦于腐败治理中的宏观性、基础性、关键性问题。立足立法体系完善的现实根据、理论基础，选取罪名体系重构、理论体系优化等重大问题，以罪名体系完善为切入，为贿赂犯罪罪名体系完善提供全面的理论支撑。

3. 在学术观点上，明确提出：(1)基于犯罪整体评价的需要，有必要建构以"分层式为主体、分体式为辅助"的贿赂犯罪罪名体系。(2)"分层式"贿赂犯罪罪名体系包括"微罪—轻罪—重罪—加重罪"的立法系统，其中，"微罪"主要是指具有相当社会危害性的利益冲突型贿赂犯罪，以有效评价国家工作人员借助职务而实施的利益获取行为。"轻罪"主要是指设立不法馈赠罪（不法接受馈赠罪与不法行送馈赠罪），以有效评价国家工作人员借助职务而实施"感情交互性"利益交换行为。"重罪"主要是指以存在现实请托事项为中心，将具有职务行为与贿赂之间对价关系的行为设定为犯罪。"加重罪"主要是指以背职型贿赂犯罪、造成法益严重损害的贿赂犯罪。(3)区分履职贿赂罪与背职贿赂罪，设定"普通贿赂罪—加重贿赂罪"的独立罪名。(4)区分不同权力属性的贿赂犯罪，对于司法权力、立法权力贿赂犯罪，设定高于普通受贿罪的法定刑。(5)"分体式"贿赂犯罪罪名体系包括"公共部门—私营部门—外向型"贿赂犯罪。保留影响力贿赂犯罪、私营部门贿赂犯罪、外向型贿赂犯罪，取消单位贿赂犯罪。对单位贿赂犯罪负有直接责任的国家工作人员，配置与自然人同等的法定刑。(6)强化单位贿赂犯罪的合规监管责任，丰富单位贿赂犯罪刑事责任根据，设定怠于履行腐败监管职责罪。(7)根据“分层式”罪名体系建设实质特征，设定差异化的构成要件要素内容。简化除重罪以外贿赂犯罪的构成要件要素。(8)根据公营部门与私营部门贿赂犯罪的特殊性，设定不同的构成要件要素内容。(9)贿赂犯罪构成要件要素设计应当准确反映法益损害的程度。(10)优化不同类型贿赂犯罪的罪刑结构关系。(11)提高刑罚一般预防的效能，保留终身监禁。(12)废置“非对称性治理”模式，对具有对合关系的贿赂犯罪，采取简单构成要件设定模式，设定相同要件内容，配置相同法定刑，设定相同的出罪机制。

第一章 贿赂犯罪“分体式”罪名体系的中国建构

马克思说:“社会不是以法律为基础的,那是法学家们的幻想。相反,法律应该以社会为基础。”[1]贿赂犯罪罪名体系在我国的构建与发展,印证了马克思主义立法原理的科学性,历史地揭示了中国社会发展中治理基础变化之于罪名体系发展的一般规律。中华人民共和国成立70余年来,贿赂犯罪罪名体系从无到有、从简单到完善,立法原理与治理结构几度更新,始终与中国社会发展特定历史阶段的国家治理任务、治理目标与治理资源的特殊状况相关,逐步走上科学发展之路。

第一节 中国特色贿赂犯罪罪名体系的创立与发展

贿赂犯罪罪名体系作为腐败治理理念、资源、智慧以及立法技术相结合的产物,其所依据的立法原理的更替,内在地引发犯罪治理结构的调整,由此对犯罪治理能力带来深刻而具有历史性的影响。回顾中国特色贿赂犯罪罪名体系的构建历程,全面解析罪名体系发展中理论基础更新的时代轨迹,有助于提出实现罪名体系科学发展目标的科学方案。

一、新民主主义革命时期腐败犯罪罪名建设的探索

“在一切社会中,腐败总与公共权力结合在一起,人们通过运用、

---

〔1〕《马克思恩格斯全集》(第6卷),中共中央马克思、恩格斯、列宁、斯大林著作编译局译,人民出版社1961年版,第291-292页。

影响或操纵公共权力来达到私人目标,获得私人利益。”[1]中国共产党在创立之初并不拥有管理国家的公共权力,通过武装斗争建立新型人民政权,是“大革命”失败后的经验总结。然而,随着公共权力的建构与扩大,也滋生出腐败的问题,制定惩治腐败的法律成为新生的人民政权的重要使命。

(一)贪污罪罪名体系的孕育与建构

20世纪初叶,中国共产党以其鲜明的阶级基础、政治目标与革命纲领而独树一帜,一切谋私逐利、脱离群众、腐化堕落的行为均有悖于党的宗旨,严惩腐败是维护党的先进性与纯洁性之基,对腐败的治理以一元化的党内治理为起点,不断推进了人民政权的立法建设。伴随1926年革命高潮的到来,党的影响力逐步扩大,部分投机分子、反动政客趁机混入革命队伍,党内开始出现贪腐现象。1926年8月4日,中共中央发出《中央扩大会议通告——坚决清洗贪污腐化分子》,作为党的历史上第一份反对贪污腐化的文件,将“在经济问题上发生吞款、揩油的情弊”定性为贪污,要求对“有此类行为者,务须不容情的洗刷出党,不可令留存党中,使党腐化,且败坏党在群众中的威望”,但是,该文件并未提及贿赂的问题。1931年,中央苏区第一次党代表大会通过的《党的建设问题决议案》,指出:“贪污和浪费行为败坏了中国共产党和中华苏维埃政府的形象,损害了党群、政群和干群关系,动摇了工农民主政权的根基。因此,必须将严格党的纪律、反对官僚腐化现象作为党的建设的中心任务之一,对一切违反苏维埃法律、对革命有损害行为的共产党员,必须进行严厉的纪律制裁。”[2]1932年2月,中华苏维埃共和国临时中央政府发布第3号通令,强调要坚决同浪费金钱、滥耗政府财政的人作斗争,党的历史上第一次大规模的反腐败斗争在中央苏区开展,公布了一批群众反映强烈的贪污浪费案件,其中包括中华苏维埃

〔1〕 王沪宁:《反腐败:中国的实验》,三环出版社1990年版,第6-7页。
〔2〕 黄禹康:《中共历史上第一部反腐法令的诞生和实施》,载《人民法院报》2019年6月28日,第7版。

共和国临时中央政府成立后中共反腐第一枪的“谢步升案”[1]。面对此次斗争中所暴露出的法律根据缺乏的问题[2],1933年12月15日,中华苏维埃共和国临时中央政府中央执行委员会发布《关于惩治贪污浪费行为》的第26号训令,以苏维埃机关、国营企业及公共团体的工作人员为治理对象,对贪污及浪费行为制定了明确的惩治标准,成为中国共产党制定的第一部完整的关于反贪污反浪费的法律文件,苏区的反腐败斗争从此有法可依。

(二)“包容式”立法的探索与贿赂行为的逐步分化

中国共产党领导的人民政权对受贿现象的关注始于1930年。1930年3月,闽西第一次工农兵代表大会颁布《政府工作人员惩办条例》,该条例规定:“政府工作人员侵吞公款有据者、受贿有据者,撤职并剥夺选举权与被选举权;侵吞公款三百元以上者、受贿至五十元以上者枪决。”这是中国共产党领导的人民政权首次以法律形式对受贿行为作出明确规定。在死刑适用标准上,受贿罪重于贪污罪。

1937年8月,洛川会议通过的《中国共产党抗日救国十大纲领》第4条(改革政治机构)明确提出“铲除贪官污吏,建立廉洁政府”的主张,首次提出了建立廉洁政府的施政纲领。1937年9月,陕甘宁边区政府颁布一系列条例草案,厉行廉洁政治、建立廉洁政府、严惩贪污腐

---

〔1〕 谢步升,1929年参加工农武装暴动队,1930年加入中国共产党,案发时任瑞金县叶坪村苏维埃政府主席。虽职务不高,但由于叶坪村是中华苏维埃共和国临时中央政府所在地,其所作所为造成了极大、极坏的影响。1932年5月5日,瑞金县苏维埃裁判部对谢步升案进行了公开审理,判其死刑。谢步升以曾为中华苏维埃共和国临时中央政府做出贡献为由,不服判决,提起上诉。中华苏维埃共和国临时最高法庭核实情况后,驳回上诉,维持原判。5月9日,谢步升被枪决,红都瑞金响起了临时中央政府成立后中共惩治腐败分子的第一枪。参见柴观珍、关九乐:《中央苏区反腐败斗争中的典型案例》,载《党史博览》2016年第6期。

〔2〕 由于中央苏区没有惩治贪污浪费行为的专门法律,造成中华苏维埃共和国临时最高法庭在审理此类案件时,审判依据不明确,量刑标准不统一。毛泽东、项英为此征求中央工农检察部部长兼临时最高法庭主席何叔衡、中央司法部部长梁柏台等人的意见,大家认为,有必要尽快出台一部专门惩治贪污浪费行为的法令。参见黄禹康:《中共历史上第一部反腐法令的诞生和实施》,载《人民法院报》2019年6月28日,第7版。

化。1938 年 8 月 15 日,陕甘宁边区政府颁布《惩治贪污暂行条例》,其第 2 条第 9 款规定:边区所属之行政机关、武装部队及公营企业之人员“勒索敲诈,收受贿赂者”,以贪污罪论处。第一次以单行刑事法规范的形式确立了对受贿行为的规制。[1] 因受贿被归入贪污罪的行为方式之一,在理论上可界定为“包容式”立法模式。1939 年,《陕甘宁边区惩治贪污条例(草案)》明确将“勒索敲诈收受贿赂”规定为贪污罪的一种行为。其后,山东、晋西北、晋察冀、晋冀鲁豫等抗日根据地民主政府参照《惩治贪污暂行条例》,先后颁布类似条例,对防治贪污浪费、肃清贪污分子、建设廉洁政府发挥了重要作用。[2] 1941 年 5 月《陕甘宁边区施政纲领》,明确提出“厉行廉洁政治”“共产党员有犯法者从重治罪”的规定。1942 年《陕甘宁边区刑法总、分则草案》第 7 节第 163 条规定,“公务员因私欲或其他个人目的,实行贪污,要求、期约、或收受贿赂或其他不正当利益而违背职务之行为者”和第 164 条规定的“对于公务员行求贿赂或居间介绍者……”以违背职务罪论处,延续了与贪污罪“同罪同罚”的立法模式,并将行贿、介绍贿赂行为纳入刑法规制范围,其他边区政府也陆续出台了相关规定。

新民主主义革命时期各根据地在腐败犯罪立法中的探索与实践为中华人民共和国成立初期的立法与实践奠定了基础,成为中华人民共和国成立之初腐败犯罪立法模式与罪名设定模式的范本。

二、中华人民共和国成立初期腐败犯罪罪名群建设的起步

中华人民共和国成立后,中国共产党在领导新生政权的巩固与发展过程中,发现了新政权中的腐败蔓延情势,立即组织展开的“战役式”治理,揭开了中国反腐败史的新篇章,毛泽东主席亲自做出的多项

---

〔1〕 值得关注的是,在该条的规定中,公职人员实施的“勒索敲诈”行为,亦可成立贪污罪。

〔2〕 参见祝彦、王兰洁:《新民主主义革命时期中国共产党反腐倡廉的思想与实践》,载《中共中央党校学报》2009 年第 5 期。

重要批示，成为开启反腐斗争的“动员令”。[1] 1952年12月1日，随着《中共中央关于实行精兵简政、增产节约、反对贪污、反对浪费和反对官僚主义的决定》的发布，一场声势浩大的反腐败斗争随之在新政权与军队中全面启动。为配合斗争进入处置阶段的法制需求，1952年4月18日，中央人民政府批准的《惩治贪污条例》，以根据地时期反腐败政策与规范为蓝本，吸收和发展了民主革命时期的立法经验[2]，作为中华人民共和国惩治腐败犯罪的主要法律依据，申明了腐败治理的基本刑事政策，设定了具有明确性的罪刑规范，成为中华人民共和国“第一部反腐败特别法”。

（一）罪名体系建设：“包容式”立法模式的延续

中华人民共和国成立初期，党将主要精力投向政权安全与经济革命之上，特别法继续沿用根据地时期的“包容式”立法模式，贿赂仅作为贪污罪的一种行为模式，而非独立罪名。根据《惩治贪污条例》的规定，一切组成与代表新政权的人员均被纳入刑法规制对象的范围，包括“一切国家机关、企业、学校及其附属机构的工作人员”（第2条）、社会团体的工作人员（第15条）和现役军人（第16条），实现了规制对象范围的最大化。在规制行为类型上，《惩治贪污条例》根据贿赂犯罪的衍

---

〔1〕 1951年10月，按照中央部署，爱国增产节约运动在全国工业、农业等各条战线上轰轰烈烈地开展。11月20日，毛泽东为转发高岗东北局11月1日《关于开展增产节约运动，进一步深入反贪污、反浪费、反官僚主义斗争的报告》作批示，明确推广开展高岗东北局概括的“三反”斗争。11月30日，毛泽东为转发邓小平11月25日《关于西南区党政军三个会议情况的报告》，指出：报告中第3项所提反贪污、反浪费一事实是全党一件大事，自从东北局揭露大批的贪污犯以后，我们已告诉你们严重地注意此事。我们认为需要来一次全党的大清理，彻底揭露一切大中小贪污事件，而着重打击大贪污犯，对中小贪污犯则取教育改造不使重犯的方针，才能停止很多党员被资产阶级所腐蚀的极大危险现象，才能克服二中全会所早已料到的这种情况，并实现二中全会防止腐蚀的方针。毛泽东对“三反”斗争性质是从党的七届二中全会“两个务必”决议的高度来认识的。同日，毛泽东为转发华北局11月29日《关于刘青山、张子善贪污案调查处理情况的报告》作批示，为开展“三反”斗争树立了刘青山、张子善贪污案的反面典型。

〔2〕 参见曹子丹：《我国刑法中贪污罪贿赂罪法定刑的立法发展及其完善》，载《政法论坛》1996年第2期。

生结构，建构出以行为链为中心的罪名群，涉及：一是受贿，包括强索他人财物、收受贿赂（第 2 条）。[1] 二是行贿与介绍贿赂，即一切向国家工作人员行使贿赂、介绍贿赂的行为（第 6 条），以及在公平交易中给予国家工作人员小额回扣的行为（第 7 条）。三是包庇、不履行腐败举发职责，即一切国家机关、企业、学校及其附属机构的领导人员，凡发觉其所属工作人员贪污而故意包庇或不予举发，情节严重的行为（第 13 条）。四是打击、报复检举人。尽管受贿行为属于贪污罪的包容性行为，但是，行贿与介绍贿赂罪属于独立的罪名，且针对国家机关、企业单位中发生的贪污而不予举发的不作为行为被纳入规制范围，是立法的首创。

（二）罪名体系建设模式选择的社会根据

1.“包容式”立法：立法观念与模式的传承

将贿赂行为包容于贪污罪之中，是根据地腐败犯罪罪刑规范的特色。我国古代立法对贪污罪的规制早于受贿罪，[2] 从 20 世纪初叶以后中国现代刑法的诞生与发展来看，中国历史上第一部近代意义的专门刑法《大清新刑律》中，已实现二者行为属性的分化，[3] 1928 年南京

---

〔1〕 值得注意的是，强索行为与收受行为对象的立法差异，前者为“财物”，后者为“贿赂”，收受行为对象的范围大于前者。《惩治贪污条例》第 6 条规定的行贿与介绍贿赂行为中，行为对象亦为“贿赂”，这一立法差异表明贿赂对象形态多样性已经受到重视。

〔2〕 据史籍记载，夏朝时即有对贪赃罪的规定，《左传・昭公十四年》引《夏书》载：“昏、墨、贼、杀。皋陶之刑也。”根据春秋时期晋国叔向的解释：“已恶而掠美为昏，贪以败官为墨，杀人不忌为贼。”这是中国历史上最早的关于惩治贪污罪规定。商朝时开始制定对官吏职务犯罪的单行刑事法规。辅佐太甲的前朝元老伊尹在商汤在位时制定的《官刑》进行修订形成的《伊训》，是中国历史上第一部官员治罪条例。《伊训》的主要内容是反对“三风十愆”，其中，“十愆”即为十种职务犯罪，“收受贿赂”被明确列为“十愆”中的第三种职务犯罪。周朝的《吕刑》有“五过之疵”的规定，即“惟官、惟反、惟内、惟货、惟来，其罪惟均，其审克之”。显然，“五过之疵”是指执法人员所犯的五种罪过，审理案件适用“五过”赦免时要防止的五种徇私枉法、不正之风弊病，其中“惟货”即为典狱官受贿曲法的意思。参见周密：《中国刑法史》，群众出版社 1985 年版，第 80 页。

〔3〕 《大清新刑律》将受贿罪、滥用职权罪规定于第 6 章“关于渎职之罪”，而贪污罪被规定于第 33 章“诈欺取财罪”。

国民政府颁布的《中华民国刑法》也是单独规定受贿罪。之所以未将贿赂行为彻底分化，更多的原因是，政权性质决定受贿行为在根据地尚不具有普遍性，公权的交易机会与条件较难具备，其危害性未能得到深刻地揭示。采用“包容式”立法的深层原因，除受传统立法模式的影响之外，还在于：一是引发“三反”运动的诸多案件均属于触及新政权经济安全的重大问题，新政权对侵害国家财产占有关系的行为危害更加关注。二是立法急迫与经验缺乏，从而直接继受了根据地的立法模式。

2. 规制体系的立法基础：以廉洁政治为导向的规范体系建构

《惩治贪污条例》对贿赂行为的犯罪化涉及贿赂的收受、行送与介绍三种行为，对此均采用了极简式构成要件的设计模式，创制出最严厉的制裁体系，其立法原理在于，发挥刑罚在实现“廉洁政治”目标中的作用。在中国，“廉洁政治”作为政治治理目标，最早由中国共产党提出，[1]并在中央苏区时期就廉洁政府在中华苏维埃共和国的建立过程中进行过实践。1937 年 8 月，洛川会议通过的《中国共产党抗日救国十大纲领》郑重提出，“铲除贪官污吏，建立廉洁政府”。[2] 1941 年 11 月，由陕甘宁边区第二届参议会通过的《陕甘宁边区施政纲领》第 8 条第 1 句明确规定：“厉行廉洁政治，严惩公务人员之贪污行为，禁止任何公务人员假公济私之行为，共产党员有犯法者从重治罪。”其后，1947 年 10 月 10 日，毛泽东在《中国人民解放军宣言》中提出要把“肃清贪

---

〔1〕 毛泽东早在 1927 年完成的《湖南农民运动考察报告》中就提出了“廉洁政府”的主张。1927 年年初，为了答复当时党内党外对农民革命斗争的责难，毛泽东到湖南实地考察农民运动，并于 3 月初给中共中央写了调查报告。报告说，经过考察发现“县政治必须农民起来才能澄清”在湖南得到了充分证明，报告指出“在土豪劣绅霸占权力的县，无论什么人去做知事，几乎都是贪官污吏。在农民已经起来的县，无论什么人去，都是廉洁政府”，具体表现在“凡事取决于县长和革命民众团体的联合会议”，“警备队、警察、差役，一概敛迹，不敢下乡敲诈”等方面。参见《毛泽东选集》（第 1 卷），人民出版社 1991 年版，第 12 页。

〔2〕 中共中央文献研究室、中央档案馆编：《建党以来重要文献选编》（第 14 册），中央文献出版社 2011 年版，第 476 页。

官污吏，建立廉洁政治”作为党的一项重要政策，[1]并指出，共产党除了工人阶级和最广大人民群众的利益，“它本身决无私利可图”，因此最应当建立廉洁政治。[2] 中华人民共和国成立之时，“廉洁政治”实现了宪法化，1949 年 9 月 29 日通过的《中国人民政治协商会议共同纲领》第 18 条规定：“中华人民共和国的一切国家机关，必须厉行廉洁的、朴素的、为人民服务的革命工作作风，严惩贪污，禁止浪费，反对脱离人民群众的官僚主义作风。”以“廉洁政治”为导向制定的公职刑法，体现为规制体系的严密性：一是设定最广泛的规制对象。将一切组成与代表新政权的人员均纳入规制，至于是否实际行使及以何种方式行使公权，不再成为设定犯罪构成要件的掣肘因素。二是排斥将具体对价关系作为罪名群的建构基础，否定权钱交易关系对贿赂犯罪结构判断的影响，确保公共权力行使在廉洁政治的导向之下。

三、法典化时代中国贿赂犯罪罪名体系的健全与发展

（一）首部刑法典：实现贿赂犯罪罪名体系的独立化

《惩治贪污条例》奠定了中华人民共和国成立后 30 年腐败（贿赂）犯罪治理的法制基础，“新中国成立后，迫于特殊的国内外环境，国家政治生活没能、也没有及时实现常态化、常规化，国家和社会治理主要依靠政策的局面一直延续了下来，直到 1979 年”。[3] 1979 年《刑法》首次实现贿赂犯罪罪名的显性规定、独立罪名群化，[4]其后，罪名体系始终延续了以犯罪主体为中心进行的扩张性完善，“分体式”立法模式自此形成，1997 年《刑法》实现了罪名体系的法典化定格。

1. 贿赂犯罪罪名体系建设：“独立式”立法模式的确立

1979 年《刑法》根据法益属性与犯罪化根据的差异，对腐败犯罪进

---

〔1〕 参见《毛泽东选集》（第 4 卷），人民出版社 1991 年版，第 1238 页。

〔2〕 参见《毛泽东选集》（第 3 卷），人民出版社 1991 年版，第 809 页。

〔3〕 陶青德：《党规纳入国法体系后的党、法关系新格局、新问题》，载《甘肃理论学刊》2015 年第 6 期。

〔4〕 尽管实现了贿赂犯罪的立法化，但是，这一时期的反腐败斗争总体上呈现明显的应急性、对策性特征。参见吴建雄：《新中国反腐的历史轨迹和实践经验》，载《国家检察官学院学报》2020 年第 2 期。

行了犯罪类型及归属的分立化，贪污罪与贿赂犯罪被分列于第5章“侵犯财产罪”和第8章“渎职罪”中，公职贿赂罪名群首次实现独立化。表现为：(1)在规制行为类型上，将受贿罪统一规定为“收受贿赂”，取消“强索他人财物”；删除行贿罪中“在公平交易中给予小额回扣的行为”类型。(2)在犯罪主体类型上，受贿罪为“国家工作人员”，根据《刑法》第83条“国家工作人员是指一切国家机关、企业、事业单位和其他依照法律从事公务的人员”。“公事公务”首次被确定为受贿罪主体判断的实质标准。

2. 罪名体系建设立法模式选择的社会根据

至1979年《刑法》出台前，《惩治贪污条例》已施行27年，以全面建立社会主义制度为起点，计划经济体制得到巩固与发展，与此同时，社会基本廉洁观念也随之发生变化，中华人民共和国成立之初基于“新政权安全保卫”需要建构的刚硬观念已然变迁。1979年《刑法》实现对贪污罪与贿赂犯罪法益属性认识的准确化，并对其犯罪化根据做出实质化处理。贪污罪作为职务性经济犯罪，侵财性是刑法评价与判断的核心，贿赂犯罪则属于典型的公职滥权性犯罪，被列于“渎职罪”一章之首。尽管中华人民共和国成立后30年的社会发展，促使社会观念发生了某种程度的变化，但是，以中国人根深蒂固的“清官文化”[1]为基础而隐形存在的朴素而深厚的公共行政伦理观念影响巨大，人们对清官寄予的极高价值期望和伦理期待，使之成为立法的基础，表现为：(1)增设“职务要件”，力图划定“因职(权)受财”与“非因职受财”的界限。前者的本质是因职权与职责而接受贿赂，是对公共行政伦理的破坏；后者的本质是因身份而接受贿赂，是对中国熟人社会情境下礼尚往来的隐性承认。这一要件的引入，实质上是在罪与非罪之间作出了新的界定，从揭示受贿罪的渎职性特征考虑，强调受财与职务联系的必要性。然而，这一界定也带来了刑法不干预与职务无关的受财行为

---

〔1〕“清官文化”，是政府官员要保持清廉、为民做主、不畏权贵等优良传统的一种行政文化。参见尚虎平：《传统行政文化的政府绩效作用与绩效评价应对》，载《南京大学学报(哲学·人文科学·社会科学)》2018年第6期。

的负面结果，在本质上将《惩治贪污条例》所强调的禁止"因身份受财"的底线后撤到了"因职权或职务受财"，由此产生了将是否借助于公共职权或职务实施受财行为作为犯罪实质判断标准的结果，受贿罪的成立条件被严格化，司法实践的判断标准日趋矛盾化。[1] (2)明确将具体对价关系排斥于贿赂犯罪构成要件之外。"对价关系"是贿赂行为犯罪化模式选择中无法回避的问题，核心在于，是否将公共职权或者职务作为"行贿—受贿"构建"互利型"损害公权模式的基础或工具，若将这种互利模式作为贿赂行为犯罪化的基础，则是承认了对价关系的存在。1979年《刑法》尽管通过"利用职务上的便利"要件，划定了"因身份受财"与"因职权受财"的界限，但在实质上并未对受贿罪的成立设定具体的对价关系要件，表现为未就收受贿赂行为作出必须为他人谋取利益的要求。(3)根据法益属性定位决定刑罚配置基准。对于贿赂犯罪，刑法首次采用了有别于贪污罪的配刑基准原则，对于贪污罪，维持了"以赃计罪"的标准，而对于贿赂犯罪，因刑法介入的根据在于国家工作人员对职权公正行使的亵渎程度，因而调整了"数额—刑罚"的对应关系，实现了贿赂犯罪刑罚配置原则的重大创新。取消"以赃计罪"作为罪刑关系的建构基准，采取对"裸"行为评价的方式，是对贿赂犯罪侵犯公权伦理原理的认可。

(二)"第二部反腐败特别法"：贿赂犯罪罪名体系的系统性构建

1979年《刑法》是中国迈向法制国家的起点，然而，由于该法孕育于时代变迁的前夜，其所建构的社会基础、所依赖的治理资源是以改革开放前的社会治理情势为根据的。伴随改革开放的起步与推进，市场经济逐渐成为改革的方向所在，新型经济发展模式促进了中国经济的繁荣，也催生了新型犯罪以及犯罪生成模式的代际更新。刑法规制能力不足的短板暴露，包括贪污贿赂犯罪在内的许多立法均产生亟待完善之需求。1988年1月21日，全国人大常委会颁行《关于惩治贪污罪贿赂罪的补充规定》(以下简称《补充规定》)，对腐败犯罪法制体

[1] 参见魏昌东：《腐败治理"中国模式"的立法发展与理论探索》，上海人民出版社2019年版，第163页。

系作出中华人民共和国成立后最系统、全面的修正，增设5个贿赂犯罪的新罪名，全面更新了贿赂犯罪罪刑规范的内容与体系，首次创立公职人员与单位“二元”罪名群，该法成为中国特色“第二部反腐败特别法”。

1. 贿赂犯罪罪名体系建设：“分体式”立法模式的确立

中华人民共和国成立后的刑法均以自然人为规制对象，然而，因市场经济发展而形成的单位的社会经济地位确立与强化，为单位利益实施的犯罪成为新型形式。为此，《补充规定》在刑法尚未规定单位犯罪的情况下首次增设单位受贿罪和单位行贿罪，[1]确立单位贿赂犯罪罪名群及贿赂犯罪主体的“双轨制”立法，开启了中国特色“分体式”贿赂犯罪罪名群建设。

“分体式”立法模式的基本特征在于：(1)在规制行为类型上，对贿赂犯罪基础行为进行系统修正，调整行为类型范围：一是对受贿罪设立“索取型”[2]、“收受型”和“经济型”[3]三种类型；对行贿罪设立“一般

---

[1] 1985年7月18日施行的最高人民法院、最高人民检察院《关于当前办理经济犯罪案件中具体应用法律的若干问题的解答(试行)》第2条第3款“关于国家机关、团体、企业事业单位和集体经济组织收受贿赂，应如何处理的问题”规定：“根据不同情况，区别对待：对单位主管人员和直接责任人员借机中饱私囊，情节严重的，除没收全部受贿财物外，应对主管人员和直接责任人员追究其受贿罪的刑事责任。对单位进行走私、投机倒把等违法活动，或为谋取非法利益，收受贿赂，数额巨大，情节严重的，除没收全部受贿财物外，对主管人员和直接责任人员应追究受贿罪的刑事责任。……”该条第4款规定：“……国家机关、团体、企业事业单位和集体经济组织为谋取非法利益而行贿，数额巨大，情节严重的，对其主管人员和直接责任人员追究行贿罪的刑事责任。”据此，通过司法解释入罪的方式，对单位贿赂犯罪进行了犯罪化处理，然而，根据罪刑法定原则的要求，司法解释并不具有设定新罪的功能。

[2] 参见全国人民代表大会常务委员会《关于严惩严重破坏经济的罪犯的决定》第1条第2款规定：“对刑法第一百八十五条第一款和第二款受贿罪修改规定为：国家工作人员索取、收受贿赂的，比照刑法第一百五十五条贪污罪论处；情节特别严重的，处无期徒刑或者死刑。”因而，索取型的受贿罪是由该决定最早规定的。

[3] 参见《补充规定》第4条第2款第2句规定：“国家工作人员、集体经济组织工作人员或者其他从事公务的人员，在经济往来中，违反国家规定收受各种名义的回扣、手续费，归个人所有的，以受贿论处。”

型”与“经济型”两种类型，首次区别规定“公务行贿”与“经济行贿”，对后者作出细分设定，[1]满足对公权系统内与政商关系边界上贿赂犯罪评价的需要。二是对单位受贿罪的构成要件行为类型做“索取型”与“收取型”的立法设定；对单位行贿罪的构成要件行为类型做“一般型”与“经济型”的立法设定。(2)在规制主体类型上，一是将受贿罪主体拓展为“国家工作人员、集体经济组织工作人员或者其他从事公务的人员”，实现与贪污罪犯罪主体设定标准的差异化，[2]确立“从事公务”的判断基准地位。二是将单位受贿罪主体设定为“全民所有制企业事业单位、机关、团体”，将单位行贿罪主体设定为“企业事业单位、机关、团体”。前者强调所有制性质，其立法根据在于此类组织掌控着国家公共资源的分配权力；后者则放宽对所有制性质的限制。

2. 罪名体系建设模式选择的社会根据

“第二部反腐败特别法”颁行于中国经济从高度集中的计划经济向“有计划的商品经济”转型的历史时期，在市场经济逐步觉醒的时代，单位在市场中的地位与作用得到空前发展，成为独立的市场主体，促使贿赂犯罪由隐秘、单独的自然人，走向公开的组织体。一方面，行使公共职权的单位在代表国家分配公共资源中因利益驱动而实施权利交易行为，扭曲了市场竞争本应具有的公平秩序；另一方面，“企业增长与腐败程度之间存在正相关关系，企业的腐败是一种主动行为”[3]。作为市场主体为谋求更大的市场利益而实施的行贿犯罪也呈现出高

---

〔1〕 参见《补充规定》第7条第2款规定，“在经济往来中，违反国家规定，给予国家工作人员、集体经济组织工作人员或者其他从事公务的人员以财物，数额较大的”，“或者违反国家规定，给予国家工作人员、集体经济组织工作人员或者其他从事公务的人员以回扣、手续费的”，二者的区别在于，前者突出行贿的空间为“经济往来中”，后者突出行贿的方式是“回扣、手续费”。

〔2〕 根据《补充规定》第1条规定，贪污罪的犯罪主体为“国家工作人员、集体经济组织工作人员或者其他经手、管理公共财物的人员”，“在《补充规定》中，贪污罪的主体侧重于‘经手、管理公共财物’，受贿罪的主体侧重于‘从事公务’”，成为中国刑法关于贪污贿赂犯罪主体界定的实质标准。

〔3〕 徐雷、王乐：《企业腐败动机与“最优”腐败程度实证研究》，载《商业经济与管理》2014年第9期。

发、危害严重的态势,对贿赂犯罪罪名群进行犯罪主体的拓展,在传统的自然人主体之外构建新型的单位犯罪主体具有迫切的意义,这是促使"分体式"立法产生的社会原因。

《补充规定》对贿赂犯罪立法体系最实质性的修正在于,将"为他人谋取利益"引入受贿罪构成要件之中,从理论上解构这一立法修正的意义,在于确立了"现实的对价关系"在贿赂犯罪评价中的作用,[1]使得具备实质性的交易成为罪名体系建构的基本原则。[2] 我国学者认为,"贿赂罪的基本成立要件是设定了'职务行为与贿赂之间的对价关系'。这一对价关系是贿赂犯罪的核心要件。关于贿赂犯罪法益的各种理论都是对这一核心要件的实现所损害的客体进行描述和说明"。"贿赂犯罪的设立不是为了禁止行贿人谋取利益,而是为了禁止双方设立贿赂与职务行为之间的对价关系。"[3] 对于受贿罪,"刑法保护职务行为的不可收买性以及公民对职务行为不可收买性的信赖,所以,刑法对受贿罪的构成要件的描述,必须说明受贿行为侵犯了这种法益。而行为是否侵犯了这种法益,关键在于国家工作人员索取或者收受的财物,是否与其已经实施的、正在实施的、将来实施的或者许诺实施的职务行为之间具有对价关系,即国家工作人员所索取或者收受的财物,是否其职务行为(包括已经实施的、正在实施的、将来实施的或者许诺实施的)的不正当报酬"。[4] 将现实的对价关系作为构成要件设立的基础引入贿赂犯罪,始于《补充规定》,且在设定模式上,既包括客观要件,也包括主观要件,这一关系模式的引入在很大程度上限缩了刑法的评价范围。

---

〔1〕 实际上,早在 1985 年 7 月 18 日施行的最高人民法院、最高人民检察院《关于当前办理经济犯罪案件中具体应用法律的若干问题的解答(试行)》中,已经将"为他人谋取利益"引入受贿罪构成要件之中,从而在贿赂犯罪的法网上进行了限缩,《补充规定》则是对该司法解释性文件的立法确认。

〔2〕 参见魏昌东、周亦杨:《论交易性本质对受贿罪构成的影响》,载《南京大学学报(哲学·人文科学·社会科学)》2002 年第 6 期。

〔3〕 车浩:《行贿罪之"谋取不正当利益"的法理内涵》,载《法学研究》2017 年第 2 期。

〔4〕 张明楷:《论受贿罪中的"为他人谋取利益"》,载《政法论坛》2004 年第 5 期。

（三）单行刑法：贿赂犯罪罪名体系的再次微观完善

改革开放以后，非公有制经济的独立社会地位逐渐受到国家与社会的重视与承认，1982年《中华人民共和国宪法》第11条规定，“在法律规定范围内的城乡劳动者个体经济，是社会主义公有制经济的补充”，1988年《中华人民共和国宪法修正案》第1条规定：“宪法第十一条增加规定：‘国家允许私营经济在法律规定的范围内存在和发展。私营经济是社会主义公有制经济的补充……’”经济体制改革的深入，使得中华人民共和国成立后形成的单一公职贿赂犯罪体系已经无法适应社会发展的需要，1995年2月28日全国人大常委会颁行《关于惩治违反公司法的犯罪的决定》（以下简称《决定》），对私营部门贿赂犯罪作出了明确的法律规定。

1. 贿赂犯罪罪名体系建设：“分体式”立法模式的丰富

以增设新型犯罪主体为中心，单行刑法首次增设私营领域的公司、企业人员受贿罪，与公营机构人员贿赂犯罪相并立，在“分体式”立法模式下，形成了“公职人员—公职单位—私营人员”的罪名体系。（1）在规制行为类型上，设定“索取型”和“收受型”两种类型。（2）在规制主体类型上，将“公司董事、监事或者职工”设定为犯罪主体，较之于公职人员受贿罪以“从事公务”为前提的实质标准，未以职权行使为必要，犯罪主体的范围更为广泛。（3）维持“职务便利”要件，对“索取型”与“收受型”行为模式，均未设定“为他人谋取利益”要件，入罪条件较之于公职贿赂犯罪更为严格。

2. 罪名体系建设模式选择的社会根据

犯罪化转型是国家刑法发展的基本趋势与必然选择，社会政策的优化与调整、经济运行模式的更新与转型，在缓解固有社会矛盾、促进社会发展的同时，也产生了新的矛盾。犯罪总量急剧膨胀、新型犯罪衍生是其基本表现，国家为强化和扩大社会控制力进而加大刑法的干预。随着改革开放的深入，我国社会结构开始发生由传统的一元社会向多元社会结构的转变，传统的公职贿赂逐步发展出“公务—商业”贿赂并存的格局。为适应犯罪治理的需要，贿赂犯罪立法由传统公共权力领域向非公有制经济领域的拓展，是这一趋势现实化的重要标志。[1]《决定》再次扩容“分体式”贿赂犯罪罪名体系，非国有公司、企业人员成为犯罪主体的新类型，由此使得私营领域的“私权贿赂”与公权领域的“公职贿赂”区分开来。《补充规定》首创“经济型”贿赂行为类型，区分了公权系统内及政商关系边界上贿赂犯罪的评价问题。经济贿赂与21世纪后受到高度关注的商业贿赂存在内在关系。“在政治国家与市民社会二元分立的条件下，根植于市民社会的商业贿赂与存在于政治国家的公职贿赂之间存在诸多不同之处，最为重要的和关键的，莫过于两者所引起的社会道德情感反应的不同，或者说，莫过于社会报应欲求的不同。”[2]这种认识在刑法上则表现为公私领域贿赂犯罪的危害性差异，也为私营部门贿赂行为的犯罪化提供了理论基础。

（四）第二部刑法典：贿赂犯罪罪名体系的再法典化

1997年《刑法》全面整合了处于分散状态的贿赂犯罪规范，首次实现实质性的“二元”体系化，“公职贿赂”与“私营贿赂”被分列于分则第8章“贪污贿赂罪”和第3章“破坏社会主义市场经济秩序罪”之中，其法益属性的差异得到了立法的确认，中国特色“分体式”贿赂犯罪罪名体系正式成型。

1. 贿赂犯罪罪名体系建设：“分体式”立法模式的法典再确认

1997年《刑法》在罪名群设定上，分别以公职自然人、公职单位和私营部门自然人主体作为罪名群建构的中心，其中，公职贿赂罪名群的设定，根据公共职权行使国家和社会管理权的具体情况，分设自然人与单位贿赂罪名群。在行为模式与关系设定上，根据全面对向关系的要求设定罪名群，贿赂犯罪的罪名达到8个，形成了由公职人员、公职单位与非公职人员罪名群组成的罪名体系。（1）在规制行为类型上，对贿赂犯罪行为模式进行再次更新，表现为：一是对受贿罪首次增设“斡

---

〔1〕参见孙国祥、魏昌东：《反腐败国际公约与贪污贿赂犯罪立法研究》，法律出版社2011年版，第95页。

〔2〕刘远、鲁晨生：《论商业贿赂与公职贿赂的立法分立》，载李洁、张军、贾宇主编：《和谐社会的刑法现实问题》，中国人民公安大学出版社2007年版。

旋型”的行为类型。二是对行贿罪不再区分公权系统内的“公务行贿”及政商关系边界上的“经济行贿”。三是对单位受贿罪增设“经济型”的规定。四是增设对单位行贿罪,规定“一般型”与“经济型”两种行为类型。五是对公司、企业人员受贿罪,设立“索取型”、“收受型”和“经济型”三种行为类型。六是增设对公司、企业人员行贿罪,仅设立“一般型”模式。(2)在规制主体类型上,对所有贿赂犯罪主体的范围进行再确认。一是对受贿罪实行主体唯一原则,“国家工作人员”成为唯一的犯罪主体类型,范围由《刑法》第93条规定。二是对单位受贿罪,主体设定为“国家机关、国有公司、企业、事业单位、人民团体”。(3)对贿赂犯罪构成要件进行以现实对价关系为基础的全面改造,并根据职权属性做出差异化的处理:一是对受贿罪维持“索取型”与“收受型”社会危害性程度差异的立法观念,后者配置“为他人谋取利益”的条件。“经济型”受贿因本身即是“收受型”的变体,也须满足该要求。二是对单位受贿罪和公司、企业人员受贿罪,将“为他人谋取利益”同时规定为“索取型”“收受型”模式的构成要件。三是对所有行贿犯罪(包括行贿罪、单位行贿罪、对单位行贿罪以及对公司、企业人员行贿罪),设定“为谋取不正当利益”的主观要件。四是强化刑事政策的导向功能,首次增设“索贿的,从重处罚”的规定;维持行贿罪的出罪与责任减免条款,并扩展至对公司、企业人员行贿罪和介绍贿赂罪。

2. 罪名体系建设模式选择的社会根据

1997年《刑法》对贿赂犯罪罪名体系的法典化,所形成的“分体式”罪名体系,其建构的显性基准是主体的身份关系,隐性基准则是因主体身份而衍生的权力属性及其行为社会危害性的程度差异。主体身份与社会经济发展中不同权力属性与组织模式相关,公权行使者与私营部门管理者均为立法设定规制体系的建构重点,这种体系建构模式,尽管关注了不同身份主体因所占有或使用社会资源类型的差异对社会危害程度的情况,但是,其缺陷也相当明显,表现为:其一,不完全符合贪污贿赂犯罪社会危害性评价的本质;其二,忽视了不同身份类型的犯罪主体之间实施贪污贿赂犯罪的关联性;其三,不利于在刑法中贯彻平等保护的基本刑法观念。[1] 此外,"烦琐式"的犯罪构成体现了以现实对价关系为中心与公权伦理基础的弱化。"分体式"罪名体系的首要特征在于,使现实的对价关系成为了立法体系建构的唯一基础,不仅影响个罪的犯罪构成设计,也影响刑罚结构关系模式的设定。基于现实对价关系的支配功能,其他对于犯罪治理体系建设具有重要指导价值的理论被立法忽视。

四、后法典化时代中国贿赂犯罪罪名体系的再完善

后法典化时代贿赂犯罪罪名体系的完善仍是立法的重点所在,涉及 3 项基本内容:扩张主体类型、增设新罪名与调整罪刑结构,由 1997 年《刑法》所确立的贿赂犯罪"分体式"罪名体系也由此被拓展为"公职人员贿赂—公营单位贿赂—私营人员贿赂—外国公职人员与国际组织官员贿赂—特定关系人与特殊权力人贿赂"的复杂结构,贿赂犯罪体系中的罪名总数达到 11 个。

(一)刑法修正案:"分体式"罪名体系的"外延再扩张"

1. 既有立法体系的局部扩张

1995 年《决定》实现了贿赂犯罪主体由公职机构向私营部门的首次扩张,公司、企业人员成为了贿赂犯罪的主体,2005 年 12 月 24 日,全国人大常委会法制工作委员会在《关于〈中华人民共和国刑法修正案(六)(草案)〉的说明》中指出:"有关部门和司法机关提出,对公司、企业以外的单位的非国家工作人员利用职务便利进行'权钱交易'、危害社会利益的行为,例如发生在医疗机构的药品、器械采购中的商业贿赂行为,数额较大的,也应追究刑事责任。"刑法对私营部门贿赂犯罪主体的范围再次出现扩张的内在需要。2006 年 6 月 29 日,全国人大常委会通过的《刑法修正案(六)》对 1997 年《刑法》第 163、164 条进行修改,将公司、企业人员受贿罪与对公司、企业人员行贿罪的主体及对象扩大到"其他单位的工作人员",罪名随之被修改为非国家工作人员受贿罪和对非国家工作人员行贿罪。

---

〔1〕 参见孙国祥、魏昌东:《反腐败国际公约与贪污贿赂犯罪立法研究》,法律出版社 2011 年版,第 105 页。

2. 公职贿赂犯罪主体的界限扩张

1997 年《刑法》是“分体式”贿赂犯罪罪名体系成型的标志，进入 21 世纪后，我国不断加大腐败治理力度，腐败治理情势发生重大变化。伴随对公职贿赂治理高压态势的强化，腐败主体为规避打击，调整了传统的以直接的权钱交易为中心的行为模式，转而采取更为隐蔽的“间接交易”乃至“代理人交易”的模式，腐败治理的难度进一步增大。2008 年 8 月 25 日全国人大常委会法制工作委员会在《关于〈中华人民共和国刑法修正案（七）（草案）〉的说明》中指出：“有些国家工作人员的配偶、子女等近亲属，以及其他与该国家工作人员关系密切的人，通过该国家工作人员职务上的行为，或者利用该国家工作人员职权或者地位形成的便利条件，通过其他国家工作人员职务上的行为，为请托人谋取不正当利益，自己从中索取或者收受财物。同时，一些已离职的国家工作人员，虽已不具有国家工作人员身份，但利用其在职时形成的影响力，通过其他国家工作人员的职务行为为请托人谋取不正当利益，自己从中索取或者收受财物。这类行为败坏党风、政风和社会风气，对情节较重的，也应作为犯罪追究刑事责任。”2009 年 2 月 28 日，全国人大常委会通过的《中华人民共和国刑法修正案（七）》（以下简称《刑法修正案（七）》）增设利用影响力受贿罪，将“国家工作人员的近亲属或者其他与该国家工作人员关系密切的人”和“离职的国家工作人员或者其近亲属以及其他与其关系密切的人”，纳入贿赂犯罪主体的范围。

党的十八大以后，以习近平同志为核心的党中央全面推进腐败治理，并取得了腐败治理的压倒性胜利，为强化惩腐肃贪的力度，2015 年 8 月 29 日，全国人大常委会通过的《刑法修正案（九）》增设对有影响力的人行贿罪，与利用影响力受贿罪形成对合关系，体系化地打击贿赂犯罪。

3. 贿赂犯罪主体向外国公职人员、国际组织官员的扩张

融入经济全球化进程是我国和平发展的重要战略机遇，但经济全球化负面效应之一是在跨国性商业交易中，某些跨国公司、财团为了在激烈的国际竞争中取得优势地位，进而牟取暴利，不惜对有关国家的政

府官员采取行贿的手段，进行不正当竞争。[1] 基于履行国际公约义务的需要，2011 年 2 月 25 日，全国人大常委会通过的《中华人民共和国刑法修正案(八)》(以下简称《刑法修正案(八)》)，增设对外国公职人员、国际公共组织官员行贿罪，将涉外因素引入我国刑法，进一步严密了贿赂犯罪刑事法网。

(二)刑法修正案："分体式"罪名体系的"内涵修复式"完善

1. 个罪罪刑关系结构模式完善

"外延扩张式"是我国贿赂犯罪罪名体系建构与发展的基本特色。所谓"外延扩张式"立法，是指在维持既有基本罪刑规范的调整理念与治理格局的前提下，通过不断扩大规制主体范围，增设行为类型，实现扩大刑法规制范围的立法模式。[2] 表现为：一是增设新型犯罪主体是立法的唯一完善路径。二是构成要件要素内容不断增加，维持"增长型"发展，要件完善基本未触及实践中已然存在适用冲突的问题。三是罪刑关系的"梯度化"。尽管对不同主体的配罚设定了差别的基点，但是，对于罪名体系建构核心的受贿罪而言，仍固守在不表征法益受损状况的"以赃计罪"模式，由此导致立法规范范围、评价基点、评价关系的僵化，难以满足犯罪治理的需要。2015 年 8 月 29 日，全国人大常委会通过《刑法修正案(九)》，着手完善受贿罪罪刑关系模式与行贿犯罪的刑种体系。包括：(1)将 1997 年《刑法》确立的受贿罪配刑的数额基准，调整为"数额 + 情节"模式，首次开启贿赂犯罪立法的"内涵修复式"完善，以期提高对法益受损状况的科学评价能力，这一修正，意味着立法机关对于长期以来对贿赂犯罪立法修正所采取的"外延扩张式"模式开始有所松动，并呈现出转型的动向。然而，本书认为，立法修正所追求的更加科学量定贿赂犯罪法益受损状况、降低对贿赂犯罪评价难度的目标，并未因"数额 + 情节"模式的引入而得到有效纾解。

---

〔1〕 参见杜强：《论国际刑法中的贿赂外国官员罪》，载《国家检察官学院学报》2003 年第 6 期。

〔2〕 参见钱小平：《贿赂犯罪情节与数额配置关系矫正之辨析》，载《法学》2016 年第 11 期。

由于犯罪数额在贿赂犯罪刑罚量定中的功能依旧根深蒂固，造成最高国家司法机关在对贿赂犯罪法定刑适用时，并未将情节作为独立的基准加以适用，而仅是作为数额基准的辅助性要素，且更为重要的是，情节要素设定与贿赂犯罪法益损害状况揭示之间，并不具有关联性，从而作为受贿犯罪手段而进行交易的权力属性、位阶、交易结果等重要因素，仍无法作为犯罪的独立评价要素在司法中发挥应有的作用。这一状况表明，当下我国对于贿赂犯罪立法向“内涵修复式”的转向尚刚刚起步，对于贿赂犯罪的罪刑规范体系的完善仍有相当繁重的任务需要完成。(2)完善受贿罪刑罚处遇制度。修正受贿罪的死刑适用条件，增设终身监禁刑；增设特别从宽条款。(3)完善行贿罪刑种体系。普遍增设罚金刑，弥补对行贿犯罪刑种不丰富的缺陷，提高刑种对职务性经济犯罪治理的吻合性；增设特别立功条款。

2. 类罪罪刑关系结构模式完善

“梯度化”配刑是“分体式”贿赂犯罪罪名体系建设的又一特征，差异化配刑的根据在于，简单认定不同类型贿赂犯罪伦理悖逆性差异。然而，在市场经济已经高度发达的今天，清廉社会之于市场伦理与公共行政伦理标准的完善作用日益明显，传统上所存在的二者间的鸿沟在逐步消除。无论何种领域、何种主体的贿赂犯罪，均直接侵害清廉社会的根基，进而对公共权力与市场的公平交易带来同等危害，社会经济发展必然带动文化的变迁，这就为贿赂犯罪的刑罚完善奠定了基础。2020 年 12 月 26 日，全国人大常委会通过的《刑法修正案(十一)》启动对非国家工作人员受贿罪刑罚的完善，降低私权受贿与公职受贿的刑罚“强度差”，对其刑度作出了基本等同于受贿罪除死刑配置以外的标准修正，类罪罪刑关系结构得到优化。(见表 1 - 1)

表 1－1　我国刑法贿赂犯罪罪名体系的基本结构

权力属性	犯罪主体	罪名	首次入罪时间
公职部门	公职自然人	受贿罪	1979 年《刑法》
		行贿罪	
		介绍贿赂罪	
		利用影响力受贿罪	2009 年 2 月 28 日《刑法修正案(七)》
		对有影响力的人行贿罪	2015 年 8 月 29 日《刑法修正案(九)》
	公职单位	单位受贿罪	1988 年 1 月 21 日《补充规定》
		单位行贿罪	
		对单位行贿罪	
私营部门	域内私营部门	非国家工作人员受贿罪	1995 年 2 月 28 日《决定》[1]
	域外私营部门	对非国家工作人员行贿罪	1997 年《刑法》
		对外国公职人员、国际公共组织官员行贿罪	2011 年 2 月 25 日《刑法修正案(八)》[2]

注:1. 首次入罪时的罪名为“公司、企业人员受贿罪”。
2. 首次入罪时的罪名为“对非国家工作人员行贿罪”。

第二节　中国贿赂犯罪罪名体系建设的基本原理

刑法如何建构科学的罪名评价体系,是一个重要而基础的问题。对此,我国著名刑法学家储槐植教授在对贿赂犯罪罪名体系建构问题的研究中率先提出了“罪刑系列”的概念。所谓“罪刑系列”,是指就同一种罪法律规定的一串近似的犯罪构成以及与之相应的刑罚。“罪刑系列”立法方法的主观根据是国家严密法网的法制建设需要。从主客观的关系来看，罪刑系列是犯罪形式多样化的立法反映，按罪刑法定原则，法律反映犯罪是国家惩罚犯罪的依据，罪刑单一则不足以有效地同形式多样的犯罪作斗争。[1] 这一理论分析路径具有重要的启发价值。中国贿赂犯罪罪名体系的发达简史，揭示出罪名体系发展的基本规律与建设的基本原理。

一、以犯罪主体类型化为中心的罪名体系建构

（一）贿赂犯罪罪名体系的“二元、双重结构”

“分体式”罪名体系，即以犯罪主体及其所行使的权力属性为中心建构罪名群，进而形成罪名体系，是我国贿赂犯罪罪名体系建构的首要原理。这一原理具有深刻的认识论基础，既是国家立法面对社会发展中的新问题做出的积极回应，也映射出对犯罪治理策略的认识存在逐步深化的内在要求。改革开放开启了中国实质意义上的现代化发展的新时期，社会发展的整体结构关系与运行模式，较之于中华人民共和国成立后以计划经济体制为中心而形成的社会结构关系发生了重大变化。从公权力作用于社会发展的视角考察，一方面，公共权力以更加积极的姿态承担对国家与社会发展的组织与管理使命，在国家发展中不断巩固与加强其地位与作用；另一方面，我国的经济与政治体制改革，促进了社会结构的重大变化，新型社会组织不断涌现，社会权力结构与运行模式不断更新。由于公共行政伦理观念未能在社会发展中受到高度重视，规范与约束权力的法制体系建设与社会发展之间的不完全同步性，为贿赂等腐败犯罪的滋生与蔓延提供了制度规制的空隙。立法机关在针对公共权力贿赂犯罪做出“应激式”反应的同时，逐步认识到贿赂犯罪的多元危害源所在，选择了以犯罪主体类型为中心的罪名群建设模式，形成了“添附式”的立法发展模式。所谓“添附式”立法，是指立法机关在针对特定危害行为建构基础罪名体系的基础上，对于由不同类型主体所实施的具有与既定刑法规定行为类型具有相同外观的行为，通过直接将犯罪主体纳入规制范围，并简单套用既有罪名的构成

---

〔1〕 参见储槐植：《完善贿赂罪立法——兼论“罪刑系列”的立法方法》，载《中国法学》1992 年第 5 期。

要件而建构出新的罪名群。其核心在于：一是针对不同犯罪主体类型建构基本相似的对合性罪名群。二是各子罪名群的建构基础同一，均为权力与利益之间的现实的对价关系。三是在承认不同权力类型与行权模式差异性的前提下，在构成要件要素上对既有罪名进行简单移植，并未根据权力类型的实质特征做出根本性的调整。[1]

1979 年《刑法》首次实现对公职自然人贿赂犯罪罪名的独立化后，罪名群建设通过完善行为模式、调整罪刑结构积累了一定的立法经验。以之为基础，贿赂犯罪的罪名体系开始循着三个方向发展。

1. 向公职单位领域的发展

改革开放使国家机关、国有单位、集体所有制单位获得了独立的社会主体地位，促使既有的利益占有关系发生变化。独立的经济利益地位，使得某些国有单位不惜以出卖权力的方式换取利益，损及国家公权力的廉洁性，产生了对此类权钱交易行为实施刑法调整的必要。单位受贿犯罪仅限于公职部门，属于同源性权力内的扩展，原因在于，在由计划经济体制向市场经济体制的转型过程中，一定范围与程度上存在的对社会政治、经济与文化发展行使国家管理职权、作出决策的强势部门，以及对国家微观经济行使管理职权的国有企业与事业单位实施的权钱交易行为。在刑法中设定独立的单位贿赂犯罪罪名群，在世界贿赂犯罪立法中可谓独具中国特色，将所有可能损害公职单位职务行为廉洁性的行为，以组织体刑事责任为基础设定出单位犯罪的罪名群。

2. 向私营部门的拓展

“与贿赂犯罪治理政策相关联的社会结构主要关涉社会经济结构。从立法史的视角来看，经济结构的多元化发展对于贿赂犯罪的立法体系产生了直接影响。”[2] 市场经济改革的进展，使发生于公职部门

---

〔1〕“添附式”立法模式主要被立法机关运用于广义的腐败犯罪的罪名群建构上，最为突出的是，直接在贪污罪、挪用公款罪、受贿罪之外，建构出职务侵占罪、挪用资金罪与非国家工作人员受贿罪。

〔2〕李本灿：《对非国家工作人员行贿罪的立法论思考》，载《国家检察官学院学报》2021 年第 3 期。

内及政商关系结合点上的权钱交易行为对公平的社会利益分配关系构成现实侵害，为此，立法机关将之纳入刑法规制范围之中，设立出独立的罪名。“在各国的刑事立法中，贿赂犯罪在两大部门呈现出立法时序上的异步性。各国关于公共部门贿赂犯罪的刑事立法起步早、重视程度高。”[1]根据主体类型建构独立的罪名群，也是域外国家罪名设定的基本模式。例如，日本有两大类贿赂罪：一类是公务贿赂罪，主体是公务员和仲裁人，此类罪规定在刑法典中。另一类是业务贿赂罪，主体是企业事业等单位有关业务人员，这类罪规定在《日本商法典》《日本有限公司法》等各种经济和行政法律中。又如，美国纽约州刑法规定了两类贿赂罪，即公务员贿赂罪和非公务员贿赂罪（包括商业贿赂、竞技贿赂和贿赂劳工职员），两类罪又都分为一级贿赂和二级贿赂两个系列。[2] 我国刑法就私营部门贿赂犯罪设定了自然人与单位两个罪名群。其中，自然人贿赂犯罪包括非国家工作人员受贿罪与对非国家工作人员行贿罪，以及具有涉外因素的贿赂犯罪；私营单位贿赂犯罪则指单位对非国家工作人员行贿罪，其罪名体系具有完备性。

3. 对自然人公职贿赂犯罪罪名群的加固

“随着社会的发展，权力寻租的方式呈现出更加复杂化的特点，国家工作人员‘身边人’的受贿现象屡见不鲜，甚至成为国家工作人员躲避法律制裁的敛财的主要手段。”[3]特定关系人贿赂，成为21世纪后贿赂犯罪的新型形式。与国家工作人员关系密切的人、离职的国家工作人员及其关系密切的人的贿赂犯罪，其犯罪主体尽管并非国家工作人员本人，但因其权钱交易衍生的根源，仍是以国家工作人员所掌握的公权力作为交易的工具，故其是对公职贿赂犯罪罪名群的完善。正是由于利用影响力受贿罪的行为主体与国家工作人员有密切关系，行贿

---

〔1〕 余高能：《整合还是细分：贿赂犯罪两部门立法模式探究》，载《河北法学》2013年第12期。

〔2〕 参见储槐植：《完善贿赂罪立法——兼论“罪刑系列”的立法方法》，载《中国法学》1992年第5期。

〔3〕 高铭暄、张慧：《贿赂犯罪司法解释的功能与瑕疵分析》，载《法治研究》2014年第11期。

一方以及一般人会认为国家工作人员的职务行为与贿赂之间建立了对价关系，所以，利用影响力受贿罪侵犯了国民对国家工作人员职务行为不可收买性的信赖。[1]

(二)贿赂犯罪罪名体系与法益界域的“二分化”立场

以犯罪主体类型化为中心建构相对独立的罪名群，在实质上是根据法益属性差异而做出的立法安排。在贿赂犯罪的界域中明确划分公权力与私权力贿赂两种类型，根据主体身份与所行使权力属性的差异进行子罪名体系的建构，进而形成贿赂犯罪的罪名体系，[2]是我国贿赂犯罪罪名体系建构的基础，由此形成了法益界域“二分化”的立法体系。加之，对自然人与单位公权设定不同的罪名群，由此形成“二元、双重结构”。

对贿赂犯罪罪名体系做公私部门的划分，进而设定出法益保护对象的不同类型，是基于与权力属性相契合的立法考量，由于公权力与私权力的性质殊异，在受贿犯罪的实施中，不同属性的权力对于贿赂犯罪的完成具有不同的作用模式与作用机理，从而在犯罪构成要件内容上也应当做出不同的立法设计。关于公职贿赂犯罪的法益属性，尽管在理论上存在多种学说的分歧与争鸣，但是，公职人员与公职单位违背其法定义务实施的贿赂犯罪，侵害其职务及其职务行为的廉洁性，是刑法理论界可以达成的基本共识。值得关注的是，如何界定私营领域贿赂犯罪所侵害法益的问题。任何贿赂行为的当事人之间都是权力寻租与租用的关系，因此任何贿赂行为都是权力异化的表征。权力有公共权力与社会权力之分，所以表征权力异化的权力寻租与租用关系，也就有

---

〔1〕 参见张明楷:《受贿犯罪的保护法益》,载《法学研究》2018 年第 1 期。

〔2〕 在我国贿赂犯罪的罪刑体系之中,除对外国公职人员、国际公共组织官员行贿罪之外,大体上存在两套平行的体系,一套体系主要围绕对公共权力的治理展开,形成了典型的受贿罪、利用影响力受贿罪以及对国家工作人员或有影响力的人员的行贿类犯罪;另一套体系主要用以规制非国有公司、企业、单位内的受贿和行贿,形成了非国家工作人员受贿罪以及对非国家工作人员行贿罪等……根据实施主体的自然人属性或单位属性的差异,又形成了不同的罪名。参见李本灿:《对非国家工作人员行贿罪的立法论思考》,载《国家检察官学院学报》2021 年第 3 期。

公共权力寻租与租用关系和社会权力寻租与租用关系之分。[1] 私营领域所发生的贿赂犯罪,无论参与权钱交易关系的主体地位如何,均是基于实现市场主体经济利益而进行的活动,基于此,我国立法机关将私营部门贿赂犯罪称为商业贿赂犯罪。[2] "商业贿赂是相对于公职贿赂而言的,是市场交易过程中发生的以社会权力寻租为本质而与公共权力寻租并无直接关系的贿赂犯罪。"[3]"商业贿赂侵害了公平竞争的市场秩序,这就决定了在计划经济时代没有商业贿赂存在的社会基础;随着计划经济向市场经济的转型,商业贿赂犯罪实现了从无到有的立法演进。"[4]对于其法益内容,刑法理论界存在不同主张:一是"廉洁性说"。该说主张商业贿赂罪的保护法益是公司、企业人员的廉洁性,[5] 或者公司、企业工作人员职务行为的廉洁性。[6] 二是"职务行为公正性说"。该说主张非国家工作人员受贿罪保护的是公司、企业等单位内部员工职务行为的公正性。[7] 三是"管理秩序说"。该说主张该罪侵犯的是公司、企业或者其他单位的正常管理秩序。[8] 四是"市场竞争秩序说"。该说认为该罪侵犯的是公平的商业流通和交易秩序,破坏了市场资源的合理配置,使诚信的企业在竞争中处于劣

---

〔1〕 参见刘远:《商业贿赂犯罪的概念与立法》,载《华东政法学院学报》2006 年第 5 期。

〔2〕 全国人大常委会法制工作委员会副主任安建同志在 2005 年 12 月 24 日全国人大常委会第十九次会议上所作《关于〈中华人民共和国刑法修正案(六)(草案)〉的说明》,明确用"商业贿赂犯罪"一词指称《刑法》第 163、164 条规定的犯罪。

〔3〕 刘远:《商业贿赂犯罪的概念与立法》,载《华东政法学院学报》2006 年第 5 期。

〔4〕 李本灿:《对非国家工作人员行贿罪的立法论思考》,载《国家检察官学院学报》2021 年第 3 期。

〔5〕 参见苏惠渔主编:《刑法学》,中国政法大学出版社 1997 年版,第 500 页。

〔6〕 参见高铭暄主编:《中华人民共和国刑法的孕育诞生和发展完善》,北京大学出版社 2012 年版,第 372 – 373 页。

〔7〕 参见肖扬主编:《中国新刑法学》,中国人民公安大学出版社 1997 年版,第 387 页。

〔8〕 参见高铭暄、马克昌主编:《刑法学》(第 8 版),北京大学出版社 2017 年版,第 390 页。

势。[1] 公平竞争的市场经济秩序是所有商业贿赂犯罪侵害的共同法益。[2] 本书认为,上述第一、二种观点,简单移植了公职贿赂犯罪法益内容的确定方式,第三种观点欠缺具体性,无法实质性揭示商业贿赂犯罪的基本属性,第四种观点则存在进一步深化的必要,从前置法规定与刑法分则类罪归属的根据来看,应将其法益确定为“忠实与勤勉义务”。理由在于,从前置法的规定来看,《中华人民共和国公司法》(以下简称《公司法》)第6章“公司董事、监事、高级管理人员的资格和义务”中,第147条规定:“董事、监事、高级管理人员应当遵守法律、行政法规和公司章程,对公司负有忠实义务和勤勉义务。董事、监事、高级管理人员不得利用职权收受贿赂或者其他非法收入,不得侵占公司的财产。”此条从法理上分析,“忠实义务和勤勉义务”应是其上位概念,从而董事、监事、高级管理人员利用职权收受贿赂是属于对其忠实、勤勉义务的违反。《公司法》第149、151条对违反这些义务的高级管理人员如何进行责任追究作出具体规定,而本罪的设置正是对公司、企业高级管理人员违反忠实、勤勉义务的刑事责任追究。故本罪所侵犯的法益是非国有公司、企业、其他单位工作人员对公司、企业等单位的忠诚和勤勉义务,以及公司、企业和其他单位的经济利益分配关系。

二、以行为结构关系为中心的罪名体系建构

(一)对合关系作为罪名体系建构的基础

犯罪学原理揭示出不同犯罪之间可能存在内生依附关系的现象,这一内生关系决定犯罪的发生,进而决定犯罪规制策略的选择,这种内在规律性即为犯罪的行为结构发生关系。贿赂犯罪是具有天然内生依存与继起关系的危害行为,这种关系被刑法理论抽象为对合关系。“贿赂犯罪中受贿人与行贿人具有共同一致的利害关系,彼此可以满足对方的需求而有相对配合的犯罪目的,因此,贿赂犯罪在刑法理论上

〔1〕 参见何显兵、刘超:《商业贿赂罪客体探析》,载《人民检察》2007年第15期。
〔2〕 参见孙国祥、魏昌东:《经济刑法研究》,法律出版社2005年版,第275页。

被称为一种对合性犯罪。"[1]"所谓对合行为,是指必须基于双方主体之间的对应行为才能实施或完成的危害行为。缺少任何一方的行为,另一方的行为就无法实施或不能完成……对向犯的核心特征之一是内容存在对应性。双方行为主体分别实施各自的行为,两行为在事实内容上互相补充,相互对应,形成统一的对合整体。"[2]这种对合关系在贿赂犯罪中表现为:"行贿行为与受贿行为之间在功能上具有对向性,即双方行为主体分别实施各自的行为,两者彼此补充,相互呼应,形成统一的整体;在成罪条件上,两者具有依存性,即一方的实施或完成以另一方的存在为条件。如果行贿人缺乏行贿的故意,则受贿方即便事实上已经接受了财物,也不构成受贿罪;反过来,如果受贿方不具备利用职务之便为对方谋取利益的条件,或者不具备受贿罪所要求的主体资格,则行贿方不会实施或者不能完成行贿犯罪;倘若受贿方拒绝接受财物,则行贿方无法达到行贿犯罪的既遂状态。"[3]立足于此,现代刑法普遍将受贿罪与行贿罪作为最基本的罪名加以设定。我国刑法除在对外国公职人员、国际公共组织官员的犯罪中,基于刑事管辖权实现可能性的考虑,仅设立单向性的行贿罪外,在其他不同犯罪主体的贿赂犯罪罪名群设定中均作出对合性的罪名设定。

(二)以行为群为中心的罪名设定

刑法对贿赂犯罪的罪名设定,存在以罪名群为中心与以行为群为中心两种建构模式,前者是指对具有同一危害实质的行为,根据行为危害程度的差异进行罪质类型的立法区分,据以设定出不同的罪名。此种立法模式,即为储槐植教授所言之"罪刑系列"的立法方法,在贿赂犯罪中,就是根据行为模式的差异,设定具体化的罪名。后者是指将具有同一危害实质的行为仅作出具体行为方式上的类型划分,仍在立法上作一种犯罪的设定。值得注意的是,罪名群立法模式在我国古代贿

[1] 梁根林:《受贿罪法网的漏洞及其补救——兼论刑法的适用解释》,载《中国法学》2001年第6期。

[2] 刘士心:《论刑法中的对合行为》,载《国家检察官学院学报》2004年第6期。

[3] 李少平:《行贿犯罪执法困局及其对策》,载《中国法学》2015年第1期。

赂犯罪的立法中既已存在。被誉为中国古代立法典范的《唐律》对受贿罪的规定即采用了罪名群的立法方法,《唐律》设定了5种受贿罪的罪名,包括:(1)受财枉法罪。根据《唐律》的规定,受财枉法罪即监临主司受有事人财而为曲法处断者,其中,“监临主司”是指“统摄案验及行案主典之类”。《唐律》除规定受财枉法罪的一般原则外,还考虑到了受财枉法罪的特殊情况。对于受财枉法罪来说,一般是受财在前,枉法在后。如果受财在后,枉法在前,则“诸有事先不许财,事过之后而受财者,事若枉,准枉法论”。这种处罚较一般情况下的受财枉法罪轻,即犯罪官吏“不在除、免、加役流之例”。《唐律》的这一规定是考虑到事后受财与事前受财不同,判案结果与受财不一定有直接关系,有其合理性。至于事后受财而官吏并未枉法,则危害性更小,因而只科以“受所监临财物”罪,从轻论处。(2)受财不枉法罪,是指虽然接受当事人的贿赂,但并没有违背职务为行贿者谋取非法之利。这种受贿罪与受财枉法罪一起组成受贿罪的基本形态。(3)受财请托罪,是指某种事务并非自己主办,而是由其他官吏负责,该官吏收受当事人的贿赂后,替该当事人向主管官吏请托枉法的犯罪行为。(4)受所监临罪,是指主管官员收受其管辖范围内吏民的财物或其他财产性利益的犯罪行为。虽然受所监临罪不是发生在官吏执行具体职务的过程之中,但是此罪的犯罪主体同受财枉法罪和受财不枉法罪一样,并且其非法财物也是官吏凭借职务关系,即身处监临之位,从私人手中取得。因此,从本质上来看,受所监临罪也属于受贿罪的范畴。(5)监临之官家人乞借罪,是指诸监临之官家人,于所部有受乞、借贷、役使买卖有剩利的行为。[1] 我国古代罪刑系列立法方法为各国所广泛采用,其中最为典型的是深受中华法系影响的日本。日本现代刑法典在设定单纯受贿罪作为基本犯罪构成的基础上,又根据受贿行为实施方式的不同,设定了6种具体罪名,这种罪名群立法方法被储槐植教授定义为“主从式”立法方法,即“一种罪的几个形式在犯罪构成立法上存在主辅关系,其中一

---

〔1〕 参见孙庆和、刘成安:《试析唐代立法中关于受贿罪的规定》,载《青岛海洋大学学报(社会科学版)》1998年第2期。

个是基本犯罪构成,其余的为修正犯罪构成”。[1] 在这一罪名群建构中,是否存在“请托”与“谋取利益性质”成为罪名群建设的基点。

我国现行贿赂犯罪刑法立法采用的则是行为群立法模式,表现为,刑法对受贿与行贿犯罪仅设定一个罪名,在此前提下,又规定出不同的行为模式类型。以受贿罪为例,《刑法》明文规定了“索取贿赂”“收受贿赂”“经济受贿(商业受贿)”“斡旋受贿”四种行为模式,以对受贿犯罪进行行为类型上的具体区分。但是,值得注意的是,这种模式区分并不具有揭示不同行为模式下社会危害性程度的基本功能,既无法准确反映行为人系因职务关系还是因职务行为关系而受贿,也无法准确反映因受贿而实施履职行为或者背职行为的情况,将之包容于受贿罪一罪之中,既不利于准确评价行为的危害性程度,也徒增了司法适用中的归类困难。罪名群或者罪刑系列立罪模式,是以不同行为模式的社会危害性程度为根据,独立设罪不仅有利于实现刑法的科学评价,也能够减少司法适用的困难,最大限度地减少滥用自由裁量权的可能,更为重要的是,不同法定刑的配置才能够产生更有效的刑罚威慑效果。

(三)行为内容的粗放化与精细化

罪刑规范中行为立法的精细化,是立法科学与准确适用的前提,也是提升刑法威慑能力的关键所在,明确的规范与刑罚威慑之间存在正相关关系。以受贿罪的构成要件行为内容设定为例,尽管刑法设定了受贿罪的四种行为模式,但其构成要件行为仅为“索取”与“收受”行为,“从比较法的视野来看,我国刑法第385条规定的受贿罪,是指国家工作人员利用职务上的便利,索取他人财物,或者收受他人财物,为他人谋取利益的行为。从以上规定可以看出,我国刑法中的受贿罪,在受贿行为上表述为索取或者收受财物,与日本刑法中的单纯受贿罪表述为收受、要求或者约定贿赂的行为特征存在较大的区别”。[2] 同样,对

---

〔1〕 储槐植:《完善贿赂罪立法——兼论“罪刑系列”的立法方法》,载《中国法学》1992年第5期。

〔2〕 陈兴良:《为他人谋取利益的性质与认定——以两高贪污贿赂司法解释为中心》,载《法学评论》2016年第4期。

于行贿罪的构成要件行为，我国刑法使用了简约规范的方式，对其具体行为方式均不加以精细化。在《英国贿赂法》中，受贿罪的行为方式被明确规定为“索取、同意收取或者接受”，行贿罪的行为方式则被明确规定为“提供、许诺或者给予”。《美国法典》第 18 编第 201 条(a)将行贿罪的行为规定为“给予、提供或者允诺”，第 201 条(b)将受贿行为规定为“要求、寻求、收取、接受或者同意收取”。这一精细化立法模式，实际上还具有对对价关系模式的揭示功能，“就受贿者来说，其行为乃是‘要求、期约、收受’，而就行贿者来说，其行为则是‘行求、期约、交付’，且这三种行为态样是一种择一但非互斥的关系，行为人只要实施其一即可，甚且即便行为人先后实施二种以上之行为(如先期约而后收受)，只要论处最后阶段的行为即足矣，在罪数竞合评价上为一罪”。[1] 行为内容的精细化，还是对贿赂犯罪关系模式的实质性揭示，“要求、行求系属单方面的意思表示，而期约或收受、交付则是双方意思表示之合致，无论是哪一种意思表示，明示或默示均可。前者之内容系‘形成对价关系之期待意思’，后者则是‘已达成对价关系之合意’”。[2] 行为内容的粗放式规定模式，不利于刑法立法的精细化，也无法有效发挥罪刑规范的威慑功能，导致的结果是只能委助于司法解释或者学说加以明确。[3]

三、以现实对价关系为中心的罪名体系建构

(一)对价关系的基本原理

“对价关系”，是刑法理论中用以表达贿赂犯罪权钱交易本质的一个词语。在西方语境中，贿赂犯罪的“对价关系”，来自古老的拉丁法

---

[1] 吴耀宗:《贿赂罪“对价关系”要件之松动?》(上)，载《裁判时报》第 7 期(2015 年)。

[2] 许恒达:《贿赂罪之对价关系及证明难题》，载《军法专刊》第 2 期(2014 年)。

[3] 张明楷教授将“索取”行为进行了具体化，索取贿赂大体表现为三种情形:一是国家工作人员利用职务上的便利使他人获得某种利益后向他人索取财物。二是国家工作人员在实施某种职务行为的过程中索取他人财物。三是请托人有求于国家工作人员的职务行为时国家工作人员向请托人要求财物。参见张明楷:《论受贿罪中的“为他人谋取利益”》，载《政法论坛》2004 年第 5 期。然而，非常明确的是，这一具体化仍未涉及对索取行为模式的具体解析。

谚“*quid pro quo*”,其所对应的英文是“something for something”,《美国布莱克法律词典》将之解释为,“An action or thing that is exchanged for another action or thing of more or less equal value”。“对价”又称约因,最早是英美合同法中的概念,指一方得到权利、权益、益处或者另一方换取对方承诺,所做的或所承诺的损失、所担负的责任或牺牲。易言之,对价是指一方为换取另一方做某事的承诺而向另一方支付的金钱代价或得到该承诺的承诺。在经济学中,对价就是利益冲突的双方处于各自利益最优状况而又互不被对方接受时,通过两个或两个以上平等主体之间的妥协关系来解决这一冲突。易言之,在两个以上平等主体之间由于经济利益调整导致法律关系冲突时,矛盾各方所作出的让步,这种让步也可以理解为是由于双方从强调自身利益出发而给对方造成的损失的一种补偿。在法律的视野中,“对价”是票据法、合同类型划分,[1]以及股权分置改革中的一项重要内容。对价是《中华人民共和国票据法》中的重要概念,也是票据当事人的重要义务。[2]

在刑法中,“对价关系”从未成为任何国家在贿赂犯罪罪刑规范中的成文的构成要件要素,而是被作为确定贿赂犯罪罪刑关系的基础受到学理界的关注。权钱交易是对贿赂犯罪本质最朴素的认识,将之作为早期的立法根据便成为一种天然的立法观念。对价关系是英美刑法对贿赂犯罪判断的内容,是典型受贿犯罪的要素。[3] 德国学说认为,对价指公务员“职务行为”与“贿赂”间的报酬对等关系(Äquivalenzverhältnis),亦即受贿、行贿双方,其主观上均将职务行为作为收受馈赠或不法利益的对待给付(Gegenleistung),同时从客观上看,该合意的成果须同时有

---

〔1〕 如对价关系是双务合同区别于单务合同的本质特征。在双务合同中双方当事人的互负对待给付义务之间存在互相依赖关系。

〔2〕 《中华人民共和国票据法》第10条第2款规定:“票据的取得,必须给付对价,即应当给付票据双方当事人认可的相对应的代价。”

〔3〕 在美国,“构成贿赂罪需证明贿赂与职务行为间存在着‘对价关系’、具有‘对价性’”。“联邦贿赂法将贿赂罪分为‘重型贿赂罪’和‘轻型贿赂罪’,其根据主要是‘对价关系’或‘犯罪意图’的不同。”参见王云海:《美国的贿赂罪——实体法与程序法》,中国政法大学出版社2002年版,第45-46页。

利于受贿及行贿者。[1] “对价关系之基本思维乃是构成一种给付与对待给付之关系，亦即‘我给你某个东西，所以你才给我某个东西’（拉丁法谚：*do ut des*）之关联性。因此，利益与职务行为之间，从客观上加以观察，必须显示此等关联性之外观表象，虽然其并非实体存在，但在经验上、观念上却是可感受到它的存在。”[2] 刑法之所以在贿赂犯罪的立法中要对对价关系给予重视，并将之作为不同犯罪的界分标准，原因在于，贿赂作为职务行为的不正当报酬，它与职务行为之间存在对价关系，即贿赂是对国家工作人员职务行为的不正当报酬。财物与国家工作人员的职务（行为）越密切，就越是意味着财物是国家工作人员职务（行为）的对价，因而越能说明国家工作人员的行为侵害了职务（行为）的不可收买性。因此，财物是职务（行为）本身的对价，还是与职务密切关联行为的对价；是现在职务（行为）的对价，还是过去或者将来职务（行为）的对价，[3] “不论受贿或行贿，其构成要件保护的利益始终是人民对政府依法执行公务的共同信赖，而这种共同信赖的侵害与干扰方式，是透过交易公务的执行行为，因此贿赂罪的不法非难正源自以贿赂及执行公务作为对价，干扰人民对政府的信赖，在个案中当然必须具体、严格地判断有无此项对价，才能够认定是否有侵犯信赖的法益损害结果。既然贿赂罪刑事制裁的核心是透过对价约定，使得公权力执行源自私人授与的不法报酬，对价关系自属不法非难的主要重点”。[4] 对价关系的基本模式，能够说明法益侵害程度的不同；同样，普通受贿与斡旋受贿的法益侵害程度也存在区别。现实中发生的贿赂案件，最为典型的就是交易，这种交易犹如经济活动中的交易一样，有“合约”，也有“对价”，“合约”是行受贿之间的互动“合意”，“合约”的内容也就是“对价”，分别是财物和权力，在交易中各取所需正是贿赂犯罪的真正动因。将职务行为不可交易性作为保护的法益，评价因素单一、明

---

〔1〕 NK – StGB – Kuhlen, § 331 Rn. 93.

〔2〕 吴耀宗：《贿赂罪“对价关系”要件之松动？》（下），载《裁判时报》第 8 期（2015 年）。

〔3〕 ［日］山口厚：『刑法各論』（有斐阁，2010 年）616 – 618 頁参照。

〔4〕 许恒达：《贿赂罪之对价关系及证明难题》，载《军法专刊》第 2 期（2014 年）。

确，使受贿罪规范的评价能力得以提升，即凡是以权力作为交易筹码的换财行为，都属于受贿罪的行为模式。[1]

（二）刑法对价关系的基本类型与罪名体系

根据刑法在设定贿赂犯罪构成要件中不同要素与条件的配置关系，对价关系涉及三种基本类型：(1)最广义的对价关系，将国家工作人员或者私营部门人员的身份作为与财物建立对价关系的对象。以之作为立法论的基础，所建构的贿赂犯罪立法，将所有公职人员依身份而实施的接受或者期约接受他人超出社会正常经济往来的行为做犯罪的认定，因而是最为严格的立法模式。(2)广义的对价关系，将公职人员的职务作为与财物建立对价关系的对象。以之作为立法论的基础，所建构的贿赂犯罪立法，将公职人员依履行特定职务而实施的接受或者期约接受他人利益的行为做犯罪的认定，因而是较为普遍的立法模式。(3)狭义的对价关系，将公职人员的具体职务行为或者与职务密切关联的行为作为与财物建立对价关系的对象。上述三种对价关系中，第三种属于"现实的对价关系"，即以存在现实的职务行为作为实现权钱交易的条件与手段时，才能够作成立贿赂犯罪的判定。最为典型的是，我国《刑法》第385、388条均明确将"利用职务上的便利""为他人谋取利益(或不正当利益)"作为受贿罪的成立要件，在司法中则要在确认具有该具体的对价关系时，才能认定受贿犯罪的成立。这意味着，从我国刑法的规定上看，仅仅收受职务行为的对价还不一定构成受贿罪，这种对价还必须达到使行为人产生为他人谋取(不正当)利益的意图或者为他人实际谋取(不正当)利益的程度。而这种国家工作人员在职务关系上收受他人财物并不一定都构成受贿罪，只有收受财物能够产生为他人谋取(不正当)利益的结果或者危险的场合，才能成立犯罪的规定模式。实际上表明，我国刑法在受贿罪的规定上，采用了职务行为

---

〔1〕参见孙国祥：《受贿罪的保护法益及其实践意义》，载《法律科学(西北政法大学学报)》2018年第2期。

公正性说的立场。[1]"在受贿犯罪的法益问题上，尽管公正性说与不可收买性说之争显得热闹非凡，但两种理论立场之间的差异其实比想象中的要小。之所以如此，与两个阵营将受贿犯罪的本质均理解为权钱交易或者权钱对价关系密切相关。不可收买性说就要求财物与职务行为之间形成收买与被收买的对价关系。持公正性说的论者，一般也都肯定应以交易关系（或对价关系）的框架来理解受贿犯罪的不法构造，职务行为与贿赂之间的对价关系被认为是贿赂犯罪的核心要件。这也是为什么相应论者大多会认为感情投资型受财行为无法构成受贿犯罪。在此种场合，因缺乏相应的职务行为，导致无法形成对价关系，自然难以认定存在将职务行为置于贿赂的影响之下的危险。"[2]受贿罪的实质在于受贿人的"公权"与行贿人的"私利"之间形成一种"以私利亵渎公权"的不法对价关系，国家工作人员借出卖公共权力捞取个人私利，相对人借交付非法利益"购买"公共权力为其个人谋取利益。受贿罪包括行贿罪的可罚性，行贿罪的可罚性也就建立在贿赂行为破坏了公共权力及其公职行为"不可收买性"或廉洁性的基础上。易言之，受贿罪的本质在于亵渎了国家工作人员职务行为的不可收买性或廉洁性。只要实际存在"公权"和"私利"之间的这种不法对价关系，无论非法交易的标的物是以财物形式出现，还是以财产性利益形式出现，抑或表现为非财产性利益，都不影响受贿实质的认定。[3]显然，无论法益内容如何定位，在我国刑法中，贿赂犯罪的成立均是以现实的对价关系的存在为前提的。

本书认为，第二种对价关系属于"概括的对价关系"，以存在现实的职务作为实现权钱交易的条件与手段，而无需要求贿赂行为人之间提出或约定现实的"请托"事项，或者现实的职务行为，为对方谋取利

---

〔1〕参见黎宏：《受贿犯罪保护权益与刑法第 338 条的解释》，载《法学研究》2017 年第 1 期。

〔2〕劳东燕：《受贿犯罪的保护法益：公职的不可谋私利性》，载《法学研究》2019 年第 5 期。

〔3〕参见梁根林：《受贿罪法网的漏洞及其补救——兼论刑法的适用解释》，载《中国法学》2001 年第 6 期。

益，即可成立贿赂犯罪。根据概括的对价关系所设定的贿赂犯罪罪名，有别于典型的以明确请托事项为核心特征的贿赂犯罪。我国学者曾经指出："赠贿是指送赠人在行贿时并没有当时谋求某项具体的、现实的利益，只是单纯地给予贿赂，在形式上类似'赠予'，不是具体的对职务行为的'买卖'。正是由于送贿人没有提出谋利的要求，收贿人也无必要做出'利用职务行为为其谋取利益的承诺'。因此，收受赠贿罪有别于典型的受贿罪。"[1] 最为典型的是，日本刑法关于单纯受贿罪的规定。"单纯受贿罪是日本刑法中贿赂罪的基本罪名，根据《日本刑法典》第 197 条第 1 项的规定，单纯受贿罪是指公务员或者仲裁人有关其职务收受、要求或者约定贿赂的行为。由此可见，日本刑法中的单纯受贿罪虽然在其贿赂犯罪的罪名体系中的地位，相当于我国刑法中的受贿罪。然而，日本刑法中的单纯受贿罪的构成要件却与我国刑法中的受贿罪存在重大差异。日本刑法中的单纯受贿罪的成立仅要求与其职务相关，而并不要求为他人谋取利益。公务员或者仲裁员只要基于其职务而收受请托人的财物，即可以构成该罪。""在日本刑法中，单纯受贿罪的成立并不要求为他人谋取利益，受贿故意表现为明知是贿赂而收受的主观心理状态。在这种情况下，只要明知他人交付的是贿赂而收受，主观上就具有受贿故意，就可以成立受贿罪，而不需要在受贿故意之外另行要求为他人谋取利益的主观违法要素。这里的贿赂是指作为公务员或者仲裁人的职务行为对价的不正当的报酬。就单纯受贿罪的认定而言，只要客观上所收受的财物具有职务关联性，那么，这种财物就属于贿赂。公务员或者仲裁人只要主观上对此具有认识，就具有受贿故意。"[2]

《美国法典》第 201 条分别规定了受贿罪和不法馈赠罪，关于对价关系的判断同样是界分二者的重要标准。"以构成要件而言，行为人的主观（criminal intent）可说是决定成立贿赂或馈赠的关键。贿赂罪的

---

〔1〕 肖扬主编：《贿赂犯罪研究》，法律出版社 1994 年版，第 318 页。

〔2〕 陈兴良：《为他人谋取利益的性质与认定——以两高贪污贿赂司法解释为中心》，载《法学评论》2016 年第 4 期。

重心在于行贿者基于‘贪腐’的故意(corrupt intent),以有价物作为‘交换’(in exchange),而影响某一公务行为的实施。”至于馈赠罪,则无此对价关系,仅是作为公务员为某行为的“补贴”(compensation)或额外报酬(tip),不需证明有影响特定公务行为的故意。贿赂罪因有贪腐的目的,比起仅是可能对公务执行造成不当影响的馈赠罪,具有较高的可非难性,在刑责上也重许多。[1]

第三节　中国贿赂犯罪罪名体系建设的基本评价

罪名体系及其逻辑安排反映着一个时代的立法水准。罪名是犯罪本质特征的抽象概括,罪名立法模式的选择,折射出一个国家刑事立法水平的高低,也影响整个定罪活动的质量。[2] “法律体系的内在逻辑性对于法来说,不仅仅是一种形式上的要求,而且是法的内在生命。”[3]中国贿赂犯罪罪名体系根据社会发展中对不同权力类型的规制需要,从无到有,由简到繁,以“分体式”(主体权属区分式)、“二元结构”为基本特色的罪名体系,对我国贿赂犯罪的治理起到了一定作用。

一、中国贿赂犯罪罪名体系建设的基本经验

(一)以社会发展的治理需要为时代根据,不断丰富罪名体系

马克思在分析法律现象时,坚持把法律放在与社会的相互关系中加以考察,强调法律应该以社会为基础,指出法律应该是社会需求的表现。[4] 这一命题揭示了马克思主义法律观的重要方法论特征。法制

---

〔1〕 参见林志洁:《美国贪污犯罪之立法与预防——以联邦法规为中心》,载《月旦法学杂志》第4期(2007年)。

〔2〕 参见赵秉志主编:《刑法基础理论探索》,法律出版社2003年版,第20-26页。

〔3〕 陈兴良:《刑法的价值构造》,中国人民大学出版社1998年版,第333页。

〔4〕 参见《马克思恩格斯全集》(第6卷),中共中央马克思、恩格斯、列宁、斯大林著作编译局译,人民出版社1961年版,第291-292页。

需求是社会发展的内在与基本需求,社会发展的根基在于秩序的建立,缺乏秩序的保证,社会的发展无从谈起,从而立法需求作为社会发展的一项基本需求必须得到重视,就此,立法的形成与发展成为社会发展的一项基本需求。在现代社会之下,立法发展与社会发展需求之间存在天然的供求关系,在这一供求链上,立法及其发展是供方,有必要根据社会发展需求的形成与变化,做出积极而必要的调整。

贿赂犯罪罪名体系发展史揭示了罪名体系发展中的定位与立场选择问题。中国贿赂犯罪罪名体系以首部刑法典为肇始,以中国社会步入实质意义上的现代化发展时期的法制需求为时代根据,以被誉为中国“第二次革命”的改革开放所促进的经济体制与社会治理模式全面更新为制度根据,以期形成对新的社会发展机遇与条件下腐败犯罪衍生机理的正确判断。贿赂犯罪衍生于权力的母体,公共权力沦为交易工具,基于权力委托与授予关系实施侵吞公共财产与交易权力的行为,是腐败犯罪的基本范型。公职贿赂犯罪是腐败的主要形式,是当然的国家犯罪治理的核心,贿赂犯罪之于国家权力安全与国民信赖利益的危害,促进了罪名体系的健全、完善与发展。根据传统与现实国情,创立中国特色的罪名是罪名体系发展的主线。

立法不仅是对社会发展的积极回应,也是特定法律文化传统的延续,基于国家治理需要建构贿赂犯罪罪名体系,是立法经验的重要内容。在世界各国立法中,单独设定介绍贿赂罪、单位贿赂犯罪的罪名群,是我国所独有的立法特色。前者是对中国传统文化的继承,我国刑法对贿赂犯罪的罪名设定有其深厚的历史传统,对于能够促成对合关系建立的居间行为施以独立的刑法规制。我国古代刑法中即有对介绍贿赂罪单独设罪的传统,[1]中华人民共和国成立后的立法延续了这一

---

[1] 中国历史上早就有关于介绍贿赂罪的规定。元朝的法律称介绍贿赂为“过钱”,对过钱人的处罚采取“验赃轻重,量情断罪”的办法。《大明律》和《大清律》中也规定了“说事过钱”罪,后者规定“说事过钱者,有禄人减受钱人一等,无禄人减二等,罪止杖一百、徒二年。有赃者,(过钱而不受钱)计赃从重论(若赃重从本律)”。参见郑秦:《清律惩贪条款辨析》,载《政法论坛》1992 年第 2 期。

传统，[1]1979 年《刑法》对介绍贿赂罪设定独立罪名，其后的立法始终将其作为中国特色贿赂犯罪的罪名之一，[2]目的在于规制“权力掮客”的行为，对贿赂犯罪实施“全链条式”的治理。防范公权滥用是现代国家贿赂犯罪治理的原点，也是国家腐败治理体系建设的中心，对公权廉洁性的破坏，始于酿生危害风险的行为，而非仅为产生交易结果的行为。对公权滥用实施治理的有效体系，需要建构“防范公权滥用风险—阻断与公权者建立柔性关系—防范权钱交易行为”的完整结构，此即“全链条式”的治理，其核心在于，对于酿生贿赂犯罪的环境与条件进行刑法的介入。当然，这种立法模式也因其现实价值而被学者质疑。[3] 后者是对中国社会发展中全面提升国家治理能力的积极回应。“现代社会中的贿赂犯罪，其衍生已不再是权力支配者的个人独立行动，而是与组织结构内部的权力运行、监督不均衡存在密切关系，后者对贿赂行为的鼓励、放纵、默许或监督不足，成为贿赂泛滥的重要

---

〔1〕介绍贿赂罪最早规定于 1950 年《中华人民共和国刑法大纲草案》中，该草案第 90 条第 1 款规定：“向国家工作人员行贿或介绍贿赂者，处三年以下监禁或批评教育。”1952 年 4 月施行的《惩治贪污条例》，尽管对受贿罪采取了包容立法的方式，但是，却在第 6 条独立设定了行贿罪与介绍贿赂罪的罪名。

〔2〕1979 年 2 月《中华人民共和国刑法（草案）》（修订二稿，即第 35 次稿——引者注）规定有介绍贿赂罪。1988 年全国人大常委会颁布的《关于惩治贪污罪贿赂罪的补充规定》没有对介绍贿赂罪作出规定，学术界和实务界对介绍贿赂罪的存废始终存在认识上的分歧，刑法修改稿对此也存在多次的反复。1997 年《刑法》再次对介绍贿赂罪予以确认。参见余高能：《比较法视野下中国反贿赂犯罪刑事立法之完善》，中国社会科学出版社 2017 年版，第 58 页。

〔3〕介绍贿赂罪，“既很难与行贿或受贿相区别（因为很难确认介绍贿赂人在主观上还与行贿人或受贿人具有共同的故意），也很难与煽动、劝说、诱导行贿或受贿的教唆行贿或教唆受贿区别开来（因为很难确认介绍贿赂人的行为方式不与教唆犯罪的行为方式具有共同的特性），还很难与某些居间活动区别开来（因为‘介绍’与‘居间’活动也有许多相同或相似之处）。正因为介绍贿赂罪在其内与其他罪名或行为名称有诸多共有属性，从而存在着诸多含混不清和‘可替代性’，所以这一罪名便形同虚设，司法实践中确也极少将介绍贿赂行为作为犯罪处理”。参见张振高：《试论贿赂罪的罪名体系及其分类》，载《北京市政法管理干部学院学报》1996 年第 2 期。

原因。”[1]

(二)以权力结构关系模式为根据,适度调整构成要件

马克思说:“立法者应该把自己看作一个自然科学家,他不是在制造法律,而仅仅是在表述法律……如果这个立法者用自己的臆想来代替事物的本质,那么我们就应责备他的极端性。”[2]贿赂犯罪罪名体系的创立与发展,是国家特定历史发展阶段社会基础治理条件、治理资源与治理需求的集中反映,由此所形成的“社会基础—时代需求—立法回应”的规律,揭示了罪名体系建设的一般原理,社会基础与时代需求的变迁,必然对立法的科学性提出新的判断标准,由此也成为了立法科学化的重要导向。

中国贿赂犯罪罪名体系的发展,是立法对改革开放后中国特色国家治理结构模式的积极回应与真实写照。改革开放后的社会发展,一方面,巩固着国家在社会政治、经济发展中的支配地位,由此使国家权力结构关系中国家机关、国有单位对社会发展的支配与决定作用更为重要,这就为公共组织实施贿赂犯罪提供了社会温床;另一方面,改革开放促进了中国特色社会二元结构的形成,以民营经济为主导形式的经济组织成为社会经济的重要支柱,由此决定了中国特色国家与社会权力结构关系的基本模式。在公权结构关系中,公权单位成为贿赂犯罪的新的增长点,立法对此做出了“回应性”的反应,有学者提出批判,认为这种罪名设定本身既无理论根据又无实践价值,应当进行彻底的改造。[3] 然而,“贿赂行为可发生在不同的领域之中,其危害的利益性质及其程度是各有差别的。有的贿赂行为发生在公职活动中,严重影响国家公务活动的公正性、廉洁性和不可收买性;有的则发生在经济交往中,破坏了社会经济运行的正常秩序、危害公平竞争;也有的发生在

〔1〕 钱小平:《创新中国贿赂犯罪刑法立法之选择——基于刑法预防功能的考察》,载《南京大学学报(哲学·人文科学·社会科学)》2017 年第 4 期。

〔2〕 《马克思恩格斯全集》(第 1 卷),中共中央马克思、恩格斯、列宁、斯大林著作编译局编译,人民出版社 1995 年版,第 347 页。

〔3〕 参见陈志军:《我国贿赂犯罪罪名体系完善之建议》,载《中国人民公安大学学报(社会科学版)》2016 年第 2 期。

其他行业活动中,影响到这些行业的有序发展。应该说,不同行业、领域中的贿赂行为,对社会利益的危害是各不相同的……立法是社会现实及社会需要的集中反映,贿赂犯罪的上述法律规定,正是基于我国计划经济体制下国家职能的性质及国家工作人员在社会生活各个领域所显示的至关重要的作用而确立的。所以,有其特定的形成背景及历史合理性”。[1] 作为立法者在经济体制改革前期对规制需求的判断而做出的反应,我们无法完全否认其存在的时代价值。在社会权力结构关系中,私营单位实施的贿赂犯罪,无论在犯罪的规模上还是在犯罪的频度上,均产生了迫切的治理需求,非国家工作人员贿赂犯罪被纳入罪名体系之中。在罪名体系的发展中,立法机关结合不同权力类型作用社会的模式对构成要件做出适度的差异化安排,以期应对治理的需要。商业贿赂行为与其他贿赂行为最大的差异处,在于商业贿赂具有竞争之性质,在商业活动中之双方,若一方为取得竞争上之优势,而向另一方之受雇人或代理人为利益提供,借此影响其决定,使私人间的利益输送成为交易决定之关键因素,除可能导致消费者得承受较劣质的商品或服务外,更重要的是会破坏商业上的正常竞争机制。当竞争机制瓦解后,独占市场所产生之不利益,仍然必须得由社会大众来承担,是故,可认定商业贿赂对“市场竞争所需维持的最低公平性”造成侵害,而有规范之必要性。[2]

(三)以国家治理重点为现实根据,不断丰富行为模式类型

刑法是法制体系的重要基础,其存在与发展也必须满足社会需求的基本条件,贿赂犯罪罪名体系建设无疑是回应国家治理需要的结果。根据国家对犯罪治理的需要,科学地探寻社会发展中的法制需求,并将之上升为立法的观念与制度,是犯罪有效治理的前提,也是法制体系完善的基础。关于社会需求的整合,需要建构有效的体系。“社会的法

---

〔1〕 苏惠渔、游伟:《完善罪名体系 重构犯罪要件——对我国贿赂犯罪立法的若干思考》,载《政治与法律》1996 年第 1 期。

〔2〕 参见张天一:《论商业贿赂之可罚性基础及入罪化必要性》,载《月旦法学杂志》第 7 期(2015 年)。

律需求并不是凭空产生的,它来源于一定的经济、政治、文化条件,尤其是社会的经济关系。在不同社会,不同的历史发展阶段,由经济、政治和文化条件的性质和发展水平不同,社会对法律需求也不能一概而论。"[1]如何探知社会对法律的需求,需要根据特定历史时期的社会基础,包括国家治理情势与治理资源的具体状况,将之作为确定法律需求的根据。基于受贿罪的严重社会危害性,以及犯罪治理过程中不断翻新的行为类型,受贿罪成为刑法完善最活跃的区域,立法对受贿罪的行为模式做出不断的扩展与丰富。

二、中国贿赂犯罪罪名体系建设的短板揭示

中国贿赂犯罪罪名体系建设尽管取得了一定的积极成果,然而,基于立法理念、支撑罪名体系建设的基础理论与立法技术上的诸多局限,其立法短板也相当突出。

(一)罪名体系结构固化的缺陷

刑法对罪名体系的构建,总体上存在以行为类型为中心、以主体类型为中心及复合式三种模式,异类犯罪的立法首选第一种模式,如《刑法》分则第5章"侵犯财产罪"、第8章"贪污贿赂罪"的罪名体系构建。而在同类犯罪的立法中,长期以来,我国主要采用第二种模式,通过增设主体类型以实现罪名的体系化,然而,行为类型的重新识别、拓展和规制对象的有效性则被立法所忽视。刑法所建构的贿赂犯罪体系,尽管形式上罪名众多、一片繁荣,但是,所有罪名不过是对公职贿赂犯罪的简单"克隆",行为类型僵化,既无法体现对不同权力类型、交易模式贿赂行为的评价差别,也无法体现因权钱交易而导致公权法益受损的实际状况。

(二)罪质评价差异性的缺陷

区分犯罪行为危害的不同社会利益的性质,是建立科学的刑法规范体系的重要前提,也是确定合理的罪刑关系的基础。由于贿赂犯罪在不同领域中实际危害的利益性质有差别,其各自对社会的危害程度

---

〔1〕 石泰峰:《社会需求与立法发展——兼析有法不依的立法原因》,载《中国法学》1991年第1期。

亦不相同，因此，在刑事立法中分别设定不同的罪刑条款，予以轻重不同的定性处罚，是十分必要的。[1] 尽管受贿犯罪存在各种变体，但是，在罪因结构的生成、实行与完成中仍有其鲜明的危害程度差异。所谓罪因结构，是指构成犯罪原因的诸因素在一定条件下的组合样态。犯罪的发生，便是这一结构所释放的功能的结果形态，诸因素组合样态的差异，决定了行为人是否犯罪以及犯什么罪。其基本类型包括抽象罪因结构和具体罪因结构两类。[2] 这一行为模式设定的特点在于：(1)未对公职人员的履职贿赂与背职贿赂做出明确的立法界分。(2)未对公职人员的事前贿赂与事后贿赂做出必要的立法界分。(3)未对公职人员未针对具体请托事项而接受他人财物的行为做出差异化的规定。(4)未对特殊公职人员接受贿赂后实施背职行为的严重程度做出立法界分。(5)未对作用于公权系统内的贿赂与作用于社会经济管理系统内的贿赂做出界分。

(三)对价关系一元化的缺陷

基于现实的对价关系的理论基础，我国刑法在贿赂犯罪的构成要件设定中，均设定了严格表征这一关系的构成要件，如“利用职务上的便利”“为他人谋取利益”等要件。由于刑法理论界对对价关系的基本模式理论准备不足，在后刑法时代的贿赂犯罪罪名体系的完善中，现实的对价关系依然稳立犯罪构成要件设计之核心，将之作为贿赂犯罪罪名体系的建构基础既是传统立法的基本依循，也是立法理念固化与僵化的表现。伴随中国以市场经济发展为基础的现代社会的到来，社会主体对公权的规范行使内生出新的期待，由经济伦理革命引发的公共

---

〔1〕 参见苏惠渔、游伟：《完善罪名体系　重构犯罪要件——对我国贿赂犯罪立法的若干思考》，载《政治与法律》1996 年第 1 期。

〔2〕 前者是指一般犯罪原因的一般组合形态，即每一种犯罪都必须具有的诸因素的抽象形式；后者是指某一具体犯罪的犯罪原因诸因素的组合样态，如流氓罪的罪因结构、盗窃罪的罪因结构等，其中，犯有流氓罪或盗窃罪的某甲的具体罪因结构，又会不同于犯有同罪的某乙的罪因结构，而使具体罪因结构的形式和内容呈现千变万化的形态。参见邹瑜、顾明主编：《法学大辞典》，中国政法大学出版社 1991 年版，第 12 页。

行政伦理变革,[1]对公权规范建设提出更广泛、全面的要求。公权伦理成为建构公权运行规范体系的理论基础,防范公权滥用的重点,需要实现从具有后置性的权钱交易行为及其结果,向以阻却与防范交易发生为中心的领域前移。受贿罪作为最典型的公权滥用犯罪,罪名体系化本身是对公权滥用模式的积极应对,存在以对价关系为中心、以公权滥用风险为中心、以公权权属类型为中心以及以公权实害为中心等多种模式。第一种模式关注受贿罪中实现对价关系行为的具体方式,其中,直接完成模式涉及索取、收受与经济受贿行为,而间接完成模式则涉及斡旋受贿行为;而后三种模式则将关注重点置于衍生公权滥用风险的利益冲突、不法馈赠、公权类型与层级,以及损害差异等多个方面,这种建构模式充分考虑了公权受损的实际状况,属于"分层式"的罪名体系。

(四)忽视公权属性在罪名体系建构中的作用

1. 公权属性与罪名体系构建

犯罪学视域下的贿赂犯罪,公权是犯罪衍生的基础,公职者借助公权实施中扭曲权力存在根据的行为,是犯罪酿生的条件。现代国家普遍建立了具有不同权能的政治权力结构体系,由不同权力分支分别行使国家基本权力,以确保国家职能和治理目标的实现。基于不同权力分支所担负的职能差异,衍生出权力行使运行功能与结构的差异,国家公职人员作为基于"委托—代理"关系而具体行使公共职权的主体,在行权过程中扭曲权力行使规范与原则的行为,将导致权力运行的变异,而其本人则在这一变异中获得了不为法律所许可的利益,从而形成了贿赂犯罪。在现代国家政治权力架构中,不同的权力分支分别行使宪法所规定的权力。基于党在国家权力结构中的基础乃至支配性,其通常具有政治领导权地位。立法决策权则具有宏观抽象性的特征,但是,

---

[1] 我国学者乔洪武提出:"市场经济取代自然经济的历史变革必然会带来经济伦理的革命。而相对于经济伦理而言,公共行政伦理既会随着经济伦理的变革而变化,又会对经济伦理的变革发挥促进或者阻碍作用。"参见乔洪武:《经济伦理变革与公共行政伦理的构建》,载《光明日报》2010年7月20日,第11版。

立法权的扭曲行使则会导致社会资源向特殊利益群体的不当倾斜。行政决定权是国家权力体系最为活跃的部分，调整范围广泛且功能多元，不仅承担国家政治与治理安全的保障功能，还对国家的经济、社会、文化均具有重要的调控与管理功能，且从对于社会发展具有核心作用的经济管理职能来看，其作用横跨宏观经济调控与微观经济管理的界域。在这一调控与管理过程中，享有决定利益分配的重要功能，在大多数领域具有一定的自由裁量空间。而司法权以裁量性与决断性为其本原，这一属性在缺乏有效规范的情况下，易产生裁量严重偏离公正原则的问题。由此观之，国家权力结构中不同权力分支的基本属性，一旦存在被滥用的风险，则在贿赂犯罪的发生概率、行为模式乃至犯罪结构上，均会受到权力属性的内在影响。针对不同权力分支、权力内容与运行模式，特别是其在国家与社会治理中对于公平正义体系的保障功能与基本作用进行精准定位，进而在罪名体系建构中加以重视，便成为犯罪治理的重要方面，这是现代国家普遍建构“复合式”罪名体系的原因。在设立一般公职贿赂犯罪的同时，会针对特殊权力保护的需要设定特别的公职贿赂犯罪，如司法贿赂犯罪，以有效界分不同犯罪类型的危害程度，建构罪刑均衡的特别模式，促进刑法威慑功能的实现。

以权力的类型为例，尽管任何权力的腐败均具有实质的危害性，但是，基于权力类型与属性的差异，贿赂而导致的公权损害层级并不相同，这是西方国家在最原始的刑法中即特别规定法官受贿罪的原因，[1]用于交易的权力层级的不同，也内化着其社会危害程度的巨大差异。“从公共管理的角度看，权力具有责任属性，权力与责任应当相

---

〔1〕 英国最早的反贿赂法施行于 14 世纪 80 年代，它禁止法官“接受除国王之外的人赠予的礼服、酬金、津贴、礼物等任何形式的报酬，不太值钱的酒肉除外”。See George Burton Adams & Henry Morse Stephens, *An Act to Reform the Administration of Justice*, Select Documents of Constitutional History, 1901, p. 147. 新成立的美国联邦政府没有通过反贿赂的一般性法规，而是通过了一部反贿赂法，只禁止某些法官、海关官员和税务官员收受贿赂。参见［美］泽菲尔·提绍特：《美国的腐败——从富兰克林的鼻烟盒到联合公民胜诉案》，冯克利、苗晓枫译，中国方正出版社 2016 年版，第 78 页。

互对应，权力等级越高，责任也越重，而不同类型的权力所负担的责任不同。'权责相适应'原理也应运用于立法所建构的刑事处罚机制之中，在具备公职人员身份资格的基础上，区分行政层级、职业类型差异对公职廉洁性的不同影响，给予区分化的刑罚处罚。然而，传统贿赂犯罪刑罚理论的持有者，采取责任身份泛化立场，忽视'权力等级越高，责任也越重'的责任原理，只是简单强调刑罚严厉度的调整，并不考虑权力与责任之间的关系以及对责任情节设置的影响。""由于责任身份原理长期游离于贿赂犯罪刑罚评价体系之外，公共权力位阶应具有的犯罪评价能力未受到重视，因此导致高阶公职人员的刑事责任与权力位阶及其滥用权力所造成的社会危害性相悖。对不同位阶公职人员采取同一评价标准，无疑是减轻了刑罚对高阶公职人员的威慑与预防能力，进而导致'高位腐败'的犯罪烈度难以降低。"〔1〕在"分体式"罪名体系下，刑罚的设定无法准确评价社会危害性的具体状况。"对腐败问题的治理就是对权力的合理配置和有效约束，是要对各种利益相关者确定合理的权力边界和利益边界，使权力与利益形成合理的搭配。"〔2〕

2. 行权模式与罪名体系

现代国家公共权力的目的在于根据国家发展与社会公共利益的需要而有效行使各类权力，以确保国家发展的有序性。国家权力的行使涉及不同的运行模式，运行过程中的失范行为，可能衍生出不同的贿赂犯罪的行为类型。

基于行权主体的不同，国家公权力的行使主体涉及层次性判断的问题：一方面，公共权力根据宪法规定建构出承担不同法定职权的国家机关，分别对国家的经济、社会、文化与安全行使管理、调控职能，在微观经济领域则授权国有企业行使经济管理职能，在微观社会治理领域

---

〔1〕 钱小平：《我国惩治贿赂犯罪立法检讨——以积极治理主义为视角》，载《法商研究》2018 年第 1 期。

〔2〕 杨万东：《政府管制的根本：突出的公共性与利益中性》，载《浙江工商大学学报》2013 年第 1 期。

则授权事业单位行使一定管理职能。另一方面，法定机关通过建立“委托—代理”关系授权公职人员具体行使国家权力，做出具体的决策与方案，确保国家权力的有效行使。国有单位行使特定国家权力的行权模式，作为行权组织体的国有单位与行权个人的公职人员在行使权力中的滥权行为，需要在刑法中做出不同评价，由此会产生在贿赂犯罪的罪名体系中，区别设定罪名的必要性。基于公权行使的适法性判断，公权行使涉及履职行权与背职行权的基本类型，前者是依照既定法规范行使公共权力，后者则是违背既定法规范行使公共权力。被贿赂犯罪支配后的公权行使同样涉及履职贿赂与背职贿赂两种模式，基于其行为内容及由此形成的社会危害性程度的差异，为实现准确评价犯罪的必要，现代国家通常会将之作为建构罪名体系时考量的因素，设定出不同的罪名。

第二章　贿赂犯罪罪名体系建构的理论根据

马克思关于法律与社会关系的经典论述，揭示了法律建构与发展对社会现实的依赖关系，作为立法成果而存在的国家法律，其合理性与正当性不仅取决于对客观现实的积极回应能力，也取决于立法应当具有正当的刑事政策根据与法理根据。本书通过对中国贿赂犯罪罪名体系发展史的考察，揭示了其一般原理，对决定其发展方向的问题，有必要探寻具有导向功能的刑事政策根据与法理基础，以对罪名体系完善的必要性与价值性分析提供必要的理论基础。

第一节　罪名体系建构的刑事政策根据

如何建立刑事政策与刑法立法的良性互动关系，是现代国家刑法立法的重大的理论与现实问题。现代国家的刑法发展，依循着“社会需要、政治需要—刑事政策—刑法立法—司法活动”的发展逻辑，在这一逻辑关系中，刑事政策是联结社会需要与刑法立法的桥梁。现代国家的刑事政策，体现的是国家治理层最积极的治理要求。自 20 世纪 70 年代末以来，中国社会步入百年未有之迅捷发展时期，社会治理面临前所未有的机遇与压力，刑法发展步入快速调整的时期，刑事政策对刑法立法的影响加剧。罪名体系是刑法立法的重要内容，揭示刑事政策对罪名体系建设的内在规律，将促进刑法立法的科学发展。

一、刑事政策与刑法立法关系的一般原理

（一）西方学说的基本观点

刑法理论上一般认为，近代意义上的刑事政策在欧洲启蒙运动时期

才出现。在此之前,尽管以酷刑为中心的刑罚制度也被用于恐吓与威慑,但人们对刑罚的运用是不自觉的、缺乏理性的,同时也是不系统的。[1] 18 世纪的启蒙运动,是西方刑法步入近代的标志,古典刑事法学派与功利主义的代表人物切萨雷·贝卡里亚(Beccaria, Marchese di, 1738~1794 年)[2]、杰里米·边沁(Jeremy Bentham, 1748~1832 年)[3]等人均提出过带有鲜明刑事政策含义的理论主张,这些思想深刻影响了后世刑法的发展。

1803 年,"刑事政策"作为一个独立的学理概念,首次出现在德国古典学派代表人物之一的路德维希·费尔巴哈(Paul Johann Anselm von Feuerbach, 1775~1833 年)的《德国刑法教科书》中。尽管费尔巴哈对刑事政策的认识相当简约,甚至没有对之下过精确的定义,但明确表达了对其应然功能的看法,"刑事政策是国家据以与犯罪作斗争的惩罚措施的总和","是立法国家的智慧",是"刑法的辅助知识"的思想,并视之为与心理学、历史学相类似的辅助知识。[4] "也就是说国家制定刑法时的思想或者技术,他仅仅是在刑法角度谈刑事政策的问题。"[5]这一刑事政策观概括起来就是:用刑罚进行惩罚是解决犯罪问题的唯一对策。他的这种观念为古典刑法和刑法学的发展带来了巨大

---

〔1〕 参见劳东燕:《刑事政策与刑法体系关系之考察》,载《比较法研究》2012 年第 2 期。

〔2〕 贝卡里亚在《论犯罪与惩罚》一书中对如何策略性地运用刑罚来预防与惩治犯罪的问题表现出强烈的关注,提出了社会防卫方面的见解,以及有关刑罚的及时性与罪刑对称的论述,构成其刑事政策思想的核心。参见[意]贝卡里亚:《论犯罪与刑罚》,黄风译,北京大学出版社 2008 年版,第 65-67、75-77 页。

〔3〕 边沁在《立法理论》一书中,系统探讨了对犯罪之恶的政治补救问题,并将补救方法分为四种类型:预防方法、遏制方法、补偿方法与刑罚方法。除关注刑罚的预防功能之外,边沁还清醒地认识到刑罚制度的局限性,故相当重视预防犯罪的诸种间接方法。参见[英]吉米·边沁:《立法理论》,李贵方等译,中国人民公安大学出版社 2004 年版,第 410 页。

〔4〕 参见[德]安塞尔姆·里特尔·冯·费尔巴哈:《德国刑法教科书》,徐久生译,中国方正出版社 2010 年版,第 18 页。

〔5〕 严励:《问题意识与立场方法——中国刑事政策研究之反思》,载《中国法学》2010 年第 1 期。

的空间，以至于本来应当指导刑法发展的刑事政策也被刑法和刑法学收容于麾下。受其影响，后来的刑法学家们大都把刑事政策理解为刑法的辅助知识，理解为刑事立法政策，即刑事立法技术或具体刑法制度的运用技巧；后来稍有扩展，理解为刑事立法政策、刑事司法政策和刑罚执行政策的总和。[1] 费尔巴哈所主张的刑事政策，在当代被归入狭义的刑事政策之列，“不仅是指刑罚政策（狭义刑事政策），而且把刑事政策的基本功能限于指导刑法立法（立法政策），即刑事政策只用来指导刑法立法，而不能用来指导刑法司法”。[2]

刑事政策的首次重大更新发生在其诞生百年之后，德国刑法学家弗兰茨·冯·李斯特（Franz Von. Liszt, 1851 ~ 1919 年）对此做出了重要贡献。作为刑事社会学派的重要代表，李斯特提出了相对体系化的刑事政策理论，包括：一是首次定义刑事政策。将之界定为，“国家与社会据以组织反犯罪斗争的原则的总和”，[3] 这一界定突破了仅从刑法与刑罚的视角思考反犯罪斗争策略的局限。二是首次明确了社会政策与刑事政策在犯罪治理中的作用。主张“社会政策的使命是消除或限制产生犯罪的社会条件；而刑事政策首先是通过对犯罪人个体的影响来与犯罪作斗争。一般来说，刑事政策要求，社会防卫，尤其是作为目的刑的刑罚在刑种和刑度上均应适合犯罪人的特点，这样才能防卫其将来继续实施犯罪行为”。[4] 其奠定了“最好的社会政策就是最好的刑事政策”论断的认识论基础。三是首次明确了刑事政策的功能。李斯特认为，“刑事政策是在赋予现行法以价值判断的基准，以便发现更妥善之法律”。据此，刑事政策具有对现行法的价值判断基准功能。李斯特反对古典刑事政策论者把犯罪作为一种纯粹的规范性事实而加

---

[1] 参见王牧、赵宝成：《“刑事政策”应当是什么？——刑事政策概念解析》，载《中国刑事法杂志》2006 年第 2 期。

[2] 劳东燕：《刑事政策与刑法体系关系之考察》，载《比较法研究》2012 年第 2 期。

[3] [法]米海依尔·戴尔玛斯－马蒂：《刑事政策的主要体系》，卢建平译，法律出版社 2000 年版，第 1 页。

[4] [德]弗兰茨·冯·李斯特：《德国刑法教科书》，徐久生译，法律出版社 2006 年版，第 13 页。

以形而上学的研究(抽象思辨),而是强调把犯罪作为一种社会现象加以社会学、统计学、心理学、人类学等方面的科学研究,认为“如果不是从犯罪的真实的、外在的表现形式和内在原因上对犯罪进行科学的研究,那么,有目的地利用刑罚——与犯罪作斗争的武器——充其量不过是一句空话”。[1] 较之于费尔巴哈,李斯特主张的是广义的刑事政策概念,其核心是要充分调动一切社会政策参与犯罪的治理,然而,毫无疑问的是,尽管社会政策的功能受到重视,刑事政策对于刑法立法的作用仍是关键,防止其对刑事司法的介入,主张将刑事政策的作用堵截在刑事司法之前。至此,刑事政策完成了由单一的刑罚对策向社会对策的转型,由此形成了刑事政策狭义说与广义说的分岭,在其后的发展中,二者产生了各自的拥趸者与发扬光大者。

德国当代刑法学家汉斯·海因里希·耶赛克(Hans Heinrich Jescheck)和托马斯·魏根特在《德国刑法教科书(总论)》一书中对刑事政策的理解,是对费尔巴哈古典刑事政策观念的继承。他们认为:“刑事政策探讨的问题是,刑法如何制定,以便其能最好地实现其保护社会的任务。刑事政策与犯罪的原因联系在一起,它探讨如何描述犯罪构成要件特征以便与犯罪的实际情况相适应;它尝试确定在刑法中适用的制裁措施的作用方式;它斟酌允许立法者将刑法延伸到何种程度以便使公民的自由空间不会超过不必要的限制;它检验实体刑法是否作了使刑事诉讼能够得以进行的规定。”[2] 这一观点揭示出刑事政策对犯罪学的依赖关系。在刑事政策与刑法的关系上,其主张:“除刑法教义学外,刑事政策也是刑法学的一部分。刑事政策主要与现行刑法的修改有关。它首先以现行法律为出发点,同时也吸收了刑法教义学的研究成果。它根据犯罪学经验研究的成果,对在将来修订现行法律的要求提供理由。因此,刑事政策是刑法教义学和犯罪学之间的一个重

---

[1] [法]米海依尔·戴尔玛斯-马蒂:《刑事政策的主要体系》,卢建平译,法律出版社2000年版,第8页。

[2] [德]汉斯·海因里希·耶赛克、[德]托马斯·魏根特:《德国刑法教科书(总论)》,徐久生译,中国法制出版社2001年版,第28-29页。

要的桥梁。"[1]这种古典的刑事政策观念,强调通过对刑罚的人道的、合理化的运用来打击和控制犯罪,把解决犯罪问题的全部希望寄托于唯一的刑事惩罚,还没有跳出刑法或刑罚这个"小圈子"去思考犯罪的应对之策。尽管如此,这一刑事政策观念指明了刑事政策之于刑法立法的导向与评价功能,具有重要的启发意义。

法国当代刑法学家、刑事政策理论的集大成者马克·安赛尔把自己的刑事政策理论命名为"社会防卫论"。他认为,刑事政策学是一门综合性的跨学科的决策科学。刑事政策学既要研究犯罪现象及其对策,又要研究打击和预防犯罪的斗争策略。[2] 按照安赛尔的解释,"社会防卫"一词的本义是保卫社会免受犯罪侵害。在很长的历史时期内,社会防卫一直建立在严厉打击犯罪的刑法制度的基础上,自 19 世纪尤其是 19 世纪末起,随着人文科学的发展、犯罪学以及刑罚学的产生,人们开始质疑刑罚制度的目的及其合理性,发现除刑罚之外,对于犯罪还有许多极有价值但不一定带有惩罚性质的反应方式。于是,"社会防卫"有了新的含义和新的价值,并取得了独立于刑法和刑罚的自主地位,"一场极大的思想运动随之产生"。[3] 从渊源上讲,社会防卫思想可以追溯至古希腊的柏拉图、中世纪的奥古斯丁,但是,现代意义上的社会防卫论是在第二次世界大战结束以后作为对"极权政治的反动"和对践踏人权的纳粹政权的法治反思而出现的刑事政策理论,因此,安赛尔又把自己所倡导的社会防卫论称作"一场人道主义的刑事政策学运动"。[4] 在一定意义上,新社会防卫思想是现代意义的刑事政策。它超越了刑法学狭隘的规范的界限,也超越了犯罪学的纯理

---

〔1〕[德]汉斯·海因里希·耶赛克、[德]托马斯·魏根特:《德国刑法教科书(总论)》,徐久生译,中国法制出版社 2001 年版,第 55 页。

〔2〕参见卢建平:《社会防卫思想》,载高铭暄、赵秉志主编:《刑法论丛》(第 1 卷),法律出版社 1998 年版。

〔3〕[法]马克·安赛尔:《新刑法理论》,卢建平译,天地图书公司 1990 年版,第 5-6 页。

〔4〕安赛尔著的《新社会防卫论》一书(法国 Cujas 出版社 1954 年、1966 年、1981 年法文版),即以"一场人道主义的刑事政策运动"为副标题。

论研究或对策研究阶段,更接近刑事政策学的本身。它立足于刑事一体化而关注犯罪、刑事责任与刑罚,从优化刑法机制的角度来思考犯罪防控。[1]

回顾西方刑事政策学说的演进过程,可以清晰地发现刑事政策在作为犯罪治理对策时其酌量因素的不断拓展过程,二者在犯罪治理政策影响面上的认识差异是实质区别之所在,[2]尽管刑事政策作为犯罪的治理对策其决定因素被不断放大,社会政策的作用受到广泛重视,但是,刑法作为对已然犯罪的有效治理手段的地位并不会发生根本改变,刑事政策通过不断强化对刑法立法的导向功能,以提高其科学化程度,依然受到最全面的关注。

(二)中国学说中的基本观点

以"犯罪对策"作为判断刑事政策的基本立场,"刑事政策,特别是刑事政策思想,古已有之。从有了国家与法,有了犯罪,人们就对犯罪现象设定抗制之道,提出多种措施与方略。实质上,这些措施和方略,都属于刑事政策或刑事政策思想"。[3] 就此而言,中国自古即存在犯

---

〔1〕 参见蒋熙辉:《西方刑事政策主要流派及其特点》,载中国法学网,http://iolaw.cssn.cn/zxzp/200804/t20080401_4600902.shtml。

〔2〕 严励教授概括道:"广义说与狭义说研究的起点相同,都是研究犯罪原因;终极目的也是相同的,都是研究犯罪对象,区别在于研究的视角不同。狭义说以探求犯罪的原因为依据,批评现存的刑罚制度及其各种相关的制度,从而改善或运用现行的刑罚制度及各有关制度,以其防止犯罪的对策。可见,狭义说的视角是立足于刑事法以内,在刑法以内研究如何运用刑罚、改良刑罚来对付犯罪。广义说的视角不局限于刑法,而是在探究犯罪原因的基础上,超越刑法以外去寻求防止犯罪发生的对策,可以说一切能够对付犯罪的方法、措施和手段,都是刑事政策研究的对象。这就突破了刑法的范畴,而从更广的意义上来研究应对犯罪的一切对策。其中包括应对犯罪的社会政策,比如教育、就业等与应对犯罪有关的社会政策。"参见严励:《中国刑事政策的建构理性》,中国政法大学出版社 2010 年版,第 14 页。

〔3〕 杨春洗主编:《刑事政策论》,北京大学出版社 1994 年版,第 2 页。

罪治理策略的思想,[1]然而,作为学说理论而言,刑事政策则完全是不同法域知识传播的产物。

20世纪70年代末,我国进入改革开放的历史时期,法制体系的中国建构需求,为西方法律知识体系的译介提供了时代条件,在西方法律思想与知识体系的中国传播中,刑事政策成为其重要内容。以对西方刑事政策生成与发展中的代表人物、代表理论的译介为肇始,基于这一知识体系传播中我国所发生的深刻的犯罪治理革命的内在耦合关系,刑事政策研究具有了鲜明的时代特色,表现为:其一,刑事政策精神蕴含的深入挖掘。刑事政策是什么,是这一研究最核心与基础的问题。"我国目前学术界对刑事政策概念的理解与国际学术界的理解有些不同,其来源在于对'政策'一词的误解。我国一些人把'刑事政策'中的'政策'同政治生活中的政治概念相混同,这是不准确的。其实,按汉语的原意,'刑事政策'就是犯罪对策的意思。"[2]这一界定,剥去了刑事政策的神秘面纱,得以与中国的知识体系紧密融合。其二,刑事政策应然界域的理性建构。"有关刑事政策概念存在两种观点:一种是传统的、狭义的观点;另一种是现代的、广义的观点。狭义的刑事政策是指国家为打击和防止犯罪而运用刑事法律武器与犯罪作斗争的各种手段、方法和对策,就是刑事惩罚。它涉及的内容主要是刑事立法、司法和司法机关的刑事惩罚对策,不包括社会对有关犯罪的各种其他对策,仅限于直接地以防止犯罪为目的的刑事惩罚对策。广义的刑事政策是指国家为打击和防止犯罪而与犯罪作斗争的各种手段、方法和对策。它不仅包括以直接防止犯罪为目的的各种刑罚对策,还包括能够间接防止犯罪的各种社会对策。这种观点实际上是认为刑事政策包括目的

[1] 我国夏朝前就存在"慎刑"、"轻刑"和"刑期于无刑"的思想,并成为以后历代刑事政策和思想的渊源。商、周时期,"正基于法不成文的历史事实,有司办案所根据的只能是一些极其原则、简要的刑事政策。在最初之时甚至只是奴隶主最高统治者的片言只语"。参见杨春洗主编:《刑事政策论》,北京大学出版社1994年版,第84页。

[2] 王牧:《犯罪学》,吉林大学出版社1992年版,第380页。

在于抑制犯罪的一切活动。"〔1〕由此形成了"中国版"的狭义与广义学说。〔2〕 其三,刑事政策基本结构的理论揭示。"刑事政策是一个具有一定结构和功能的整体。""刑事政策结构,有两层含义,一是从微观角度观察的个体刑事政策的结构,二是从宏观角度观察的群体刑事政策结构。""群体刑事政策,即宏观刑事政策系统,其结构的组成形式有两大类:一类是纵向结构(层次结构),由基本刑事政策和具体刑事政策构成;另一类是横向结构(过程结构),由定罪政策、刑罚政策和处遇政策构成。"〔3〕这一理论揭示,深化了对不同层次刑事政策内在关系的认识。其四,刑事政策与刑法立法的关系。就刑事政策的刑法化与刑法的刑事政策化展开的研究,"所谓'刑法的刑事政策化',就是在刑法的制定和适用过程中,考虑刑事政策,并将其作为刑法的评价标准、指引和导向"。〔4〕 "刑法的刑事政策化可以区分为两个环节,即立法的刑事政策化与司法的刑事政策化。"其中,"立法的刑事政策化,是指通过立法活动将刑事政策的内容贯彻到刑法条文当中,获得法律的确认。因此,立法的刑事政策化就是刑事政策被刑法所确认的过程,也是一个刑事政策立法化的过程。司法的刑事政策化是指在司法活动中贯彻刑事政策的精神,使刑事政策成为司法活动的指针"。〔5〕 这具有鲜明的中国特色。

---

〔1〕 王牧:《职务犯罪预防的刑事政策意义》,载《国家检察官学院学报》2007 年第 1 期。

〔2〕 理论界关于刑事政策的概念有广义说、狭义说和最狭义说三种。广义的刑事政策是指国家以预防犯罪及镇压犯罪为目的所采取的一切措施和方针。狭义的刑事政策是指对各个犯罪者和犯罪的危险者,以特别预防的目的而实施的措置(包括刑罚、保安处分等)。广义的刑事政策的对象过于广泛,和一般社会政策难以区别。最狭义的刑事政策的对象又过于狭窄,会将少年的不法行为之类的重要事项从刑事政策的领域中遗漏。所以,本书作者采纳狭义的刑事政策观点。参见张永红:《刑法的刑事政策化论纲》,载《法律科学(西北政法学院学报)》2004 年第 6 期。

〔3〕 储槐植:《刑事政策的概念、结构和功能》,载《法学研究》1993 年第 3 期。

〔4〕 黎宏:《论"刑法的刑事政策化"思想及其实现》,载《清华大学学报(哲学社会科学版)》2004 年第 5 期。

〔5〕 陈兴良:《刑法的刑事政策化及其限度》,载《华东政法大学学报》2013 年第 4 期。

在上述知识体系构建中，刑事政策与刑法立法的关系，基于问题的现实性而受到重点关注，并通过刑事政策的功能加以揭示。

1. 刑事政策的基本功能

刑事政策的功能，最早由我国著名刑法学家储槐植教授提出，所谓刑事政策的功能，"主要指刑事政策在犯罪控制这一社会系统中所起的功效和作用，具体来说是对刑事立法和刑事司法的作用"。[1] 侯宏林博士认为，"刑事政策的功能，是指刑事政策作为一个系统整体，基于其自身本质和特性，在防控犯罪的过程中所具有的功效与作用"。[2] 严励教授力主从广义刑事政策的视角来研究刑事政策的功能，并提出，所谓刑事政策的功能即刑事政策运行所产生的社会积极作用，也就是刑事政策在预防和控制犯罪中所起到的积极作用。[3]

2. 刑事政策功能的基本内容

就刑事政策的功能，储槐植教授提出，"就性质而言，刑事政策有导向和调节两大功能"。"导向功能最终应由刑事法律体现出来，而且刑事政策导向功能的实际发挥也应被限制在刑事法律的框架之内。这样才可以防止刑事政策被滥用的危险。""刑事政策的导向功能，包括对刑事实体法、刑事程序法、组织法。其中，对刑事实体法的导向功能主要体现在：(1)划定打击范围。(2)确定打击重点。(3)设定打击程度。(4)选定打击方式。"[4] 严励教授提出，"刑事政策功能可以分为直接功能和间接功能。直接功能是刑事政策适用中必然产生的功能，如导向功能、调配功能和符号功能。间接功能是指刑事政策适用过程中随附加资源的投入而产生的功能"。[5]

刑事政策的功能涉及宏观与微观两个层次。前者是指刑事政策基

[1] 储槐植：《刑事政策的概念、结构和功能》，载《法学研究》1993 年第 3 期。

[2] 侯宏林：《刑事政策的价值分析》，中国政法大学 2004 年博士学位论文，第 66 页。

[3] 参见严励：《刑事政策功能的科学界定和运行》，载《华东政法大学学报》2010 年第 6 期。

[4] 储槐植：《刑事政策的概念、结构和功能》，载《法学研究》1993 年第 3 期。

[5] 严励：《刑事政策功能的科学界定和运行》，载《华东政法大学学报》2010 年第 6 期。

于犯罪学以及其他人文科学知识而对现行刑事立法、司法的合理性、科学性及有效性进行审视和批判，从而对刑法的基本立场（或基本精神）以及基本原则的确立提供指引。“从系统论的观点来看，刑法可以被认为是刑事政策这个大系统的一个子系统。正是因为刑法属于刑事政策的一个子系统，所以刑事政策能够在宏观上对刑法发挥指导和调节的作用，它引导刑法在对自身功能有限性认识的基础上寻求其他防范犯罪的手段，在对刑罚严酷性和不人道性进行反思的基础上实现刑罚的轻缓化以及行刑的人道化。可见，就是刑事政策对于刑法这种‘可指导性’的存在，近代初期的启蒙思想家才极力倡导刑事政策对于刑法的指导和调节，从而使刑法朝着刑事政策的方向发生变化。”〔1〕后者是指刑事政策在刑法的立法或者司法具体环节的导向作用。例如，特定时期国家基本刑事政策向刑法立法基本定罪与量刑制度的转化，〔2〕以及刑事政策对于刑法所规定的特定犯罪类型的定罪与量刑制度的转化。〔3〕 本书认为，刑事政策的基本功能包括：(1)发现功能。刑事政策以对一定时期犯罪态势的准确分析为基础，据以准确把握这一态势背后所蕴含的社会需求与政治治理需求，以之作为建构刑事政策的根据。(2)批判功能。刑事政策对既有刑法立法体系的犯罪治理能力具有评价与批判的功能，准确揭示治理能力上的短板，才能发现犯罪治理与刑法机制供求关系中的矛盾，以为刑法改革奠定基础，欠缺批判功能的刑事政策，不可能形成科学的刑法立法。(3)导向功能。一方面，刑事政策具有指导犯罪预防和犯罪控制活动，为犯罪预防、控制指明大致的方向、途径及模式的功能；另一方面，刑事政策具有对立法重点治理对象、重要治理机制的判断与选择功能。

---

〔1〕 张永红：《刑法的刑事政策化论纲》，载《法律科学（西北政法学院学报）》2004 年第 6 期。

〔2〕 参见陈兴良：《刑法的刑事政策化及其限度》，载《华东政法大学学报》2013 年第 4 期。

〔3〕 参见孙国祥：《我国惩治贪污贿赂犯罪刑事政策模式的应然选择》，载《法商研究》2010 年第 5 期。

二、中国特色反腐败刑事政策

中华人民共和国成立以来,中国共产党领导的人民政府基于巩固新政权安全与犯罪治理的需要,在立即启动镇压反革命运动的同时,也开始了对"犯罪对策"的历史性探索。以新民主主义革命时期的犯罪治理政策为起步,[1]我国的基本刑事政策实现了三次重大转型,在这一历史发展进程中,反腐败刑事政策始终是其重要内容,根据社会发展中腐败治理的客观现实,形成了动态发展的政策体系。

(一)中华人民共和国成立后基本刑事政策的代际更新

1."镇压与宽大相结合"刑事政策

中华人民共和国成立之初,面临特殊的政治和经济环境,法制建设尚未起步,新生政权面临严峻的安全考验,为保障新生政权、镇压敌对势力,脱胎于革命根据地法制建设经验的"镇压与宽大相结合"政策,被引入新政权的犯罪治理。1949年《中国人民政治协商会议共同纲领》规定的"中华人民共和国必须镇压一切反革命活动……同时给以生活出路,并强迫他们在劳动中改造自己,成为新人",是"镇压与宽大相结合"政策的直接表述。1950年10月10日,中共中央发布《关于纠正镇压反革命活动的右倾偏向指示》明确:"全面贯彻党的'镇压与宽大相结合'的政策,即'首恶者必办,胁从者不问,立功者受奖。'"这一规定正式对"镇压与宽大相结合"的司法适用做出阐述。以"镇压与宽大相结合"刑事政策为导向,国家颁布了3部单行刑法及大量的行政法规,对中华人民共和国成立之初的犯罪与社会治理起到了至关重要的作用,稳定了社会秩序,促进了社会主义改造任务的胜利完成。

2."惩办与宽大相结合"刑事政策

1956年年底,随着"三大改造"任务的顺利完成,社会主义基本制度在我国得以确立。中共八大明确指出:"国内主要矛盾不再是阶级

---

[1] 早在1940年,毛泽东在《论政策》一文中就指出:"应该坚决地镇压那些坚决的汉奸分子和坚决的反共分子,非此不足以保卫抗日的革命势力。但是决不可多杀人,决不可牵涉到任何无辜的分子。对于反动派中的动摇分子和胁从分子,应有宽大的处理。"参见《毛泽东选集》(第2卷),人民出版社1991年版,第767页。

矛盾,而是人民对于经济文化迅速发展的需要同当前经济文化不能满足人民需要的状况之间的矛盾。”在犯罪治理领域,斗争对象则从与反革命分子的斗争转变为对普通刑事犯罪分子的斗争。1956 年 9 月 15 日,刘少奇在中共八大政治报告中指出:“我们对反革命分子和其他犯罪分子一贯地实行惩办和宽大相结合的政策”,首次正式提出“惩办和宽大相结合”的政策,标志着我国刑事政策从打击、镇压敌人转向惩罚犯罪,从对敌斗争的政策向惩罚犯罪的刑事政策的转型。[1] 由于我国长期没有制定刑法,刑事法律不健全,惩办与宽大相结合刑事政策在法律未规定的领域事实上成为了司法办案的依据。1979 年《刑法》第 1 条规定:“中华人民共和国刑法……依照惩办与宽大相结合的政策……制定。”通过《刑法》的明确规定,申明了“惩办与宽大相结合”作为我国基本刑事政策的重要地位。

3.“严打”刑事政策

首部《刑法》的颁布与施行,与改革开放的步伐相同步,然而,其制定则是立足于高度计划经济体制的社会背景,稳定的社会治理结构,实现了对犯罪规模的有效控制。[2] 然而,伴随经济体制的转型,社会进入转型时期,各种犯罪活动猖獗、刑事案件发案率急剧上升,重大恶性案件时有发生,成为国家治理的最大现实问题。党的十一届三中全会后,党中央果断摒弃了“以阶级斗争为纲”的错误方针,提出了发扬社会主义民主、加强社会主义法制的战略决策,为有效面对社会转型中的犯罪态势,党的领导人和国家机关就犯罪对策的选择进行了有益的尝试。1979 年 3 月 13 日,邓小平在《坚持四项基本原则》中指出:“在社

---

〔1〕 参见严励:《问题意识与立场方法——中国刑事政策研究之反思》,载《中国法学》2010 年第 1 期。

〔2〕 陈兴良教授认为,“在改革开放以前,由于实行计划经济,我国不仅在经济领域实行严格的行政控制,而且在社会生活领域,都置于国家权力无所不在的控制之下。由于这种国家权力的严格控制所形成的社会秩序,具有绝对性与压制性。这种强有力的国家控制下,犯罪丧失了其生存的社会土壤。因此,当时我国犯罪率之低是举世闻名的”。参见陈兴良:《宽严相济刑事政策研究》,载《法学杂志》2006 年第 1 期。

会主义社会，仍然有反革命分子，有敌特分子，有各种破坏社会主义秩序的刑事犯罪分子和其他坏分子，有贪污盗窃、投机倒把的新剥削分子，并且这种现象在长时期内不可能完全消灭。同他们的斗争不同于过去历史上的阶级对阶级的斗争（他们不可能形成一个公开的完整的阶级），但仍然是一种特殊形式的阶级斗争；或者说是历史上的阶级斗争在社会主义条件下的特殊形式的遗留。对于这一切反社会主义的分子仍然必须实行专政。不对他们专政，就不可能有社会主义民主。”〔1〕1980年1月16日，邓小平在中共中央干部会议上再次重申：“目前我们同各种反革命分子、严重破坏分子、严重犯罪分子、严重犯罪集团的斗争，虽然不都是阶级斗争，但是包含阶级斗争。当然，我们必须坚决划清两类不同性质的矛盾的界限，对于绝大多数破坏社会秩序的人应该采取教育的办法，凡能教育的都要教育，但是不能教育或教育无效的时候，就应该对各种罪犯坚决采取法律措施，不能手软。”〔2〕上述基本判断与重要讲话，为国家刑事政策的选择与调整指明了方向。

“严打”是“依法从重从快严厉打击严重刑事犯罪活动”的简称。〔3〕探寻改革开放形势下的犯罪治理对策，始于对当时已呈严重蔓

---

〔1〕《邓小平文选》（第2卷），人民出版社1994年版，第169页。

〔2〕《邓小平文选》（第2卷），人民出版社1994年版，第253页。

〔3〕汪明亮教授对“严打”政策的界定是：党和国家在社会治安形势严峻时为打击某几类严重刑事犯罪而制定的、由司法机关为主要执行主体的、以从重从快为基本要求的一种具体刑事政策，其以运动、战役的形式存在。参见汪明亮：《“严打”的理性评价》，北京大学出版社2004年版，第33页。

延趋势的青少年犯罪与严重暴力犯罪的策略选择。[1] 为扭转社会治安形势，维护社会稳定，“我们党适时提出了整顿社会治安和依法从重从快的方针，我国刑事政策随之再作重大调整，惩办与宽大相结合政策中‘惩办’的一面被突出强调，‘严打’成为刑事政策的主基调”。[2] 1983 年 8 月，中共中央作出《关于严厉打击刑事犯罪活动的决定》，明确提出要“依法从重从快严厉打击刑事犯罪活动”。1983 年 9 月，全国人大常委会作出《关于严惩严重危害社会治安的犯罪分子的决定》和《关于迅速审判严重危害社会治安的犯罪分子的程序的决定》，“严打”刑事政策被正式提出，并成为主导性刑事政策。“严打”是在我国治安形势非常严峻的形势下提出的一项应急性措施，国家安全和社会稳定压倒一切，并在实践中逐渐上升为重大刑事政策。在这一要求下，刑罚的谦抑和宽缓功能虽偶有提及，但力度不强，“严打”成为以严厉为主要内容的相对单一的刑事政策，对我国刑事司法产生重大影响，此前一直坚守的惩办与宽大相结合刑事政策逐步被淡化。[3]

1997 年《刑法》被修改时，删除了原《刑法》第 1 条中“惩办与宽大

---

〔1〕 严励教授认为，作为新的犯罪对策思想的初步总结，集中概括在 1978 年中共中央批转的《第三次全国治安工作会议纪要》和中共中央 1978 年制定的 58 号文件，这两个文件首先提出了新的犯罪对策思想的一些基本原则。1981 年中央召开的京、津、沪、穗、汉五大城市治安座谈会上，对新的犯罪对策思想做了高度的概括，在该会议纪要中明确提出了“全党动手，实行全面‘综合治理’”这一新时期的刑事政策……1982 年 1 月中共中央《关于加强政法工作的指示》中再次肯定和强调了“必须加强党的领导，全党动手，认真落实‘综合治理’”的方针，同时指出综合治理的中心环节是青少年教育，综合治理要发挥各方面的作用，要采取思想的、政治的、经济的、行政的、法律的各种措施和多种方式。应当说，这一时期面对严峻的治安形势，我国已经提出了完整的刑事政策，即社会治安综合治理的总政策和“两极化”政策（一方面，对少数严重刑事犯罪分子依法从重从快予以惩处；另一方面，对大量有轻微违法犯罪行为的人既不判罪劳改，也不送去劳教，而是着眼于教育、感化、挽救），并在实践中予以执行。参见严励：《“严打”刑事政策的理性审读》，载《上海大学学报（社会科学版）》2004 年第 4 期。

〔2〕 卢建平、刘春花：《我国刑事政策的演进及其立法影响》，载《人民检察》2011 年第 9 期。

〔3〕 参见苗生明：《顺应新时代要求　深化落实宽严相济刑事政策》，载《人民检察》2021 年第 21 期。

相结合”刑事政策的内容,主要理由是,“由于刑法已经根据不同情况作了一系列区别对待的规定……这一政策已经体现在具体规定中,因此,刑法中不再单独规定惩办与宽大相结合的刑事政策”。[1] 这一修正,在理论上产生了“惩办与宽大相结合”与“严打”刑事政策关系的不同认识。[2] 本书认为,将“严打”定位为基本刑事政策具有现实根据,最突出的表现在于,一是“严打”政策对刑事司法产生直接影响。1983年至2002年,全国组织开展了三次大规模的严打专项斗争,分别是1983年至1987年全国严打斗争、1996年至1997年全国严打斗争和2001年至2002年全国为期两年严打整治斗争。二是“严打”政策对刑事立法产生了巨大影响。1983年“严打”斗争发动后,至1997年《刑法》修订之时,全国人大常委会相继通过24个决定和补充规定,增设罪

---

〔1〕“惩办与宽大相结合是我们党和国家同犯罪作斗争的基本刑事政策。这项政策对于争取改造多数、孤立打击少数有着重要的作用。由于《刑法》已经根据犯罪的不同情况作了一系列的区别对待的规定,如对累犯、教唆未成年人犯罪规定了从重处罚,对从犯、胁从犯、未遂犯、中止犯和自首立功的犯罪分子规定可以从轻、减轻或者免除处罚,根据罪犯在执行刑罚中的表现还规定了减刑和假释,等等。这都是惩办与宽大相结合政策的具体体现,因为这一政策已体现在具体规定之中,因此,《刑法》中不再单独专门规定惩办与宽大相结合的政策。”参见胡康生、李福成主编:《中华人民共和国刑法释义》,法律出版社1997年版,第2页。

〔2〕一种观点认为,“依法从重从快是在我国基本刑事政策指导下的具体政策。我国的基本刑事政策是惩办与宽大相结合,依法从重从快与基本刑事政策是一致的。在社会治安形势严峻的情况下,就要对那些严重刑事犯罪分子严加惩办,打击其嚣张气焰,扭转社会治安局面。与此同时,在任何时候,都要贯彻我国的基本刑事政策,要根据犯罪分子的不同情况,区别对待,该宽则宽,该严则严,宽严相济。我们在提出依法从重从快打击的同时,又提出了分化瓦解和教育改造,并非只有从重的一面。从重从快打击的对象是有范围限制的,而且对于他们中投案自首、坦白交代的,同其他种类的犯罪分子一样,要依法从轻,以利于分化瓦解。至于对一般的轻微犯罪,特别是其中的未成年人犯罪,则坚持教育、感化和挽救的方针。这种在基本刑事政策指导下的从重从快方针,与所谓的‘重刑主义’不可同日而语”。参见张穹主编:《“严打”政策的理论与实务》,中国检察出版社2002年版,第84页。另一种观点则认为:“在1997年《刑法》修订中之所以删除关于惩办与宽大相结合刑事政策的规定,主要还是为了给严打刑事政策让路。对于惩办与宽大相结合刑事政策而言,这是一种不是变化的变化。”参见陈兴良:《宽严相济刑事政策研究》,载《法学杂志》2006年第1期。

名数十种，死刑罪名也由1979年《刑法》规定的28个增至74个。

4.“宽严相济”刑事政策

2004年12月22日中央政法工作会议提出：“正确运用宽严相济的刑事政策，对严重危害社会治安的犯罪活动严厉打击，绝不手软，同时要坚持惩办与宽大相结合，才能取得更好的法律和社会效果。”这是首次提出“宽严相济”刑事政策的概念，但此时是与“惩办与宽大相结合”一并提出。2005年12月召开的全国政法工作会议上“宽严相济”第一次被作为独立的刑事政策提出。2006年，党的十六届六中全会通过的《中共中央关于构建社会主义和谐社会若干重大问题的决定》正式提出宽严相济刑事司法政策，即“实施宽严相济的刑事司法政策，改革未成年人司法制度，积极推行社区矫正”。为贯彻实施宽严相济刑事政策，最高人民检察院和最高人民法院先后制定了相应的指导意见。从文本上看，最高人民检察院和最高人民法院对该政策的定位不同，前者定位为“重要的刑事司法政策”，后者定位为“基本刑事政策”，贯穿于刑事立法、司法和刑罚执行全过程。2010年8月，全国人大常委会在《关于〈中华人民共和国刑法修正案（八）（草案）〉的说明》中强调：“根据宽严相济的刑事政策，在从严惩处严重犯罪的同时，应当进一步完善刑法中从宽处理的法律规定，以更好地体现中国特色社会主义刑法的文明和人道主义，促进社会和谐。”[1]由此宽严相济刑事政策被确立为基本刑事政策。

（二）反腐败刑事政策的基本内容

中国共产党百年发展史是一部开创中国和世界政党建设与发展伟业的历史，也是一部崇尚清廉、推进廉洁政治的历史。中国共产党以建立新型无产阶级政权为目标，在中国历史上第一个明确提出“反对腐败、建设廉洁政治”主张，在以人民为中心、以时代为根据推进反腐事

---

〔1〕 李适时：《关于〈中华人民共和国刑法修正案（八）（草案）〉的说明——2010年8月23日在第十一届全国人民代表大会常务委员会第十六次会议上》，载中国人大网，http://www.npc.gov.cn/zgrdw/huiyi/cwh/1119/2011-05/10/content_1871258.htm。

业的进程中实现了马克思主义中国化的伟大飞跃。反对腐败,是建党主张、是百年发展中自我革命的重要之役。[1] “反腐败刑事政策的流变,源于党和国家对腐败治理规律性认识的不断深化,同时也是反腐败战略目标以及体制机制不断转型的产物。”[2] 反腐败刑事政策在国家基本刑事政策发展中始终受到决策机关的高度重视。中国特色腐败治理在由“运动式”向“法治化”的转型中,[3] 反腐败刑事政策也随之发生了从“惩办与宽大相结合”到“从重从快”,再到“宽严相济”以及新时期下的“零容忍”刑事政策的转型。[4]

1. “镇压与宽大相结合”刑事政策中的反腐败刑事政策选择

“镇压与宽大相结合”刑事政策下反腐败刑事政策的基本内容包括:(1)腐败犯罪是“镇压”政策的对象。基于腐败之于执政安全的关系,腐败的治理受到党和国家的高度重视。1951 年 12 月 1 日,《中共中央关于实行精兵简政、增产节约、反对贪污、反对浪费和反对官僚主义的决定》提出:“一切从事国家工作、党务工作和人民团体工作的党员,利用职权实行贪污和实行浪费,都是严重的犯罪行为。”“一切贪污

---

[1] 参见魏昌东:《建党百年中国特色反腐之路的理论逻辑》,载《毛泽东邓小平理论研究》2021 年第 9 期。

[2] 孙国祥:《反腐败刑事政策时代转型的逻辑与法治化思考》,载《社会科学辑刊》2021 年第 5 期。

[3] 中华人民共和国成立以来,我国反腐败的基本进程分三个阶段 :(1)中华人民共和国成立初期“以治标为主”的运动型反腐,一方面开展“三反五反”运动,以镇压反革命式反腐,确立像刘青山、张子善等反腐标志性事件;另一方面开展整风运动,转变党风政风。不可否认,当时运动式反腐败刑事政策起到立竿见影的效果,但忽略了民主与法制建设。(2)改革开放时期“从治标转向治本”的权力型反腐,一方面完善治理腐败的法律体系;另一方面在党的领导下运用民主的方式方法治理腐败。这种基于行政权力的反腐败刑事政策主要依靠党和政府的决策指示与行政命令进行,利于克服特权现象,但常表现为暴风骤雨式的政治运动和矫枉过正式的高压严打,缺乏制度规范与量化标准,难以形成长效机制。(3)新世纪时期“以治本为主、标本兼治”的制度型反腐,在推进经济、政治、司法体制改革的同时,注重民主法治完善,建立以制度为基础、教育为先导、监督为手段的惩治和预防腐败体系。参见何家弘:《中国反腐治标论》,载《法学杂志》2015 年第 10 期。

[4] 参见郭立军、阮建华:《论我国反腐败刑事政策》,载《北京政法职业学院学报》2015 年第 4 期。

行为必须揭发，按其情节轻重，给予程度不等的处理，从警告、调职、撤职、开除党籍、判处徒刑直至枪决。典型的贪污犯，必须动员群众进行公审，依法治罪。"毛泽东在为党中央起草的《关于三反斗争必须大张旗鼓进行的电报》中强调："应把反贪污、反浪费、反官僚主义的斗争看作是如同镇压反革命的斗争一样的重要，一样的发动广大群众包括民主党派及社会各界人士去进行，一样地大张旗鼓去进行，一样的首长负责，亲自动手号召坦白和检举，轻者批评教育，重者撤职、惩办，判处徒刑(劳动改造)，直至枪毙一大批最严重的贪污犯。"〔1〕这一批示，直接成为了 1951 年 12 月 8 日《中共中央关于反贪污斗争必须大张旗鼓地去进行的指示》的内容。(2)腐败犯罪区别对待政策。彭真在《关于惩治贪污条例草案的说明》(1952 年 4 月 18 日)中指出："为了把惩办与教育相结合，把镇压与宽大相结合以达到惩前毖后和除恶务尽的目的，我们在处理贪污、盗窃案件时，必须贯彻执行毛主席所指示的过去从宽、今后从严，多数从宽、少数从严，坦白从宽、抗拒从严和对国家工作人员从严、对非国家工作人员(除一小部分罪大恶极者外)从宽的原则。""对于死刑、无期徒刑和有期徒刑，均得酌情予以缓刑。缓刑主要是适用于坦白悔改或有立功表现的犯人。"〔2〕《惩治贪污条例》作为单行刑法，不仅对贪污贿赂犯罪配置了死刑，还在犯罪构成要件上采用简化构成要件要素的模式，全面贯彻了基本刑事政策的要求。

2.“惩办与宽大相结合”刑事政策中的反腐败刑事政策选择

“惩办与宽大相结合”刑事政策下反腐败刑事政策的基本内容包括：(1)腐败犯罪是“惩办”政策的对象，实行“从快从严从重”政策。改革开放使我国进入经济转型、社会转轨、国家治理模式转变的多元变化叠加期，社会积存的矛盾与新生矛盾一并爆发，治安形势骤然严峻，与此同时，走私贩私、贪污受贿、投机诈骗、盗窃国家和集体财产等严重犯罪活动明显增加。对此，邓小平指出："应该提得更高一点，看得更深一点，这样来认识同经济犯罪活动的斗争……盗窃国家财产，贪污受

〔1〕《毛泽东选集》(第 5 卷)，人民出版社 1977 年版，第 54 页。

〔2〕《彭真文选(1941—1990)》，人民出版社 1991 年版，第 211 页。

贿,这是现钱买卖,清清楚楚,不容易搞错。所以,现在刹这个风,一个要从快从严从重。现在看起来,太重也不行,但是对有一些情节特别严重的犯罪分子,必须给以最严厉的法律制裁。"[1](2)对腐败犯罪危害加剧的判断。1982 年 4 月 13 日,中共中央、国务院《关于打击经济领域中严重犯罪活动的决定》指出:"近两三年来,走私贩私、贪污受贿、投机诈骗、盗窃国家和集体财产等严重犯罪活动有了明显的增加,在少数地区、少数人员中还相当猖獗。""当前经济领域中的严重犯罪活动,已经和正在腐蚀我们的干部队伍,损害我们党、政府、军队的肌体和国家的信誉,毒化人们的思想,污染社会风气,破坏经济建设,妨碍对外开放和对内搞活经济政策的正确执行,影响社会安定。""打击经济领域的严重犯罪活动,进行反对腐化变质的斗争,关系到我国社会主义现代化建设的成败,关系到我们党和国家的盛衰兴亡,这场斗争必然是长期的持久的。"(3)"从重"政策的立法响应。1982 年 3 月,第五届全国人大常委会通过《关于严惩严重破坏经济的罪犯的决定》,对首部刑法贿赂犯罪的条款进行了补充和修改,受贿罪的法定刑遽然提升至死刑。

3."严打"刑事政策中的反腐败刑事政策选择

"严打"刑事政策下反腐败刑事政策的基本内容包括:(1)腐败犯罪是"严打"的对象,实行"从重从快"打击政策。邓小平在谈到加强法制工作和端正党风时指出:"腐败、贪污、受贿,抓个一二十件……要雷厉风行地抓,要公布于众,要按照法律办事。该受惩罚的,不管是谁,一律受惩罚。"[2](2)腐败大要案是"严打"的重点。1989 年 7 月,中共中央、国务院《关于近期做几件群众关心的事的决定》指出:"严肃认真地查处贪污、受贿、投机倒把等犯罪案件,特别要抓紧查处大案要案。"1992 年,邓小平在南方谈话中指出:"打击各种犯罪活动,扫除各种丑恶现象,手软不得。"[3]党的十五大报告强调:反对腐败"要继续抓好领导干部廉洁自律、查处大案要案、纠正部门和行业不正之风的工

---

〔1〕《邓小平文选》(第 2 卷),人民出版社 1994 年版,第 403 页。

〔2〕《邓小平文选》(第 3 卷),人民出版社 1993 年版,第 297 页。

〔3〕《邓小平文选》(第 3 卷),人民出版社 1993 年版,第 378－379 页。

作”。(3)腐败犯罪是“严打”政策的长期对象。邓小平深刻指出:“在整个改革开放过程中都要反对腐败。对干部和共产党员来说,廉政建设要作为大事来抓。还是要靠法制,搞法制靠得住些。”[1]“但对我们来说,要整好我们的党,实现我们的战略目标,不惩治腐败,特别是党内的高层的腐败现象,确实有失败的危险。”[2](4)腐败治理的广义刑事政策。自党的十四大报告提出“廉政建设要靠教育,更要靠法制”的策略后,“我国的反腐倡廉工作,大体经历了从十五大之前的标本兼治、侧重遏制,到十五大以后的标本兼治、综合治理、逐步加大治本力度,再到十六大以来的标本兼治、综合治理、惩防并举、注重预防这样三个阶段。”[3]党风廉政建设和反腐败斗争由一开始的“侧重遏制”到“标本兼治、综合治理”,再到“标本兼治、综合治理、逐步加大治本力度”,直至提出“标本兼治、综合治理、惩防并举、注重预防”的战略方针,在反腐败的基本刑事政策选择上,始终坚持的是“从重从快”政策。

4.“宽严相济”刑事政策中的反腐败刑事政策选择

“宽严相济”刑事政策下反腐败刑事政策的基本内容包括:(1)腐败犯罪是“严”的对象。中央一再指出要使腐败分子“政治上身败名裂,经济上倾家荡产,思想上后悔莫及”。[4] (2)严密腐败犯罪法网。十八届四中全会通过的《中共中央关于全面推进依法治国若干重大问题的决定》明确指出:“完善惩治贪污贿赂犯罪法律制度,把贿赂犯罪对象由财物扩大为财物和其他财产性利益。”[5](3)腐败治理的广义刑事政策。2005年1月,中共中央颁布《建立健全教育、制度、监督并重的惩治和预防腐败体系实施纲要》,明确提出建立健全惩治和预防腐败体系的目标。2008年5月,中央又颁布《建立健全惩治和预防腐败体系2008—2012年工作规划》,从教育、制度、监督、改革、纠风和惩

---

[1] 《邓小平文选》(第3卷),人民出版社1994年版,第379页。

[2] 《邓小平文选》(第3卷),人民出版社1994年版,第313页。

[3] 吴官正:《要从源头上防治腐败》,载《求是》2006年第6期。

[4] 吴官正:《拓宽从源头上防治腐败工作领域》,载《求是》2006年第18期。

[5] 《中共中央关于全面推进依法治国若干重大问题的决定》,载《人民日报》2014年10月29日,第1版。

治等方面，对以完善惩治和预防腐败体系为重点的反腐倡廉建设进行总体布局。党的十八大明确将廉洁政治作为党风廉政建设的目标，提出“要坚持中国特色反腐倡廉道路，坚持标本兼治、综合治理、惩防并举、注重预防方针”。2013 年 11 月，十八届三中全会通过的《中共中央关于全面深化改革若干重大问题的决定》明确了“健全惩治和预防腐败体系，建设廉洁政治，努力实现干部清正、政府清廉、政治清明”的目标系统，由政治立场向制度建构推进。[1] 整体化的制度构建、国法党纪协同治理是新时期的治理特征。腐败是一种社会现象，腐败产生的原因错综复杂，仅靠刑事手段无法真正有效地控制腐败的滋生和蔓延，必须运用政治、经济、文化、教育等诸多手段实行综合治理。[2]

（三）党的十八大以来反腐败刑事政策的更新

1. 反腐败策略思想的时代更新

党的十八大以来，以习近平同志为核心的党中央高度重视腐败治理在中国特色党的治理与国家治理中的基础地位，以贯彻执行宽严相济的刑事政策为前提，强调“以党内法规管住绝大多数，以刑法惩罚极少数”的治理策略，进而提出了“老虎苍蝇一起打”、“零容忍”和“受贿行贿一起查”等一系列反腐败策略思想。（1）“老虎苍蝇一起打”反腐败策略。2013 年 1 月 22 日，习近平总书记在十八届中央纪委二次全会上指出：“要坚持‘老虎’、‘苍蝇’一起打，既坚决查处领导干部违纪违法案件，又切实解决发生在群众身边的不正之风和腐败问题。要坚持党纪国法面前没有例外，不管涉及到谁，都要一查到底，决不姑息。”[3] 无论身份、地位，只要涉及腐败问题，就要一律追究到底，形成了以身份为梯级的纵向结构，从领导干部推进到基层，进一步深化了腐败治理的严格要求。（2）“零容忍”的反腐败策略。2014 年 1 月 14 日，习近平总

---

〔1〕 参见魏昌东：《腐败治理“中国模式”的立法发展与理论探索》，上海人民出版社 2019 年版，第 368 - 372 页。

〔2〕 参见张旭：《反腐败视域下的“零容忍”：内涵、价值与实现》，载《当代法学》2018 年第 5 期。

〔3〕《习近平在十八届中央纪委二次全会上发表重要讲话强调更加科学有效地防治腐败 坚定不移把反腐倡廉建设引向深入》，载《中国监察》2013 年第 3 期。

书记在十八届中央纪委三次全会上提出："坚决反对腐败，防止党在长期执政条件下腐化变质，是我们必须抓好的重大政治任务。反腐败高压态势必须继续保持，坚持以零容忍态度惩治腐败。对腐败分子，发现一个就要坚决查处一个。要抓早抓小，有病就马上治，发现问题就及时处理，不能养痈遗患。"〔1〕(3)"受贿行贿一起查"的反腐败策略。2017年10月18日，习近平总书记在党的十九大报告中提出："要坚持无禁区、全覆盖、零容忍，坚持重遏制、强高压、长震慑，坚持受贿行贿一起查，坚决防止党内形成利益集团。"2021年9月，中央纪委国家监委会同最高人民检察院等六单位印发的《关于进一步推进受贿行贿一起查的意见》指出："要清醒认识行贿人不择手段'围猎'党员干部是当前腐败增量仍有发生的重要原因，深刻把握行贿问题的政治危害。""坚持受贿行贿一起查，是党的十九大作出的重要决策部署。"〔2〕实际上，"坚持受贿行贿一起查，历来是我们党惩治腐败的鲜明立场，也是深入推进反腐败斗争的一个重要原则"。〔3〕党的十九大报告对这一政策再次重申。

2. 反腐败策略思想与刑事政策关系的基本判断

有学者提出，当代中国防治腐败犯罪的刑事政策可以概括为：宽严相济刑事政策、"老虎苍蝇一起打"、"受贿行贿一起查"。但是，这三句话并非分散、独立的一盘散沙，而是有其核心和精髓的。三句话的核心和精髓，正在于宽严相济刑事政策精神与"老虎苍蝇一起打"等各种具体策略思想的协调统一，亦即，当代中国防治腐败犯罪的刑事政策体系化。〔4〕关于"零容忍"等反腐败策略与反腐败刑事政策的内在关系，有必要根据刑事政策的基本原理，做广义与狭义的区分，进而确定不同

---

〔1〕《习近平在十八届中央纪委三次全会上发表重要讲话强调　强化反腐败体制机制创新和制度保障　深入推进党风廉政建设和反腐败斗争》，载《中国监察》2014年第2期。

〔2〕《中央纪委国家监委会同有关单位联合印发〈关于进一步推进受贿行贿一起查的意见〉》，载最高人民检察院网，https://www.spp.gov.cn/spp/zdgz/202109/t20210908_528832.shtml。

〔3〕《如何坚持受贿行贿一起查》，载《中国纪检监察报》2020年11月12日，第6版。

〔4〕参见魏东：《对腐败犯罪"老虎苍蝇一起打"的刑事政策考量——兼议"特别重大贿赂犯罪案件"的政策性限缩解释》，载《甘肃政法学院学报》2014年第2期。

政策内容在刑法立法及司法中的指导地位。本书认为：

(1)“零容忍”等反腐败策略属于广义刑事政策的范畴。由中国特色国家政治体制所决定、由党提出的反腐败策略，是对腐败治理提出的新目标与新定位，具有相对明确的政策机制体系，符合广义刑事政策的基本特征。关于新策略的基本内涵，有学者提出，“零容忍”作为国家反腐败政策的重要内容，是指对任何形式即使是轻微的腐败行为都要纳入党纪国法的规制范围。“零容忍”本身体现的是“打早打小”严格执法立场，无疑是必须提倡和坚持的，这也是对社会上特别是经济学界部分学者所主张“对待腐败行为应采取有限容忍政策”的绥靖主义立场的否定。[1] 有学者提出，“零容忍”的意涵为：应当以积极主动和强硬姿态应对轻微违法犯罪，以便让各种潜在的犯罪分子明白违法犯罪的机会较小，而受到处理和干预的可能性极大；明白反腐的态度而不敢为所欲为。[2] 有学者则认为，反腐败“零容忍”要求既要对各种违规行为和违法犯罪行为坚持严厉打击的原则和态度，也要加大对违规、违法行为的查处力度，不允许任何一次哪怕是轻微违规的遗漏，[3]强调建立“不能腐、不敢腐”的机制，突出对腐败的预防性，在从行为发展的萌芽状态开始就铲除腐败滋生的环境与动机，防止第一扇“窗户”被打破。[4] “零容忍”是从整体的视角对腐败治理提出的要求，采取刑罚规制腐败犯罪和通过党纪与政纪规制一般腐败行为的二元机制对社会整体的腐败进行宏观要求，[5]形成了以腐败程度为横向结构的打击要求。“零容忍”政策导向下的腐败治理，将腐败的违纪、违法与犯罪的治

---

〔1〕 参见郭立军、阮建华：《论我国反腐败刑事政策》，载《北京政法职业学院学报》2015年第4期。

〔2〕 参见张旭：《反腐败视域下的“零容忍”：内涵、价值与实现》，载《当代法学》2018年第5期。

〔3〕 参见罗文剑、吕华：《“零容忍”反腐败的问题基模构建及实施对策》，载《廉政文化研究》2014年第5期。

〔4〕 参见廖晓明、罗文剑：《“零容忍”反腐败：内涵、特征与进路》，载《中国行政管理》2012年第1期。

〔5〕 参见张磊、车明珠：《反腐败零容忍政策的反思与实现》，载赵秉志主编：《刑法论丛》(2016年第1卷)，法律出版社2016年版。

理连成一体，对前二者的治理，有利于尽早发现问题，防止问题的严重化。

（2）“零容忍”反腐败策略不宜作为狭义的刑事政策。关于新策略的基本定位，有学者提出，“基于反腐败的严峻形势，党中央现在提出了‘零容忍’的反腐败刑事政策”。[1] 有学者则认为，“零容忍”是现阶段反腐败的具体刑事政策，基于“零容忍”的政策，贪污贿赂犯罪不应该提高起刑数额，提高起刑数额在一定意义上是对“抓大放小”“法不责众”“放水养鱼”等错误的默认与纵容，是对“以罚代刑”“以纪代罚”等的默许。“零容忍”政策要求将贪污贿赂犯罪的起刑点调低或大幅降低而非调高，甚至取消现行起刑点，将任何形式的小贪小贿行为均视为犯罪。[2] 本书认为，“零容忍”反腐败策略是对中国特色国家反腐败政策的更新，但是，将“零容忍”作为反腐败的政策，并不意味着其具有具体刑事政策的地位，更不能将“零容忍”等同于入罪的“零门槛”。

（3）“老虎苍蝇一起打”“受贿行贿一起查”可以作为狭义的刑事政策。这两项策略具有重要的现实意义，前者在于纠正“严打”政策下“抓大放小”具体刑事政策的治理偏差，“老虎”与“苍蝇”既可以是对腐败行为者职权等级的指称，也可以是对腐败行为严重程度的指称，其作为反腐败的具体刑事政策，有助于全面破解腐败犯罪治理中存在的“肥猪政策”问题，[3] 具有深化腐败治理成效的价值。其对腐败犯罪的刑事立法与司法均具有明确的导向功能，突出表现为：对于腐败犯罪应当进一步严密法网，在稳固以现实对价关系为中心的贿赂犯罪治理结构的同时，对具有概括的对价关系以及具有衍生贿赂风险的严重行

---

〔1〕 陈志军：《我国贿赂犯罪罪名体系完善之建议》，载《中国人民公安大学学报（社会科学版）》2016 年第 2 期。

〔2〕 参见孙道萃：《论“零容忍”反腐作为具体刑事政策及其展开》，载《河南师范大学学报（哲学社会科学版）》2015 年第 5 期。

〔3〕 孙国祥教授针对现实中的“抓大放小”政策指出：“在查处大要案同时‘放小’的负面作用也不可低估：首先，贪污贿赂犯罪概念被模糊了，由于对‘小腐败’的姑息，久而久之，就形成了不将犯罪当犯罪的腐败氛围；其次，犯罪人的贪腐之路通常存在着由‘小恶到大恶’的动态发展过程，抓大放小难免有‘肥猪政策’之嫌。”参见孙国祥：《〈联合国反腐败公约〉与我国反贪污贿赂刑事政策思考》，载《南京大学学报（哲学·人文科学·社会科学）》2008 年第 2 期。

为进行犯罪化，据以形成更为细密的刑事法网，通过刑法介入的早期性，实施对轻微腐败犯罪的刑法干预，降低其向严重腐败犯罪蔓延的概率。后者在于纠正“严打”政策下“放纵行贿”具体刑事政策的治理偏差。“非对称性”的刑事政策，是我国在惩治贿赂犯罪刑事政策的基本选择，这一政策选择与定位对贿赂犯罪的刑法立法带来直接影响，〔1〕进而直接导致了司法治理中严重的行受贿犯罪治理不平衡的问题。〔2〕

---

〔1〕 以“非对称性”刑事政策为导向而制定的贿赂犯罪立法，长期存在犯罪判断与量度标准的差异性问题，表现为：(1)犯罪圈标准不同。立法对受贿罪的成立要求具备“为他人谋取利益”的要件，而对行贿罪则需进一步分辨行为谋取利益的正当性与否，由此造成了在同等对向关系下，行贿罪的犯罪圈要小于受贿罪的结果。(2)罪量标准不同。1997年《刑法》第383条规定，成立受贿罪的一般标准为最低数额为5000元，而行贿罪的数额虽在法律中未予直接规定，但根据1999年最高人民检察院《关于人民检察院直接受理立案侦查案件立案标准的规定(试行)》，行贿罪的立案标准为10,000元(有特殊情节的可低于10,000元)，由此表明，立法者认为在同等数额下，行贿罪的社会危害性要轻于受贿罪。(3)刑度配置标准不同。为加强刑罚的威慑作用，1997年《刑法》中受贿罪的法定最高刑为死刑，而行贿罪的法定最高刑为无期徒刑。尽管无期徒刑和死刑均属“重刑”范畴，但毕竟是“一生一死”，其严厉程度仍有巨大差异。(4)追诉机制的不同。我国刑法为提高对受贿罪追诉的成功率，在行贿罪的罪刑规范中配置了专门的特别自首规定，只要行贿人“在被追诉前主动交代”犯罪行为，就“可以减轻处罚或者免除处罚”，其刑事政策目的显而易见。参见钱小平：《惩治贿赂犯罪刑事政策之提倡》，载《中国刑事法杂志》2009年第12期。

〔2〕 根据最高人民检察院工作报告，2013年至2017年，全国检察机关“坚持受贿行贿一起查，严肃查办国家工作人员索贿受贿犯罪59,593人，严肃查办行贿犯罪37,277人，较前五年分别上升6.7%和87%，让利益输送无处遁形，让权钱交易逃脱不了法律制裁”。参见曹建明：《最高人民检察院工作报告——2018年3月9日在第十三届全国人民代表大会第一次会议上》，载中华人民共和国最高人民检察院网，https://www.spp.gov.cn/spp/gzbg/201803/t20180325_372171.shtml。2021年全国检察机关“受理各级监委移送职务犯罪20,754人，已起诉16,693人，同比分别上升5%和8.8%。与国家监委等共同推进受贿行贿一起查，起诉受贿犯罪9083人、行贿犯罪2689人，同比分别上升21.5%和16.6%”。参见张军：《最高人民检察院工作报告——2022年3月8日在第十三届全国人民代表大会第五次会议上》，载中华人民共和国最高人民检察院网，https://www.spp.gov.cn/spp/gzbg/202203/t20220315_549267.shtml。从数据来看，我国对于行贿与受贿犯罪的刑法治理长期存在明显的“重受贿，轻行贿”的现象，即使是在由国家监察权独立行使腐败治理职责后，这一现象依然客观存在。

正如有学者所言,受贿犯罪是国家权力的内部腐蚀,行贿犯罪是国家权力的外部腐蚀,二者都从不同侧面指向同一个问题。只有既外防行贿人“围猎”,又内防国家工作人员的甘于被“围猎”甚至索取贿赂,才能使权力免受侵蚀。长期以来,在刑法立法上,行贿犯罪的特别自首制度,给行贿人逃避惩罚预留了“后门”;在刑事政策上,将行贿犯罪作为服务于治理受贿犯罪的工具,导致行贿犯罪主体大量地适用缓刑和免予刑事处罚。这都是只重视内防国家工作人员腐败却忽视外防行贿人“围猎”的表现。[1] 只有实现均衡性治理,才可能真正实现腐败治理的目标。

(4)关于广义与狭义刑事政策的关系。犯罪治理是一项综合工程,刑事法只是其中一个很重要的环节,正是由于单纯刑事法在对付犯罪上可能捉襟见肘,才使刑事政策超越了单纯刑事法的范畴,甚至超越了法律的范畴,而成为“刑事政治”。[2] 尽管广义说具有相当的启发意义,促使国家治理者更周全、系统地挖掘腐败治理的资源整合方案,但是,不可否认,“刑事政策所关注的重点则是狭义的刑事政策所界定的国家运用刑事法惩罚、预防和控制犯罪的实践,而刑事政策的核心则始终是国家运用刑法预防和惩罚犯罪的有效性和正当性的考量、批判和改进”。[3] 因而,笔者在单纯的刑事法范畴内对反腐败的刑事政策进行研究,并同时对刑事政策以外的其他政策与刑事政策的协调性作出深入思考,关注刑事政策与其他政策的有效衔接。

三、反腐败刑事政策与贿赂犯罪罪名体系建设

(一)刑事政策立法化的一般原理

1. 刑事政策立法化的内涵

刑事政策的立法化,又称立法的刑事政策化,是指通过立法活动将刑事政策的内容贯彻到刑法条文当中,获得法律的确认。因此,立法的刑事政策化就是刑事政策被刑法所确认的过程,也是一个刑事政策立

---

〔1〕 参见刘仁文:《论行贿与受贿的并重惩处》,载《中国刑事法杂志》2022 年第 3 期。

〔2〕 卢建平:《刑事政策与刑法》,中国人民公安大学出版社 2004 年版,第 6 页。

〔3〕 梁根林:《刑事政策:立场与范畴》,法律出版社 2005 年版,第 12 页。

法化的过程。[1]

刑事政策是国家治理者面对特定社会治理情势而作出的能动性、回应性反应，是国家全局性战略的组成部分。“刑事政策与刑事立法的关系，在本质上反映的是党和国家的领导与刑事立法的关系。”[2]在中国特色国家治理结构下，党的领导一般是通过如下途径实现：把党的政策、方针转化为国家的政策，国家政策再经立法程序转化为国家的法律。通常认为，“政策是法律的依据，法律是政策的具体化”。在此意义上，刑事政策是刑法的灵魂与核心，刑法是刑事政策的条文化与定型化。[3]“政策充分反映了政党的意志，法反映了国家的意志，政党通过执政地位会最大限度地将自己的意志上升为国家意志。所以，法律往往是政党政策的定型化、条文化、规范化。”[4]刑事政策的对象，既涉及已纳入规制的犯罪，也涉及尚未纳入规制体系的犯罪。对于前者，刑事政策的调整，意味着对已然治理策略的优化；对于后者，刑事政策则意味着犯罪圈的扩大，基于依法治国的要求，应当确保刑法立法转化作为底线的原则。

刑事政策的立法化必须充分发挥刑事政策的批判与导向功能。早在刑事政策的首次转型时期，李斯特即提出：“刑事政策是在赋予现行法以价值判断的基准，以便发现更妥当的法律。”[5]针对刑事政策的当代演进，汉斯·海因里希·耶赛克和托马斯·魏根特提出：“刑事政策探讨的问题是，刑法如何制定，以便其能最好地实现其保护社会的任务。”[6]这均指出了刑事政策对刑法立法应当具有的作用。“刑事政策

---

〔1〕 参见陈兴良：《刑法的刑事政策化及其限度》，载《华东政法大学学报》2013 年第 4 期。

〔2〕 李学斌、薛静：《论我国刑事政策与刑法的关系》，载《青海社会科学》1992 年第 2 期。

〔3〕 参见卢建平、刘春花：《我国刑事政策的演进及其立法影响》，载《人民检察》2011 年第 9 期。

〔4〕 黄伟明：《刑事政策与刑事立法关系的动态分析》，载《法学论坛》2003 年第 3 期。

〔5〕 [德]李斯特：《德国刑法教科书》（修订译本），徐久生译，法律出版社 2006 年版，第 13 页。

〔6〕 [德]汉斯·海因里希·耶赛克、[德]托马斯·魏根特：《德国刑法教科书（总论）》，徐久生译，中国法制出版社 2001 年版，第 28－29 页。

与刑法关系应有正确定位:就刑事政策是刑法立法指针而言,刑事政策应优位于刑法;二者有各自发挥作用的界域,应各就各位,互不替代;刑事政策与刑法应相互制约,协调发展;相互推动,共同进步。二者关系的核心是在区别二者前提下的互动的制约、促进关系。刑法(主要通过其基本原则)对刑事政策的制约主要涉及刑事政策的制定和实施,这是法治的要求,是权利保障的要求;刑事政策对刑法的指导主要体现在法律的制定、实施和法律变革上,这是时代发展的要求,也是社会防卫的要求。而无论如何,倡行法治、保障人权是刑事政策和刑法都应该奉行的基本原则,是已为现代法治国家的刑事司法实践所证实的理性选择。”[1]

2. 刑事政策立法化的及时性与准确性

在我国,国家基本刑事政策的调整,由党与国家最高决策层作出,刑法立法应当对发展了的刑事政策作出积极响应,以国家治理的顶层设计为根据,适时作出优化。同时,应当建立类罪发案同期发案数量的犯罪学观察机制,定期启动对刑事政策立法转化效率的评价。本书认为,刑法立法对刑事政策的转化,应以及时性、针对性和有效性作为效益评估的一般标准。以国家腐败犯罪治理的刑事政策立法转化为例,可以发现,刑事政策向刑法立法的转化,已经存在较为显著的效益低下问题。

改革开放以后,我国进入社会高速发展与转型的历史时期,国家基于对犯罪情势的判断与治理需要对基本刑事政策不断作出更新与调整,腐败犯罪治理的刑事政策在始终坚守从严立场的前提下,也适时作出了局部调整,腐败犯罪刑法立法受之导向而进入“活性化”发展的时期,体现了刑事政策立法化的及时性要求。然而,值得关注的是,刑法立法未准确反映刑事政策的要求,突出表现为,立法的多次修正并未能直面刑事政策调整中的重要需求问题,不仅在对基本刑事政策中“严”与“宽”立场判断上存在认识偏差,也对如何实现“严”与“宽”的策略机制存在处置上的偏差,在立法技术上也始终未能作出有效地调整。我国刑法学界早已对贿赂犯罪罪名体系、构成要件体系的犯罪治理能力给予充分的关注,形成了统一且正确的学说意见,然而,国家立法机关对此却未

[1] 卢建平:《刑事政策与刑法关系的应然追求》,载《法学论坛》2007 年第 3 期。

能作出有效的回应,以增设犯罪主体类型为主要修法模式的腐败犯罪刑法修正,在应对实质化的犯罪治理与刑法评价能力上的优化均难以得到显现。较之于其他重点犯罪立法及其修正中所采取的罪名序列立法,以及增设轻罪与微罪,[1] 以严密刑事法网的立法技术选择,贿赂犯罪的立法似已成为刑法活性化发展中的一座"孤岛",而保持着相对的"平静"。尽管《刑法修正案(九)》后,学术界对其在实现宽严相济刑事政策的目标上的"积极贡献"有赞许之声,[2] 但是,更深入的审视揭示出立法在实质评价能力进展上的乏善可陈。[3] 而且,对于既定的罪刑规范,"宁(解)释勿修(法)"已然成为回应反腐败刑事政策变化的主导方式,国家最高司法机关在立法机关保持"镇定"的情况下,只能通过不断颁布司法解释的方式应对腐败犯罪治理的需要,针对腐败犯罪罪刑规范所颁布的司法解释已近二十项。[4] 通过这些解释,贿赂犯罪罪刑规范中的"利用职务上的便利""为他人谋取利益"等的要件功能已被部分或者彻底虚化,通过将"收受贿赂"作为承诺"为他人谋取利益"的判断标准,使该要件处于实质上被弃置的状态,且司法解释在面对"感情投资型"贿赂刑法应对困境、需要立法作出及时回应的情况下,[5] 立法未及时作出

[1] 如对刑法所规定的交通安全犯罪的立法修正中,陆续增设危险驾驶罪、妨害安全驾驶罪,与交通肇事罪共同构成罪名序列。

[2] 有学者认为,《刑法修正案(九)》关于贪污贿赂犯罪的修正,"是对反腐败法律制度建设的一次重大推进,对于充分运用刑事手段有效打击腐败犯罪必将产生深远影响"。《刑法修正案(九)》对贪污受贿的修改体现了治本之策。参见关仕新、汤维骏、陈录宁:《细化弹性规定　指导司法实践》,载《检察日报》2015 年 9 月 3 日,第 3 版。

[3] 孙国祥:《贪污贿赂犯罪刑法修正的得与失》,载《东南大学学报(哲学社会科学版)》2016 年第 3 期。

[4] 基于刑事立法规范性、稳定性的成文法特质,在我国贿赂犯罪的司法适用中,有关的解释性文件不断出台,数量极为可观。参见高铭暄、张慧:《贿赂犯罪司法解释的功能与瑕疵分析》,载《法治研究》2014 年第 11 期。

[5] 在《刑法修正案(九)》对贪污贿赂犯罪的立法作出修正后,最高人民法院、最高人民检察院于 2016 年 4 月 18 日起施行的《关于办理贪污贿赂刑事案件适用法律若干问题的解释》第 13 条对"为他人谋取利益"作出解释,其中第 2 款规定:"国家工作人员索取、收受具有上下级关系的下属或者具有行政管理关系的被管理人员的财物价值三万元以上,可能影响职权行使的,视为承诺为他人谋取利益。"通过司法解释的这一规定,将长期以来困扰司法实践的"感情投资型"贿赂行为的定性问题进行了明确。

回应,[1]造成刑事政策立法转化效益低下的问题。不仅如此,行贿罪立法中的“谋取不正当利益”要素,也一直处在司法解释的“手术台”上,颁行过多部解释,且其解释立场也一直处于变动与调整之中。[2]

3. 刑事政策立法化的限度

刑事政策的立法化必须坚守转化限度的底线。“刑法和刑事政策具有共同的目的,二者在手段和对象上也有相同之处,因此,刑法应该以刑事政策为指导,但这并不意味着刑法的刑事政策化就是把刑法变为刑事政策,刑事政策绝不能超越或者替代刑法。刑法的刑事政策化

〔1〕《刑法修正案(九)》曾拟增设“非法收受礼金罪”,但该犯罪最后并没有得到确立,这与当时社会上断章取义地炒作不无关系。这种炒作认为中国是一个人情社会,设立“非法收受礼金罪”是对传统文化的破坏,不近人情。实际上,从该罪草拟的法条内容来看,它并没有将正常的人情往来犯罪化。参见刘仁文:《论行贿与受贿的并重惩处》,载《中国刑事法杂志》2022 年第 3 期。

〔2〕司法解释一直试图对“为谋取不正当利益”作出较为准确的界定,但解释立场却处于不断变化之中。1999 年,最高人民法院、最高人民检察院《关于在办理受贿犯罪大要案的同时要严肃查处严重行贿犯罪分子的通知》第 2 条第 1 款第 2 句规定:“‘谋取不正当利益’是指谋取违反法律、法规、国家政策和国务院各部门规章规定的利益,以及要求国家工作人员或者有关单位提供违反法律、法规、国家政策和国务院各部门规章规定的帮助或者方便条件。”该内容包括两个部分,前者是违反实体性规定所谋得的利益,后者是违反程序性规定所谋得的利益。事实上,违反实体性规定的利益可不必通过违反程序而取得,违反程序性规定所谋得的利益在实体上必然也是违法的。该解释显然持“非法利益说”。2008 年,最高人民法院、最高人民检察院《关于办理商业贿赂刑事案件适用法律若干问题的意见》第 9 条规定:“在行贿犯罪中,‘谋取不正当利益’,是指行贿人谋取违反法律、法规、规章或者政策规定的利益,或者要求对方违反法律、法规、规章、政策、行业规范的规定提供帮助或者方便条件。在招标投标、政府采购等商业活动中,违背公平原则,给予相关人员财物以谋取竞争优势的,属于‘谋取不正当利益’。”该解释的立场变更为“非法利益加不确定利益说”。2012 年 12 月 26 日,最高人民法院、最高人民检察院《关于办理行贿刑事案件具体应用法律若干问题的解释》第 12 条规定,“行贿犯罪中的‘谋取不正当利益’,是指行贿人谋取的利益违反法律、法规、规章、政策规定,或者要求国家工作人员违反法律、法规、规章、政策、行业规范的规定,为自己提供帮助或者方便条件。违背公平、公正原则,在经济、组织人事管理等活动中,谋取竞争优势的,应当认定为‘谋取不正当利益’”。这里仍然采用“非法利益加不确定利益说”,只是其内容有所深化。参见王政勋:《贿赂犯罪中“谋取不正当利益”的法教义学分析——基于语义解释方法的考察》,载《法学家》2018 年第 5 期。

只能是刑事政策对刑法的制定与运行进行必要与适度的导向与调节，这种导向与调节只能在刑法许可的范围内进行。无论刑事政策如何调节和影响刑法的运作，刑法永远是刑事政策不可逾越的藩篱。因为刑法和刑事政策之间存在着重大的差别，这些差别决定刑法的刑事政策化应有合理的限制，不能把刑法变为刑事政策。"[1]虽然刑法的刑事政策化具有一定的合理性与必要性，但这种刑法的刑事政策化又是有其合理限度的。超出合理限度的刑法刑事政策化对于刑事法治是一场灾难。因此，在坚持刑法的刑事政策化的同时，如何避免过度的刑法刑事政策化，这是一个需要充分重视的问题。[2] 本书认为，(1)不应盲目扩张广义刑事政策在刑法立法转化中的导向功能。广义刑事政策是国家总体的犯罪对策，涉及社会政策完善的内容，其本身不应当成为刑法立法的导向。我国对腐败治理实行党的治理与国家治理相结合的二元治理模式，作为反腐败社会政策的内容，其并不涉及刑法立法的调整。(2)促进狭义刑事政策向刑法立法转化中价值判断功能的实现。"刑法是一种社会治理和社会控制的机制，它也就只能谋求社会的目标。"[3]"通过刑法进行有效的社会治理和社会控制，始终是推动立法进化不可抗拒的原动力。"[4]我国自确立宽严相济刑事政策的基本刑事政策定位以来，这一政策也在不断地进化，对于不同犯罪类型如何正确适用宽与严的政策导向，进而在刑法立法上作出调整，应当坚守价值判断与刑法辅助性法益保护的原则；对于刑法立法在实现犯罪治理目标上长期存在短板的问题，要及时发挥刑事政策的导向功能。

(二)反腐败刑事政策与贿赂犯罪罪名体系优化方案

作为我国当代的基本刑事政策，宽严相济政策对"严打"政策下的

---

〔1〕张永红：《刑法的刑事政策化论纲》，载《法律科学(西北政法学院学报)》2004年第6期。

〔2〕参见陈兴良：《刑法的刑事政策化及其限度》，载《华东政法大学学报》2013年第4期。

〔3〕［德］克劳斯·罗克辛：《刑事政策与刑法体系》，蔡桂生译，中国人民大学出版社2011年版，第76页。

〔4〕梁根林：《刑法修正：维度、策略、评价与反思》，载《法学研究》2017年第1期。

“抓大放小”“重受贿而轻行贿”“严厉惩罚”具有纠偏功能，进而，基于刑事政策的批判与导向功能，产生了加快并全面优化贿赂犯罪立法的内在需求。

“反腐败刑事政策是反腐败刑事法治体系建设的前提和基础，科学合理的反腐败刑事政策是建立健全反腐败刑事法治体系的重要保障。但是，刑法永远都是刑事政策的‘底线’，逾越刑法的刑事政策化极其危险。在反腐败刑事政策上，要以现实立法为基础，并秉持一种批评和改良的基本立场，以司法实用主义为辅助手段，促进司法治理腐败的权威与地位，进而‘倒逼’刑事立法的及时跟进和完善。”〔1〕“刑事政策本质上是运用一定的政治权威介入到腐败治理，通过合理调动国家的政治制度资源以及政治动员的力量，以实现对腐败犯罪有效应对的策略性思考，其核心是通过对一定时期刑罚对象的划定和惩罚手段的选择，实现犯罪预防与犯罪抑制。”〔2〕宽严相济刑事政策导向下贿赂犯罪罪名体系的完善，主要体现在刑法结构的优化与调整上，“刑法结构的基本内涵是犯罪圈大小与刑罚量轻重的不同比例搭配和组合。犯罪圈大小基本体现为刑事法网严密程度，刑罚量轻重即为法定刑苛厉程度”。〔3〕 正如储槐植教授所言，我国刑法的结构在整体上属于法网过于疏漏、刑罚配置过于苛厉的“厉而不严”的刑法结构。〔4〕 这种“厉而不严”的刑法结构，既无助于国民法规范意识的养成、国家法规范权威的确立与社会法秩序的巩固，也不利于刑罚威慑与预防功能的发挥；既放纵了许多实施了的具有刑事可罚性的行为、本应受到刑罚处罚的违法者，也使不幸落入刑事法网者受到了过度的刑罚处罚。因此，完善刑

〔1〕 孙道萃：《论“零容忍”反腐作为具体刑事政策及其展开》，载《河南师范大学学报（哲学社会科学版）》2015 年第 5 期。

〔2〕 ［日］大谷实：《刑事政策学》，黎宏译，中国人民大学出版社 2009 年版，第 3 页。

〔3〕 从“罪与刑”相对应“严与厉”的关系上，罪刑配置不外有四种组合，即四种刑法结构：不严不厉、又严又厉、严而不厉、厉而不严。参见储槐植：《再说刑事一体化》，载《法学》2004 年第 3 期。

〔4〕 参见储槐植：《罪刑矛盾与刑法改革》，载《中国法学》1994 年第 5 期；储槐植等：《刑法机制》，法律出版社 2004 年版，第 8 页。

法结构就是要实现我国刑法的结构由“厉而不严”向“严而不厉”转型，立法者根据社会治理需要的变化、社会治理体系的调整，不断前置刑法干预起点、降低犯罪构成门槛、增加新罪名、扩大犯罪圈，并在此基础上适度调整刑罚结构、完善刑罚制度，渐进地推动刑法结构的转型。[1]本书认为，“严而不厉”刑事政策具有正当性。根据这一刑事政策检视现行贿赂犯罪罪名体系，存在难以符合刑事政策导向的问题，需要及时加以完善。

1. 优化结构，重构贿赂犯罪的罪名体系

贿赂犯罪罪名体系再造的理论根据是符合宽严相济刑事政策精髓的，现有罪名体系存在的缺陷已经严重影响基本政策目标的实现，表现为：(1)罪名体系的严密性严重不足。对单纯基于职务关系而收取贿赂的行为，缺乏明确的罪刑规范；对受贿后的履职与背职行为，缺乏基本的区分；对不同的权钱交易结构，缺乏实质的不法性程度的评价。(2)存在“宽”与“严”双向功能缺失的问题。(3)无法在刑罚结构上实现预防目的。我国应当对贪污贿赂犯罪建构何种刑法结构模式，存在理论上的分歧。有学者认为：“我国现阶段惩治贪污贿赂等腐败犯罪，既要严密法网，又要在刑罚上保持足够的威慑力，不应因对轻刑化的吁求无原则地认同而减损对贪污贿赂犯罪的刑罚供应量，即采用‘又严又厉’的模式应该是我国现阶段惩治贪污贿赂犯罪刑事政策模式的应然选择。”[2]有学者认为：“对于反腐败的刑事政策，就应该是严而不厉，即反腐败的刑事立法要法网严密，从严惩治，但是对纳入犯罪圈的行为，处罚上要针对腐败犯罪的特点，通过多种手段遏制、预防犯罪，处罚上多从罚金刑、资格刑的角度着手，少从长期自由刑的角度考虑，使得刑罚相对轻缓，符合世界刑法非刑罚化的趋势，使得法网严密与刑罚轻缓达到统一。”[3]在惩治腐败犯罪的刑事立法上，要以“严而不厉”

---

〔1〕 参见梁根林：《刑法修正：维度、策略、评价与反思》，载《法学研究》2017年第1期。

〔2〕 孙国祥：《我国惩治贪污贿赂犯罪刑事政策模式的应然选择》，载《法商研究》2010年第5期。

〔3〕 罗猛：《论反腐败的刑事政策体系》，载《中国刑事法杂志》2013年第6期。

为基本的立法原则。[1]

如前所述,我国现行刑法的贿赂犯罪罪名体系具有三个显著特征:(1)以犯罪主体为中心建构"分体式"的罪名体系。(2)以"行为群"为中心仅设定单一罪名。具体表现为,无论是受贿罪还是行贿罪,均由立法设定出多种行为模式,但在罪名方面仅规定为一个罪名。(3)以"偏向式"对合关系为中心建构对向性的罪名体系。这一模式的最大缺陷在于,无法准确评价不同贿赂犯罪行为模式的社会危害性程度,进而作出不同程度的刑罚设计。为了实现罪名体系在宽严相济导向下的刑法评价精准化要求,有必要对罪名体系的基本模式作出调整,建构"分体式+分层式""罪名群"的罪名体系模式。

2. 严密法网,重构贿赂犯罪的基准罪名

如前所述,我国现行贿赂犯罪在罪刑结构关系上是以现实的对价关系作为罪名建构的基础。在单一罪名的模式下,对于具有概括性对价关系的不法馈赠行为存在刑法评价的障碍,尽管通过司法解释将具有特定关系的上下级之间不法馈赠的行为纳入刑法评价,[2]但是,其并不具有一般适用的效力。对于此类对价关系行为刑法评价的缺失,造成了宽严相济刑事政策的巨大法律漏洞,我国学者多年来主张重构贿赂犯罪的基准罪名,[3]将之作为完善罪名体系的基础。我们不仅面临前现代社会建构形式法治国、制约绝对主义的国家权力、确立国民个体自由保障机制的古典主义刑法的任务,而且面临现代社会建设福利国家、对社会产出和补偿进行公平分配的现代性要求,更由于全球风险社会、信息社会新型安全威胁的出现而承受着建设安全国、保障集体安

---

[1] 参见储槐植、闫雨:《当代中国腐败犯罪的刑事法治理——以〈联合国反腐败公约〉为视角》,载《中南民族大学学报(人文社会科学版)》2013年第3期。

[2] 参见最高人民法院、最高人民检察院《关于办理贪污贿赂刑事案件适用法律若干问题的解释》第13条第2款规定:"国家工作人员索取、收受具有上下级关系的下属或者具有行政管理关系的被管理人员的财物价值三万元以上,可能影响职权行使的,视为承诺为他人谋取利益。"

[3] 参见储槐植:《完善贿赂罪立法——兼论"罪刑系列"的立法方法》,载《中国法学》1992年第5期。

全的后现代压力。如何平衡自由、民生与安全的关系，考验着执政者和立法者的智慧。[1] 对此，需要在立法体系上作出全面的顶层设计，重点包括：(1)设立单纯受贿罪。将“因职务关系”而收受贿赂作为犯罪构成要件，不将实施职务行为作为犯罪构成要件。(2)以职务行为为要件，以具体请托关系的确认为中心，设定普通受贿罪，并根据权力属性、层级情况，设定加重情节。(3)以职权关系的具体行使方式为中心，将斡旋受贿罪设定为独立的罪名，有利于对行为结构关系评价的科学化。(4)完善罪责结构关系模式，在维持以积极的罪责关系为中心设定贿赂犯罪罪名体系的同时，引入消极的罪责关系，通过对负有法定职责的国家工作人员以及国有单位设定腐败监督过失责任的罪名，进一步严密法网。[2]

在此基础上，实现通过罪刑均衡以达至的罪名体系特殊预防功能，包括根据主体权力类型设定不同罪名，并配置不同法定刑，以提高对重要权力属种的敬畏；以职务违职性判断为中心，设定违职贿赂与履职贿赂罪名体系。

第二节 贿赂犯罪罪名体系建构的犯罪论根据

罪名设定模式与体系建设方案的理论根据在于，刑法评价确当性

---

〔1〕 参见梁根林：《刑法修正：维度、策略、评价与反思》，载《法学研究》2017 年第 1 期。

〔2〕 钱小平教授提出，现代社会中的贿赂犯罪，其衍生已不再是权力支配者的个人独立行动，而与组织结构内部的权力运行、监督不均衡存在密切关系，后者对贿赂行为的鼓励、放纵、默许或监督不足，成为贿赂泛滥的重要原因。组织结构理论基本原则，要求组织者应承担对权力组织体内成员的监督责任，怠于行使责任而放任贿赂发生的，须承担刑事责任。据此，2010 年《英国贿赂法》第 7 条创造性地规定了“商业组织预防贿赂失职罪”，规定商业组织对于疏于构建行贿预防机制而导致行贿行为发生的，要承担必要的刑事责任。将针对实行行为的封闭式治理转化为针对组织管理的开放式治理，实现贿赂犯罪立法防卫基点由行为环节向监管环节的前置化革新。参见钱小平：《创新中国贿赂犯罪刑法立法之选择——基于刑法预防功能的考察》，载《南京大学学报(哲学·人文科学·社会科学)》2017 年第 4 期。

的要求。刑法分则依据犯罪论原理对特定法益实施刑法保护的需要，建构特定的构成要件类型，犯罪论体系“旨在通过一套逻辑严谨、规范自洽的理论体系，把刑法规范的内容囊括其中并明确刑法规范适用的理由，让法官遵循这种体系便能正确认识刑法规范的含义与意义，从而正确把握犯罪认定中罪与非罪之宽严界限，确保法官适用刑法的安全性与合理性”。〔1〕罪名体系建构应当根据刑法评价确当性的要求，力求法益评价的精细化，实现构成要件的个别化。罪名体系建构的犯罪论根据，在实质上是要解决罪名序列化的实质合理性与形式合理性及其关系的问题。

一、刑法评价确当性原理与贿赂犯罪罪名体系建设

（一）刑法评价确当性内化着罪名体系化的要求

刑法是法益保护法。〔2〕刑法作为现代国家最严厉的惩罚机制，要求其对法益的选择范围与评价方式必须满足确当性的要求。一方面，刑法在确定将某类法益纳入刑法的保护范围之时，应当在充分考虑刑法最后手段性要求的前提下作出审慎选择。当下的中国，尽管积极刑法观与消极刑法观的交战正酣，但是，坚守刑法介入法益评价的正当性，是刑事法治的底线与关键所在。另一方面，刑法对于已被纳入保护范围的法益，同样应当遵从保护与评价确当性的要求，确保刑法对法益损害评价的准确性，是罪刑法定原则的基本要求。这就意味着，刑法对于具有类法益属性的犯罪，应当尽可能将之细化为具体法益；对于集合性法益，应当细化为个别性法益，再行设定与其保护目标相一致的构成要件。刑法评价坚持确当性标准的根据在于，一是刑法现代化而产生

---

〔1〕姜涛：《需罚性在犯罪论体系中的功能与定位》，载《政治与法律》2021年第5期。

〔2〕德国著名刑法学家凯·安博思（Kai Ambos）提出，刑法旨在保护法益的观点，由德国刑法学者弗兰茨·比恩鲍姆（Franz Birnbaum）、卡尔·宾丁（Karl binding）和冯·李斯特发展起来。法益概念原本是作为反对权利理论之论题提出来的；依据权利理论，只有存在权利侵害，才能将犯罪合法化。权利理论的主要缺点是，它排他性地依赖于国家的社会契约理论。法益概念则不是以任何社会契约权利为前提，而只是以一些具有重要意义的“利益”（goods）之存在为前提。参见［德］凯·安博思：《国际刑法的一般功能：法益原则与损害原则的妥当平衡——再论国际刑法的基础理论》，张志钢译，载《苏州大学学报（法学版）》2019年第4期。

的提升精致化评价能力的要求；二是刑法的“复合性”规范属性。德国学者汉斯·海因里希·耶赛克、托马斯·魏根特提出：“法的任务在于，在一个可能被评价为违法的行为被实施前，‘引导人们从内容上形成正确的意欲’。由于法律应当在社会上发挥作用，其作为决定规范的功能具有首要的意义。同时，法还具有这样的任务，对行为人的行为进行事后的评价，因此也是评价规范。因此，法规范具有双重特征：作为命令它是决定规范，作为对行为进行法律评价的标准，它是评价规范。”〔1〕我国学者张明楷教授则提出：“刑法既是裁判规范，也是行为规范。”〔2〕这就意味着，刑法应当具有对行为选择的导向功能与威慑功能，将具有不同法益损害程度的行为，在刑法中作出差异的罪刑规范设定，才能促进刑法规范“二元化”功能的实现。就国家工作人员职务或者职务行为廉洁性的刑法保护而言，基于刑法评价确当性的要求，现代国家刑法立法对腐败犯罪普遍作出了占有型犯罪与交易型犯罪的类型化划分，继之而来的是，对于具有显著法益损害本质与程度的交易型贿赂犯罪，根据评价精细化的要求，是否有必要作出区别性的评价。

刑法评价确当性的实质合理性在于，法益损害的实质差异性，应当受到刑法立法的重视。对于具有不同法益损害程度与模态的行为，刑法应当基于评价精确性的要求，对法益损害程度、损害方式的评价进行精细化的处理，由此在罪名设定上产生了由“单一罪名”向“序列罪名”转型，促使刑法对于具有法益损害关联性、程度递进性的行为，在立法模式上由“概括式”立法向“具体式”立法的转变，形成罪名的序列化，这一机制也是世界上大多数国家对此类犯罪普遍的处置方式，是刑法立法的主导性机制。

---

〔1〕［德］汉斯·海因里希·耶赛克、［德］托马斯·魏根特：《德国刑法教科书（总论）》，徐久生译，中国法制出版社2001年版，第292－293页。

〔2〕张明楷：《罪刑法定对现代法治的贡献》，载高鸿钧主编：《清华法治论衡》（第3辑），清华大学出版社2002年版。

(二)贿赂犯罪法益损害的梯度性评价需要实现罪名的体系化

1. 贿赂犯罪的法益属性揭示

基于腐败犯罪治理的重要地位,以及法益属性对刑法立法选择的基础作用,贿赂犯罪的法益属性问题,是我国刑法理论与实务界一直高度重视的问题。其总体上经历了两个阶段的发展,1997 年《刑法》的颁布是其分水岭,在此之前,是以本土化的犯罪构成知识揭示贿赂犯罪保护客体的内容。"廉洁性说"是我国贿赂犯罪保护客体(法益)的通说,[1]1997 年《刑法》也是以该学说为指导,专门将"贪污贿赂犯罪"设立专章,至今也是为司法实务界所采纳的观点。"廉洁性说"的提出在 20 世纪八九十年代无疑是一次理论的飞跃,对当时中国的贪污贿赂犯罪治理体系建设起到了举足轻重的作用。但是,客观而言,其对犯罪构成要件应有的导向功能则是较为有限的。1997 年《刑法》颁布后,通过引入域外法益知识体系对贿赂犯罪的法益内容进行的体系建构,揭开了学说争鸣的序幕,由此形成了四种代表性观点:

一是"职务行为的不可收买性说"。该说由张明楷教授最早提出,其主张:"受贿罪的保护法益是国家工作人员职务行为的不可收买性,也可以说是国家工作人员职务行为与财物的不可交换性。包括两个方面的内容:一是职务行为的不可收买性本身;二是公民对职务行为不可收买性的信赖。"[2]这一学说也成为各种改造说的"众矢之的"。

二是"职务行为的公正性说"。该说由黎宏教授提出,其主张:"国家工作人员在索取或者收受他人财物之后,利用职务上的便利,就会使本应公正行使的职务行为受到贿赂的影响,出现'在执行职务的过程中不当行使裁量权的危险'。""刑法第 385 条、第 388 条等均明确将为他人'谋取(不正当)利益'作为受贿罪的成立条件,这意味着,在我国刑法的规定之下,理论上,仅仅收受职务行为的对价,还不一定构成受贿罪,这种对价还必须达到使行为人产生为他人谋取(不正当)利益的意图或者为他人实际谋取(不正当)利益的程度。而这种国家工作人

[1] 参见郝力挥、刘杰:《对受贿罪客体的再认识》,载《法学研究》1987 年第 6 期。

[2] 张明楷:《法益初论》,中国政法大学出版社 2000 年版,第 627－628 页。

员在职务关系上收受他人财物并不一定都构成受贿罪，只有收受财物能够产生为他人谋取（不正当）利益的结果或者危险的场合，才能成立犯罪的规定模式，实际上表明，我国刑法在受贿罪的规定上，采用了职务行为公正性说的立场。"[1]

三是"职务及职务行为的不可交易性说"。该说由孙国祥教授所首倡，其主张："受贿罪的可罚性基础在于，国家工作人员以职务或者职务行为为对价而交易他人的财物，由此受贿罪的保护法益应抽象为职务和职务行为的不可交易性。这一界定，反映了传统受贿罪的权钱交易本质定位，满足法益对于'体系内在'的评判，形塑现阶段受贿犯罪的各种复杂形态。"[2]

四是"公职的不可谋私利性说"。该说由劳东燕教授提出，其主张："受贿犯罪的不法本质为违反不得利用公共职位谋取私利的义务，把公共职位当作私有财产来对待。基于此，受贿犯罪的法益应当是公职的不可谋私利性，其在不法构造上不以形成交易关系为必要。"[3]

上述学说被本书归类为"温和革新派"的观点，除此之外，还存在"激进革新派"的主张，在借鉴德日主流学说的基础上，学者们提出了"公众信赖说"[4]、"以国民信赖为基础的职务行为不可收买性说"[5]等观点，笔者也曾提出过"公正利益与信赖利益"[6]的观点。"激进革新派"认为，贿赂犯罪的法益最终是作为公共权力运行基础的国民信

---

〔1〕 黎宏：《刑法学各论》（第2版），法律出版社2016年版，第524页；黎宏：《受贿犯罪保护权益与刑法第338条的解释》，载《法学研究》2017年第1期；黎宏：《贿赂犯罪的保护法益与事后受财行为的定性》，载《中国法学》2017年第4期。

〔2〕 孙国祥：《贿赂犯罪的学说与案解》，法律出版社2012年版，第102页；孙国祥：《受贿罪的保护法益及其实践意义》，载《法律科学（西北政法学院学报）》2018年第2期。

〔3〕 劳东燕：《受贿犯罪的保护法益：公职的不可谋私利性》，载《法学研究》2019年第5期。

〔4〕 周光权：《刑法各论》（第3版），中国人民大学出版社2016年版，第476页。

〔5〕 张明楷：《刑法学》（第5版），法律出版社2016年版，第1204页。

〔6〕 魏昌东：《〈刑法修正案（九）〉贿赂犯罪立法修正评析》，载《华东政法大学学报》2016年第2期。

赖,从公共政治角度深入分析贿赂犯罪的损害根源,将信赖作为独立法益,以区别于基于职务行为廉洁性的法益。上述学说争鸣,深化了对贿赂犯罪法益理论的研究深度。

本书认为,“法律发展的重心不在立法,不在于法律科学,而在于社会本身”,[1]无论是“温和革新派”还是“激进革新派”,在理论上均存在难以自圆其说之处,尚未找到最优解决方案。若采“温和革新派”的观点,将法益定位于职务行为的公正性,则无法解释公正性未受破坏下贿赂行为的可罚性根据问题;若将法益定位为职务行为的不可收买性,则会遇到诸如斡旋贿赂、介绍贿赂、利用影响力贿赂中实施公职行为者并未成为收买对象的解释困境;若将法益定位为职务和职务行为的不可交易性或者公职的不可谋私利性,尽管在某种程度上破解了以现实的对价关系为不法判断根据的交易型贿赂犯罪、单纯贿赂犯罪的评价难题,但仍会面临对利益冲突型贿赂犯罪的解释困境。更为重要的是,对于刑法与作为前置法的规范国家公职人员的法律所规定的义务违反了法益评价中的应然价值,以及由此而产生的廉洁义务范围遭到了忽视。若采用“激进革新派”的观点,将法益定位为公众信赖,则忽略了贿赂犯罪的交易性特征,存在将整个职务犯罪的法益视为贿赂犯罪法益之嫌,但若以国民信赖为基础来解释职务行为的不可收买性,实际上将又回到“不可收买性”的法益困境之中。此外,“国民信赖说”同样也难以准确揭示时代前进背景下的法益内涵需求。根据现代责任政府理论,国民信赖就是国民对政府的信任,行为人有充分的理由认为与自己行为结果直接相关的另一方是守信的,并由此可以实现自己的期待利益。[2] 信任本身并非一种利益,信任所产生的期望结果才是利益的归属。为跳出法益理论争议的困局,有观点借鉴法兰克福学派的理论,主张以“个人法益为起点,将超个人法益功能化”,将贿赂犯罪法

[1] [美]埃尔曼:《比较法律文化》,高鸿钧等译,生活·读书·新知三联书店 1990 年版,第 9 页。

[2] 参见曾坚:《信赖保护原则研究:以法律文化和制度构建为视角》,法律出版社 2010 年版,第 52 页。

益定位为个人法益或准个人法益，即“因贿赂行为而被排挤的个人所拥有的，国家本应保障的参与社会交往活动的自由”。[1] 然而，将贿赂犯罪法益定位为个人法益，试图回到传统的核心刑法模式，不符合现代社会抽象集体法益之客观现实，也与公众对贿赂犯罪社会危害性的普遍认识相去甚远，且任何超个人法益都在自由法益上找到共鸣，从而导致作为法益内容的自由概念过于泛化无法发挥区分功能。

“职务行为廉洁性”的解释途径，必须回到腐败衍生与治理的基本现实中。腐败的产生源自权力存在滥用的可能，权力之所以能够滥用，是因为缺乏防止利益冲突的制度性构建。因此，应根据腐败衍生的一般规律、政府职能的转变以及腐败治理的现实需求，将因利益冲突而导致的公共利益存在损害之可能，作为“职务行为廉洁性”之更新内容，实现符合社会适应性的法益自我更新。

2. 贿赂犯罪的法益损害样态多元性要求罪名体系化

刑法评价的确当性要求，促进对贿赂犯罪法益损害考察的精致化，从单纯关注不同类型主体所实施的贿赂犯罪危害差异同时转向关注不同行为危害程度，产生了由“分体式”（仅区分犯罪主体的类型）向“以分层为主、以分体为辅”（以区分行为的法益危害程度为主）的转变。贿赂犯罪因主客观要件的不同，也呈现显著的法益损害差异，对其进行实质性判断的分水岭在于，是对贿赂犯罪法益的实质性损害抑或法益损害抽象危险，由此形成了刑法对贿赂犯罪法益损害评价的“阶梯”。其第一个阶梯，是确认是否存在具体请托内容，据之，可以作为鉴别贿赂犯罪对价关系两端的交易双方对贿赂犯罪法益危害的标准。其第二个阶梯，是确认是否对公权力造成了更为严重的危害。因而，若以有无请托作为贿赂犯罪法益损害评价的基本判断“坐标”，可以发现，法益损害结果的差异，存在刑法评价确当性的必要，基于贿赂犯罪具体法益危害模式在罪责、罪量上的差异，客观上需要、也能够通过建构罪名体系，对不同危害程度的行为作出精确的评价。

---

[1] 熊琦：《刑法教义学视阈内外的贿赂犯罪法益——基于中德比较研究与跨学科视角的综合分析》，载《法学评论》2015 年第 6 期。

在贿赂犯罪中,行为人实施贿赂行为的方法不同,会导致法益在微观的质上的或者损害的量上的差异,如国家工作人员收受贿赂后以背职实施职务行为的方式为他人谋取利益,此时,在法益的实质内容上,对于已然损及职务行为公正性的行为,则显已超出原始、基本的"裸"的受贿罪法益评价的内容,单纯以不可收买性说加以评价,无法全面揭示法益损害的实质程度及状况。如果依然采用单一罪名而不采取在立法上将构成要件个别化的处理方式,则意味着只能将对此类行为的评价交由司法者完成,如此处理,既不利于实现刑法的明确性,也不利于实现刑法一般预防的功能。对于国家工作人员仅因职务而受贿,或者因其职务行为而受贿,尽管在法益内容上仍可以为不可收买性说所涵盖,但是,其在法益损害程度上则存在了差异。对于此类情况,我国刑法仅设定了单一的受贿罪,[1]而在日本刑法中则采取了设定罪名系列的立法方式,进而设定了7个具体罪名。要实现刑法评价的准确性,需要从罪名建构上加以考虑。据此,本书认为,应当对贿赂犯罪罪名体系设定出"微罪—轻罪—重罪"的体系,其中,"微罪"以可能造成法益的抽象性侵害为设罪根据,将针对公权力廉洁性可能受到侵害的行为进行犯罪化的处理。"轻罪"以可能造成法益的具体的抽象性侵害为设罪根据,将针对公权力的廉洁性遭受的具体危险进行犯罪化的处理。较之于"微罪"的犯罪化根据,其实质的判断标准为,以公权力行使者直接交付利益为前提,尽管公权力者并未受到具体请托事项的要求,也未因接受交付而作出实际处置公权的行为,但是,其与交付提供者之间实施请托的可能性已经实际存在。"重罪",以造成法益的具体性侵害为设罪根据,将针对公权力廉洁性造成实质侵害的行为进行犯罪化的处理,较之于前二者,其实质判断标准为已经实现

〔1〕 对受贿罪来说,我国在罪的规定上采取的是一罪名多罪刑阶段的立法模式。我国《刑法》第385、386、388条3个条文规定了受贿罪,虽然不同的受贿情况成立犯罪的条件不完全相同,法定刑也有重大差异,但只是一个罪名之下的不同特例(如《刑法》第388条规定的斡旋受贿的情形)或不同的罪刑阶段(如《刑法》第386条规定的多个罪刑阶段)。参见何承斌:《论我国贿赂犯罪体系的重构——以〈联合国反腐败公约〉为中心》,载《现代法学》2006年第6期。

对价关系。基于法益侵害行为的实施程度对刑法评价确当性的要求，有必要对重罪进一步细化，区分履职性贿赂与背职性贿赂、一般性公权贿赂与特殊性公权贿赂、直接性贿赂与间接性贿赂的实质差异，进而设定出不同的罪名。

3. 罪名系列设定是实现刑法评价确当性的基本保证

罪名体系的模式选择，在本质上是对具有实质的法益侵害性的行为如何通过精细化的设计，以实现刑法准确评价的问题，其本身并不带来犯罪化是否正当的问题。构成要件要素是揭示法益损害的重要表征，其设定的合理性，既体现为对法益损害状况的揭示能力，也直接影响刑法对犯罪的评价能力。通过犯罪构成要件要素的设定，“刑法法益类型和具有相应法益侵害实质的犯罪行为类型的选择建构，由此形成刑法上的罪状和刑事立法的犯罪圈，并划定刑事立法的正当规范边界”。[1] 因之，罪名系列设定模式在实现刑法评价确当性的主要路径包括：(1)对同类法益具有多重受侵害性的，确保准确设定具体法益。受贿罪的刑罚正当性在于防止国家行政功能因来自外部（使用者）的攻击而导致制度内部（公务员）的腐败，影响人民对制度的信赖。[2] 立法者“不是在制造法律，不是在发明法律，而仅仅是在表述法律，他把精神关系的内在规律表现在有意识的现行法律之中。如果一个立法者用自己的臆想来代替事情的本质，那么我们就应该责备他极端任性”。[3] (2)构成要件准确反映法益保护的内容。耶赛克教授认为，德国刑法有关职务犯罪章节中，某些构成要件所保护的法益是大众对国家机器纯洁以及正直的信赖，而在某些条文中个人法益的保护则又扮演着重要的角色。[4] 刑法保护的目标与刑法保护的手段（构成要件）之间存在与生俱来的张力。

---

〔1〕 田宏杰：《刑法法益：现代刑法的正当根基和规制边界》，载《法商研究》2020年第6期。

〔2〕 See Vgl. Roaland Hefendhl, Kollektive Rechtsguter im Strafrecht, 2002, S. 315f.

〔3〕 《马克思恩格斯全集》（第1卷），人民出版社1995年版，第183页。

〔4〕 Hans - Heinrich Jescheck, in: Jescheck, Hans - Heinrich/u. a., Leipziger Kommentar - Strafgesetzbuch; 10. Aufl. 1988, Vor $331 Rn. 8.

二、犯罪构成要件个别化原理与罪名体系建设

(一)犯罪构成要件个别化内化着罪名体系化的要求

将刑法评价的确当性作为罪名体系建构的基础,是实现犯罪论评价的实质合理性根据,实现罪名的序列化,能够防范立法的评价空泛、罪刑均衡欠缺,以及司法裁量权过大的问题。

法益保护机能的实现,依赖于对损害法益的行为作出犯罪的设定,据以形成兼具行为规范与裁判规范功能的规范系统,为司法的追究提供明确的根据。“每个不法构成要件均有其要保护的法益。”〔1〕立法者基于法益保护的目的配置了治理犯罪的具体手段(构成要件),司法在法益保护的指导下适用构成要件。这是哈塞默(Hasssemer)对法益功能的经典二分,前者体现了法益的体系超越(批判)(systemkritisch)功能,重在批判与审视立法的正当性与合理性;后者体现了法益的体系内在(systeminnanent)功能,用以指导实定法的解释。〔2〕刑法作出的犯罪设定,需要准确判断法益损害的实质,构成要件作为揭示法益损害实质内容的外在形式,法益损害的模式差异决定了构成要件的类型化、差异化要求,是刑法立法形式合理性的要求。通过设定具体构成要件的形式,将特定危害行为进行类型化,构成要件作为表征法益属性及其损害状况的要素,具有明确罪刑规范功能与范围的作用。“依传统之见解,构成要件乃对违法行为在法律上所予之记述,唯其如此,构成要件别称为行为构成要件。刑法所处罚之对象,限于行为,而构成要件之内容为行为,可见构成要件之内容符合非行为不得处罚之罪刑法定主义之根本思想。”〔3〕“由于构成要件是根据罪刑法定原则事先将犯罪行为在法律上进行的类型化,所以构成要件的最重要机能是罪刑法定主义机能。因此,构成要件的罪刑法定主义机能也可称为人权保障机能。对于不符合构成要件的行为,不得以有罪处以刑罚;在构成要件定

---

〔1〕 林山田:《刑法各罪论》,北京大学出版社2012年版,第10页。

〔2〕 Vgl. Winfried Hassemer, Theorie und Soziologie des Verbrechens, Anstze zu einer praxisorientierten Rechtsgutslehre, S. 19, 27,41.

〔3〕 蔡墩铭:《中国刑法精义》,台南,台湾翰林出版社1986年版,第59页。

型化的犯罪行为之外,国民不受国家刑罚的干预。"[1]

(二)贿赂犯罪法益损害的差异性需要实现罪名的体系化

1. 贿赂犯罪构成要件要素的内在困境

"刑法的任务在于保护法益,不同犯罪所破坏的法益不同,这种法益与构成要件的行为主体、行为客体之间具有密切关系,两者构成了具体个罪之不法内涵。"[2]犯罪构成要件要素,是指作为犯罪构成要件内部组成因素的、组成犯罪构成这一主客观要件有机整体的最基本单位。犯罪构成要件则是以行为的若干方面为视角,由构成要件要素集合而成的、居于犯罪构成要件要素上一层次的单元或集合体。犯罪构成要件要素概念的创立,有利于犯罪构成理论层级结构的合理化,也为犯罪构成与犯罪形态的关系提供了合理解释的理论前提。[3] "刑事立法设定犯罪的模式,即是凭借对具体行为是否需要规定为犯罪,在犯罪构成的主观要件和客观要件层面确立一个明确的标准。"[4]构成要件要素是具体犯罪构成的组成元素,依据犯罪构成评价罪与非罪的任务将由构成要件要素分担。然而,我国刑法所采取的单一罪名立法模式,因要同时承担对多层次危害行为的评价功能,因而,值得做出深刻反思。近年来,我国刑法学理论界对现行刑法关于贿赂犯罪的构成要件要素设计进行了全面的研究,达成了理论上的共识。[5] 正如孙国祥所指出的,多年来,贪污贿赂犯罪立法所设定的一些构罪要素的合理性遭到质疑,诸如"国家工作人员"范围、"财物"的限定、"利用职务上的便利"以及"为他人谋取利益"等要素的存废,都曾经是理论界争议的热点问题。经过学界的不懈努力,许多问题已经达成共识,各界在不同场合都

---

[1] 刘艳红:《实质刑法观》,中国人民大学出版社2009年版,第214页。

[2] 姜涛:《刑法中国家工作人员定义的个别化解释》,载《清华法学》2019年第1期。

[3] 参见肖中华:《犯罪构成中的要件要素及犯罪形态》,载《法学》2005年第4期。

[4] 杨兴培:《犯罪构成原论》,北京大学出版社2014年版,第128页;杨兴培、董翠、王强之:《论犯罪构成的结构要件及其基本要素》,载《华东政法学院学报》2002年第2期。

[5] 参见孙国祥:《贪污贿赂犯罪刑法修正的得与失》,载《东南大学学报(哲学社会科学版)》2016年第3期。

呼吁立法机关对贪污贿赂犯罪的构成要素进行立法修正，有些冗余应直接删除。

(1)对“利用职务上的便利”要素的批判

“现行刑法中受贿罪的全部疑难问题，集中体现在对利用职务便利这一要件的理解与认定上。”[1]“利用职务上的便利”，作为刑法规定的贪污贿赂犯罪客观构成要件中的共同要件，要求成立犯罪的行为人具有法律规定的职权，并通过利用该职权而产生的便利条件实施刑法所禁止的行为，立法初衷显然在于保护职务行为的廉洁性。就贿赂犯罪而言，立法之所以将“利用职务上的便利”要件作为界分行为人罪与非罪(是否利用职权)、此罪与彼罪(利用何种职权)的标准，是因为这一客观要件可以将成立贿赂犯罪主体所实施的受贿行为，与礼尚往来的馈赠行为或者与职权无关的其他获利行为[2]区分开来。通过对这些行为作出不同法律评价，以限制刑法对社会生活的不当介入，因而，这一规定具有自由保障的积极意义。然而，从整体上评价这一要件对贪污贿赂犯罪罪刑规范的犯罪规制能力，其消极意义也相当突出：一是增加了司法证明的内容。由于刑法将“利用职务上的便利”规定为罪刑规范的必要要件，从而证明行为人是否存在职务上的便利、是否现实利用该职务上的便利，以及该职务便利的行为与行为人取得贿赂之间是否存在刑法上的因果关系，便成为了司法证明的对象。在通常情况下，这些内容的证明并不困难，但在某些特殊情况下，特别是随着腐败犯罪治理的深入，贪污贿赂犯罪者为掩饰犯罪而不断翻新、隐蔽其行为方式，要证明职务行为与取得贿赂之间的因果关系却并非易事，现实的证明困难在相当多的案件中成为行为人逃脱法律制裁的重要原因。二是犯罪构成要件的双重“过滤”导致刑法评价范围过于狭窄。刑法规定的犯罪构成要件对具体行为的法律评价具有“过滤”功能，构

---

〔1〕 陈兴良、王玉珏：《建立受贿罪罪名体系的构想》，载《法学》1991 年第 6 期。

〔2〕 如果身份主体为他人谋取利益的行为与其职务没有任何关系，其事中或者事后索取财物的行为，也不构成受贿罪。例如，国家工作人员利用业余时间，以自己所掌握的技术为企业服务，事后索取财物的，并不构成受贿罪。参见张明楷：《刑法学》(第 5 版)，法律出版社 2016 年版，第 1207 页。

成要件内容越多,“过滤”功能越强,刑法的评价范围越窄。由于我国刑法在国家工作人员作为贪污贿赂犯罪主体的规定中,采用了兼具“身份”与“职能”要件模式,其职能要件的立法表述为“从事公务”,是否“从事公务”显然已经具有决定刑法评价的“过滤”功能。不仅如此,刑法在贪污贿赂犯罪客观构成要件的规定中,又明确设置“利用职务上的便利”要件,这一要件同样具有决定刑法评价的“过滤”作用,是对犯罪主体要件的“再过滤”,由此导致刑法对国家工作人员贪污贿赂犯罪评价能力的下降。此外,由于刑法对国家工作人员与非国家工作人员贪污贿赂犯罪配置了较为悬殊的法定刑,常会产生罚不当罪的结果,不利于提高刑法效益。三是对“利用职务上的便利”相关要素内涵的认识差异,易于导致法律评价殊异的结果。一方面,“职务”作为“利用职务上的便利”要件的核心要素,是决定刑法评价能力的关键,然而,理论与实践中客观存在的认识分歧会降低刑法的评价能力。我国刑法理论与实践均高度关注对“利用职务上的便利”要件的解释,但是,认识上的分歧尚无法统一。国家最高司法机关曾以司法解释性文件的形式,对“利用职务上的便利”的内涵进行揭示,提出“受贿罪中的‘利用职务上的便利’,是指利用职权或者与职务有关的便利条件”〔1〕。其后,又将其修正为“‘利用职务上的便利’,是指利用本人职务范围内的权力,即自己职务上主管、负责或者承办某项公共事务的职权及其所形成的便利条件”。〔2〕 显然,二者对“职务上的便利”的范围定义存在宽窄差异。另一方面,由于“职务上的便利”以“职权”的存在为前提,对于作为刑法评价对象的、成立贪污贿赂犯罪所应具备的“职权”,仍存在对职权类型、职权内容的认识差异,且其本身还存在根据社会发展阶段具体判断的问题。在社会转型时期,对特定职权的性质是否属于刑法所规定的“职务上的便利”前提的“职权”存在认识分歧,对于性质相

〔1〕 1989年11月6日,最高人民法院、最高人民检察院《关于执行〈关于惩治贪污罪贿赂罪的补充规定〉若干问题的解答》。

〔2〕 1999年8月6日,最高人民检察院《关于人民检察院直接受理立案侦查案件立案标准的规定(试行)》。

同的行为作出不同的法律评价也就在所难免。在司法实践中,对于公立医院医生利用“处方权”而实施的收受药品供应商回扣的行为,其“处方权”是否属于“职权”存在认识差异,导致对行为性质认定的殊异,不利于形成良好的刑法治理效果。

(2)对“为他人谋取利益”要素的批判

传统刑法理论将“为他人谋取利益”定性为客观构成要素(旧客观要件说),主张“所谓为他人谋取利益,是指受贿人为行贿人谋取某种非法的或合法的利益。这是受贿人与行贿人之间的一个交换条件”。如果国家工作人员收受他人财物但事实上并没有为他人谋取利益,则不构成受贿罪;同时认为,为他人谋取利益是否已经实现,不影响受贿罪的成立。[1] 依据这一观点进行受贿罪司法适用的判断,存在明显缩小刑法评价范围的问题,降低了受贿罪罪刑规范的犯罪规制能力。[2] 为弥补这一理论缺陷,“主观要件说”的观点得以产生。“为他人谋取利益,只是行贿人与受贿人之间货币与权力互相交换达成的一种默契。对于行贿人来说,是对受贿人的一种要求;对于受贿人来说,是对行贿人的一种许诺或者答应。因为,为他人谋取利益只是受贿人的一种心理态度,属于主观要件的范畴,而不是通行观点所说的那样是受贿罪的客观要件。”[3]这一观点,尽管以解决旧客观要件说的缺陷为目的,但其本身也存在缺陷,表现为:一是根据一般解释学原理,立法关于“为他人谋取利益”的表述,难以被解释为主观要素;二是若强调将之作为主观要件要素,则同样存在认定犯罪的障碍,由于该要件要求行为人在主观上须具有为他人谋取利益的意图,但事实上有的受贿人主观上并无此意图,其结果仍是人为地缩小了刑法的评价范围。为解决这一理

---

〔1〕 参见高铭暄主编:《中国刑法学》,中国人民大学出版社1989年版,第640-641页。

〔2〕 1989年11月6日,最高人民法院、最高人民检察院《关于执行〈关于惩治贪污罪贿赂罪的补充规定〉若干问题的解答》指出:“非法收受他人财物,同时具备‘为他人谋取利益’的,才能构成受贿罪。为他人谋取的利益是否正当,为他人谋取的利益是否实现,不影响受贿罪的成立。”

〔3〕 王作富、陈兴良:《受贿罪若干要件之研讨》,载杨敦先等编:《廉政建设与刑法功能》,法律出版社1991年版。

论问题，扩大刑法的规制能力，有学者又提出了“新客观要件说”。“为他人谋取利益”仍是受贿罪的客观构成要件要素，其内容的最低要求是许诺为他人谋取利益：为他人谋取利益的许诺本身是一种行为，许诺既可以是明示的，也可以是暗示的。当他人主动行贿并提出为其谋取利益的要求后，国家工作人员虽未明确承诺，但只要不予拒绝，就应当认为是一种暗示的许诺。”[1]新客观要件说从拓宽法律惩罚受贿犯罪范围的角度去思考，有利于扩大打击受贿犯罪的力度。[2] 但是，批评者仍提出了其在适用中可能存在的缺陷：“如果把‘为他人谋取利益理解为受贿人的一种许诺’，而‘许诺’往往是在只有双方当事人在场的情况下作出的，特别是当事人为了规避法律，都不会在公开场合作这种承诺，这样必然带来如何证明这种许诺的问题。”因而，“新客观要件说”对有效提高受贿罪罪刑规范的规制能力来说“仅是一种良好的愿望”。与此同时，批判者还提出“为他人谋取利益”要件废止论的主张。理论界对于废止受贿罪“为他人谋取利益”要件的主张早有提及。1990 年 6 月，林荫茂在《政治与法律》发表的《关于修改刑法的意见综述（下）》中质疑：“‘为他人谋取利益’作为罪状要件规定也是值得研究的。有的受贿后未及为他人谋取利益而案发，如果将‘为他人谋取利益’作为要件，则不构成犯罪了。受贿罪罪状表述为‘利用职务之便，非法收受他人贿赂’即可。”[3]学者熊继前、欧阳顺乐则最早提出了删除该构成要件的主张，“受贿的发生是以给付财物者对获取利益的期待为前提，而给付了财物并不一定能发生给付财物者必然能获取所期待的某种利益的结果，或在权力持有者弄权作梗的情况下，给付财物者给付的目的是为了排除自己正当利益的被阻却，并非要权力持有者为其谋取利益。因此，现行刑事立法所规定的‘为他人谋取利益’这

---

〔1〕 张明楷：《论受贿罪的客观要件》，载《中国法学》1995 年第 1 期。

〔2〕 参见 2003 年 11 月 13 日最高人民法院《全国法院审理经济犯罪案件工作座谈会纪要》。

〔3〕 参见林荫茂：《关于修改刑法的意见综述（下）》，载《政治与法律》1990 年第 3 期。

一受贿罪必备的行为要件应当从受贿罪的定义中予以删除”。[1]“权钱交易”与“不可收买性说”具有相同的出发点，所不同的是，我国立法通过构成要件限制了法益的保护范围，突出表现为两点：一是对权钱交易的具体化程度提出了更高的要求，收受财物的同时须“为他人谋取利益”，在入罪时排除了德日刑法中没有具体请托事项的单纯型受贿；二是“钱”的规定意味着贿赂的范围只能限于财产性利益，难以扩张至非财产性利益。因此，我国对惩治贿赂犯罪的限制不在于法益选择，而在于构成要件限制。[2]

当然，“为他人谋取利益”废止论是从立法应然性的角度设计出的最终提高刑法犯罪规制能力的方案，但是，在对现行刑法进行立法修正前，仍有必要现实地分析这一要件对犯罪规制能力的影响，为立法完善提供必要的理论基础。本书认为，“为他人谋取利益”要件对受贿罪罪刑规范的犯罪规制能力具有消极作用，表现为：一是增加了证明对象的内容。作为犯罪构成要件的内容，无论理论上将“为他人谋取利益”定位为何种要件性质，均无法否定其隶属于司法证明对象的地位，这就为司法适用中的证明活动增加了不必要的负担。二是客观上所存在的证明难度，为犯罪人逃避法律追究提供了可乘之机。对于行为人尚未开始的谋利行为，以及所谋取利益与职务便利之间存在较为复杂因果关系的案件，这一要件的司法证明难度显而易见，客观证明难度的存在，大大增加了犯罪人逃避法律追究的概率，从而直接影响了对犯罪的规制能力。

2. 构成要件个别化与贿赂犯罪罪名体系化

对于损害不同法益的行为，其犯罪构成必须具有差异性，由此产生了立法上的罪质界限，罪名作为外在、抽象地反映构成要件的机制，其与犯罪构成之间存在反映与被反映的关系。刑法对于损害法益的行为

---

〔1〕参见熊继前、欧阳顺乐：《论受贿罪构成要件的立法修改》，载《法学》1994 年第 12 期。

〔2〕参见马春晓：《廉洁性不是贪污贿赂犯罪的法益》，载《政治与法律》2018 年第 2 期。

需要作出不同的构成要件设定,以满足刑法评价个别性的要求,由此形成了“法益损害的具体性—刑法评价的个别性—构成要件的个别性—罪名序列”的内在逻辑关系,在这一逻辑关系链条中,罪名的设定决定于犯罪构成要件的差异,又进一步决定于法益保护的差异性。在通常情况下,对于侵害不同法益属性的行为,需要设定不同的罪名。然而,现代国家中的犯罪日益呈现复杂化的趋势,即使是侵害同种法益的行为,也会因行为方式、责任模式的不同,造成法益损害在质与量上的差异,进而产生对此类具有类的同质性法益损害行为设定独立构成要件,以满足刑法评价确当性的要求,由此产生了罪名系列立法模式的内在需要。

本书认为,应以罪名系列的方法揭示贿赂犯罪的不同犯罪构成要件,其正当性根据在于:(1)罪名系列模式是构成要件个别化的必然结果。“为了实现构成要件的人权保障机能,不但应该以行为为其规定内容,而且构成要件的规定必须清楚明确,不可含混不清,因此,刑法中的构成要件必须对犯罪进行个别的、明确的规定。通过构成要件的个别化功能,区分此罪与彼罪。通过不同的构成要件,就能够掌握不同犯罪之间的区别,从而将各种犯罪区分开来。”〔1〕(2)罪名系列模式能够实现刑法评价的精确化。总体而言,刑法对符合构成要件类型行为的评价,涉及介入性评价与量度性评价两种基本类型,其在构成要件的类型上存在实质性差异,进而存在设定不同罪名以达至个别化的必要。所谓刑法的介入性评价,是指以行为满足对法益损害评价的基本要求为根据而作出刑法的评价,进而设定概括性的罪名。所谓刑法的量度性评价,是指以行为造成法益不同损害程度作为独立评价的根据而作出刑法的评价,进而设定具有梯级性的罪名系列。显然,二者的根本差别在于,量度性评价的罪名设置,既满足对不同法益损害程度实施不同层次刑法保护的需要,也更有利于一般预防目的的实现。以受贿罪为例,日本刑法所规定的单纯受贿罪、美国刑法所规定的不法馈赠罪,均不以公职人员实施职务行为为必须,而仅以具有与职务作为对价关系

---

〔1〕 刘艳红:《实质刑法观》,中国人民大学出版社 2009 年版,第 213 - 214 页。

判断的基础,属于介入性的评价。张明楷教授提出:“刑法对受贿罪的构成要件的描述,必须说明受贿行为侵犯了这种法益。而行为是否侵犯了这种法益,关键在于国家工作人员索取或者收受的财物,是否与其已经实施的、正在实施的、将来实施的或者许诺实施的职务行为之间具有对价关系,即国家工作人员所索取或者收受的财物,是否其职务行为(包括已经实施的、正在实施的、将来实施的或者许诺实施的)的不正当报酬。显而易见的是,只要国家工作人员就其职务行为索取或者收受的财物,不是其依法应当取得的利益,就是其职务行为的不正当报酬,因而侵犯了受贿罪的法益。”[1]这也属于介入性评价的类型。较之于罪名系列的立法模式,贿赂犯罪的单一罪名模式仅对刑法介入的“门槛”作出构成要件的设定,而对具有序列性的加重法益损害的行为无法作出明示性的规定,既不符合构成要件个别化的要求,也不利于一般预防目的的实现。(3)罪名系列立法模式有利于实现制裁分配的比例原则要求。根据法益损害的程度设定不同的法定刑,能够确保刑罚分配正义的实现,刑法的制裁应当满足比例原则的要求。在仅设定独立罪名的立法模式下,在法定刑配置上只能采用多档式、大幅度模式,而其具体适用则交由司法者加以具体裁定,无法满足立法上的明确性要求。“法益内容的确定,不但不能脱离特定的社会生活条件和文化习俗环境,相反,被当作法益的事实,其实是立法者基于一定的评价标准,从社会经验事实中所作的选择和建构。”[2]确保刑法立法时对具有不同法益属性的危害行为,以及尽管具有类似的法益属性,但是,基于危害行为的实施方式差异,而造成法益损害的性质发生变化,在刑罚量的配置上满足比例原则的要求,其前提是构成要件的个别化。

3. 贿赂犯罪罪名体系化中的构成要件个别化选择

以构成要件的个别化为“坐标”,可以发现要件冗余、过量配置、量度犯罪不确当的问题,将这种仅应适用于以现实的对价关系为立法理

---

〔1〕 张明楷:《论受贿罪中的“为他人谋取利益”》,载《政法论坛》2004年第5期。

〔2〕 田宏杰:《刑法法益:现代刑法的正当根基和规制边界》,载《法商研究》2020年第6期。

论根据的贿赂犯罪的要件要素适用于所有法益损害的类型与程度的行为评价，会制造不必要的反复过滤，降低刑法对犯罪的评价能力。就受贿犯罪而言，一是廉洁性并不必然要求与职务行为具有关联性，只要国家工作人员要求、约定或收受了贿赂，都应当存在作出犯罪评价的必要。二是受贿罪的成立不要求国家工作人员为他人谋取利益，只要收受贿赂即已经侵犯了廉洁性法益。这些结论，显然与我国刑法受贿罪构成要件存在抵牾。“利用职务上的便利”要素要求受贿行为与职务行为具有关联性，“为他人谋取利益”要素意味着受贿罪的成立还必须以存在承诺、实施或实现为他人谋利为前提。廉洁性与受贿罪构成要件的契合关系紊乱。司法解释呈现泛化利用便利、虚置为他人谋取利益的趋势，与抽象的一般职务内容达成权钱交易约定即可成立受贿罪的司法解释倾向明显不同。[1] 从受贿罪的保护法益（国家工作人员职务行为的廉洁性）出发，应及时废止《刑法》第 385 条受贿罪构成要件中制约受贿罪的认定、作为非法收受型受贿罪不法要素的“为他人谋取利益”。多年来，刑法解释论上对于该要素是主观不法要素还是客观不法要素，存在严重分歧。但在立法论层面，学界与实务对于废止这一要素早就达成基本共识，[2]期待其成为立法机关对贿赂犯罪罪名体系进行全面修正的理论根据。

第三节 贿赂犯罪罪名体系建构的刑罚论根据

罪名体系构建，不仅要根据刑法评价确当性要求，设定独立的犯罪构成，而且需要根据罪刑关系的原理，准确选择罪刑结构关系的评价基准，根据揭示法益损害性质与程度的需要，设立刑罚（法定刑）评价的连结点，据以作为确保序列性罪名达至罪刑均衡要求的目标。

---

〔1〕 参见马春晓：《廉洁性不是贪污贿赂犯罪的法益》，载《政治与法律》2018 年第 2 期。

〔2〕 参见梁根林：《刑法修正：维度、策略、评价与反思》，载《法学研究》2017 年第 1 期。

一、罪名体系建设与罪刑关系的一般原理

(一)罪刑均衡目标的实现

罪刑均衡是现代国家刑法的基本原则,是刑法正当化的基础。罪名设定与体系建设选择方案,不仅要从法益定位与选择的确当性,以及构成要件的个别化等犯罪论根据上寻找其根据与原因,而且基于“刑事一体化”理论所揭示的犯罪治理中的刑罚结构选择模式,也必然会对犯罪的治理产生应然作用,从而通过对刑罚及其制度设计的完善性考察,为罪名体系建构提供理论基础。罪名体系建构的刑罚论根据,同样须满足实质合理性与形式合理性的要求。

罪刑均衡的实现涉及立法实现与司法实现两个层次,而立法实现是其最基本的任务,具体表现为,根据不同法益的属性及其损害的性质,对不同犯罪设定法定刑。“如果说犯罪构成是罪行的法律表达方式的话,那么法定刑便是衡量罪行轻重的唯一标准。法定刑轻重应当与罪行的大小相适应,是罪刑关系的集中表现。”[1]法定刑是立法机关针对具体犯罪的性质和危害程度所确定的量刑标准,它着眼于该罪的共性。[2] 张明楷教授也认为:“法定刑反映出国家对犯罪的社会危害性程度的评价。因为具体犯罪法定刑的确定,是以通常情况下该犯罪的社会危害性可能达到的最高程度和最低程度为依据的。”[3]正因如此,赵廷光教授指出:“罪行与法定刑具有不可侵害的联系,罪行的大小决定法定刑的轻重。只有正确定罪,才能找准对犯罪分子适用的法定刑;只有找准了法定刑,才能明确对犯罪分子追究刑事责任的范围。因此,所谓‘犯罪分子所犯罪行’,实际上是讲正确定罪的问题。”[4]张明楷教授认为,法定刑是指刑罚法规各条所规定的,与构成要件相对应

---

〔1〕 赵廷光:《罪刑均衡论的兴衰与罪责刑均衡论的确立》,载《山东公安专科学校学报》2003年第4期。

〔2〕 参见高铭暄、马克昌主编:《刑法学》,北京大学出版社、高等教育出版社2011年版,第325页。

〔3〕 张明楷:《刑法学》(下),法律出版社1997年版,第527页。

〔4〕 赵廷光:《罪刑均衡论的兴衰与罪责刑均衡论的确立》,载《山东公安专科学校学报》2003年第4期。

的刑罚。[1] 因而,本书认为,罪刑均衡原则目标的实现,要求对特定犯罪的构成要件作出精确的评价,进而对之设定出不同的法定刑,由此也决定了针对具体犯罪是设定单一罪名还是罪名群。

（二）法定刑设置的评价基点

犯罪是侵害法益的行为,刑罚是对犯罪的回应,罪刑均衡原则导向下的法定刑设置要求以犯罪构成为基础,对具有不同法益属性、不同损害程度的行为,基于犯罪构成的差异,建立不同的罪刑结构关系。张明楷教授曾就法定刑到底与谁匹配和平衡提出,法定刑是"与构成要件相对应的刑罚",[2]按照这种理解,法定刑则是在不考虑具体犯罪行为的违法性大小和有责性大小的情形下,对应于构成要件(包括加重、减轻的构成要件)规定的典型的定型行为的刑罚量(包括刑种与刑度),是一种"裸"的与犯罪行为的可谴责性相匹配的刑罚量。构成要件中的定型行为的最大可谴责性对应法定刑的上限,最小可谴责性对应法定刑的下限,在此范围内依据具体犯罪行为的违法性大小和有责性大小以及刑罚目的、刑事政策等综合考虑便形成宣告刑。[3] 偏离法益损害评价而进行的法定刑设计可能造成刑法评价的正当性降低。刑法根据对不同法益保护的需要,设置具有不同介入点的评价体系,就刑法在具体犯罪构成中所设定的结果犯、行为犯、具体危险犯、抽象危险犯等损害模式,针对不同法益类型,根据不同法益之于社会的重要性差异,做出实质性的区分,设定出不同的介入标准,以此形成纵横两个维度的评价系统。在纵向上,根据法益重要性标准,存在重要法益、一般法益的区分,在横向维度上存在以结果作为法益损害的评价基准,以危险的判断作为法益损害的评价基准,这些均是刑法在选择法定刑设置模式时的评价基准。对于国家法益的保护而言,对于借助公权力实施的危害行为,其法益损害的评价基点显然在于权力被滥用之时公职人员获

---

〔1〕 参见张明楷:《外国刑法纲要》,清华大学出版社 2007 年版,第 404 页。

〔2〕 张明楷:《外国刑法纲要》,清华大学出版社 2007 年版,第 404 页。

〔3〕 参见刘军、张康妮:《法定刑配置的原则与方法——以量刑思维为着眼点》,载陈金钊、谢晖主编:《法律方法》(第 16 卷),山东人民出版社 2014 年版。

利的状况。

二、贿赂犯罪刑罚根据配置的基本特征

（一）“以赃计罪”：刑罚设置评价基准的错位

“以赃计罪”是“结果本位主义”的表征，我国贿赂犯罪治理在刑法评价上采取以犯罪数额为主的评价标准，即“以赃计罪”。贿赂犯罪以交易性为其本质，只有在交易达成，对价关系确定的情况下，才存在明确的犯罪数额。贿赂犯罪将犯罪数额作为刑法评价标准，使刑法仅能在交易达成的情况下介入贿赂犯罪治理，因此，我国贿赂犯罪治理以“结果本位”为其导向。从立法发展过程来看，除1979年《刑法》暂时性地取消了“以赃计罪”的规定外，其余的立法均在对贿赂犯罪的法益损害评价基点选择上采取交易价格的判断标准。

贿赂犯罪以犯罪数额作为刑事责任程度的表现方式，是我国一直以来受传统经济犯罪观影响的表现，将受贿罪归入经济犯罪之列，因此注重该罪的经济性、可计量性，将贿赂的内容局限于财物，从而导致数额作用的过高定位。[1] 贿赂犯罪的本质是权钱交易，是对职务行为廉洁性的亵渎和破坏。[2] 我国刑法在基本犯和加重犯上突破了单一的唯数额论，以列举的方式，在司法解释中将特定行为作为基本犯、加重犯成立的条件，将贿赂犯罪对不同法益的侵害作出区分，力求贿赂犯罪罪刑均衡原则之实现。《刑法修正案（九）》基于纠正受贿罪法益损害识别标准的初衷，将受贿罪的入罪标准明确作出“数额或情节”模式的调整，2016年4月18日最高人民法院、最高人民检察院出台了《关于办理贪污贿赂刑事案件适用法律若干问题的解释》，也对情节作出相应的设定，但是显而易见，在这些设定中，均无法准确揭示受贿罪法益损害的本质，进而无法针对法益损害的实质作出刑罚的设定。而且该解释将基本犯与加重犯情节同一化，使法定刑量刑区间的升降主要依

---

〔1〕 参见鲍永红：《受贿罪法定刑之评析与探讨》，载《黑龙江政法干部管理学院学报》2004年第4期。

〔2〕 参见钱叶六、魏昌东：《商业贿赂犯罪刑罚立法之检讨与完善》，载《南京财经大学学报》2008年第3期。

赖于数额,进一步削弱了情节的评价能力。该解释由此创设了一种新的“数额优先论”,使情节在损害程度评价上的形式意义大于实质作用。[1]

基于受贿罪的法益理论,“权钱交易”的实质标的物是“权”而非“钱”,受贿罪的不法内涵是对“权”的不法交易,而财产在受贿罪构成要件中并不具有任何体系性地位。作为“权”的对价之一,“钱”虽能部分折射受贿罪法益侵害的程度,但不能替代并成为受贿罪的法益。[2]这一刑罚设定模式,不仅扭曲了对贿赂犯罪法益侵害性质的理解,更迟滞了刑法介入行为评价的时间,成为“等待”犯罪发生的立法。其所造成的刑法评价的最大悖论在于国家工作人员职务廉洁性的损害,在公职者处于利益冲突的环境并实施自我代理、经营性行为以及其他影响性行为时即已产生,而“结果本位主义”却将刑罚评价的基点定位于公权被实际交易且受损害的结果之上,刑法只干预实际发生的公权被滥用且被出卖的行为,否则,因欠缺公权交易价格的计量值而无法进行刑罚处置。尽管严厉的刑罚也具有一般威慑功能,但是,刑法在定位上成为针对已然腐败的制裁工具,此种结构下的刑法,固守于事后的补救机制,对本应在减少犯罪机会、消除犯罪条件中的功能缺少重视。

(二)“非对称性治理”:人为设定了刑法介入的“门禁”

对行贿犯罪加配“为谋取不正当利益”要件,是“中国式非对称性治理”的表征,其核心在于,对行贿罪设定出不完全对合的治理结构,对本应皆进行行贿评价的行为作出罪与非罪截然不同的立法判定。构成要件揭示法益属性,是对刑法立法的基本要求,据此,这一要件的设立则背叛了这一基本要求。刑法是法益保护法,设定贿赂犯罪的目的在于保护国家工作人员的职务廉洁性。刑法将行贿行为纳入规制范

---

[1] 参见钱小平:《贿赂犯罪情节与数额配置关系矫正之辨析》,载《法学》2016 年第 11 期。

[2] 参见马春晓:《廉洁性不是贪污贿赂犯罪的法益》,载《政治与法律》2018 年第 2 期。

围，是基于其对职务廉洁性的侵犯，无论行贿人意图谋取的利益正当与否，只要向公职者给付财物且非基于公职者的勒索，其本质均是在意图对公权行使施加影响，均构成对法益的侵害。且从社会危害性的实质判断来看，行贿的目的无论正当与否，均不改变对刑法所保护的社会关系侵犯的判断结论，正如同受贿人在受贿后的履职行为是否枉法不影响受贿罪的本质一样，行贿人是否为谋取利益及谋取利益正当与否，仅能反映出行贿人主观恶性的大小，并不影响行为的社会危害性本质。因而，刑法对于为谋取正当利益而给予国家工作人员贿赂的行为，均有规制的必要。“非对称性治理”的结构设计始于《补充规定》，其社会基础在于，社会转型刚刚起步，传统的公权伦理意识开始面临时代跨越中的利益诱惑乃至僭越挑战，“双轨制”改革增加了公权滥用的机会。然而，由于对公权在社会转型中的作用存在较大依赖，且在“行贿—受贿”犯罪的内在的发生与驱动关系上，呈现受贿主导驱动的模式，基于规制公权滥用危机与对行贿者“权力依赖困境”的考量，为有效划定刑法干预范围，立法对贿赂犯罪的构成需要设定特殊要件，如同在受贿罪中设定“职务要件”一样，对行贿罪增配“安全阀”，以将为谋取正当利益而行贿的行为排除出刑法评价的范围。然而，这一要件设定从其降生之日起就带有正当性不足的“胎记”。时代变迁中，“行贿—受贿”犯罪内在驱动关系已经发生变化，“寻租型”贿赂为主导的模式开始为“围猎型”模式所取代，行贿者日渐占据犯罪的“主动权”，在此背景下，调整行贿罪构成要件已经迫在眉睫。

（三）“差别化”刑罚处遇：罪名系列的责任评价偏差

“从刑法学的角度看，刑事责任不仅是有无的问题，而且还有大小的问题。刑事责任有无的问题，即是刑事责任法学根据的问题。刑事责任大小的问题，即是刑事责任程度根据的问题。刑事责任程度根据与刑事责任根据不同之处，即是刑事责任根据是行为符合犯罪构成，应从犯罪构成之中探寻；刑事责任程度根据则需探寻犯罪构成之外的影响行为社会危害性和人身危险性大小的因素。刑事责任的实现是刑事责任的最后阶段，也是刑事责任阶段的核心。罪名的法定刑，将不同罪名的刑事责任程度作出区分。"[1] 我国"分体式"贿赂犯罪罪名体系，其显著特点是根据犯罪的不同主体，不仅其行为类型具有不同要求，而且其刑罚裁量也具有不同的体现。对贿赂犯罪刑罚的研究，可以发掘我国贿赂犯罪不同主体之间刑事责任程度之差异。贿赂犯罪刑罚结构的差别化处遇政策，是"中国式"犯罪治理结构的特色，包括"受(贿)重行(贿)轻"、"公(贿)重私(贿)轻"以及行贿犯罪特别出罪 3 项内容。[2] 这是刑法对"行贿—受贿"犯罪结构关系、不同权力类型社会危害性程度做出的立法推定，然而，这一推定本身即存在偏离法益评价要求的根本性问题。贿赂犯罪行为的对合性，表明其社会危害性具有等价性，且在公权伦理与市场伦理的关系模式中，对二者提供同等的保护也是建构清廉社会之基础，然而，针对行贿罪所设定的特别出罪条款，已经导致行贿罪的追惩率严重低于受贿犯罪的结果，这一结果的负面示范效应，直接影响了贿赂犯罪的整体治理。国外划分权属类型之立法逻辑，包括：(1)对法律运行过程进行划分。法官、仲裁员是法律运行的末端，具有法制"最后一道防线"的特殊性质，因此对法官、仲裁员规定了较高的法定刑。(2)对不同权力性质进行划分。站在实用主义的立场，对不同部门人员实际利益冲突作出区别，纵向上是不同级别官员之间的区别，横向上是立法权、司法权、行政权之区分。因此对不同权力属性的主体规定了不同的刑事责任程度，产生不同的法定刑或要求。我国贿赂犯罪立法，对公权力领域内的贿赂犯罪未作区分，不同级别官员、不同权力属性主体触犯同一罪名的，其法定刑相同，不产生刑事责任程度上的区分。

三、贿赂犯罪罪名体系建设的刑罚回应要求

刑法是犯罪与刑罚的统一，罪名设定及其体系化是刑法犯罪论体系关注的重点，也是其具体化的表现。刑罚作为对犯罪的回应机制，其

---

[1] 高铭暄、马克昌主编：《刑法学》，北京大学出版社、高等教育出版社 2017 年版，第 211－212 页。

[2] 参见魏昌东：《腐败治理模式与中国反腐立法选择》，载《社会科学战线》2016 年第 6 期。

在立法上，必须满足根据法益损害的属性与程度设定精确性刑罚评价的要求，这是罪刑均衡原则的基本要求，也是实现犯罪预防的价值所在。从贿赂犯罪的“以赃计罪”刑罚设定原则，而非以法益损害的程度作为配刑根据的处理来看，贪污受贿犯罪数额与量刑之间出现“尴尬”的困局由来已久，无法实现罪刑均衡，即在贪污受贿数额达到额度后，犯罪数额与量刑之间无明显的正比关系，贪污受贿数额差异对量刑不产生实质性影响，在不判死刑立即执行的情况下，犯罪数额越大，行为人获得的潜在量刑利益就越大。[1] 这就提出了通过刑罚个别化，倒逼罪名体系化的内在要求，在批判贿赂犯罪刑罚配置“数额中心主义”评价模式缺陷的基础上，有必要提出，以罪刑结构关系为中心，准确评价具体犯罪的社会危害性本质，进而设定科学的刑罚体系，促进罪名的体系化。

（一）基于刑罚个别化的要求，建构贿赂犯罪罪名体系

防范公权滥用是现代国家贿赂犯罪治理的原点，也是国家腐败治理体系建设的中心。对公权廉洁性的破坏，始于酿生危害风险的行为，而非仅为产生交易结果的行为，对公权滥用实施治理的有效体系，需要建构“防范公权滥用风险—阻断与公权者建立柔性关系—防范权钱交易行为”的完整结构，此即为“全链条式”的治理，其核心在于，在建构“分体式”罪名体系的基础上，建构以行为评价为中心的“分层式”的罪名体系，以有效前置刑法评价的基点。对此，西方贿赂犯罪治理中受到高度重视的利益冲突行为的犯罪化模式值得借鉴。[2] 为了切实提高腐败治理的成效，有必要将立法的评价基点向前端的制造公权滥用风险移动，最大限度地消除实际交易型贿赂犯罪的发生。积极治理主义

〔1〕 参见赵秉志：《贪污犯罪定罪量刑标准问题研究》，载《中国法学》2015 年第 1 期。

〔2〕 参见魏昌东：《美国利益冲突罪立法体系的发展逻辑及其启示》，载《环球法律评论》2021 年第 3 期。

导向下的腐败治理,[1]需要深入考量积极主义刑法观的价值,[2]其在立法中的表现就是将“行为本位主义”引入贿赂犯罪治理结构重构与完善的理念之中,对既有治理结构进行以预防为中心的改造,对单纯造成公权滥用风险的行为采取低刑度介入的方法,以提升刑法在预防功能中的作用。

(二)建构“微罪—轻罪—重罪”刑罚结构

笔者建议将贿赂犯罪罪名群做利益冲突型、不法馈赠型与权钱交易型的体系完善,分别配置微罪、轻罪与重罪的刑罚梯度,与此同时,对于重罪的配刑,将所滥用的公权的属性、层级、交易机会,以及权钱交易实际造成公权损害的结果作为考量因素。完善刑罚结构,对于与市场行为相关联的贿赂犯罪,加重财产刑,适当降低自由刑强度,创立与信用惩戒机制相衔接的刑罚种类,建立个人破产制度。

建构平等的刑罚处遇制度,包括:一是公私贿赂配刑均衡。贿赂犯罪的实质在于,以利益诱使国家与社会资源分配与管理者做出不正当的资源分配。在市场经济已经高度发达的今天,面向国家与社会资源分配而实施的犯罪,无论公职贿赂还是商业贿赂,其对社会危害具有同质性,因而应当设定同一的治理结构。二是出罪条款平等配置。“均势效应”是犯罪治理中的一个特殊现象,是指在一定的治理过程中,治理关系的双方或者多方在既有的治理规则导向下达成一种动态的平衡,进而能够对治理的推进产生影响。其在实践中最突出表现的是,治理力量的投入,会促使治理相对人做出调整,以适应治理需求的变化,但是,当治理力量与被治理力量之间在反复博弈、调适后会出现一种对立与协同的均势状态,即“治理饱和”的状态。在此状态下,新的治理资源的投入不再产生预期的成效,而只有打破旧的平衡后,治理才可能

[1] 积极治理主义是笔者就国家腐败治理的应然观念选择而首倡的一种理论主张,核心主旨在于,基于权力的生成与运行过程、围绕权力限制、透明与滥用惩治建构全面、系统的腐败治理体系。参见魏昌东:《积极治理主义提升立法规制腐败的能力》,载《中国社会科学报》2014 年 10 月 31 日,第 6 版。

[2] 参见付立庆:《论积极主义刑法观》,载《政法论坛》2019 年第 1 期。

见效,从而产生旧平衡破解过程的困难。[1] 贿赂犯罪“均势结构”是这一效应的个罪表现,是指“行贿—受贿”双方基于掩盖其共同犯罪的目的而结成的维持其犯罪隐秘性的“信任”关系的均衡状态。为打破这一均势结构,各国普遍选择采用立法措施,设定以“囚徒困境”原理为基础的出罪条款,目的在于破解贿赂犯罪发现的掣肘性难题。在具体模式上涉及“单向出罪”与“双向出罪”条款的规定,我国刑法采用了“单向”模式,仅将出罪条款配置于行贿罪中,其对提高贿赂犯罪的治理效能作用有限,有必要将之作“双向出罪”的规定,以真正打破贿赂犯罪的均势结构。

本书认为,应以对价关系的模态为基础进行构成要件的具体设计,据以形成贿赂犯罪的罪名体系。如前所述,对价关系是贿赂犯罪刑法立法的基础,涉及最广义、广义与狭义的类型划分,注重以法益损害状况为中心的构成要件要素选择,并进行梯度性罪刑结构关系的均衡配置:(1)对于“微罪”型贿赂犯罪,采用极简式的构成要件模式。将公职人员因职务而不履行法定廉洁义务的行为,设定为构成要件的内容,并将其法定最高刑设定为拘役。(2)对于“轻罪”型贿赂犯罪,采用简化的构成要件模式。将公职人员因职务而索要或者收受行贿人财产或者财产性利益的行为,设定为构成要件的内容,并将其法定最高刑设定为2年以下有期徒刑。(3)对于“重罪”型贿赂犯罪,在区分“普通重罪”与“加重重罪”的基础上,对于后者采用复杂的构成要件模式。将公职人员因实施职务行为,而与行贿人就具体请托事项形成合意,具有犯罪明知的内容,并将实施履职行为作为“普通重罪”的构成要件;将公职人员因实施职务行为而与行贿人就具体请托事项形成合意,及具有犯罪故意的明知并实施背职行为作为“加重重罪”的构成要件,并在法定刑上作出梯度性的设置。

---

〔1〕 魏昌东:《腐败治理“中国模式”的立法发展与理论探索》,上海人民出版社2019年版,第358－359页。

第三章 域外代表性国家贿赂犯罪罪名体系的生成与发展

西方国家最早打开了人类现代化发展的大门，在促使国家治理结构发生历史性变化的同时，也遭受了现代腐败对政治权力廉洁性的严重侵袭，进而开启了创新腐败治理策略的探索。为有效应对包括贿赂犯罪在内的腐败犯罪的治理需要，西方国家很早即启动了对罪名与立法体系建设的探索。域外代表性国家贿赂犯罪的立法体系建设，以本土治理理念与经验为立基之本，将治理策略选择紧紧植根于本国的治理资源、治理条件之上，形成了各具国别特色的罪名体系。在探索本国立法体系完善路径的同时，又基于腐败犯罪的国际化蔓延趋势，通过相互借鉴，实现在立法理念、理论与技术上的更新。探索域外代表性国家贿赂犯罪罪名体系发展的历史经验，是完善我国贿赂犯罪罪名体系建设的观察窗口。

第一节 英国"一体式"贿赂犯罪罪名体系的生成与发展

贿赂犯罪是最为古老的腐败犯罪之一，[1]具有特殊的行为构造与

---

[1] 1997年12月荷兰的一个考古小组在叙利亚的拉卡(Rakka)地区发现了约150个楔形文字，记述了在这个发掘地点埋藏着源于公元前13世纪的亚述文明(Assyrian Civilization)的一个行政中心。考古人员还发现了一份应当是由相当于"内务部"的部门所掌管的特殊档案，上面有关于收受贿赂的政府雇员的启示。一些政府高官和一位亚述公主的名字赫然在目。参见[新西兰]杰瑞米·波普：《制约腐败——建构国家廉政体系》，清华大学公共管理学院廉政研究室译，中国方正出版社2003年版，第7页。

模式,各国基于不同的法律文化传统,在建构贿赂犯罪的治理机制时,普遍进行了制度体系建设的探索。英国作为世界上首个创立现代法治的国家,其法治体系建设具有范本意义,对贿赂犯罪的立法深深根植于该国所特有的政治权力架构,形成了独树一帜的贿赂犯罪罪名体系。

一、普通法、《自由大宪章》与贿赂犯罪立法的生成

英国刑法如其他国家刑法一样,也有着漫长而悠久的历史。英国刑法的渊源是普通法和制定法,公元前 1 世纪的罗马入侵以及基督教的传播都对英国刑法的形成和发展起到了很大的作用。然而,直到 1066 年诺曼底公爵率兵征服英国,英国法以及其中的英国刑法才具有了自身的特点。其中,威廉征服英国以后,在保留习惯法的基础上,王室法院和巡回法院的法官们通过判例,宣布某些习惯法原则普遍适用于全国。从 12 世纪至 14 世纪,法官们逐步发展了普通法上轻罪和重罪的概念,罪名的定义、刑罚的轻重、审判的程序也相继有了一些规定,并且,所有的刑事犯罪均被视为危害"国王的安宁"的罪行。英国的制定法,则是指英国议会从 1215 年颁布《自由大宪章》以后,陆续制定的各种法令,其中包括一些关于刑法的法令。[1] 贿赂犯罪的立法也由两大支脉构成。在 1889 年《公共机构反腐败法》以前,贿赂仅仅是一种普通法的罪行,[2]或者更准确地说,是若干不同的普通法罪行,根据罪

---

〔1〕 参见何勤华主编:《英国法律发达史》,法律出版社 1999 年版,第 399 - 402 页。

〔2〕 值得注意的是,在被誉为世界首部现代反腐败刑法的《1889 年公共机构反腐败法》颁布前,英国曾颁布过制定法,对出售公共官职的行为作出过专门规定。英国立法委员会在一份题为《刑法的立法:腐败》(*The Law Commission*, *Legislating the Criminal Code*: *Corruption*)的报告中对英国反腐败立法的发展历程进行过回顾,提及 1551 年、1809 年颁布的《反官职出售法》,后者是废止前者后作出的立法完善。关于两部法案的重点内容与法律适用情况,该报告提出:"《1551 年反官职出售法案》(The Sale of Offices Acts 1551)禁止出售执法领域相关公职。《1809 年反官职出售法案》(The Sale of Offices Acts 1809)将受影响的官职(禁止出售的官职——引者注)范围扩展至女王赐予的所有职位,《1551 年反官职出售法案》的管辖范围被扩展至包括苏格兰和爱尔兰,并设定了一些与出售官职相关的罪名。"然而,"在 130 年期间,似乎没有案件被报道曾适用于 1551 年或 1809 年反官职出售法案"。参见 The Law Commission, Legislating the Criminal Code: Corruption, p. 20, 载 https://www.lawcom.gov.uk/app/uploads/2015/04/c145 - Corruption.pdf。

行适用的职务或职能而加以区分,包括:贿赂枢密院议员(bribery of a privy councillor)[1]、贿赂验尸官(bribery of a coroner)[2]、贿赂或者笼络陪审员(bribery of jurors,embracery)[3]、贿赂警察(bribery a police constable),以及因为受贿而不进行刑讯。[4] 有些罪名现已不复存在。

普通法关于贿赂罪的一般陈述,正如《罗素论犯罪》一书所归纳的,是指"任何人在公职期间收受或提供任何不正当报酬,以影响其公职行为,并使其违背其所已知的诚实(honesty)与正直(integrity)规则的行为"。[5] "贿赂或者试图贿赂法官或法官受贿,或贿赂或试图贿赂公务员,旨在使之不履行其职责或采取违背其职责的行动,是普通法上的轻罪。试图不正当地影响陪审团员,构成非法影响陪审团之轻罪。买卖公职或收受与买卖公职有关的报酬,构成一种轻罪,应处罚金或者监禁,剥夺该公职,并绝对失去再担任该公职的资格。"[6] 由于普通法中的贿赂罪以犯罪人的职能作为罪名的确定依据,由此造成了学界对于"普通法上贿赂罪应该被视为一个整体的罪名、还是根据部门或职能划分的数个罪名的集合存在不同的见解"。[7] "在普通法中,贿赂罪既可以被看成一个概括性罪名,也可以被视为是若干涉及不同职务或职能的贿赂罪名的组合。贿赂罪可被概括为:任何具有公职的人接受不当酬劳或提供不当酬劳给任何具有公职的人,意图影响其公职行

[1] R. v. Vaughan, (1796) 4 Burr 2494.

[2] R. v. Harrison, (1800) 1 East PC 382.

[3] 笼络陪审员罪就是企图以不正当手段影响陪审员定罪的行为,不正当手段常常有用钱财贿赂、恳求、威胁等。Pomfriet v. Brownsal, (1600) Cro Eliz 736.

[4] R. v. Richardson, 111 Cent Crim Ct Sess Pap 612.

[5] JW Cecil Turner ed., *Russell on Crime*, Stevens & Sons, 1964, p. 381; Monty Raphael, *Blackstone's Guide to: The Bribery Act* 2010, Oxford University Press, 2011, p. 11.

[6] [英]J. W. 塞西尔·特纳:《肯尼刑法原理》,王国庆、李启家等译,华夏出版社 1989 年版,第 406 页。

[7] Archbold, *Criminal Pleading, Evidence and Practice*, 2008, p. 31 – 129, in the Law Commission, Legislating the Criminal Code: Corruption, https://www.lawcom.gov.uk/app/uploads/2015/04/c145 – Corruption.pdf.

为并促使其做出违反诚实和正直规则的行为。"[1]

尽管英国以普通法传统而著称于世,但其关于贿赂犯罪的制定法也堪称世界立法之典范。英国法律委员会(The Law Commission)更是将英国以立法规范贿赂罪的历史回溯至公元13世纪。[2] 1215年由英王约翰被迫签署的世界历史上首个宪法性文件《自由大宪章》,是世界现代法治主义的奠基石,其中,第40条关于"不得向任何人出卖、拒绝,或延迟其应享受的法律上的权利与正义的裁判"的规定,也被英国人视为贿赂法的滥觞。基于《自由大宪章》规定内容的泛化,尽管该条并不具有将贿赂行为设定为犯罪的直接功能,但是,它以成文法形式最早规定了禁止法官出卖法律的公正,对后世的贿赂犯罪立法具有重要的意义,成为后世司法实践的依据。由于国王与贵族之间的斗争不断,《自由大宪章》作为一部成文法并未得到应有的尊崇和实施,直到17世纪英国国内政治恢复稳定后才真正出现受贿的刑事案件,如高等法院于1621年对弗朗西斯·培根受贿案的审判。

二、制定法与贿赂犯罪立法的丰富与发展

公共权力的生成及其结构关系模式,决定着腐败的衍生机会与基本样态,也决定了腐败犯罪治理立法的发展重点。13世纪以后,英国逐步走上以议会为中心的权力时代,资产阶级革命的胜利进一步确立了议会制度,使议会成为公共权力的中心,因此也决定了议会腐败在英国腐败模式中的主导地位,政治腐败与个人腐败的有机结合,是英国19世纪前腐败的基本特色。为了有效规制腐败,英国走出了一条以选举法、文官制度改革与刑事法相结合的立法发展道路。

(一)通过选举法和文官制度对政治腐败的规制

1215年《自由大宪章》首次开创了"限政"的历史,促使议会走上了英国政治舞台,1265年1月,蒙特福特依照国王的名义召开了英国

---

[1] Monty Raphael, *Blackstone's Guide to: The Bribery Act 2010*, Oxford University press, 2011, p. 11.

[2] Law Commission, Reforming Bribery, No. 313, November 2008, p. 5, https://assets.publishing.service.gov.uk/government/uploads/system/uploads/attachment_data/file/231183/0928.pdf.

历史上的第一次议会。1295年,为了筹集军费,与法国开战,已经成为英格兰国王的爱德华一世召开了一次正式的议会,确定了以后英国议会的大致形式,史称“模范议会”,英国议会制度开始形成。国王与议会争夺领导权的斗争成为其后5个世纪英国政治的中心,政治权力腐败成为这一斗争中所不容忽视的问题。17世纪,英国官员录用制度实行的仍是带有封建色彩的“官职恩赐制”,官员的录用取决于握有恩赐权的人的主观意志,国王、大臣或贵族议员掌握着直接任命官员的权力,恩赐制的随意性使英国的吏治成为最为腐败的领域。〔1〕“十七世纪后半期,英国资产阶级革命胜利后,确立了资产阶级立宪君主制度,议会成为国家最高权力机关,资产阶级的政治地位迅速上升。十七世纪末至十八世纪初,议会通过一系列法令,扩大议会权力,削弱王权,使国王在许多方面实际上听命于议会。”〔2〕18世纪的工业革命在把英国变成一个工业强国的同时,也让它遭受了严重泛滥的政治腐败。由于腐化的议会制度掌控并运转国家,所以导致选举腐败、内阁腐败和官吏腐败等现象盛行,〔3〕贵族为把持议会而在议会选举中实施贿买选民和指定议员等选举腐败行为。每逢选举,议席被当作商品明码标价出售,而且价格不断上涨。在1689年,一个议席的价格是8英镑6先令,但是,到了1727年,已经涨价到900英镑。到了乔治一世涨到1500英镑,乔治二世时涨到2000英镑。〔4〕18世纪末,英国政府被迫对“官职恩赐制”进行改革,由政府各部门负责人或高级官员推荐之后任命的“个人推荐制”成为官吏录用的主导模式。进入19世纪,议会制度的进一步发展,促进了政党政治的成熟,形成了较为定型的两党制度,在政党政治之下,形成了相对独立的政务官和文官系统。“原先的恩赐

---

〔1〕参见张恒:《英国监察制度:在漫长曲折的道路上逐步形成》,载《中国监察》2004年第15期。

〔2〕程西筠:《由恩赐官职到择优录士——十九世纪中叶英国文官制度的改革》,载《世界历史》1980年第5期。

〔3〕参见唐朗诗、李佳佳:《英国腐败治理经验:制度变迁的特征与时序》,载《天府新论》2015年第2期。

〔4〕参见王觉非主编:《近代英国史》,南京大学出版社1997年版,第194页。

制进一步演绎成为政党分肥制。选举获胜的政党开始将官职作为战利品公开分赃。两党的权力之争使得文官制度腐败更加突出,腐化现象日渐加重,更甚先前。"[1]由此决定了英国对政治腐败的治理,前期是以"恩赐官职"为治理对象的议会选举制度完善,后期则是以"政党分肥"为治理对象的文官管理制度完善。

在英国的法律中,"腐败"这一术语使用得并不多,而通常用欺诈来代替,欺诈包含的范围更广,包括一般意义上的贪污腐败,如贪污受贿以及滥用职权等行为,还有如渎职、失职等行为。"从18世纪60年代开始,城市中等阶级率先发起了要求议会和政府进行体制改革的社会运动。此后多次的社会运动对政府当局形成了巨大的社会压力,政府当局亦逐渐与社会各力量达成改革共识。"[2]作为腐败治理制度的重要内容包括两项改革运动:一是始于1832年的议会改革运动。随着英国第一次议会改革的推进,腐败的选举制度得以完善,贵族控制议会和贿选舞弊行为有所收敛,议会改革在减少腐败、开创清廉政治方面取得了初步成效。二是始于18世纪80年代议会对文官制度的改革,在前期的改革中,把任命文官的权力从国王、首相之手转入各部门负责人之手,其后,1855年5月21日,枢密院颁布了文官制度改革的第一个正式法令"关于录用王国政府文官的枢密院命令",对文官任职资格、考试、审查作出规定。1872年7月18日,格莱斯顿政府议会提出并通过了《秘密投票法》,英国开始实行秘密投票选举制,此后投票采用无记名投票法。秘密选举方式又被称为无记名投票选举,这种投票方式的特点是在选票上没有选举人姓名等信息。

1883年8月25日,英国议会通过了世界上第一部关于政府官员财产申报的法律——《净化选举、防止腐败法》(An Act for the Better Prevention of Corrupt and Illegal Practices at Parliamentary Elections,正式名

---

[1] 唐朗诗、李佳佳:《英国腐败治理经验:制度变迁的特征与时序》,载《天府新论》2015年第2期。

[2] 唐朗诗、李佳佳:《英国腐败治理经验:制度变迁的特征与时序》,载《天府新论》2015年第2期。

称为"更好地防止议会选举中的腐败和非法行为的法案",亦被称为"阳光法案"),法律规定参加竞选议员的候选人必须对其选举资金进行公示,禁止贿赂、款待、威胁以及冒名顶替等不正当行为,违者处以罚金和监禁。该法案规定了议员选举费用的限额和对选举舞弊的刑罚,并规定如果官员个人财产与其正常收入之间存在差距,就必须作出解释和说明,如不能提供合法所得的证据,就会被认定为灰色收入,进而被治罪。针对选举腐败,法律明确将贿赂选民的企图设定为刑事犯罪,处以更严厉的罚款,在某些情况下还被处以监禁。该法案使哪些费用可用于选举以及选举费用的金额标准化。任何被判犯有贪污罪的候选人在 7 年内都不能再参选,也不能再在同一选区竞选。该法律的施行,使议会选举中的腐败现象大为减少。

(二)贿赂犯罪制定法的生成与发展

君主立宪制的确立,使英国公共权力的配置关系发生了重大变化。18 世纪,在分权思想与工业革命的影响下,英国政治经济经过长期发展并取得较为稳固的权力架构,而与此伴生的是日益猖獗的腐败,早期限定单纯惩治法官的贿赂犯罪立法早已无法有效应对,[1]贿赂犯罪立法面临亟待更新的局面。为使贿赂犯罪立法明确化,1889 年 8 月 30 日,英国颁布世界上第一部反腐败法——《公共机构腐败行为法》(Public Bodies Corrupt Practices Act),其立法目的在于,"一项更有效地防止和惩罚公司、理事会、董事会、委员会或其他公共机构的成员、官员或服务人员的贿赂和腐败行为的法案",该法案尽管以"腐败"为其名称,但其所规定的行为仅为贿赂行为一种,是世界上第一部纯正的贿赂犯罪惩治法。为了贯彻落实皇家委员会的建议,立法委员会曾对行使伦敦地方政府权力的大都会工程委员会进行了调查。该法案首次规定了腐败地索取或接受,或腐败地给予、承诺或提供任何"礼物、贷款、费用、报酬或其他好处"的法定罪行。该法案共 10 条,其中,第 1 条是

---

[1] 13 世纪初,《自由大宪章》仅将贿赂犯罪的犯罪主体限定为法官,而担任其他职务但实际并不能影响公共权力运行的贵族被限制入罪,主要是由特定的公共权力配置时期公共权力实施主体的单一性所决定的。

关于公共机构人员"贿赂行为"的规定，第 2 条是关于法定刑的规定。依据该法案，任何行使公共职能或法定职能的机构均被认定为公共机构，公共机构的任何人员被严格禁止在与公共机构有关的任何交往过程中收受或者要求收受、同意收受任何形式的礼物、贷款、费用、酬劳或利益，也严格禁止他们在此类事务中承诺或提供任何形式的礼物、贷款、费用、酬劳或利益。[1] 针对公共机构任何成员（members）、官员（officers）与雇员（servants），将任何部门或公共机构人员要求任何财物或者有价物，包括任何真实或者虚假的帮助、投票、赞同、影响，或者对礼物、贷款、费用、奖励等便利的允诺或者斡旋、同意或者斡旋努力、声称等，均定义为贿赂行为，最大限度地扩大了贿赂罪适用对象的范围。该法案还规定了"一体性"的刑罚，包括：一是对犯有此类行为的公务人员，可以处以 2 年以下监禁，或者 500 英镑以下罚金，或者并罚。二是追缴因犯罪所得的赃款、赃物与一切利益。三是从犯罪之日起 7 年内不得担任任何公职。四是若第二次再犯类似罪行，将永远不得担任任何公共职务。五是从犯罪之日起 7 年内剥夺其在议会和其他任何公共机构选举中的选举权和投票权。六是剥夺获得养老金的权利。

1906 年 8 月 4 日，为了应对权钱交易关系大规模向商业领域蔓延的犯罪新趋势，英国颁布了世界上第一部以预防为导向的立法——《预防腐败法》（Prevention of Corruption Act），该法的立法目的在于，"更好地防止腐败"。将惩治腐败的刑法扩展到私营部门，这便构成代理人腐败地收受或者取得"任何礼物或对价"（any gift or consideration），作为其主事人事务或业务的诱因或报酬的罪行；或对任何贪腐地给予或同意给予"任何礼物或对价"，作为与其主事人的事务或业务有关的诱因或报酬的罪行。该法案适用于公共部门或私营部门的所有代理人，包括"在王权下服务的人"。因此，该法案使用不同的语言来描述"礼物或对价"。值得注意的是，两项法案都没有定义"腐败"这个至关重要的词，有些行为可能是普通法和成文法的罪行，也可能是两项法例外的罪行。该法案共 4 条，其所规定的行为仍然仅限于对贿赂犯

[1] 参见北顾：《英国如何把权力关进制度的笼子》，载《决策探索》2013 年第 9 期。

罪的规定,目的是拓展立法对贿赂犯罪的惩治边界。其中,第 1 条"惩罚与代理人的腐败交易"是关于对任何实施贿赂犯罪的代理人定罪与法定刑的规定,贿赂犯罪的主体由公共机构、公职人员,扩展至"任何代理人的任何涉及委托人的事务或业务的行为",从而确立了私营部门的贿赂犯罪,[1]在刑罚配置上采用与公共机构贿赂犯罪相同的法定刑标准。

1916 年 12 月 22 日,英国基于全面打击贿赂犯罪、从严整肃吏治的目标,[2]再次颁布《预防腐败法》,不仅将 1889 年法案所规定的公共机构拓展至一切地方性和公共性机构,且提高了涉及皇室、政府部门以及公共机构人员与公共合同相关的贿赂行为的法定刑。更为重要的是,该法第 2 条规定:"在根据 1906 年《预防腐败法》或 1889 年《公共机构腐败行为法》对某人提起的任何犯罪诉讼中,证明任何金钱、礼物或其他对价已被支付或给予或收受受雇于国王陛下或任何政府部门或公共机构的人,或受雇于某人或某人的代理人,持有或寻求获得国王陛下或任何政府部门或公共机构的合同、金钱、礼物,或者除非有相反的证明,否则应视为已经以腐败方式支付或给予和收受报酬,作为该法案中所述的诱因或奖励。"在贿赂犯罪的指控中前项引入了"推定责任"的规定,除非有相反证据,均可认定行为的贿赂性。20 世纪五六十年代是英国腐败日益猖獗的时代,尤其在地方政府层面。1973 年,英国议会开始启动 3 部贿赂法案对政府实践影响能力的调查。1974 年,由于发生了官员严重腐败的犯罪,促使政府专门成立了由萨尔蒙勋爵领导的公共生活行为标准皇家委员会(The Royal Commission on Standards of Conduct in Public Life)。其职权范围在于,"就利益冲突问题及涉及公

---

〔1〕 A. T. Martin, *The Development of International Bribery Law*, Natural Resources & Environment Vol. 14:2, p. 95 – 102(1999).

〔2〕 英国关于贿赂犯罪的立法也是对当时所发生的腐败丑闻的积极回应。例如,1916 年《防止腐败法》就是在陆军部服装部门的丑闻之后通过的,该丑闻涉及商品检查员收受贿赂。See Phil Fennell and Philip A. Thomas, *Corruption in England and Wales: An Historical Analysis*, International Journal of the Sociology of Law, 1983, p. 174.

共机构给予优惠待遇的贪污风险,调查中央及地方政府及联合王国其他公共机构的行为标准;并就可能需要的进一步保障措施提出建议,以确保公共生活中最高标准的廉洁”。其对贿赂法案的修正提出了完善方案。

三、世纪之交贿赂犯罪立法发展与 2010 年《英国贿赂法》的罪名体系更新

英国贿赂犯罪刑法治理体系的发展,特别是立法中的制度创新,使英国在近代以来一直保持清廉国家的声誉。然而,20 世纪 90 年代以后,随着社会的不断发展,特别是在一系列国际组织加大对贿赂犯罪惩治与预防的进程中,暴露出英国贿赂犯罪立法在规制能力上的不足,如何进行新的贿赂犯罪制度创新成为 20 世纪末最受英国关注的问题。

20 世纪末英国再次启动贿赂犯罪立法体系更新的动因在于三个方面:[1](1)公共机构腐败犯罪引发立法改革的思考。为扭转当时的法律对新型犯罪束手无策的状况,1994 年 10 月,时任英国首相梅杰倡议成立诺兰独立委员会负责研究关于所有公职人员操守标准事宜。1995 年,诺兰发表公职人员规范委员会首份报告(Nolan Report)。1995 年 5 月 18 日英国下议院对报告进行了辩论,由于保守党的强烈反对而未能通过。[2] 1998 年,英国法律委员会调查报告认为,当时的立法存在贿赂罪名关系模糊、难以区分公共和私营不同主体、难以确定罪名适用对象、1916 年《预防腐败法》推定规则不符合 1994 年《刑事司法与公共秩序》等问题,建议制定“统一贿赂法”。以此为基础,英国法律委员会又于 2003 年制定了《腐败法草案》。但草案却因“腐败行为界定不清、规制范围过窄、放纵某些腐败行为等问题”受到 2003 年 3 月 24 日成立的联合委员会的批判。[3] (2)频发的海外贿赂丑闻坚定了

---

〔1〕 参见魏昌东:《英国贿赂犯罪刑法治理:立法发展与制度创新》,载《学习与探索》2013 年第 2 期。

〔2〕 参见旭之:《英国政界反腐败起步艰难》,载《联合早报》1995 年 6 月 12 日,第 13 版。

〔3〕 See Joint Committee, *Draft Bribery Bill*, HL Paper 157 (July 2009), https://publications.parliament.uk/pa/jt200809/jtselect/jtbribe/115/115i.pdf.

英国立法改革的决心。20 世纪 80 年代后期,英国发生了轰动全国的 BAE 海外贿赂案,在 BAE 系统公司[1]的前身英国宇航公司与沙特阿拉伯王国签署的一份出售价值 430 亿英镑的 120 架战机及相关武器装备的军售合同中,传出曾使用不法手段的消息,但海外贿赂行为并未引起立法的重视。20 世纪 90 年代末,BAE 系统公司再次与沙特阿拉伯王国续签新的欧洲战机合同,2004 年英国《卫报》揭露了 BAE 系统公司设有高达数百万美元专门用于向沙特王室重要成员行贿的"贿赂基金"的消息,引发了全国对海外行贿行为的关注,规制海外贿赂行为的立法必要性陡升,贿赂法修正的方向开始发生变化。2007 年 8 月, BAE 系统公司因行贿款项在美国转账和消费违反了美国《反海外贿赂法》(Foreign Corrupt Practices Act,FCPA)遭美国司法部调查起诉,令英国人颜面尽失。因此,如何规范英国公司的海外贿赂行为,如何强化商业组织在监督其职员中的责任,成为立法完善与制度创新的核心。

(3)经济合作与发展组织的评估确立了英国贿赂立法改革的方向。1997 年,英国加入经济合作与发展组织(Organization for Economic Co - operation and Development,OECD)制定的《禁止在国际商业交易中贿赂外国公职人员公约》(Convention on Combating Bribery of Foreign Public Officials in International Business Transactions,1997 年 11 月 21 日通过),该公约于 1999 年 2 月 15 日对英国生效。OECD 的打击国际商业交易工作组对英国执行公约的情况进行过多次评估,但英国履行公约义务的情况始终未达到 OECD 的要求。1999 年的评估意见认为"不能判定英国立法符合公约的标准","英国应制定一部恰当的立

---

〔1〕 BAE 系统公司由两家英国老牌巨头企业,英国宇航公司(British Aerospace Corporation,BAC)和马可尼电子系统公司(Marconi Electronic Systems,MES)于 1999 年 11 月合并而来。其中 BAC 于 1960 年建立,由霍克公司和苏格兰航空公司合并而来,曾是英国最大,同时也是西欧最大的航空制造企业。作为世界第三大和欧洲第一大现代化武器装备研发和制造公司,为了在竞争中领先销售对手,不惜动用重金,向商业合同决策人行贿。而其中,阿拉伯联合酋长国王室是他们最大和最重要的客户之一,20 年来使用的贿款数目相当惊人。

法并将工作组的意见作为优先考虑的选择方案”。[1] 基于履行国际义务的需要,英国在《反恐怖主义、犯罪与安全法》中拓宽了刑事管辖权范围,但未拓展至在英国居住的外国国民或在英国从事业务的外国公司。这一立法改革于2003年获得OECD的承认。工作组在2005年第二阶段的报告中继续对英国施压,要求英国尽早制定一部包括行贿外国公职人员罪在内的明确的综合性制定法。[2] 作为对这一要求的回应,2005年12月,英国政府要求法律委员会重新审议贿赂立法。法律委员会于2008年推出全新版修正草案。2009年3月,一个由政府部门、国际组织、专家学者组成的联合委员会对草案进行了评审。2009年6月,联合委员会评审报告对草案给予充分肯定,认为草案“汇集了近三十年来国内外对英国贿赂立法的批评意见,是英国贿赂立法改革中非常重要、却也是迟到的一步”。[3] 同时,评审报告在多个方面提出了修正意见。2009年11月,政府对评审报告作出回应,确立了《英国贿赂法》的最后版本。2010年4月8日,《英国贿赂法》终于获得上、下两院及御批通过,于2011年7月1日生效,使英国再次确立了贿赂犯罪立法治理典范的地位。该法共20条,分为6个部分,除涉及贿赂犯罪罪刑一般规定外,还包括追诉程序、管辖范围与预防措施等内容,在立法体例上开创了一体化的贿赂犯罪治理法的立法模式。[4] 在罪名体系设置上,除普通贿赂罪(含受贿罪与行贿罪)外,该法增设行贿外

---

〔1〕 United Kingdom, Review of Implementation of the Convention and 1997 Recommendation, https://www. oecd. org/investment/anti - bribery/anti - briberyconvention/2754266. pdf.

〔2〕 OECD, United Kingdom: *Phase 2bis Report on the Application of the Convention on Combating Bribery of Foreign Public Officials in International Business Transactions and The 1997 Recommendation on Combating Bribery in International Business Transactions*, October 2008 at 4, http://www. oecd. org/dataoecd/23/20/41515077. pdf.

〔3〕 Joint Committee, *Draft Bribery Bill*, HL Paper 115, Uncorrected Transcript of Oral Evidence to be Published as HC 430 - i (July 2009), https://publications. parliament. uk/pa/cm201011/cmselect/cmtreasy/430i/430i. htm.

〔4〕 参见魏昌东:《英国贿赂犯罪刑法治理:立法发展与制度创新》,载《学习与探索》2013年第2期。

国公职人员罪、商业组织预防行贿失职罪(failure of commercial organization to prevent bribery)两个独立罪名。

第二节　美国"分层式"贿赂犯罪罪名体系的生成与发展

一、普通法传统、《美国宪法》与贿赂犯罪立法的生成

美国的殖民地地位,决定了其在法律内容上与宗主国的继受关系,"源于英国并在美国各州得到了不同发展的关于惩罚犯罪的普通法",[1]是美国刑法的基本渊源之一,因此,英国普通法中的贿赂罪规定是美国贿赂犯罪的最早立法,邦联时期也出台了贿赂犯罪的规定。《邦联条例》规定:"凡是在美国或其中一个州担任有俸给或有信托之公职的人,不得接受任何种类的一切礼物、报酬、官职或头衔。"美国制宪会议对《邦联条例》的很多内容做了改动,但却保留了后来成为《美国宪法》第1条第9款的内容,作为宪法中措辞最为严厉的禁令之一:"凡在(合众国)政府担任任何有俸给或者有信托之职务者,未经国会许可,不得接受任何国王、亲王或者外国之任何种类的一切礼物、薪酬、职务或爵位。"《美国宪法》第2条第4款规定:"总统、副总统及合众国文官,受叛国罪、贿赂罪或其他重罪与轻罪的弹劾和定罪时,应受免职处分。"早期美国人所说的腐败,是指无节制的私利影响公权力的行使。如果私人权力为追求私利而影响公权力,这种行为就是腐败的。如果滥用公权谋取私利而不是公共利益,这种体制便是腐败的。如果有人将公权力用于私人目的,这种人就是腐败的。[2]

---

〔1〕美国刑法的基本渊源(basic sources)是:(1)美国宪法;(2)源于英国并在美国各州得到了不同发展的关于惩罚犯罪的普通法;(3)州关于惩罚犯罪的制定法;(4)联邦关于惩罚犯罪的制定法。参见储槐植、江溯:《美国刑法》(第4版),北京大学出版社2012年版,第6页。

〔2〕参见[美]泽菲尔·提绍特:《美国的腐败——从富兰克林的鼻烟盒到联合公民胜诉案》,冯克利、苗晓枫译,中国方正出版社2016年版,第20-21页。

二、制定法与贿赂犯罪立法及罪名体系的发展

基于贿赂犯罪的公权力特征,美国贿赂犯罪的立法规定与其所特有的政治体制构建过程以及政治权力结构模式紧密相关。美国所特有的政治权力结构,决定了公共权力建设中腐败犯罪与政治权力体系建设的内在关系。"从19世纪20年代后期起到1883年,美国出现了一个公共官员最严重的腐败时期。大量联邦、州和地方政府的官员都想要用权力来交换填满钱袋的机会,强大的私人利益集团能够轻而易举地收买公共官员。"[1]"19世纪中后期美国联邦政府官场出现的腐败,可以看作'体制腐败'与'经济腐败'的一种混合体。一方面,当时美国官场的乱象,主要源于用人制度上的腐败,特别是'政党分赃制'所带来的腐败,明显地带有体制腐败的特征;另一方面,卖官鬻爵和行贿受贿等现象的泛滥,无疑又是经济腐败的表现。"[2]由此决定了这一时期美国腐败犯罪行为模式的基本特色:一是借助"政党分赃制"而产生的政党腐败;二是借助公共权力的直接交易而产生的贿赂犯罪;三是借助公共权力利益冲突的间接交易而产生的贿赂犯罪,由此奠定了美国贿赂犯罪制定法与罪名体系建设的特色。

(一)选举法、文官制度对政治腐败的规制

美国联邦政府两百多年的历史,曾经历过两次较为严重的腐败高发及腐败治理期。第一次发生在19世纪中后期,美国通过制定《彭德尔顿法》(Pendleton Act)和建立职业常任文官制度,治理和解决了政府在选官任官上的腐败。[3]

美国的政治腐败始于"政党分赃制",而这一制度影响和控制美国联邦政府官员的选任,始于安德鲁·杰克逊政府时期。从华盛顿政府模式向杰克逊政府模式的过渡,标志着美国从"绅士政府"向"民众政

---

〔1〕周琪、袁征:《美国的政治腐败与反腐败——对美国反腐败机制的研究》,中国社会科学出版社2009年版,第25页。

〔2〕石庆环:《美国联邦政府治理腐败研究:从1883年〈彭德尔顿法〉的视角观察》,载《求是学刊》2015年第3期。

〔3〕参见石庆环:《道德与法律:美国1978年〈政府道德法〉解析》,载《史学集刊》2018年第2期。

府”的转变。“民众政府”模式，给更多的公民参与政治和竞选提供了相对平等的机会，这固然有利于美国民主制度的发展，但当“政党分赃制”发展成为政府选任官员的主要形式时，美国官场出现腐败乱象成为不可避免的政治现实。对于这种制度性腐败，只能采取政治性的解决办法，“为了迎合改革家、舆论和公众的心理，加菲尔德的继任者阿瑟总统就自然而然地肩负起治理政府腐败的重任。1883 年 1 月 16 日，总统签署了国会通过的、由先前民主党议员彭德尔顿提交的改革议案，即《彭德尔顿法》。《彭德尔顿法》最终用公平竞争考试选任官员的文官制度取代了‘政党分赃制’，对美国政府用人制度进行了彻底的改革，治理了此前官场腐败的乱象”。该法确立了一套以功绩制为核心的文官选拔和奖惩机制，打破了政治机器垄断职位任命权的局面，从而重挫了分赃交易者的嚣张气焰。[1]

值得关注的是，《彭德尔顿法》对贿赂犯罪的明确规定，成为针对政治贿赂的重要刑法机制。该法案共 15 条，其中，第 11 ~ 14 条明确规定了公职人员在选举中的禁止性行为与法定义务，该法案第 11 条规定：“公职人员不得从公务人员、公权机关或者政府雇员处直接或者间接地索取或者接受，或者以任何形式恶意索取或者接受，出于任何政治目的的一切评估、预定或者捐献。”该法案第 12 条规定：“任何人不得在履行公职之地，以任何形式索取或接受任何出于政治目的的捐献或其他有价之物。”该法案第 13 条规定：“公职人员、雇员不得实施、升降、更换职务等级或者报酬，或者允诺、威胁以此行事，以达到提供、撤回、忽视基于任何政治目的的捐款或有价之物。”该法案第 14 条规定：“公职人员不得直接或者间接向其他公职人员提供任何形式的贿赂，该贿赂是基于或者将被用于推销政治目的。”以之为基础，该法案第 15 条设定了违反上述义务的刑事责任：“触犯上述四条规定的人员构成轻罪，处 5000 美元以下的罚金，或者三年以下的监禁，或者并罚。”

---

〔1〕 参见张宇燕、富景筠：《美国历史上的腐败与反腐败》，载《国际经济评论》2005 年第 3 期。

(二)制定法关于贿赂犯罪立法及罪名体系的发展

1. 美国联邦刑法典关于贿赂犯罪的一般规定

"刑法典梦"是20世纪以后美国的重要目标,虽经多次努力,但始终未能实现。[1] 然而,值得关注的是,18世纪起,美国就曾以制定法的形式颁布过具有法典功能的刑法。1790年4月10日,美国国会通过《治罪法》(The Crime Act,又称为,The Federal Criminal Code,正式名称为:An Act for the Punishment of Certain Crimes Against the United States),该法第21条明文规定了法官贿赂犯罪,包括对法官行贿罪与法官受贿罪,"如果任何人直接或间接给予任何一笔或多笔金钱或任何其他贿赂或报酬,或任何承诺合同义务或担保,以得到或获取美国法官就其负责案件或争议的意见、判决或法令,任何一名或多名美国法官在其面前的任何诉讼争议事项或案件中作出的判决或判令,应被判定为犯有上述承诺、合同或保证支付或交付任何一笔或多笔现款、报酬或其他贿赂的人,应当基于相应行为定罪。涉案的法官,将由法院酌情处以罚款和监禁,并将永远丧失在美国担任任何荣誉信托或利益职位的资格"。这一规定,可谓是普通法关于贿赂犯罪的制定法化。1797年国会将联邦官员贿赂行为纳入1790年《治罪法》之中。[2] 1825年3月3日,美国国会颁布《治罪法》[3],对贿赂犯罪进行完善,增设联邦

〔1〕 1790年,美国国会颁布了《治罪法》。此后,大量单行刑法及附属刑法冒涌。面对日益繁多、错综复杂的刑法规范,联邦对之进行了整理。1877年、1909年、1948年,联邦整体性整理、汇编了刑法……但其并无刑法典的品性。1962年,美国法学会制定出《模范刑法典》,该法典非官方文本、无强制力,但掀起了刑法典修订风潮,大部分州采取了行动,联邦机构亦被震动。1966年,联邦成立了刑法改革委员会,1971年《联邦刑法典草案》完成,1972年至1982年,政府及国会联袂数度修改草案,但草案未获通过。至此,宏观刑法法典化被搁浅,联邦进入了一个碎片化刑法改革的时代。参见李仲民:《美国联邦刑法法典化述评》,载《西南政法大学学报》2014年第4期。

〔2〕 See Kermit L. Hall, *The Magic Mirror: Law of American History*, Oxford University Press, 1989, p. 84 – 85.

〔3〕 也称为《1825年联邦刑法典》,其正式名称为"更有效地规定惩罚针对美国的某些犯罪和其他目的的法案",英文名称为:An Act More Effectually to Provide for the Punishment of Certain Crimes Against the United Stated, and for other Purposes。

官员索贿罪,其立法动因在于,弥补 1790 年《治罪法》在适用范围上的不足。[1] 1825 年的《治罪法》对 1790 年《治罪法》作了延伸和补充。该法取消了先前不一致的法律,取代 1790 年《治罪法》的第 12 节、1819 年《盗版法》的一部分、1820 年《盗版法》以及 1816 年《银行法》的全部,[2] 同时,显著加重了犯罪的法定刑。

2. 特别法关于利益冲突型贿赂犯罪的规定

利益冲突型贿赂犯罪作为与传统贿赂犯罪相异的一类犯罪,最早由美国通过国会立法加以创立,此类犯罪的规定,经历了逐步犯罪化的过程。[3] 19 世纪中叶,美墨战争给部分美国民众造成巨大的经济损失,战后,议会设立具有终裁效力的索赔委员会处理索赔事宜,社会制度的不健全给索赔留下隐患,索赔风逐渐演变成欺诈风,在加德纳案[4]的激化下,1853 年,美国国会通过《防止欺诈政府财政部法》(An Act to Prevent Frauds Upon the Treasury of the United States),明令禁止政府人员代理或帮助索赔的行为,并首次对这种违背公共职责的代理行为规定了刑罚。该法案第 2 条规定:"官员、公职人员,在行政部门授权下或者协同下或者在国会授权下履行公务的人员,作为代理人或者

---

[1] 在 United States v. Germaine (1878)案中,卫特法院(Waite Court)认为,以职务犯罪名义进行的敲诈仅适用于《联邦宪法》第 2 条中任命条款(the appointments clause)所指的美国官员。由于 Gernaine 是由养老金专员任命的外科医生,而不是由总统、法院或部门负责人任命的官员,因此法院认为该法规不适用于 Germaine。United States v. Germaine,99 U. S. (9 Otto)508 (1878).

[2] 参见何勤华、裴仕彬:《19 世纪美国检法关系考——兼论国家治理体系中检察机关之定位》,载《河南师范大学学报(哲学社会科学版)》2019 年第 4 期。

[3] 参见尤广宇、魏昌东:《从交易禁止到利益冲突:美国贿赂犯罪立法体系的建设路径》,载《国家检察官学院学报》2019 年第 1 期。

[4] 加德纳案,是指参议员托马斯·科温(Thomas Corwin)代理乔治·加德纳(George A. Gardiner)向委员会索赔并获得 50 万美元的赔偿,事后调查证实,这是一项欺诈性的索赔,因托马斯·科温在其中起到了关键性作用,引发了公众长期以来对公职人员代理索赔案件的不满与质疑。See Ray Sheehan,*History lesson:The Federal Anti - Representation Statutes*, http://ethicsmadeeasy. com/wp - content/uploads/2014/04/Ray - Sheehan - Article - Compliance - and - Ethics - Professional. pdf. 参见魏昌东、尤广宇:《"加德纳案"与美国利益冲突罪的立法与发展》,载《上海法治报》2019 年 1 月 2 日,第 3 版。

律师起诉美国,或者非履行公务的情况下帮助、支持起诉美国,或者从起诉美国的案件中收受酬金、案件中的利益,意图帮助起诉或者考虑帮助起诉的,构成轻罪,应判5000以下美元罚金,或者1年以下监禁,或者二者并罚。"[1]这一立法,一改以权钱交易作为犯罪本质的贿赂犯罪的传统,而将官员违背公共职责的行为予以犯罪化,成为利益冲突罪的开山之作。其后,历经发展,成为独立的贿赂犯罪罪名序列(对于美国利益冲突型贿赂犯罪的实践与理论发展逻辑参见本书第五章)。

3. 特别法关于贿赂犯罪的规定

联邦政府开始承担制定法的立法使命后,先后在诸如《司法法》《海关法》《税收法》《银行法》《公共采购法》等特别法中设定了特殊主体贿赂犯罪的独立条款,将地区检察官、国会议员、司法官员、证人、税务官、海关官员或者雇员、公共采购人员、银行审查员、联邦储备银行官员、贷款公司人员等规定为独立的犯罪主体类型,成为美国贿赂犯罪罪名体系的组成部分。

4. 特别法关于选举腐败及政府道德的规定

为保证政府廉洁、防止金钱对选举的渗透和腐蚀,国会相继通过了一系列与抑制腐败密切相关的法律,如,《禁止公司向联邦公职候选人捐款的法律》(Tillman Act)、《竞选经费公开法》(Publicity Act)、《联邦反腐败行为法》(Federal Corrupt Practices Act)和《禁止联邦文官参与政党活动法》(An Act to Prevent Pernicious Political Activities, Hatch Act,又称为"哈奇法")等。这些法律反映出廉洁而高效的政府应遵循的3个原则,即高度透明性、强烈的责任感、权力限制。随着美国对政府道德标准的不断修订,其所谓"现代公共道德管理体系"亦开始逐步走向成熟。[2] 1970年国会通过《反诈骗及腐败组织法》(The Racketeer Influenced and Corrupt Organization Act, RICO),将类型不明的腐败

---

〔1〕 Robert N. Roberts, *White House Ethics: The History of the Policies of Conflict of Interest Regulation*, Greenwood Press, 1988, p. 9 – 12.

〔2〕 参见张雨燕:《美国历史上的腐败与反腐败》,载《学习与实践》2006年第3期。

行为列为非法。[1] 随着1978年《政府道德法》(Ethics in Government Act)的颁行,政府公职人员的道德危机及政府腐败成为立法规制的重点对象。该法要求被总统提名者都要详细公开其个人财产情况,以使公众和媒体可以检查其潜在的利益冲突情况,"根据利益冲突法审查一名官员是否具备担任某一职务的资格,要看该官员在执行其公务时其私人经济事务与公共利益之间是否存在冲突"。[2] 该法案共7编,总计717条。其中,第1、2、3编规定了立法、行政、司法机构内一定级别的公职人员公开财务要求,建立起财产申报制度。[3] 这3编都具体规定了公开财务公职人员的范围、内容及其程序等。第2编还特别规定了总统提名的在联邦薪金级别GS-16级以上的高级行政官员的额外收入,不得超过其正常收入的15%。第5编则是限制政府公职人员离职后重新就业和影响政府的"旋转门"的规定,[4]"政府官员一旦退休或者辞职离开政府,禁止他们再对曾经供职的且有决策权的政府部门施加任何影响"[5]。

三、法典编纂与贿赂犯罪罪名的体系化

(一)贿赂犯罪罪名体系的首次法典化

制定法在美国法律体系中占据十分重要的地位,1790年和1825年《治罪法》均是具有联邦刑法典功能的立法。此外,美国国会还通过特别法设立了众多的犯罪,各类犯罪规定大多是针对某个、某类特殊的

---

[1] 参见[美]爱德华·L.格莱泽、[美]克劳迪娅·戈尔丁主编:《腐败与改革:美国历史上的经验教训》,胡家勇等译,商务印书馆2012年版,第16页。

[2] 周琪、袁征:《美国的政治腐败与反腐败——对美国反腐败机制的研究》,中国社会科学出版社2009年版,第63-64页。

[3] See Perry Moore, *Public Personnel Management: A Contingency Approach*, Lexington, D. C. Heath and Company, 1985, p. 302.

[4] 法律特别禁止政府公职人员的两类行为:第一,联邦薪金级别17级以上的高级行政官员在离开政府1年内,不得以企业代理或者私企老板的名义与其工作过的前政府部门签订合同,即"官员离开政府以后,在一定的时期或者永远不允许以企业代理的身份与先前供职的政府部门往来"。第二,前高级联邦政府官员在离职后1年内,禁止游说其工作过的前政府部门。

[5] Perry Moore, *Public Personnel Management: A Contingency Approach*, Lexington, D. C. Heath and Company, 1985, p. 302.

案件而进行的“因事性”立法，立法不成体系，对司法适用带来极大的困难。

进入20世纪以后，美国开始启动法典编纂工作，[1]将分散的立法规定根据性质与内容进行分类编排。1948年6月25日，美国国会通过“修正、法典化及实施有效法律”的法令，在《美国法典》中创立第18编“犯罪及刑事程序”（Title 18：Crimes and Criminal Procedure），分为5个部分，即犯罪、刑事诉讼程序、监狱及监禁者、青少年罪犯矫正、证人豁免，其中，犯罪部分共分为123节，收纳了联邦几乎所有的刑法及刑事诉讼法规定，此前由《治罪法》所规定的一般贿赂犯罪与由特别法所规定的贿赂犯罪首次归入该编第11章“贿赂与不法馈赠罪”（Chapter 11：Bribery and Graft）之中。该编第11章共有23个条文（第201～223条），规定了两类贿赂性质的犯罪：(1)狭义的贿赂犯罪，包括一般贿赂与特别贿赂犯罪。除第201条一般贿赂犯罪的规定外，包括地区检察官或司法助手贿赂犯罪（第202～203条）、国会议员贿赂犯罪（第204～205条）、法官和司法官员贿赂犯罪（第206～208条）、证人贿赂犯罪（第209～210条）、海关官员或者雇员贿赂犯罪（第212～213条）、政府采购人员贿赂犯罪（第214～215条）、国会议员或者官员实施的采购合同（第216条）、提供购买美联储银行贷款和商业票据贴现（第219条）、接受调整农场债务的对价（第222条）、业主贷款公司交易（第223条）。(2)不法馈赠罪，包括税务官不法收取馈赠（第211条）、银行检查官不法馈赠（第217～218条）、为获得贷款而收取佣金或礼物（第220条）、收取或收受农业贷款或土地银行交易的佣金或礼物（第221

---

〔1〕 1926年，美国正式制定《联邦法典》（United States Code，《美国法典》——引者注），系美国全部联邦法律的官方汇编，根据法律规范所涉及的领域及调整对象划分为50个主题，主题之下依次为卷、章、部分、节、条等。国会法律修订委员将国会颁布的法律分解为若干部分，编排到50个相应主题当中。《联邦法典》每隔6年重新编纂颁布1次，在此期间，国会每年颁布的法律会按照法典编排的序号编辑成1个补充卷。普遍认为，《联邦法典》并非名副其实的法典，亦非单纯法律汇编，其所汇编的系经修订的制定法，实则简明的法律重述。参见李仲民：《美国联邦刑法法典化述评》，载《西南政法大学学报》2014年第4期。

条)。值得关注的是,此次法典编纂还将1946年《霍布斯法》(Hobbs Act)[1]所规定的敲诈犯罪归入法典第95章“敲诈勒索”(Chapter 95: Racketeering)[2]的第1951条,由于该条包含了“假借公共权力索取财物”(extortion under color of official right)的规定,因而成为美国法典贿赂犯罪罪名体系的组成部分,此次对美国国会通过的多项贿赂犯罪罪名的系统整理,实现了贿赂犯罪罪名体系的首次法典化。

(二)贿赂犯罪罪名体系的发展与完善

1.《美国法典》对贿赂犯罪罪名体系的丰富

1962年10月23日,美国第87届国会通过第849号公法(Public Law 87-849)对《美国法典》的贿赂犯罪进行再次整合,保留了1948年法典在第11章与第95章分别规定的贿赂犯罪的立法模式,对行为模式进行了进一步的立法整合。(1)将第11章的章名调整为:“贿赂、不法馈赠和利益冲突”(Chapter 11: Bribery, Graft and Conflicts of Interest),将特别法中的利益冲突型贿赂犯罪集中规定于此章。经过此次修正,本章所规定的贿赂犯罪包括三种类型:一是一般贿赂与特别贿赂犯罪。包括:贿赂公职人员和证人犯罪(第201条)、政府采购人员贿赂犯罪(第210~211条)、提供购买美联储银行贷款和商业票据贴现(第214条)、接受调整农场债务的对价(第217条)。二是不法馈赠罪。包括:银行检查官不法馈赠(第212~213条)、为获得贷款而收取佣金或礼物(第215条)、收取或收受农业贷款或土地银行交易的佣金

---

〔1〕 此部法律的前身是1934年颁布的《反敲诈法》(Anti-Racketeering Act),1946年美国国会修改了此法,重新颁布的法律以国会议员萨姆·霍布斯的名字命名,即现行的《霍布斯法》。此法的立法目的是惩处以抢劫或勒索等手段非法获得金钱或财产的行为。勒索是指以武力、暴力诱使,或以胁迫诱使,或以公权色彩(under color of official right)诱使他人表示同意,基于其同意获得财产。

〔2〕 立法宗旨原在于保障州际商业活动之顺畅(尤其是规范工会之暴力活动),犯罪主体是一般主体,并非针对公务员而立法,但因为该法对“索取财物”(extortion)的定义中规定:以非法之实际暴力或其威胁,或恐惧,或假借公权力,使他人同意而取得财物者(The obtaining of property from another, with his consent, induced by wrongful use of actual or threatened force, violence, or fear, or under color of official right)。

或礼物(第216条)、违章撤销交易由美国收回(第218条)。三是利益冲突型贿赂犯罪。包括在影响政府的事务中给予国会议员、官员和其他人补偿(第203条),国会议员在索赔法院中的活动(第204条),官员和雇员在索赔和影响政府的其他事项中的活动(第205条),军警退役军官的豁免(第206条),取消前任官员和雇员在与前职务或公务职责有关的事项上的资格和取消合伙人的资格(第207条),影响个人经济利益的行为(第208条),仅由美国支付的政府官员和雇员的工资(第209条)。(2)保留第95章第1951条的内容。

1984年《综合犯罪控制法》(The Comprehensive Crime Control Act)是始于20世纪60年代美国立法运动的高潮的代表,虽然该法案的大部分内容只是对现有的联邦刑法进行改革,但国会还通过旨在解决白领犯罪的附加条款,对这些修正案进行补充。为"增强美国对涉及联邦的重大盗窃、欺诈和贿赂行为的指控能力",美国国会在第18编第31章"侵占和盗窃罪"(Embezzlement and Theft)中增设第666条"与接受联邦补助项目相关的盗窃或贿赂罪"(theft or bribery concerning programs receiving federal funds),对根据综合性经济贸易协议(Comprehensive Economic and Trade Agreement,CETA)或工作伙伴关系培训接受援助的任何机构的官员或雇员的盗窃或贿赂行为设定为联邦罪行。国会意识到联邦补助款拨出后,往往在所有权移转后才被误用,此时并不能以窃盗或侵占来论罪,而且这些款项到底是私款或公款亦很难辨别,遂规定"对于每年接受1万美元以上之机构之财物,以侵占窃盗或诈欺方式盗用5000美元以上时,或该等机构之人员行受贿5000美元以上时,得处10年以下有期徒刑与罚金"。该规定轻于一般行受贿罪15年以下监禁的最高法定刑。

2.《反海外腐败法》对贿赂犯罪罪名体系的发展

1977年,"水门事件"揭露出美国高官和大企业主管的诚信度危机的问题,社会要求加强对政府官员和大企业行为的监督,传媒界掀起的揭开黑幕运动,促使美国国会以绝对优势通过了旨在遏止对外国官员行贿的《反海外腐败法》(Foreign Corrupt Practices Act,FCPA,又称《反海外贿赂法》),以重建公众对于美国商业系统的信心。《反海外腐败法》对美国贿赂犯罪罪名体系的发展具有重要意义,表现为:一是在立法体系选择上,首次针对本国公司或者个人行贿海外政府机构的犯罪行为,颁布世界上第一部单行法案,力图从贿赂发生的源头行贿人出发遏制发生在海外的腐败犯罪,具有创新性。二是在立法规制重点上,首次针对国际商业活动中的贿赂行为进行专门立法,由此形成了分别规制国内与国际商业贿赂犯罪的规制体系。

然而,由于法案在立法选择上仅以本国公司或个人的海外贿赂犯罪行为作为规制对象,法案在通过后的执行中受到了批评和质疑,反对者认为法案使很多公司面临诸多法律的负担和不确定性,直接影响了美国的海外贸易,[1]影响了法案所期待的立法效果的形成。为了回应多年的批评,美国国会于1988年8月通过《反海外腐败法》的修正案,进一步完善了海外腐败犯罪行为的构成要件,明确了规范要件要素的含义和适用范围,更加合理地对美国公司、个人的海外支付行为进行了区别分析,为美国公司、个人的海外支付行为提供了一些正当化事由,避免过于严苛的规定限制美国的海外竞争行为。[2] 1988年法案将向国外政府官员的支付分成两类:一种支付称为腐败性支付(corrupt payment),其目的在于诱导该官员滥用或偏离其职责,从而获得或者保留某些合同、特权等。另一种支付称为加速费(facilitating or expediting payment),其目的仅在于完成或加快政府例行职权的行使。在修正案中,前者被认为是非法的,而后者被认为是合法的。其后该法案又两次被修正,1994年的修正只调整了法律的个别词语,1998年修正案却将FCPA的管辖范围进一步扩大,将外国企业或自然人在美国境内实施的,违反FCPA的行为也列入该法管辖范围。《反海外腐败法》共有5个条文,涉及反贿赂条款(anti - bribery provisions)和会计条款(accounting provisions)两类条款,经过三次修正后,前者是关于禁止受管

---

〔1〕 See Michael v. Seitzinger, *Foreign Corrupt Practices Act (FCPA): Congressional Interest and Executive Enforcement*, Brief Congressional Research Service Report, p. 2.

〔2〕 参见肖扬宇:《美国〈反海外腐败法〉的新动向及我国国内法表述》,载《中国刑事法杂志》2020年第2期。

辖的人以获得或者维系业务为目的，向外国公职人员支付、承诺支付或者授权支付任何现金或者提供任何"有价之物"，从而利用该外国官员职权为自己谋取不正当利益。后者则是在 1934 年《证券交易法》第 13 部分修订的基础上形成的，与"反贿赂条款"一起确保了具有秘密交易性质的贿赂账目保留在公司账簿之中。

实际上，美国在 FCPA 颁布之前，对于国内公司的对外行贿行为也有相关的法律规定，[1] FCPA 的颁布仅在实现单行立法化的同时，将相关联的行为给予了类型化。美国在颁行 FCPA 后一直将该法案的国际化作为重要目标，1997 年，美国与 OECD 其他 33 国共同签署《国际商业交易活动反对行贿外国公职人员公约》（Convention on Combating Bribery of Foreign Public Officials in International Business Transactions）。美国批准了该公约并于 1998 年出台了相关执行法律。此外，美国还向美洲国家组织（Organization of American States，OAS）、国际商会（International Chamber of Commerce，ICC）、世界银行（the World Bank，WB）、泛美开发银行（Inter – American Development Bank）、国际货币基金组织（International Monetary Fund，IMF）、非洲发展银行、欧洲理事会（Council of Europe）和联合国等国际组织谋求同样的努力，促使这些组织也相继出台了类似的公约，美国寻求 FCPA 国际化的努力取得了巨大成效。

3. 特别法对贿赂犯罪罪名体系的完善

1988 年美国国会通过《诚实服务诈骗法》（The Honest Services Fraud Statute）明确《邮件诈骗法》（Mail Fraud Act）在适用范围上可以将"用于剥夺他人拥有诚实服务这一无形权利的方案"解释为"用于诈

---

〔1〕 最典型的有：1934 年《证券交易法》（Securities Exchange Act），规定上市公司要对投资者负责，不能利用贿赂政府官员的行为，提高业绩，误导投资者。《邮政电信反欺诈法》（Mail and Wire Fraud Acts）规定禁止使用邮政、州际、国际长途电讯等手段进行行贿等不法行为。《国内税收法》（Internal Revenue Code）禁止公司报税时从会计账目中扣减对外国官方的非法支付。《虚假陈述法》（False Statements Act），对向美国官方或官方代理人作出虚假陈述的任何自然人和公司处以刑事处罚。

骗的方案”,使《邮件诈骗法》这部颁布于1871年的古老法律可以适用于现代的贿赂犯罪。20世纪40年代之后,联邦法院开始把“公众拥有政府的诚实服务”也解释为一种可以通过欺骗方案剥夺的无形权利。[1] 在新的解释中,市民有权利享有政府提供的廉洁和忠诚的服务(faithful and loyal services),受贿就是一个欺骗方案,公务人员以从事不诚实的行为来欺骗公众,让公众失去“政府提供的廉洁和忠诚的服务”这一无形权利。United States v. States(1973)案是首例基于新解释作出有罪判决的案件。[2] 此后,《邮件诈骗法》在打击州和地方公务人员受贿中开始真正发挥作用。[3] 科菲(John C. Coffee)教授对此的评价是,从20世纪70年代中期开始,“无形权利原则”像一朵外来的花一样以燎原之势迅速地在法律的领地上遍地绽放。[4]

2000年5月美国最高法院决定可以使用联邦贿赂法规来打击医疗保险欺诈,这对医疗保健提供者产生了影响。在Fischer v. United States一案中,法院得出的结论为,参与医疗保险的医疗保健提供者被视为获得贿赂法规中规定的福利,因此可以根据法规对政府进行欺诈活动而被起诉。该法令规定对任何根据该法令被定罪的人处以罚金,最高刑期为10年的监禁,或两者兼施。接受医疗保险付款的提供者组织和此类组织的商业伙伴应该意识到,政府可能会加强使用贿赂法来起诉欺诈活动。此外,尽管该案例专门针对参与医疗保险的医疗保健提供者,但不参与医疗保险的提供者可能希望评估接受其他联邦资金的可取性,因为贿赂法规可能涉及。

《黑社会浸透和腐败组织规制法》(Racketeer Influenced and Cor-

---

〔1〕 See Shushan v. United States, 117 F. 2d 110(5th Cir. 1941).

〔2〕 See United States v. States, 488 F. 2d 761(8th Cir. 1973), cert. denied, 417 U. S. 909(1974).

〔3〕 See W. Robert Gray, *The Intangible – Rights Doctrine and Political Corruption Prosecutions Under the Federal Mail Fraud Statute*, 47 University of Chicago Law Review 562(1980).

〔4〕 See John C. Coffee, *Modern Mail Fraud: The Restoration of the Public/Private Distinction*, 35 American Criminal Law Review 427(1998).

rupt Organizations Act)颁布于1970年。根据这部法律规定,通过黑社会活动直接或间接实施或参与一个企事业单位(enterprise)的事务,该单位从事跨州商贸或对跨州商贸有影响力的,构成犯罪。"黑社会活动"中包括可处以1年以上监禁刑的抢劫、贿赂、勒索或胁迫等行为。[1]

第三节　德国"分体式"贿赂犯罪罪名体系的生成与发展

德国贿赂犯罪立法肇始于1871年首部统一刑法典,作为立法发展的支柱,在其诞生时起即已构建出"分体式"的基本罪名体系。伴随德国现代国家建设的推进,特别是基于国家不断更新反腐败战略的需要,贿赂犯罪立法体系建设适时将社会发展中不同领域的贿赂犯罪引入统一法典中,据此形成了独具特色的"分体式"立法体系。

一、1871年《德国刑法典》与贿赂犯罪立法的生成

1871年《德国刑法典》(StGB)是德国第一部统一的刑法典,标志着德国近代资产阶级刑法的建立。"联邦德国的刑法改革,就是在批判、继承、创新、总结1871年以来的刑法理论发展与实践经验的过程中进行的。"[2]伴随《德国刑法典》的颁布,德国贿赂犯罪立法得以滥觞。

在1871年《德国刑法典》中,贿赂犯罪被规定于第30章"公务活动中的犯罪"(Dreißigster Abschnitt. Straftaten im Amte)中,设6个条文,规定了一般贿赂与法官贿赂犯罪。(1)一般贿赂犯罪,包括:接受利益罪(第331条)、违背职务受贿罪(第322条)、给予利益罪(第333条)。其中,受贿犯罪的主体为公务员,行为内容包括索要、让他人允

---

〔1〕虽然联邦检察官有积极依据这部法律起诉州和地方公务人员受贿行为的愿望,但受到了法条用语的制约,因此,相比其他几部法律,其在公务人员受贿案件中的适用度较低。18 U. S. C. § 1961(1).

〔2〕王世洲:《联邦德国刑法改革研究》,载《外国法译评》1997年第2期。

诺或者接受他人礼物或利益。独立设立两罪的根据在于,是否实际违反职责义务,前者是因职务行为而接受贿赂,后者则因违背职务行为而接受贿赂,基于行为的社会危害程度,法典对前者配置 100 塔勒以下的罚金或 6 个月以下的监禁,对后者配置 5 年以下监禁(存在减轻情形处以监禁)。给予利益罪是指任何人向官员或者武装部队成员提供、承诺或者给予礼物或者其他好处,以诱使他作出违反公职或者公务的行为,其法定刑为监禁,且可以附加剥夺公民权利。(2)法官贿赂犯罪。该法第 334 条分别规定了法官(含法官、仲裁员、陪审团或非专业法官)受贿犯罪和向法官行贿罪,第 335 条和第 336 条则分别规定贿赂财物的没收与加重贿赂犯罪处罚的内容。

二、1975 年《德国刑法典》与贿赂犯罪罪名体系的完善

《德国刑法典》的修订始于"1969 年刑法大改革"(Die groβe Strafrechtsreform 1969),此次大改革主要由 1969 年 6 月和 7 月先后颁布的两部《刑法改革法》组成。第一部《刑法改革法》中的规定分别于 1969 年 9 月 1 日和 1970 年 4 月 1 日施行,第二部《刑法改革法》则因德国各联邦州需对本州法律进行相应调整,推迟至 1975 年 1 月 1 日起施行。[1] 在德国刑法的这一大变革时期,"分则最后一章、现在的第三十章关于渎职犯罪,因刑法典实施法而于 1974 年得到重大修改。这里尤其值得一提的是修改了的关于行贿和索贿的规定(第 331 条 - 第 337 条)"。[2] 伴随贿赂犯罪立法体系的调整,[3] 其罪名体系也得以完善。

1975 年《德国刑法典》将法官贿赂并入一般贿赂犯罪,适用同一罪名,实现了贿赂犯罪罪名的统一化,并增设仲裁人受贿罪,贿赂犯罪罪

〔1〕 参见王钢:《德国近五十年刑事立法述评》,载《政治与法律》2020 年第 3 期。

〔2〕 [德]汉斯·海茵里希·耶赛克:《为德意志联邦共和国刑法典序》,载《德国刑法典》,徐久生、庄敬华译,中国方正出版社 2004 年版。

〔3〕 1969 年刑法改革法曾对贿赂犯罪进行了三项重点修正,包括:一是提高违背职务受贿罪的法定刑为"一年以上至五年以下有期徒刑,减轻处罚适用五年以下有期徒刑。"二是将给予利益罪的法定刑提高至与违背职务受贿罪相同,并取消可以剥夺公民权利的规定。三是将法官受贿罪的犯罪主体调整为"法官、仲裁员、劳资法庭的助理法官、陪审团或非专业法官"。

名体系发展为：接受利益罪（第 331 条）、违背职责受贿罪（第 332 条）、给予利益罪（第 333 条）、违背职责行贿罪（第 334 条），并增设仲裁人受贿（第 335a 条）。“对于公共部门贿赂犯罪，许多国家进一步区分了背职贿赂（violation of duty）和履职贿赂（discharge of duty）两种情形，其中对前者的处罚最为严厉。”[1] 1975 年《德国刑法典》将背职贿赂和履职贿赂全覆盖于行政贿赂、司法贿赂，在 4 个罪名中，第 1 款规定行政贿赂，第 2 款规定司法贿赂，对履职贿赂犯罪配置以第 3 款，在有管理职能的当局认可的情形下规定行政履职贿赂犯罪的出罪条款。在调整罪名体系及其行为要件内容的同时，还对各罪的法定刑作出修正，包括：(1)接受与给予利益犯罪的法定刑为 2 年以下有期徒刑或罚金，法官实施的接受与给予利益犯罪的法定刑为 3 年以下有期徒刑或罚金。(2)公务员违背职责受贿与行贿的，法定刑为 6 个月以上 5 年以下监禁，情节较轻的为 3 年以下有期徒刑或罚金；法官违背职责受贿与行贿的，法定刑为 1 年以上 10 年以下有期徒刑，情节较轻的，为 6 个月以上 5 年以下有期徒刑。

此外，1975 年《德国刑法典》还对选举贿赂犯罪进行了立法修正。1953 年 8 月 4 日通过了增设选举贿赂犯罪的决定，1953 年 10 月 1 日选举贿赂犯罪被纳入《德国刑法典》第 4 章“妨害宪法机关及选举和表决的犯罪”之中，成为《德国刑法典》所规定的一类特殊的贿赂犯罪类型。首次立法时，在该法第 108 条强制选举人、欺骗选举人之下增设第 108 条 b 一项，规定了贿赂选举人和选举人接受贿赂犯罪，分别为：第 108 条 b(1)意图使他人不选举或以特定方式选举，而向其提供、承诺或给予礼物或其他利益的行为和第 108 条 b(2)为了不选举或以特定方式选举而向他人索要、让他人向自己许诺或接受礼物或其他利益的行为，其法定刑均为 5 年以下监禁或罚金刑，并明确规定了对涉案贿赂财物的没收。1975 年《德国刑法典》在提高法定刑的同时，在第 108 条 c“附随后果”中增设“判处至少六个月的监禁外，法院还可以撤销在公共选

〔1〕 余高能：《各国贿赂犯罪立法分类比较研究》，载《西北大学学报（哲学社会科学版）》2014 年第 4 期。

举中获得权利的能力以及在公共事务中选举或投票的权利”的规定，以及对第 108 条 d“适用范围”作出了修正。

三、后法典化时期：贿赂犯罪立法发展的稳定化与国际化

在颁布 1975 年《德国刑法典》后，德国贿赂犯罪立法发展经历了以本体完善为主与以涉外因素汲取为主的两个发展阶段。“颁行于 1997 年的《反腐败法案》是德国立法机关以刑法地方性知识为导向而制定的最后一部反腐败刑事特别法。自此以后，所有关于腐败犯罪的刑法修正案的条文均源于德国参加的国际反腐败公约。”〔1〕

（一）1997 年《反腐败法案》与贿赂犯罪立法完善

1. 对 1975 年《德国刑法典》的修正与完善

1997 年 8 月 13 日德国《反腐败法案》（Gesetz zur Bekämpfung der Korruption）〔2〕就贿赂犯罪的立法完善做出六个方面的规定：（1）扩张“公务员”的概念。《反腐败法案》第 11 条第 1 款第 2 项 c 规定，“不妨碍为完成任务而选择的组织形式”，表明对公务人员的界定，这里只涉及国家行政管理任务的完成，属于此等任务的还包括为大众生活供应目的而为之管理工作，这些任务的完成也可被视为私法形式（与之不同的还有联邦高等法院刑事判决 38，199 件，它将此等任务只限制在法定的组织形式上）。〔3〕（2）修正接受利益贿赂犯罪的构成要件。普通受贿罪第 1 款的职务行为修订为“履行其职务行为”，“直到 1997 年为止，所有根据旧的法律的贿赂型犯罪都是针对某种特定的职务行为接受利益而言，如违反公职的受贿与行贿行为，至今也是这么要求的。但是，在未违反公职的受贿与行贿方面，这就不是必需的了。法律只要求利益的接受或给予是涉及履行职务的行为，不是特定的某个职务行为，

---

〔1〕［德］萨班斯蒂安·沃尔夫：《德国反腐败刑事立法的发展路径》，谢杰译，载《检察日报》2009 年 1 月 8 日，第 3 版。

〔2〕联邦公报 1997 年 Ⅰ 第 2028 页（BGBL1997IS. 2038）。

〔3〕参见［德］汉斯·海茵里希·耶赛克：《为德意志联邦共和国刑法典序》，载《德国刑法典》，徐久生、庄敬华译，中国方正出版社 2004 年版。

而是只要履行职务行为就可以了”。[1] “过去将接受他人利益(第331条)和允诺给予利益(第333条)与具体的公务行为联系在一起,而现在只是规定与履行公务有关即可构成犯罪。由于此等修改和扩大,腐败行为的常有的现象,诸如‘送礼’等就会被尽早发现,这些行为将影响公务人员工作的公正性和客观性。”[2] (3)对于法官贿赂罪(第331条第2款和第332条第2款)将职务行为修订为“已经实施或将要实施”的职务行为,职务行为由现在或将来的、特定的职务行为扩展到过去的、特定的职务行为。(4)扩大“利益概念”的范围。在《德国刑法典》第331~334条规定的利益概念方面,将向第三人捐赠包括进去。“由于贿赂罪限定于公务员为了自己利益此一要件,因而造成刑事追诉上证明的困难,盖在贿赂犯罪实务上,公务员为了掩饰其收贿犯行,往往会利用第三人迂回地收受馈赠。”[3] 基于此,接受利益方由受贿人本人扩展至第三人,为贿赂犯罪全面吸收。(5)提高接受利益贿赂犯罪的法定刑。将接受利益(第331条)和提供利益(第333条)的法定刑上限由2年监禁提高到3年监禁,就超过了可以缓刑的刑罚界限(第56条第2款)。(6)增设特别严重情形的贿赂犯罪规定。《德国刑法典》第335条新增加索贿(第332条)和行贿(第334条)的特别严重情形的规定和适用财产刑(第43条a)、扩大适用追缴(第73条d)的可能性,以及行为人是职业犯或作为团伙成员实施此等犯罪行为的情形(第338

---

〔1〕 库伦:《德国反腐败刑法的当前问题》,载中国刑事法律网,http://rdxf.bjhost.com.cn/article/default.asp?id=672。

〔2〕 [德]汉斯·海茵里希·耶赛克:《为德意志联邦共和国刑法典序》,载《德国刑法典》,徐久生、庄敬华译,中国方正出版社2004年版。

〔3〕 王效文:《贿赂犯罪构成要件之重构》,载《检察新论》2016年第19期。

条)。[1]

2. 商业贿赂犯罪的立法创立

德国在 1909 年《反不正当竞争法》(Gesetz gegen den unlauteren Wettbewerb)的第 12 条中对于私人之间的商业贿赂行为,就设定了制裁性的规定,因此严格来说,德国法上处罚私人商业贿赂的行为,其实已经有一百多年的历史。[2] “1997 年 8 月 13 日德国的《反腐败法案》得以通过,《德国刑法典》专门对此增加了第 26 章‘违反竞争法的犯罪行为’,将原来处于《反不正当竞争法》的第 12 条的商业行贿与受贿行为纳入其中作为《刑法典》的第 299 条。”[3] 由此设立了商业受贿罪与商业行贿罪。《德国刑法典》第 299 条将已被废除的《反不正当竞争法》第 12 条的规定吸收进普通刑法,即关于雇员在业务交往中的索贿和行贿问题。通过增加为第三人索要利益,《德国刑法典》第 331 条至第 334 条的构成要件因此被扩大了。此外,过去被作为告诉乃论对待的《德国刑法典》第 299 条,如果涉及公共利益,则可依职权进行追诉(第 301 条第 1 款);情节特别严重的,将科处较高的刑罚。情节特别严重是指,《德国刑法典》第 335 条第 2 款第 1 项和第 3 项的具体规定(第 300 条第 2 句)。在《德国刑法典》第 299 条规定的犯罪情况下,可适用财产刑和追缴(第 302 条)。[4]

---

〔1〕《德国刑法典》新的第 338 条关于财产刑(《德国刑法典》第 43 条 a)和被扩大的没收(《德国刑法典》第 73 条 d)的规定,遵循的是在当今的刑事政策性讨论中出现的关于行业性或者群体性实施的贿赂和贪污的极为重要的倾向:一方面涉及特殊预防的目的,即通过剥夺其所需要的资源来消除犯罪性组织的建立和存续;另一方面是要经常口号性地把一种思想加以强调:“犯罪是不允许得到酬报的!”参见[德]阿耳宾·埃斯尔:《二十世纪最后十年里德国刑法的发展》,冯军译,载《法学家》1998 年第 6 期。

〔2〕参见恽纯良:《商业贿赂行为可罚性简析——以 2015 年德国刑法典第 299 条商业贿赂罪之修正为鉴》,载《月旦刑事法评论》第 4 期(2017 年)。

〔3〕唐晋伟:《德国商业贿赂的经济法规制及其对我国的启示》,载《南京工业大学学报(社会科学版)》2007 年第 3 期。

〔4〕参见[德]汉斯·海茵里希·耶赛克:《为德意志联邦共和国刑法典序》,载《德国刑法典》,徐久生、庄敬华译,中国方正出版社 2004 年版。

（二）选举贿赂犯罪的立法完善

1978 年 6 月，德国立法修订第 108 条 d 关于选举贿赂罪“适用范围”的规定，首次在贿赂犯罪中引入涉外因素，将该罪的适用范围扩展至欧洲议会议员选举。1994 年 1 月 22 日《德国刑法典》增设第 108 条 e，设立贿赂议员罪，即“在欧洲议会、联邦、州、区或区联盟的选举或表决中，买卖选票的”。“议会就某具体事宜进行表决时投赞成、反对抑或弃权票的买卖，其下又分为消极（被人求上门来，第 1 款）和积极（主动兜售投票，第 2 款）两种情况。这种局限性系有意为之，因为过于宽泛的行为构成会使反腐刑法成为议会各党政治斗争的工具，最终使立法部门陷于瘫痪。”〔1〕其配置的刑罚相当于违反职责而收受贿赂罪的刑罚，但并未规定减轻情形，且可以判处撤销获得公共选举权的能力以及在公共事务中选举或投票的权利。2014 年立法对贿赂议员罪（第 108 条 e）作出修订，“议员受贿，德国刑法在 2014 年以前的态度可谓相当保守，能获罪的只有出卖选票这一种行为，亦即针对一场在国会或州议会中举行的特定表决，某位议员收受了他人或公司的钱款或者其他好处，从而按照他们的意思进行投票。这一规定的局限性当然很大，难以与国际接轨，尤其是联合国以及欧盟的反腐败公约”。〔2〕“到 2014 年，德国还是服从了欧盟的要求，将客观方面扩展到了所有‘在履行议席职能过程中受委托或按指令做或不做某事’的行为，处 5 年以下有期徒刑或罚金。这里的议员也不限于德国联邦、各州和乡镇的议员，而且也包括‘欧洲议会’或国际组织中相当于议会机构的成员。”〔3〕2021 年 10 月 19 日，《德国刑法典》将贿赂议员罪的刑罚提升为 1 年以上、10 年以下有期徒刑，情节较轻的，处 6 个月以上 5 年以下有期徒刑。

---

〔1〕 韩毅：《德国反腐刑法的国际化发展》，载中国社会科学报网，http://www.cssn.cn/zx/bwyc/201706/t20170628_3562308.shtml。

〔2〕 ［德］汉斯·约格·阿尔布莱希特：《德国贿赂犯罪的基本类型与反腐刑法的最新发展》，韩毅译，载魏昌东、顾肖荣主编：《经济刑法》（第 17 辑），上海社会科学院出版社 2017 年版。

〔3〕 韩毅：《德国反腐刑法的国际化发展》，载中国社会科学报网，http://www.cssn.cn/zx/bwyc/201706/t20170628_3562308.shtml。

（三）商业贿赂犯罪的立法完善与罪名新设

2015 年 11 月 26 日，德国再次对《德国刑法典》第 299 条所规定的商业贿赂犯罪作出立法修正，增设第 299a 条第 2 款，将未经公司允许而做或不做某事从而违背义务，借此为自己或第三人索取、应允或收受惠利的背信行为引入立法。我国台湾地区学者恽纯良对此次立法修正的重点内容进行了分析，[1] 涉及：（1）对于商业受贿罪。在立法表述上，以"企业"（Unternehmen）取代此前的"商务企业"（geschäftlicher Betried）；将修正前第 299 条第 3 项"外国竞争之行为"直接融入第 299 条第 1 项第 1 款，以"国内或国外竞争"之用字取代。在立法的理解上，所谓的"企业"或者"商务企业"并没有规模上的限制，只要是在经济生活中因为交换给付（Austausch von Leistungen）而持续从事活动者，均可包括在内，以获得为目标的要求是不需要的。[2] 在受贿罪的行为主体上，新旧法都要求行为人必须具备特定的身份，性质上属于一种身份犯。此外，在条文用语中，不论新旧法都要求"商业往来"（imgeschäftlichen Verkehr）的要素，因此私人的终端消费行为（包括购入使用再转卖的情形）会被排除在本条的适用范围之外。[3] （2）对于商业行贿罪。其最大变动在于，原本条文中"基于竞争之目的"（zu Zwechen des Wettbewerbs）的要求在修正后的条文中已不复见。在修正之前，文献上参考旧《反不正当竞争法》第 12 条的条文结构，将此要

---

〔1〕 参见恽纯良：《商业贿赂行为可罚性简析——以 2015 年德国刑法典第 299 条商业贿赂罪之修正为鉴》，载《月旦刑事法评论》第 4 期（2017 年）。需要特别说明的是，我国台湾地区学者对德国刑法典中条、款、项的表述方式与大陆学者有所不同，如大陆学者称第 299 条 a（徐久生译：《德国刑法典》，北京大学出版社 2019 年版），而我国台湾地区学者则称第 299a 条（参见何赖杰、林钰雄审译，李圣杰、潘怡宏编译：《德国刑法典（2019 年最新版）》，台北，元照出版有限公司 2019 年版）。大陆学者称第 299 条 a 中的第 1 款第 1 项，而台湾地区学者在其引文出处中则表述为第 299a 条第 1 项第 1 款。为避免出现对指称对象表述不当的问题，本书对于由台湾地区学者原引文出处的内容仍采用其原表述方式。

〔2〕 BGHSt 2，396，403；10 359，366；Momsen/Laudien，in：Beck scher Online Kommentar，32. Aufl.，§ 299 Rn. 13；Rönnau，（Fn. 6） Rn. 9；Tiedemann，（Fn. 51） Rn. 19.

〔3〕 Heine/Eisele，（Fn. 4） Rn. 9；Momsen/Laudien，（Fn. 64） Rn. 18；Tiedemann，（Fn. 51） Rn. 22.

素视为立法者对于行贿者设定主观意图的要求；更精确一点说，除了故意以外，行为人的主观面于此还必须符合“双重意图”的结构要求，亦即行为人在本项行为时，主观上必须要有：第一，使自己或第三人在竞争关系中，就商品或商业给付之订购，为使自己或第三人将来能够受到偏袒而与受贿者之间成立不法协议的意图。[1] 第二，借由双方建立的不法协议，促使受贿者进一步依此协议采取不正当，使行贿者自己或第三人受到偏袒的意图。[2] 但是，修正后的《德国刑法典》第 299 条第 2 项第 1 款已经剔除了“基于竞争之目的”这个主观要素。

此外，“欧盟报告指出，德国对私营部门的反腐监管仍然不够，仅把很少几种行为算作行贿受贿。例如，德国医疗行业算作私营范畴，不作为公共部门受到严格法律约束。这样一来，医生若是收取制药厂的‘红包’，就可不算作受贿”。[3] 2016 年 5 月 30 日，《德国刑法典》专门新增第 299a 条、第 299b 条两个条款，分别规定了“医疗事业中的受贿罪”和“医疗事业中的行贿罪”，并且在第 300 条增设了同时适用于第 299 条、第 299 条 a、第 299 条 b 的加重处罚规定，从而将医疗事业中的贿赂犯罪作为商业贿赂犯罪的特殊类型独立出来，使贿赂犯罪的罪名体系再次得以拓展。

（四）区域性国际条约与贿赂犯罪立法完善

为了使欧洲和国际范围内的行贿和索贿案件能够以德国刑法来处理，联邦德国通过了两部法律，将有关条文的适用范围予以扩大。首先，1998 年 9 月 10 日的《欧洲联盟贿赂法》（联邦法律公报 Ⅱ 第 2340 页）批准了 1996 年 9 月 27 日的《关于保护欧共体财政利益条约的议定书》。根据该议定书的要求，第 332 条、第 334 ~ 336 条、第 338 条扩大适用于欧盟其他成员国的法官和欧盟法院的成员，或欧共体官员、欧共体委员会和计财司成员。如果行为人是德国人或虽是外国人，但以特

---

〔1〕 Dannecker,（Fn. 4） Rn. 69; Fischer,（Rn. 4） Rn. 22; Heger,（Fn. 4） Rn. 8; Rogall,（Fn. 2） Rn. 79; Tiedemann,（Fn. 51） Rn. 53.

〔2〕 Dannecker,（Fn. 4） Rn. 72; Krick,（Fn. 4） Rn. 27; Rogall,（Fn. 2） Rn. 79.

〔3〕 杨舒怡：《国际反腐面面观：德国行贿大案倒逼反腐改革》，载中国纪检监察网，https://www.ccdi.gov.cn/yaowen/201405/t20140522_131917.html。

定方式与德国法有关,第332条、第334～336条可适用于在外国实施的犯罪行为。其次,1998年9月10日的《国际贿赂防治法》(联邦法律公报Ⅱ第2327页)批准了在经济合作与发展组织范围内签订的《禁止在国际商业交易中贿赂外国公职人员公约》。为了满足该条约的义务要求,如果行为涉及国际业务往来,可将行贿的刑法规定(第334条)扩大适用于外国或国际组织的法官、公务员和士兵。[1]

第四节　日本"复杂分层+分体式"贿赂犯罪罪名体系的生成与发展

日本贿赂犯罪立法肇始于明治维新时期,创建资产阶级法律制度是维新运动的重要内容,这一时期颁布的首部现代刑法典即已创建出贿赂犯罪罪名体系的"分层式"范型。随着日本刑法的现代化,以及商业社会发展中基于对贿赂犯罪特别规制的需要,日本选择了在刑法典之外的特别法中增设特殊贿赂犯罪立法的模式,且在构成要件设定上采取了区别化的立法技术。作为刑法典所规定的典型的贿赂犯罪,采取"复杂分层"结构,以罪名序列设定明确界分不同贿赂犯罪的法益损害本质,是其立法的最大特色。

一、明治维新、1907年《日本刑法典》与贿赂犯罪罪名体系的生成

从19世纪70年代中期开始,日本明治政府着手进行法典编纂工作,陆续颁布了商法典、民事诉讼法典、刑事诉讼法典、民法典、法院构成法,至1907年《日本刑法典》颁布,资本主义法律体系的各主要法典均告完成,标志着日本近代资产阶级法律制度的最终确立。

日本现行刑法典于1907年颁布,1908年10月1日起施行,并使用至今。较之于现行刑法典,1880年(明治十三年)第36号发布的刑法被称为旧刑法。"旧刑法在第284条以下仅仅针对官吏的受托受贿作

[1] 参见[德]汉斯·海茵里希·耶赛克:《为德意志联邦共和国刑法典序》,载《德国刑法典》,徐久生、庄敬华译,中国方正出版社2004年版。

了规定，而行贿行为作为其共犯是否具有可罚性，则引起了争议。”〔1〕现行刑法典中，贿赂犯罪被规定于第25章“渎职罪”下第197～198条之中。“在日本，滥用职权罪（广义）可以分为狭义的滥用职权罪（第193、194条）、符合职权逸脱罪的特别公务员暴行凌虐罪（第195条），还规定了作为这些罪的结果加重犯的特别公务员滥用职权等致死伤罪（第196条）。现行《日本刑法典》第193条（公务员滥用职权罪）与旧刑法的第276条相对应；现行《日本刑法典》第194条（特别公务员滥用职权罪）与旧刑法第278、279条相对应；现行《日本刑法典》第195条（特别公务员暴行凌虐罪）与旧刑法第280条前段、第282条第1项相对应；现行《日本刑法典》第196条（特别公务员滥用职权致死伤罪）与旧刑法第280条后段、第282条第2项相对应。”〔2〕1907年《日本刑法典》仅规定了单纯受贿罪（第197条第1项前段）、加重受贿罪（第197条第1项后段）以及行贿罪（第198条）。1941年，在战时经济体制之下，为了整肃公务员纲纪，日本大幅地扩充了贿赂罪，新增受托受贿罪、事前受贿罪、向第三者提供贿赂罪、事后加重受贿罪、事后加重向第三者提供贿赂罪、事后受贿罪。〔3〕

在刑法典之外，通过特别刑法扩展贿赂犯罪主体的范围，是日本贿赂犯罪立法中值得特别关注的现象，由特别刑法在公职贿赂犯罪之外所建构的特别贿赂犯罪的罪名体系包括：（1）破产管理人、监察委员、破产债权人及其代理人的贿赂犯罪。如1922年《日本破产法》规定了此类人员的特别受贿罪与行贿罪。该法第380条规定：“（一）破产管理人或监察委员，就其职务收取、要求或期约贿赂时，处3年以下徒刑或20万日元以下罚金。破产债权人及其代理人、理事或准理事，就债

---

〔1〕［日］西田典之：《日本刑法各论》（第3版），刘明祥、王昭武译，中国人民大学出版社2007年版，第378－379页。

〔2〕［日］关哲夫：《日本刑法中的受贿罪》，王充译，载魏昌东、顾肖荣主编：《经济刑法》（第18辑），上海社会科学院出版社2018年版。

〔3〕在新增上述罪名的同时，还独立设置了必要性没收、追缴规定，并删除了行贿人的自首减免规定。参见［日］西田典之：《日本刑法各论》（第3版），刘明祥、王昭武译，中国人民大学出版社2007年版，第379页。

权人会议决议收取、要求或期约贿赂时，亦同。（二）于前款情形，没收其收取的贿赂。不能没收贿赂的全部或一部分时，则追征其价额。"关于行贿罪，该法第 381 条规定："（一）向破产管理人、监察委员、破产债权人，或上述人的代理人、理事或准理事交付、提供或期约贿赂者，处 3 年以下徒刑或 20 万日元以下罚金。（二）犯前款罪者自首时，可以免除或减轻其刑。"（2）垄断事业公司人员的贿赂犯罪。为构建管制经济体制，日本于 1944 年制定《关于整顿经济关系罪责的法律》，该法共 9 条，其与《日本刑法典》最大的区别在于，扩大贿赂犯罪主体范围，将公司职员与公务员一起作为贿赂犯罪的主体。针对运营铁路、电力、天然气等垄断事业的公司以及从事管制业务的公司等的职员，该法规定了单纯受贿罪（第 1 条）、事前受贿罪、加重受贿罪（第 2 条）及行贿罪。关于犯罪主体，该法将"依据特别法令而设立的公司，或者铁路、电力、煤气等依其当然具有垄断性质的事业，或者依据临时物资供需调整法出于经济管理目的而依法从事经济统制业务的公司或者合伙，以及比照上述公司对待的单位中的役员或者职员"规定为单纯受贿罪的主体。该法不仅在犯罪主体范围上超出了刑法所规定的"公务员"的范围，且在刑罚严厉程度上重于《日本刑法典》所规定的贿赂犯罪。该法第 1 条规定："依据特别法令而设立的公司、或者铁路、电力、煤气等依其性质当然具有垄断性质的事业、或者依据临时物质供需调整法出于经济管理目的而依法从事经济统制业务的公司或者合伙，以及比照上述公司对待的单位中的役员或职员就其职务上的事项，收受、要求或者约定贿赂的，处 3 年以下惩役。如果因此实施不正当行为或不实施相当行为时，处 7 年以下惩役。"较之于《日本刑法典》中有违反职务的行为法定刑相差 2 年，该法则是 4 年的规定，显然，该法更为严格。不仅如此，该法对公司役员或其他职员曾经实施的违反职业的行为一点也不含糊。[1]《关于整顿经济关系罪责的法律》第 2 条第 2 款规定："前条第 1 款规定的役员或其他职员，就其在职时接受请托在职务上曾实

---

〔1〕 参见李春珍：《日本特别刑法中的贿赂罪规定及对我国的启示》，载《东方论坛》2015 年第 1 期。

施不正当行为，或者不实施相当行为，收受、要求或者约定贿赂的，处2年以下惩役。"比现行《日本刑法典》规定的"处1年以上有期惩役"明显严厉。对所受贿赂，该法第3条规定："于前两条场合所收受的贿赂，应当没收。贿赂的全部或者一部分无法没收时，追征其价款。"对行贿者，该法处罚也一样严厉，该法第4条规定，"提供、申请或约定第一条和第二条规定的贿赂者，处3年以下惩役或250万日元以下罚金"，对自首者，则给予"减轻或免除处罚"。(3)证券业协会或证券交易所职员或工作人员、证券金融公司的职员或工作人员的贿赂犯罪。如1948年颁布的《证券交易法》对此类人员的贿赂犯罪作出特别规定。(4)调教师、骑手、赛马饲养者或辅助调教者的贿赂犯罪。如1948年颁布的新《赛马法》对与赛马有关人员的贿赂行为作出规定。

二、"二战"后腐败丑闻与贿赂犯罪罪名、立法体系的发展

进入20世纪50年代以后，日本发生了多起政治腐败丑闻事件，[1]这些事件成为对贿赂犯罪立法体系与罪名体系进行完善的契机，腐败丑闻事件中所揭示的刑法漏洞，成为对《日本刑法典》规定的

---

〔1〕"二战"后，日本发生的"五大丑闻事件"包括：(1)昭和电工事件，案发于1948年。"二战"后的日本政府，为了使大批重要产业得到快速恢复，推行倾斜性经济政策，当时，遭受战争重创的昭和电气工业公司(昭和电工)亟须资金支持以恢复生产，昭和电工新上任的社长日野原经过斡旋，向首相、议员、官僚行贿7000万日元，并最终得到了28.67亿日元的贷款，贷款数目超过公司资本10倍。(2)造船丑闻事件，案发于1954年。日本首相吉田茂上台后，继续推行倾斜性经济政策，通过提供贷款并进行利息补贴以支持和鼓励海运业和造船业的发展。为增加贷款额度和利息补贴的比例，造船业行业协会向包括日本首相吉田茂的亲信、自由党干事长佐藤荣作在内的政府、政党高层行贿近2000万日元。作为回报，自由党推动国会通过了《远洋船只建造利息补贴法》，政府补贴海运业和造船业的力度恢复到了"二战"前的水平。(3)洛克希德事件，案发于1976年。1976年3月24日，日本与美国签订《司法协助协定》，从美方获得了洛克希德案件的相关材料。在这些材料中，检察机关发现了前内阁首相田中角荣涉嫌收受5亿日元贿赂的证据。(4)利库路特事件，案发于1988年。长期以来，由江副浩正创立的利库路特公司向政界、财界的重要人物大量、低价转让其下属公司利库路特宇宙公司未公开上市的股票，并通过利库路特第一金融公司向股票受让人提供贷款作为购买股票的本钱。利库路特宇宙公司挂牌上市后，各股票受让人均轻松获得了巨大利益。(5)KSD事件，案发于2000年。自20世纪90年代开始，KSD中小企业经营者福祉事业团

贿赂犯罪立法修正的直接动因。1948年,以“昭和电工疑狱事件”为契机,《日本刑法典》新增“斡旋受贿罪”;1980年,以“洛克希德事件”为契机,提高了除加重受贿罪、事后加重受贿罪、事后加重向第三者之外的其他受贿的犯罪的法定刑。[1]据此,将要任职的人约定任职后谋取利益接受贿赂,任职时为行贿人谋利,卸职后收取钱财,以及通过他人职务收取贿赂等,均为贿赂犯罪行为;除要求或收受贿赂的行为外,约定贿赂的行为,尽管未实际交付,也构成本罪;除获取财产利益外,其他基于职权而获得的各种利益,包括性服务等,均为贿赂的行为对象。[2]1991年,《日本刑法典》提高了行贿罪的罚金刑的数额幅度。

不仅如此,附属刑法根据社会经济发展中特殊领域人员犯罪治理的需要,继续扩张刑法适用的范围,重点的立法有:(1)律师的贿赂犯罪。1949年颁布的《律师法》规定,律师不得从其受托案件中的对方处收受、要求或约定收取利益(第26条);律师法人的成员等不得从该法人受托案件中的对方处收受、要求或约定收取利益;律师法人的成员等不得就该法人受托的案件让对方向其提供利益、要求或约定提供利益(第30条之20),违反上述规定的,处3年以下有期徒刑。(2)公司调查委员、保全管理人、监督员、管理人、法律顾问、代保全管理人或代管理人的贿赂犯罪。1952年颁布的《公司更生法》将此类人员实施的贿赂犯罪行为予以犯罪化。(3)会计监察人员的贿赂犯罪。1974年颁布的《商法特例法》增设此类人员的贿赂犯罪规定。(4)船舶所有人、管

前理事长谷关忠男无视公益法人不能进行政治捐款的规定,向自民党议员捐献了大量政治资金;大规模购买政治家为募集资金而售卖的聚会券;通过在执政党的机关报上刊登广告的方式变相捐款;利用日本民间送礼的习俗给多名政治家和官员寄送大量礼品。“五大丑闻事件”直接引发了日本对包括刑法贿赂犯罪规范在内的立法完善进程,其中,洛克希德事件后日本正式颁布了《财产公开法》,各个地方议会也相继制定类似条例,民众和媒体得以随时监督议会等选举公务员的财产状况。参见逄春雪:《从腐败大案看日本的反腐败举措》,载《人民法院报》2018年1月26日,第8版。

〔1〕 参见李广民、秦汉:《战后日本反腐败司法措施探析》,载《太平洋学报》2007年第7期。

〔2〕 参见[日]西田典之:《日本刑法各论》,刘明祥、王昭武译,武汉大学出版社2005年版,第341页。

理人、代理管理人的贿赂犯罪。1975 年颁布的《船舶所有人责任限制法》对此类人员实施的受贿与行贿行为作出约束性规定。(5)保险公司的保险管理人、相互保险公司的发起人及设立时的董事和监事,以及董事、监事、会计参与人、相互保险公司的清算人等人,保险公司债权人代表的贿赂犯罪。1995 年颁布的《保险业法》对此类人员实施的受贿与行贿行为作出明确规定。(6)外国公务员赠贿罪。1998 年修订《不正当竞争防止法》时增设本罪。根据该法第 18 条第 1 项的规定,任何人不得为了在国际商业活动中谋取不正当的相关营业利益,以让外国公务员从事或不从事特定职务行为,或者让其利用自身地位令其他外国公务员从事或不从事特定职务行为之目的,对上述外国公务员等提供金钱或其他利益,或者作出此类提议或承诺。[1]

三、走向全面化时代的贿赂犯罪立法建设

进入 21 世纪,日本贿赂犯罪罪名体系在继续保持不断扩张的同时,还根据贿赂犯罪治理的需要作出调整,立法修正的重点主要聚焦于特别刑法领域,也包括因特别刑法修正而涉及的刑法典规定。

(一)针对政治家斡旋受贿犯罪的规定

为了将处罚作为刑法中斡旋受贿罪的周边行为的政治家等调解(斡旋)行为,2000 年日本制定《处罚有公职者基于斡旋行为而利得的法律》。[2] 其立法宗旨是保持公职人员政治活动的廉洁性,进而获得

---

〔1〕 参见《不正当竞争防止法》第 21 条第 2 项规定了该罪的法定刑:为了谋取不正当的利益,或者基于损害使用营业或技术的限制手段的竞争者的目的,实施第 18 条第 1 项所禁止的不正当竞争行为的自然人,该当 10 年以下惩役或 3000 万日元以下罚金刑,得并科处罚。对于法人,则设置所谓"两罚规定"(dual criminal liability provision)。质言之,法人代表,或者法人或自然人的代理人、使用人或其他从业者,在从事法人或自然人的业务行为时,实施相关违法行为的,除了处罚行为人之外,还需要对相关法人处以 3 亿日元以下罚金。参见[日]松泽伸:《国际刑法与腐败防止——以日本的"外国公务员受贿罪"为例》,李立丰译,载《警学研究》2019 年第 1 期。

〔2〕 参见[日]关哲夫:《日本刑法中的受贿罪》,王充译,载魏昌东、顾肖荣主编:《经济刑法》(第 18 辑),上海社会科学院出版社 2018 年版。

国民的信赖。[1] 该法不仅针对众议院议员、参议院议员或者地方公共团体的议会议员或其议长，也针对他们的秘书；斡旋的对象，既包括公务员，也包括国家或者地方公共团体出资占资本金1/2 以上法人的役员和职员；斡旋的事务，既包括要缔结的买卖、借贷、承包以及其他合同等商业类事务，也包括针对某特定人行政处分的行政事务。值得注意的是，本法没有使用“贿赂”一词，而只将其描述为财产上利益，类似行贿的行为也被描述为“提供利益”。[2]

---

〔1〕 参见宗剑锋:《中西文化与贪污贿赂犯罪学研究》，中国检察出版社2003 年版，第3页。

〔2〕《处罚有公职者基于斡旋行为而利得的法律》共6 条，其中，第1 条是关于公职者斡旋得利的，其中第1 款规定:“众议院议员、参议院议员或者地方公共团体的议会议员或其议长(下称‘公职人员’)，就国家或地方公共团体所要缔结的买卖、借贷、承包以及其他合同，或者就有关某特定人的行政处分，接受请托，行使基于其权限的影响力，为使得公务员实施或不实施某种职务行为而进行斡旋，就此而收受作为报酬的财产性利益的，处三年以下惩役。”第2 款规定:“公职人员，就国家或者地方公共团体出资占资本金1/2 以上的法人所要缔结的买卖、借贷、承包以及其他合同，接受请托，行使基于其权限的影响力，为使得该法人的役员或职员实施或不实施某种职务行为而进行斡旋，就此而收受作为报酬的财产性利益的，与前款同。”第2 条是关于议员秘书斡旋得利的，其中第1 款规定:“众议院议员、参议院议员的秘书(指的是基于《国会法》第132 条规定供众议院议员、参议院议员使用辅佐其政治活动的人)，就国家或地方公共团体所要缔结的买卖、借贷、承包以及其他合同，或者就有关某特定人的行政处分，接受请托，行使基于该众议院议员或参议院议员权限的影响力，为使得公务员实施或不实施某种职务行为而进行斡旋，就此而收受作为报酬的财产性利益的，处二年以下惩役。”第2 款规定:“众议院议员、参议院议员的秘书，就国家或者地方公共团体出资占资本金1/2 以上的法人所要缔结的买卖、借贷、承包以及其他合同，接受请托，行使基于其权限的影响力，为使得该法人的役员或职员实施或不实施某种职务行为而进行斡旋，就此而收受作为报酬的财产性利益的，与前款同。”第3 条是关于非法获利没收、追征的，其中规定“在前两条的场合下，犯人收受的财产上利益，应当没收。其全部或一部分不能没收时，追征其价款”。第4 条是关于行贿的，其中规定:“提供第一条和第二条的财产上利益者，处一年以下惩役或250 万日元罚金”。第5 条是关于域外适用问题的，其中规定:“在日本国外，犯有第一条和第二条所规定的罪行，同样适用”。第6 条是关于法律适用上的注意事项，其中规定:“在本法适用时，必须注意不得不当妨碍公职人员的政治活动。”参见李春珍:《日本特别刑法中的贿赂罪规定及对我国的启示》，载《东方论坛》2015 年第1 期。

（二）仲裁贿赂犯罪与刑法典修正

在日本，仲裁人是一种特殊的职业，具有较高的社会信任度，民众将其视为准公务员。2003 年前的《日本刑法典》均将之与公务员并列为贿赂罪的主体。[1] 2003 年 8 月，国会通过新《仲裁法》并于 2004 年 3 月起实施。日本的新《仲裁法》主要仿照《联合国国际贸易法委员会国际商事仲裁示范法》，由于此前刑法将仲裁人的贿赂罪与公务员并列，新《仲裁法》在继承刑法规定的基础上，将仲裁人贿赂罪概括为：(1)受贿、索贿及接受委任前受贿；(2)向第三者提供贿赂；(3)加重受贿及接受委任后受贿。[2] 《日本刑法典》第 197 条之 2、第 197 条之 3 的贿赂罪的主体变更为"公务员"。现行《日本刑法典》由此仅涉及公务员的贿赂罪规定，而不涉及其他主体的贿赂犯罪规定。

---

〔1〕 日本早在 19 世纪末就仿照德国制定了《仲裁法》，并按照属地原则对发生在日本的仲裁员贪污腐败问题进行惩处。由于该法自颁布以来就未曾修改，而日本向来偏信国际仲裁，该法在日本影响极小。直到 2001 年小泉政府为推进司法体制改革，才在司法体制改革促进办公室下设立了《仲裁法》专家研究组，着手对《仲裁法》进行修订。

〔2〕 参见李春珍：《日本特别法中的贿赂罪规定及对我国的启示》，载《东方论坛》2015 年第 1 期。

第四章　域外代表性国家贿赂犯罪罪名体系的基本构成

域外代表性国家贿赂犯罪立法的发展，形成了具有体系性的贿赂犯罪罪名体系，不同国家基于其所特有的法律文化传统，所形成的罪名体系与构成要件内容具有鲜明的国别特色，对于各国罪名体系建设状况、规制重点、重要构成要素的考察，能够深化对罪名体系建设中重点问题的全面认识。

第一节　英国"一体式"贿赂犯罪立法中的罪名体系

英国是世界上最早创立现代公共权力运行系统的国家，也是最早尝试建立以议会为中心的公共权力治理系统的国家，世界上第一部现代反腐败立法诞生于英国，奠基于实用主义基础的立法体系发展，贿赂犯罪的刑事立法不断完善，由英国在立法体系建设中所创立的"一体性治理"为本位、"二元化行为模式"为中心的建设方案，成为推进世界反腐立法革命的重要驱动力量。

一、基本罪名体系构成

2010年《英国贿赂法》是对此前三部制定法的全面更新，[1]"彻底抛弃了旧的立法架构，规定了4项罪名，即行贿罪和受贿罪两项一般贿赂犯罪，贿赂外国公职人员罪以及商业组织预防贿赂失职罪，此外还规

〔1〕《英国反贿赂法》生效后，普通法上的贿赂罪、1889年法案、1906年法案、1916年法案以及2001年《反恐怖主义、犯罪和安全法》的section 108－110均被废止。

定了高级管理人员的刑事责任、扩大了对贿赂犯罪的域外管辖权，并对贿赂罪的起诉和处刑作了改革。”[1]

(一)行贿罪

行贿罪(active bribery)是《英国贿赂法》第1条所规定的罪名，体现了立法在贿赂犯罪结构关系模式上的认识进步，西方国家普遍将行贿罪作主动贿赂性质的判断，进而将之作为贿赂犯罪刑法治理的首要重点。行贿罪的行为内容是:(1)任何人向他人提供、许诺或者给予任何经济上的或者其他形式的好处。作为行为对象“贿赂”的范围极其广泛。行贿罪的主体涵括了一切自然人、法人或者合伙企业，有证据证明行贿是得到任何公司、合伙企业高级管理人员或者意图以此身份行使权力的人同意或者纵容的，则该行贿人与高级管理人员均应为犯罪主体。(2)实际收受好处或者被承诺将获得好处的人，或者提供好处的人，可以是行为人或者其他第三人。参与行贿行为的主体范围广泛。行贿罪的主观要素是:(1)以诱使他人不正当地履行相关职责或者不当地实施其他行为;(2)或者将之作为对不正当履行职责或者作出不当行为的任何人的回报;(3)或者知道或者相信接受好处行为本身将构成不正当履行职责或者行为。

理论上可将行贿罪的行为归纳为:(1)诱使性行贿。即向他人提供或给予利益，以诱使其不当履行相关职责或作出不当行为。(2)报偿性行贿。即在他人不当履行相关职责或作出不当行为后向其提供或给予利益作为报酬。(3)承诺性行贿。即向他人承诺给予经济或其他利益。这一构成要件体系模式涵括了所有能够评价的行为模式，在第三种行为模式中，完全不以行为人具有不正当目的为必要。由于采取“不当行为”而非“不当给付”模式，《英国贿赂法》并不要求“利益”是不正当的。[2] 若行为人试图通过提供、承诺或给予经济或其他利益使

---

[1] 邓若迅:《英国贿赂罪改革研究》，载《中国刑事法杂志》2012年第3期。

[2] See Law Commission, *Reforming Bribery*, No. 313, November 2008, p. 24, https://assets.publishing.service.gov.uk/government/uploads/system/uploads/attachment_data/file/231183/0928.pdf.

有关人员不正当履行职务，即使其给付的利益本身并无不当，仍构成行贿罪。

（二）受贿罪

受贿罪（passive bribery）是《英国贿赂法》第 2 条规定的犯罪，受贿罪的行为内容是：（1）任何人索取、同意收受或者接受任何经济上的或者其他形式的好处；（2）行为人是直接还是通过第三人索取、同意收受或者接受特定好处，该好处最终归属行为人本人还是他人，均不影响本罪的成立。

受贿罪的主观要素是：（1）以作为其意图不正当履行职责或者实施行为的回报；（2）且其索取、同意收受或者接受行为本身即构成不当履行职责或者实施行为的；（3）作为其本人或者第三人不正当履行职责或者实施行为的回报的；（4）作为索取、同意收受或者接受任何经济上或者其他形式好处的期待或者后果，由其本人或者经其要求、同意或者默许的第三人，不正当履行职责或者实施行为的。受贿罪的犯罪主体不具有身份限制性，其具体范围与行贿罪相同。在上述（1）至（4）情形中，行为人是否明知或者相信对某一职责的履行或者行为的实施是不正当的，不影响构成本罪。在情形（4）中，如果行为人之外的第三人正在履行相关职责或者实施相关行为，该第三人是否明知或者相信该职责的履行或者行为的实施是不正当的，同样不影响行为人构成本罪。

理论上可将受贿罪的行为归纳为："一是通过不当履行职务谋取利益，包括：（1）索要、同意接受或收受经济或其他利益，作为不当履行职务的报酬；（2）索要、同意接受或收受经济或其他利益，意在因此不当履行职务；（3）期待经济或其他利益，或由于索要、同意接受或收受经济或其他利益的缘故，而不当履行职务。二是谋取利益本身就构成不当履行职务。"〔1〕

（三）贿赂外国公职人员罪

贿赂外国公职人员罪（bribery of foreign public officials）是《英国贿赂法》第 6 条规定的犯罪。其行为内容是：（1）行为人向外国公职人员

---

〔1〕 邓若迅：《英国贿赂罪改革研究》，载《中国刑事法杂志》2012 年第 3 期。

行贿,意图获取或者保持商业利益或者在实施商业活动中的任何好处。(2)行为人直接或者通过第三方提供、许诺或者给予任何经济上的其他形式的好处,向外国公职人员行贿;或者,根据外国公职人员的要求、同意或者默许,向其他第三人交付财物。本罪的犯罪主体不具有身份限制性,其具体范围与行贿罪相同。"外国官员"是指任何在英国之外的国家或地区担任立法、行政或司法职务的人,或者为英国之外的国家或地区行使或代表其行使公共职能的人,或者为英国之外的某个国家或地区的公共办事机构或公共企业行使公共职能的人,或者公共国际组织的官员或职员(第6条第5款)。

(四)商业组织预防贿赂失职罪

"商业组织预防贿赂失职罪"(failure of commercial organization to prevent bribery)是《英国贿赂法》第7条规定的犯罪,也是具有世界首创性的罪名,确立了公司企业因为疏于构建内部预防贿赂制度而导致行贿行为发生所要承担的刑事责任,丰富了世界贿赂犯罪立法罪名体系,创新了贿赂犯罪罪过责任模式的类型。[1]

商业组织预防贿赂失职罪,是指任何相关的商业组织的任何人出于为该组织建立或维持商业往来,或者为该组织获得或维持商业利益的目的而行贿他人,除非有证据证明该商业组织已履行适当的程序以阻止个人从事上述行为,否则,该商业组织成立犯罪。[2] 其犯罪成立要件(elements of the offense)为:(1)犯罪主体。犯罪主体包括按英国法律注册成立的,或主要或部分业务在英国的公司或合伙企业。(2)行为主体。该罪行不一定是由该公司的雇员所为,任何和该公司"相关联的人"都可以引发该严格责任的"未能阻止贿赂"犯罪。"相关联的人",不限于商业组织的雇员、代理人或者分支机构。"对关联人员的判断标准则更为详细:首先,为了或代表商业组织执行服务的人均会被

---

〔1〕 参见魏昌东:《英国贿赂犯罪刑法治理:立法发展与制度创新》,载《学习与探索》2013年第2期。

〔2〕 商业组织预防贿赂失职罪的适用范围限于预防行贿(包括《英国贿赂法》第1条行贿罪、第6条贿赂外国公职人员罪),而不包括预防受贿。

认定为关联人员；其次，关联人员的行为是否属于其职权范围无关紧要；再次，关联人员既可以是商业组织的员工，也可以是代理人或子公司；另外，应结合所有相关情况，对人员是否为商业组织或代表商业组织执行服务进行认定，而不是仅仅参照两者之间关系的性质；最后，当人员为商业组织的职员时，除非另有证据证明，否则应推定其为了或代表该商业组织执行服务。"[1] (3)行为内容。该罪在客观行为上要求商业组织未能构建预防行贿的"充分程序"而导致"相关个人"为商业组织利益向他人行贿。涉及"积极要件"是指相关人员实施行贿行为，"消极要件"是指商业组织没有构建预防行贿的程序。法律不要求贿赂是由与英国有紧密联系的人实施的，或者构成犯罪的部分行为或疏忽发生在英国，只要证明：一是有贿赂行为发生；二是作出贿赂行为的人与商业组织有关联；三是其目的是商业组织获得或维持商业机会，或者获得或维持商业上的好处。(4)主观要件与抗辩理由。该罪为严格责任的犯罪。所谓"严格责任"，是指只要一个商业组织的"关联人员"实施了行贿行为，那么检控机构不需要承担证明责任，而可以直接推定该商业组织构成该项行贿犯罪。所谓"无罪抗辩事由"，则是指该商业组织可以承担证明责任，证明自己已经制定了旨在预防商业贿赂行为的"充分程序"，由此就可以推翻原有的责任推定，说服司法机关作出其不构成行贿犯罪的裁决。

二、重要构成要素内容

(一)贿赂犯罪的不法性本质与行为要件设定

英国法在对行为不法性的评价中通常是以损害原则为中心而进行犯罪的建构。"人之行为犯罪化的正当化理由围绕损害概念建构，尤其是要求对他人造成(事实上的)侵害。"[2] 贿赂行为的不法性本质与犯罪化根据何在，是英国在贿赂犯罪制定法订立与完善过程中需要面

---

[1] 翟笃生：《英国〈反贿赂法〉的特点和实践》，载《人民法院报》2022年4月15日，第8版。

[2] [德]凯·安博思：《国际刑法的一般功能：法益原则与损害原则的妥当平衡——再论国际刑法的基础理论》，张志钢译，载《苏州大学学报(法学版)》2019年第4期。

对的现实问题。“委托代理模式”曾被认为是1906年《英国贿赂法》的立法基础,因之该法将受贿罪的犯罪化根据界定为,“代理人对委托人所负有的忠诚义务及委托人对此的信赖”,从本质上讲,行贿者行贿的目的是使代理人的行为违背委托人的利益,符合行贿者的利益。上述的范式将行贿者视为作恶者:如果代理人不是行贿者,代理人会代表委托人履行自己的职责。这种交易的一种变体将代理人视为发起者:代理人违反对委托人的义务,以使行贿者受益,以换取行贿者的贿赂。考虑到贿赂的两相情愿性质,在范式和变异情况下,行贿者和行为人的道德谴责是相当均衡的。这两种情况的区别仅在于哪一方唆使了腐败交易。根据责任模型,腐败是令人反感的,因为它导致代理人违反了对委托人的忠诚义务。在这种情况下,犯罪行为的“受害者”是当事人。但是,由于“委托代理模式”无法对发生在信托关系或者委托人之间,抑或根本不存在委托人的受贿行为的可罚性而具有的不周延性的问题作出有效解释,正如彼得·奥尔德里奇(Peter Alldridge)教授所言,腐败的国际利益并非建立在违反简单的信任义务的基础上。相反,它是基于腐败对政府和经济正常运作的有害影响。[1] 英国法律委员会在2010年《英国贿赂法》的制定过程中,对世界主流立法就受贿犯罪的根据进行了考察,将其概括为“委托代理模式”“不当给付模式”“不当影响模式”“不当行为模式”“市场模式”五大类,并分析了其利弊。[2] 法律委员会最终确定了将“不当行为模式”作为犯罪化根据的基础,即以违反职责性为基础,认为受贿罪的本质在于收受他人好处(不论正当与否),作为实施了违背其职责的行为的回报,其评价侧重于行为人实施职务行为必须是不正当的。以“不当行为模式”为根据,英国法将贿赂的本质界定为:“履行公职、合同职务或其他职务的人履行职务行为

---

〔1〕 See Joint Committee on the Draft Corruption Bill, Draft Corruption Bill: Report and Evidence Session 2002 – 2003, p. 81 – 82, https://publications. parliament. uk/pa/jt200203/jtselect/jtcorr/157/157. pdf.

〔2〕 See Law Commission, *Reforming Bribery: A Consultation Paper*, No. 185, p. 26 – 53, https://www. lawcom. gov. uk/app/uploads/2015/03/cp185_Reforming_Bribery_consultation. pdf.

正当性以及社会民众对其以善意、公平或者其他适当方式履行职务的合理期待。"[1]这颇类似于对受贿犯罪法益采日耳曼法主义的立场,即"将职务行为不可侵犯的原理作为立法形式,认为成立贿赂犯罪,以不当行使职务为要件"。[2]

贿赂犯罪本质的揭示,对于贿赂犯罪的行为要件设定产生了直接影响,"不适当地行使有关职能或从事有关活动"成为犯罪的核心要件。《英国贿赂法》第3条在对"职能"和"活动"的界定中,涵盖了任何具有公共性质的职能、任何与商业(包含交易或职业在内)有关联的活动、任何发生于受雇佣期间的活动,以及任何由某个组织(无论法人或非法人)实施的或代表该组织实施的活动,从而使该法对犯罪的评价具有了最广泛的特征。

(二)贿赂犯罪的责任模式设定

2010年《英国贿赂法》采用了直接责任与严格责任相结合的复合责任模式,是对贿赂犯罪传统责任模式的重大调整,反映了其在治理贿赂犯罪方面的理性态度,即不仅要惩戒行贿人,而且要求与该行贿人相关联的商业机构承担未能有效预防行贿的主体责任。在贿赂犯罪的罪过内容设定上,"一般而言,构成行贿罪要求行贿人以谋取利益为目的,但在某些情况下,行为人即使没有谋利意图,若明知有关人员收取利益是不正当的,仍给予其利益的,可能构成行贿罪"。而在该法第2条有关受贿罪的规定中,除第2款("索要、同意接受或收受经济或其他利益,意在因此由本人或他人不当履行相关职责或实施行为")外,不要求行为人明知自己履行职务不当。亦即无须考虑行为人主观过错,可通过客观归罪判定行为人构成受贿罪。[3]

---

[1] 邓若迅:《英国贿赂罪改革研究》,载《中国刑事法杂志》2012年第3期。

[2] [日]大谷实:《刑法讲义各论》(第2版),黎宏译,中国人民大学出版社2008年版,第574页。

[3] 例如,某人为对获得签证表示感谢而送给签证官员1000英镑,由于这一行为本身会对履行特定职务——特别是公职的人所应遵循的行为准则产生腐蚀效果,因此仍构成行贿罪。参见邓若迅:《英国贿赂罪改革研究》,载《中国刑事法杂志》2012年第3期。

为提高对贿赂犯罪的规制能力，英国对于商业组织预防贿赂失职罪则设定了严格责任的罪过类型。通过将严格责任作为组织体责任的理论基础，规定在行贿行为已经被充分证明的情况下，除非商业机构能证明其有能力充分预防行贿的内部程序，否则应当直接承担刑事责任。究其原因，存在基于体系性解释的需求。《英国贿赂法》第14条就法人是否能够成立该法所规定的贿赂犯罪有过明确规定，如果所实施的贿赂行为获得法人组织高级管理人员或者合伙人（a senior officer of the body corporate or scottish partnership）或者声称具有这种能力的人员（a person purporting to act in such a capacity）的同意或默许的，则该贿赂行为即应认定为法人犯罪。但该条所规定的犯罪仅限于普通贿赂罪与贿赂外国公职人员罪。此时，法人承担刑事责任的根据是英国法人犯罪刑事责任的“同一原理”（the principle of identification），即将形成法人组织人格特征的高级管理人员的行为和意图视为法人组织体的自身行为和意图，法人犯罪是法人组织自身实施犯罪，其实质体现了将法人拟制为人以追究其“自己责任”的思想。法人刑事责任依赖于自然人，属于间接责任。

（三）对通融费的犯罪化

立法评价上引入“零容忍”的立法原则，集中表现在“贿赂外国公职人员罪”对待“通融费”的态度上。通融费（facilitation payments）是国际投资中支付给公职人员用于确保履行职责或加快履行的小额费用，属商业惯例。经济合作与发展组织的《公约注释》认为：“打通关节”的少量金钱行为未形成第一段意义范围中所涵盖的“旨在获得或保有业务或其他不当利益”的提供贿金行为，不是犯罪。[1] 美国《反海外贿赂法》规定：确保当地政府常规行为（routine governmental action）执行的小额“通融费”不违法，可作免责抗辩理由。对于此，在《英国贿赂法》的立法过程中也存在很多争议，赞成者认为，应将其规定为非法，以显示《英国贿赂法》治理海外贿赂犯罪的决心；而反对者则认

〔1〕 See Commentaries on the Convention on Combating Bribery of Foreign Public Officials in International Business Transactions, p. 9 (1997).

为，如此规定会使英国商业在与其他国家（如美国）竞争时处于不利地位，[1]将导致过度犯罪化，[2]但最终立法采纳了入罪化原则。

三、贿赂犯罪治理的重点方面

（一）以违背职责的"不当行为"为中心

选择以"修正的不当行为"为中心建构贿赂犯罪的治理体系，是2010年《英国贿赂法》在权衡法律应然调整范围后作出的重大选择，对于合理划定刑法干预的边界、提高法律适用的能力均具有重要意义。单纯的"不当行为"评价，"这一模式就其狭义形式而言，没有违反职责而仅仅收受财物本身不构成贿赂罪，在适用于公职人员贿赂罪时失之过窄。另一方面，如果将所有违反职责而收受财物的行为都界定为贿赂，则将涵盖许多违反民事义务而收受金钱利益的行为，这又失之过宽"。[3] 法律委员会认为，要找到一种对贿赂罪本质的准确表述，以既能涵盖公私领域的所有贿赂行为，又能将不构成贿赂罪的仅仅是不道德或应由民法管辖的行为排除在外。比较而言，"不当行为"模式为许多处理商业贿赂的国际条约和文件所采用，并且经过适当修正，可以满足打击公职人员腐败的需要，是较为可取的模式。因此，2010年《英国贿赂法》最终采纳了经修正的"不当行为"模式，将正确履行职务解释为包括了社会一般人对以善意、公平或其他适当方式履行职务的合理期待，亦即违背职责性不仅指违背职责本身，而且包括违背对以善意、公平等方式履行职责的信赖。因此，在一些情况下，无论形式上是否背离职务要求，收受财物本身就违背了正确履行该职务的内在要求，从而构成不当行为。行为"不当性"指违背合理期待履行职责或实施行为，

---

[1] See Joint Committee, Draft Bribery Bill, HL Paper 115, Uncorrected Transcript of Oral Evidence to be Published as HC 430 – ii(2009), p. 61, https://publications.parliament.uk/pa/jt200809/jtselect/jtbribe/uc430 – ii/uc43002.htm.

[2] See Law Commission, *Reforming Bribery*, Law com No. 311, p. 88, https://assets.publishing.service.gov.uk/government/uploads/system/uploads/attachment_data/file/250282/0605.pdf.

[3] Law Commission, *Reforming Bribery*, CP 185, October 2007, Part 4: A Model for Bribery.

以及未能履行职责或实施行为，且未能履行或实施本身就违反合理期待。这一规定，一方面，将贿赂罪涉及的职责局限于传统的公职人员贿赂罪和商业贿赂领域内的特定义务，从而避免了“相关职责或行为”的范围过于宽泛可能导致的法律不确定性。另一方面，它对正确履行职务提出了形式和实质的双重要求，即履职行为不仅要形式合法，而且要在实质上符合该职务内在要求——对此采取客观测试，即以在英国的理性人所能期待的与职责或行为有关的履行行为为标准，从而扩大了适用范围。[1] 根据这一规定，履职行为违背法律法规等要求固然属于不当，即使形式上合法，但如违背合理期待，则亦属不当。例如，法官收受当事人的财物，无论其作出的判决是否有利于对方当事人或在法律技术意义上是否适当，由于其违背了公正审判的合理期待，这一行为即构成受贿罪。

以之为基础，2010 年《英国贿赂法》第 3、4、5 条对作为判断“违背职责的不当行为”基础的“职责”作出规定。可以成为贿赂罪对象的“相关职责或行为”包括具有公共性质的职责、与商业活动有关的行为、受雇佣期间的行为，以及任何以某一团体名义或者代表某一团体名义实施的行为（无论法人或非法人），并且该职责或行为还必须是能被期待善意或公正履行的，或行为人因为履行该职责或行为而处于被信任的地位。[2]

为避免可以成为贿赂罪对象的“相关职责或行为”范围过宽，进而影响法律的确定性和可预见性，《英国贿赂法》规定该职责或行为必须是能被期待善意或公正履行的，或履行该职责或行为创设了信托关系。一般而言，要求公正履行或履行该职责或行为创设了信托关系的职务都要求善意履行，但反之则不然。因此“善意履行”就成为一个兜底条款。例如，一家大公司的首席执行官 R 被要求对收购一家小公司进行评估，该小公司首席执行官 P 期望该收购能够实现，并因此向 R 表示，如果 R 能建议股东执行收购，则将向 R 提供一笔钱，R 表示同意。对

---

〔1〕 参见邓若迅：《英国贿赂罪改革研究》，载《中国刑事法杂志》2012 年第 3 期。

〔2〕 参见《英国贿赂法》第 3 条规定：“与贿赂相关的职责或行为。”

此，R 就其对收购的评估对公司股东所承担的显然并非公正义务，因为 R 要做的是主观判断，而非根据赞成或反对理由作出完全的判断，也非信托关系，而是善意履行义务。公正义务典型存在于法官的裁判活动中，但并不局限于此，还存在于任何涉及客观判断或建议的情况中。就“信托关系”而言，立法时特别回避了“受信义务”（fiduciary duty）这类法律概念，以免过多依赖于民法上的概念，从而缩小其适用范围。按照法律委员会的解释，“信托关系”不应狭义理解为银行与顾客这类关系，它应被广义理解为行为人被期待维护或不妨碍他人经济利益的情况。因此，如果一名法官在案件判决作出很久以后，接受了胜诉方提供的滑雪度假区度假小屋作为招待，虽然案件已经判决，该法官不再承担公正义务，但这仍然构成受贿，因为接受这类利益违背了对其职位的期待。

（二）商业组织预防贿赂失职罪与治理重点创新

如何最大限度地减少贿赂犯罪对公正性造成的损害，是世界各国立法完善的中心，英国尽管自 20 世纪初叶即创造性地通过将治理对象由公共机构拓展至私营部门、引入推定责任而提高了犯罪治理能力，但是，总体上仍停留在传统贿赂犯罪的立法模式之下，突出表现为，在贿赂犯罪的治理重点上仍固守于传统的行为人个体模式。[1] 基于此，英国在贿赂犯罪立法中，一是所规制的行为模式类型仅限于作为模式；二是在行为责任机理上仅强调行为人的罪过责任。然而，贿赂犯罪治理的现实已经揭示出，贿赂既是因个人利益驱使而实施的犯罪，也涉及基于组织体利益驱使而实施的犯罪，前者是个人自由选择的结果，后者则是组织体模式下的选择结果，在危害程度上后者的危害性远大于前者，商业组织基于经济利益的无限扩张而形成的犯罪驱动力，更加重了对通过贿赂犯罪以谋取利益的依赖。一个值得关注的事实在于，贿赂

---

[1] 钱小平教授提出，传统腐败治理理念下的贿赂犯罪立法具有两个基本特色：一是在行为模式上，强调以作为为中心的行为的规制。二是在贿赂犯罪的可罚性根据上，认为贿赂行为所产生的社会危害性，在责任类型上属于典型的行为责任。参见钱小平：《转型国家腐败治理刑法应对战略之选择——中匈贿赂犯罪立法考察与中国借鉴》，载《暨南学报（哲学社会科学版）》2015 年第 12 期。

犯罪的衍生涉及预防失灵的问题,若组织体内部能够对公共权力的产生、运行与分配给予有效监督,则可以减少贿赂犯罪发生的概率。为此,商业组织怠于履行腐败监管职责罪,是贿赂犯罪治理理念全面更新的积极立法成果,是贿赂犯罪罪名体系与治理理论全面优化的核心。该罪规定,任何商业组织只要自身不能证明其已制定了充分程序来预防贿赂犯罪,其关联人员一旦被发现为了获取或保有该组织的业务或商业上的优势而实施贿赂行为,该商业组织也构成此罪。根据严格责任的规定,检察官不再需要举证证明商业组织在其关联人员行贿活动中有主观上的故意或者过失,举证责任转给商业组织,该组织需要从诸多方面自证已经采取了有效而尽职的措施防止关联人员实施贿赂行为。法律要求商业组织在反贿赂行为中具备极高的法律和道德标准,使预防贿赂有了最广泛的社会责任基础。该罪名中所说的"关联人员",指的是该商业组织的人员及代表该商业组织的人员,包括其雇员、代理商、子公司、合资公司、合伙人和顾问等,范围十分宽泛。要对这些人员实施贿赂行为担负如此严格的预防责任,对商业组织来说,是需要付诸非常具体而有效的措施的,这实际上是将预防性的治理贿赂行为的措施变为一种商业组织的法定义务,需要充分发挥个体的自纠能力和对犯罪行为的遏制作用。

就商业组织如何构建有效而尽职的措施以预防贿赂,《英国贿赂法》并未规定,但 2011 年 3 月英国国务大臣颁布的指南中有原则性规定,即程序比例原则、最高层责任保证原则、风险评估原则、尽职调查原则、培训教育原则、持续监控和复查原则等。在这些原则指导下,每个商业组织均需采取一些措施以实现自身事实上和法律上的合规。这实际上让众多公民接受了预防贿赂犯罪的普法教育。

第二节　美国"分层式"贿赂犯罪立法中的罪名体系

美国自建国时起即探索进行贿赂犯罪的立法,在继承英国普通法传统的基础上,《美国宪法》明确了贿赂的严重法律后果,具有联邦刑法典功能的《治罪法》及众多的特别法初步构建起贿赂犯罪的基本罪名体系,《美国法典》的编纂实现了罪名体系化,以之为基础,再重点发展《反海外腐败法》等特别刑法,形成了独具特色的美国“分层式”贿赂犯罪罪名体系。

一、基本罪名体系构成

美国贿赂犯罪罪名体系由《美国法典》第 18 编第 11 章、第 31 章和第 95 章,特别法以及《反海外腐败法》加以规定,其罪名体系包括以下基本类型:

(一)公职人员背职贿赂犯罪

《美国法典》第 18 编第 201 条(b)规定了公职人员背职贿赂犯罪。具体包括:(1)行贿罪,由第 201 条(b)(1)所规定。其行为内容为:直接或者间接对公职人员给予、提供或者允诺任何有价之物。从行为要素设定来看,行贿行为是引起公职人员实施背职性职务行为的前提性要素。其主观内容为:以腐败为目的,意图:①影响任何职务行为;②影响公职人员在美国国内实施或者帮助实施,或者通谋实施,或者允许任何欺骗行为,或者为实施该欺骗行为提供机会;③诱使上述人员,让他们违背法定义务,实施或者不实施任何行为。显然,具有对公职人员的职务行为实施非法影响的故意。[1]

(2)受贿罪,主要由第 201 条(b)(2)所规定。其行为内容为:直接或者间接亲自或者为了第三人或者机构,要求、寻求、收取、接受,或者同意收取或者接受任何有价之物。从行为要素设定来看,公职人员实施背职性行为,是基于行贿行为而产生的结果。其主观内容为:以腐败为目的,以换取:①实施被影响的职务行为;②受到影响后承诺或者协助承诺、合谋,或者允许任何针对美国的欺骗,或者创造机会实施任何

---

〔1〕 美国联邦巡回法院认为,国会制定第 201 条(b),对试图通过贿赂手段腐败公职人员的行为提供广泛的威慑。本条的重点在于,针对行贿者的腐败意图,而不是阻止行贿者实施其犯罪行为。因为行贿者的意图是控制性的,所以该意图是否正确表述无关紧要。See United States v. Gjieli,717 F. 2d 968 (6th Cir. 1983).

针对美国的欺诈;③被诱使违反其法定义务,实施或者不实施任何行为。对实施违背公务职责的行为具有故意。此外,《美国法典》第18编第31章"侵占和盗窃罪"第666条"与接受联邦补助项目相关的盗窃或及贿赂罪"中,将根据综合性经济贸易协定或工作伙伴关系培训对接受援助的任何机构的官员或雇员的盗窃或贿赂行为设定为联邦罪行。《美国法典》第95章"敲诈勒索罪"[1]第1951条规定了"勒索型"贿赂犯罪,通过"假借公共权力索取财物"的规定,丰富了公职人员受贿罪的行为类型。

根据《美国法典》第201条,公职人员背职贿赂犯罪的法定刑为:(1)罚金,或者涉案有价之物价值3倍以下的罚金,以二者更高者处罚。(2)监禁刑。15年以下监禁,或者罚金与监禁的判罚。(3)剥夺任何在美国所担任的有荣誉、任职或者受俸职务的资格。

(二)证人贿赂犯罪

《美国法典》第18编第201条(b)(3)、(4)规定了证人贿赂犯罪,作为独立的贿赂犯罪类型,尽管其行为内容与一般公职贿赂相同,但是,其犯罪主体的特殊性,使之与一般公职贿赂的不法性存在实质的差异。具体包括:(1)向证人行贿罪,由第201条(b)(3)所规定。其行为内容为:向任何人给予、提供、允诺任何有价之物,或者向该人表示或者允诺向第三人或者机构提供任何有价之物。其主观内容为,意图影响该人在作为审判、听证或者其他程序的证人时的宣誓证词、陈述,或者意图影响该人使其缺席上述程序。(2)证人受贿罪,由第201条(b)(4)所规定。其行为内容为:直接或者间接以腐败为目的,以个人的名义或者为了第三人或者机构,要求、寻求、收取、接受或者同意收受或者接受任何有价之物。其主观内容为,在作为上述审判、听证或者其他程序的证人时提供受到影响的宣誓证词、陈述,或者缺席上述程序。

---

[1] 立法宗旨原在于保障州际商业活动之顺畅(尤其是规范工会之暴力活动),犯罪主体是一般主体,并非针对公务员而立法,但该法对"索取财物"的定义规定为:"以非法之实际暴力或其威胁,或恐惧,或假借公权力,使他人同意而取得财物者。"(The obtaining of property from another, with his consent, induced by wrongful use of actual or threatened force, violence, or fear, or under color of official right.)

证人贿赂犯罪的法定刑为:(1)罚金,或者涉案有价之物价值3倍以下的罚金,以二者更高者处罚。(2)监禁刑。15年以下监禁,或者罚金与监禁的判罚。(3)剥夺任何在美国所担任的有荣誉、任职或者受俸职务的资格。

(三)不法馈赠罪

不法馈赠罪由《美国法典》第18编第201条(c)所规定,涉及:(1)公职不法馈赠罪。具体包括:一是提供不法馈赠罪,由第201条(c)(1)(A)所规定。其行为内容为:直接或者间接为了或者由于任何公职人员、前公职人员,或者获选将出任公职的人员实施任何职务行为或者准备实施任何职务行为,而向他们给予、提供或者允诺任何有价之物。据此,"不法馈赠罪同时具有前瞻性和回溯性,它既可以是对公务员即将完成的公务行为的酬谢,也可以是对公务员已经完成的公务行为的酬谢"。[1] 在主观内容上,本罪不以要求公职人员实施违背职务的行为为目的。二是接受不法馈赠罪,由第201条(c)(1)(B)规定。其行为内容为:以个人名义或者凭借已经实施、将要实施的本人的职务行为,而要求、寻求、收受、接受或者同意收受或者接受任何有价之物。

(2)证人不法馈赠罪。由《美国法典》第18编第201条(c)(2)所规定。具体包括:一是向证人提供不法馈赠罪。其行为内容为:直接或者间接地向任何人给予、提供、允诺任何有价之物。在主观内容上表现为,为了或者由于该人在法院、国会两院中任何一个或者两院的任何委员会、任何机构、委员会,或依据美国法律授权的公务员举行的听取证据或证词的审判、听证或其他司法诉讼程序中作为证人宣誓作证或者提出证词,或者准备作证,或者为了或者由于该人从上述程序中缺席,而向其给予、提供、允诺有价之物。二是证人接受不法馈赠罪,由第201条(c)(3)规定。其行为内容为:直接或者间接地为了或者由于在上述程序中以证人身份已经提交或者将要提交的宣誓证词、陈述,或者在上述程序中缺席,而要求、寻求、收受、接受或者同意收受或者接受任

---

〔1〕 George D. Brown, *The Gratuities Debate and Campaign Reform: How Strong is the Link?* Wayne Law Review Winter, 2006, p. 1376.

何有价之物。不法馈赠罪的法定刑为罚金,或者2年以下有期徒刑,或者二者并罚。

(四)利益冲突型贿赂犯罪

尽管西方公共行政理论认为西方国家在“二战”期间开始正式使用“利益冲突”用语并制定了相关伦理法规,[1]然而,毫无疑问,美国早在19世纪50年代即已开启了对议员基于利益冲突而实施谋利行为的特别法规制时代,形成了以刑法干预利益冲突犯罪的立法,使美国成为世界上最早创立利益冲突型公职犯罪罪名的国家。

利益冲突首先是对一种特殊状态的描述,公职人员在公共行政或者制定公共政策过程中,其所行使的公共权力可能存在与其个人或者其所关联人的利益相关联的状态,基于这种状态的存在,会产生利益追求目标上的冲突,包括牺牲公共利益以满足个人利益,以及相反的选择。冲突状态发生时,公职人员本应选择以合法方式有效规避该冲突的影响,以确保不从这一冲突状态中获取个人利益,避免因利益冲突状态下的行为选择不当而导致公众对公共权力正当性信赖的损害。利益冲突在《美国法典》中与贿赂犯罪归于一类,属于广义的贿赂犯罪,其核心在于,公共权力行使人借助冲突状态而获得了个人利益,而这一利益具有不正当性,之所以将之归入贿赂犯罪的范畴,概因之属于广义上的权—钱、权—利交易类型,尽管其与传统的贿赂犯罪存在实质的差异。利益冲突型贿赂犯罪的成立要件:(1)主体要素。这类犯罪的主体是行使公共职权的公职人员,包括议会议员、行政官员以及其他影响政府事务人员,以及行政和立法机构卸任的官员雇员及选任的官员。(2)过程要素。公职人员遭遇利益冲突的客观状态,其职责与利益冲突状态存在内在而必要的联系。(3)行为要素。公职人员在利益冲突

---

[1] “一般认为,利益冲突这个词起源于,或者说开始流行于第二次世界大战期间。1942年3月31日,代理司法部部长查尔斯·法希(Charles Fahy)给战争部部长写了一封信,对容许一位军官和他拥有股份的一家公司保持联系的建议提出了自己的看法。法希认为这样势必会导致美国政府、作为国家军队一员的军官,以及作为私人公司股东的军官,这三者之间的利益冲突。”参见[美]马国泉:《行政伦理:美国的理论与实践》,复旦大学出版社2006年版,第13页。

的状态下实施了为其本人、家庭谋取利益的行为。(4)主观要素。公职人员对于其借助于利益冲突而谋利的行为具有故意。

(五)商业贿赂犯罪

美国多部特别法对国内的商业贿赂行为作出规定。[1]《反海外腐败法》则全面规定了国际商业活动中的贿赂行为,该法案所规定的犯罪成立的要件包括:(1)主体要素。该法适用于三类人:一是"发行人"(issuer)及其管理人员、董事、雇员、代理人和股东;二是国内相关者(domestic concerns);三是美国发行者或国内相关者之外的人(persons other than issuers or domestic concerns)。"发行人"是指在美国注册或者需定期向证监会提交报告的公司。从该规定来看,发行人不必须具有"美国国籍",在美国上市的外国注册公司也可以成为发行人。"国内相关者"是指美国人,或者依美国法律成立或主营地设在美国的公司。因此,即使没有直接作出行贿行为,只要是根据以上规定,相关企业、个人或者该企业、个人通过第三人作出了推动贿赂发生的行为,就有可能受到该法案的管辖。(2)腐败意图。具有行贿意图,即行为人支付或者承诺、授权支付是腐败性的,是为了谋取不正当利益。《反海外腐败法》并不要求行贿行为的目的实现,行贿或者允诺行贿即构成违法行为。具体表现为:①影响收到财物的受贿人的行为或决定;或是②诱使受贿人违反其法定职责去做或者有意不去做某些事情;或是③为了得到不合规定的好处;或是④去引诱受贿人利用其自身影响力去影响政府的行为或者决定。(3)行贿行为。根据《美国法典》第15编第78dd-1、78dd-2、78dd-3条关于行为内容的规定,如果利用邮件或州际商业的任何工具或腐败手段来继续提供、支付、允诺支付,或

---

[1] 涉及私营部门贿赂犯罪的法律杂乱而分散。例如,涉及金融机构监管人员(《美国法典》第18编第212~213条)、银行信贷官员(《美国法典》第18编第214~215条)、发包人(《美国法典》第41编第51条)、酒类中介及分销商[《美国法典》第27编第205条(c)]、工会官员(《美国法典》第29编第186条)、铁路职员(《美国法典》第49编第11907条),以及体育竞赛中的贿赂犯罪(《美国法典》第18编第224条)。参见余高能:《整合还是细分:贿赂犯罪两部门立法模式探究》,载《河北法学》2013年第12期。

授权支付任何金钱或提供礼物、允诺给予,或授权提供任何财物给予外国公职人员。(4)行贿对象,包括外国政府官员、外国政党官员、外国政府或政党官员候选人、国际公共组织的官员和知道或许诺支付的人。根据2020年版《〈反海外腐败法〉信息指引》的规定,外国公职人员不仅包括在外国政府任职的公务人员,也包括了在外国政府下属机构任职的管理人员或者职员。美国司法部采用了第十一巡回上诉法院提供的定义去判断一企业是否为政府的下属机构。根据第十一巡回上诉法院在美国政府诉Esquenazi的案件中作出的决定,一企业系某外国政府的下属机构指的是该企业系被该外国政府控制的企业,该企业履行本该由该外国政府履行的职能,另外第十一巡回上诉法院也提供了多因素分析的方法:通过分析该企业的所有权、控制权、状态和职能等方面,判断该企业是否为外国政府的下属机构。(5)商业目的。《反海外腐败法》禁止公司获取商业特权或不正当利益。该法旨在建立良好的法治环境和企业营商环境,制止商业目的的行贿行为破坏国内外企业发展的良好态势。

二、重要构成要素内容

(一)贿赂犯罪的不法性本质与罪名体系构建

尽管美国对于贿赂行为的不法性本质,不存在类似于英国法律委员会在制定2010年贿赂法案时所作出的详尽说明,但是,通过美国联邦最高法院在重要判例中的释法说理、学者对既有罪名体系中特殊犯罪类型与成立要素的分析,能够把握美国贿赂犯罪不法性本质的基本判断。

承袭于英国对贿赂犯罪的认识传统,美国法院的早期判例将贿赂行为对公职人员诚实正直的影响,作为贿赂犯罪不法性的本质。[1] 其后,对公务行为廉洁性的影响,成为在对贿赂犯罪不法性本质揭示中的

〔1〕 Fromm v. State一案中,法官认为:“当一个人被选为公职时,他就对公众负有不背叛其信任的义务,可以说,最卑鄙的罪行之一是公职人员滥用施加给他的信任,利用他的职位谋取私利。索取贿赂,接受贿赂,损害了公职人员诚实正直的基础。” See Fromm v. State, 173 N. E. 201, 204 – 5 (Ohio 1930).

权威认识。[1] 违背义务或职责(violation of duty)是美国贿赂犯罪立法所强调的要素。公共部门贿赂犯罪所违背的义务包含具体且特定层面的义务与抽象、概括层面的义务两个层次。前者是指,贿赂犯罪人侵害和违背了受贿人因其特定职位所负有的特定职责义务。正如联邦最高法院大法官在裁判意见中所言,"国会于 1962 年通过的包括第 201(a)节在内的现行联邦贿赂条款,是重新制定和合理化所有涉及政府诚信的联邦刑事法规的努力的一部分……该法规的目的无疑是禁止贿赂所有执行联邦信托的人"。[2] "刑法在贿赂犯罪中所要极力预防的邪恶因素,是官员因腐败而背信弃义地不履行职责义务,从而使公众所遭受的不利后果。因而,法律的目的就是阻止行为人为了谋取私利而对公职人员施加影响,使其背离被视为公共利益之基础的职务行为。"[3] 后者是指,在贿赂犯罪中,一般的诚实、信赖以及正直义务也被行为人所违背和侵犯。"无论腐败会造成何种其他后果,他都表明了行为人对忠实义务的违反。而这种义务是公共部门和私营部门基于工作效率所共同要求的。如果没有这种忠诚,内部交易成本将会激增,因为组织体中的每个成员都会极力追求其个人利益的最大化。"[4]

(二)公职人员的界定

公职人员(public official)或者获选将出任的公职人员(person who has been selected to be a public official),是《美国法典》第 201 条(b)所规定的贿赂犯罪主体或者行为对象,并就其实质标准作出明确规定。第 201 条(a)(1)将"公职人员"定义为:联邦国会议员、代表或住民代表,无论该公职人员取得该身份之前还是之后,或者根据或者经过政府任何部门、机构或者分支部门的授权,以美国或者美国政府任何部门、

---

[1] See United States v. Evans, 572 F. 2d 455, 480 (5th Cir.), cert. denied, 439 U. S. 870 (1978).

[2] Dixson v. U. S., 465 U. S. 482 (1984).

[3] J. R. O'Sullivan, *Federal White Collar Crime, Cases and Materials*, 2nd ed., St. Paul: Thomson West, 2003, p. 611.

[4] Jens C. Andvig, *Remarks on Privater - to - Private Corruption*, Norwegian Institute of International Affairs, 2002, p. 635.

机构或者分支部门，包括哥伦比亚特区政府的名义工作或代表其工作的公职人员、雇员或者个人，或者陪审员。《美国法典》第 201 条（a）（2）将"获选将出任的公职人员"定义为：任何已经被提名或者被任命为公职人员者，或者已经被正式告知将被提名或者被任命者。从联邦贿赂法的立法历史看，国会在制定该法时即有意扩大"公职人员"概念的涵括范围，以获得授权、提供工作或者代表政府，作为公职人员的实质判断标准。随着社会的发展，不少政府福利政策和项目的实施更多地需要社会团体或个人的支持、协助，这些团体或个人虽然并不存在与联邦政府之间的正式雇佣或者代表关系，但是，由于他们实际掌控着联邦政府资源的分配与运用，处于被公众信赖的地位，从而成为了事实上的"为了或代表美利坚"者，因而应属于联邦贿赂法的调整范围，[1] 对此，联邦法院判例也在公务员的范围上采用扩大解释的方法，将掌握联邦补助金的一些州或者地方公务员因联邦补助金而受贿的行为纳入联邦议会制定的第 666 条，扩大联邦的刑事管辖权。

（三）职务（公务）行为的界定

美国贿赂犯罪法规定，"职务行为"（office act）是贿赂犯罪和不法馈赠罪的犯罪要素，二者的区别在于，在前罪中，职务行为必须具有背职性，且受贿人所实施的职务行为，受到了行贿人以腐败为目的而实施的给予、提供或者允诺有价之物的行为的影响。在后罪中，职务行为不具有背职性，不法馈赠的给予或者提供既可以在公职人员履行其职务行为之前，也可能在其履行之后而发生。

对于《美国法典》贿赂犯罪中"职务行为"的判断有必要把握三个问题：（1）职务行为的基本内涵。《美国法典》第 201 条（a）（3）明确规定，所谓"职务行为"，是指对于任何即将发生，或者依照法律交由任何

---

[1] 有学者将联邦法院判例中的"公务员"分为联邦公务员（federal officials）和非联邦公务员（non - federal officials），前者是指那些典型的任职于政府部门的公务员，如环保局技师、邮政服务系统的雇员等；后者则是指那些处于公务员边缘地位的执行联邦公共政策的私人团体或个人，如涉及美国健康保险计划的医生、协助美国空军给养的私营部门雇员等。See Brendan Branon & David D. Fauvre, *Federal Criminal Conflict of Interest*, American Criminal Law Review Spring, 2002, p. 569.

公职人员以其职务身份或者在该公职人员职权范围内,或者属于该公职人员基于职位产生的信赖或利益范围之内对任何问题、事务、案件、诉讼、程序或争议作出的决定或者行动。(2)职务行为的基本属性。成立“职务行为”需满足三个法定条件:一是必须直接反映政府在履行公共职责时正式的政府决议或行为。二是具备一定程度的法律形式(formality),包括被政府正式授权实施,如法庭判决、颁发执照(吊销或更改执照)、调查行为、控诉行为或执行政府政策等。三是职务行为的区别性。对于贿赂罪而言,由于犯罪的成立以职务行为的背职性为必要,基于判断是否具备背职性条件的要求,其职务行为应当满足具体性的要求。只有对特定的涉及政府公共职责的“问题、事项、主张、诉讼、活动、程序或争议所作的任何决定和所采取的任何行动”,才符合“职务行为”的成立要件。[1] 然而,对于不法馈赠犯罪而言,由于该罪不以背职性为要件,因而对之可以采用相对抽象的判断标准。(3)职务行为的实践标准。尽管存在相对明确的规范,然而,在审判实践中仍基于法律适用而产生尺度把握的问题。美国联邦法院关于职务行为认定标准的典型案例,揭示出其总体上经历了一个由广义标准向狭义标准转化的趋势。20世纪初叶,判例选择的是广义上的“职权范围说”标准,典型的是在 United States v. Birdsall 一案中提出,该标准并不以联邦法明确规定的行为为限,只要属于公务员“职权范围内”的行为,均属职务行为。[2] 这一裁判规则,一直沿用至20世纪80年代。在 United States v. Gjieli (1983)和United States v. Analytis(1988)两案中,法官认为,“即使公务员欠缺实现贿赂目的的权限,由于行为已违反遵守政府伦理法规的义务,仍属职务行为”。[3] 尽管在此前已出现具有修正广义说功能的判例,认为“联邦反贿赂法禁止公务员作出的决定或行动,必须以法律明定的职务权限作为前提,因而排除将公务员基于个人目

[1] See United States v. Valdes, 1276 U. S. App. D. C. (2006).

[2] See United States v. Birdsall, 233 U. S. 223 (1914).

[3] United States v. Gjieli, 717 F. 2d 968, 973 – 74 (6th Cir. 1983); United States v. Analytis, 687 F. Supp. 87, 89 – 92 (S. D. N. Y. 1988).

的而利用其公共职务所进行的活动均视为职务行为，因为这已经超越了法庭解释的极限”。[1] 这一裁判要旨可谓是“限缩广义说”的开端，在其后的 United States v. Valdes 一案[2]中，法官提出，“法条既已对职务行为要求必须与特定的问题、事项、主张、诉讼、程序或争议有关联，焦点即应在于公务员就任何事项的处理或问题的解答是否‘于其职务权限范围内’；并非任何公务员的行为或与其职务或地位相关联的行为，均属职务行为。探求更广泛的诠释，将导致大部分的兼职活动与公务员的正规工作被同等对待，而这与立法者当初谨慎定义职务行为的初衷不相符合”。美国法院关于“职务行为”的司法适用标准，通过哥伦比亚上诉法院审理的 United States v. Valdes 一案得以揭示，该案也成为美国关于贿赂犯罪“职务行为”判断标准的有影响力的案件，并成为职务行为认定标准采用狭义说的标志。

（四）对价关系及其实现条件

1.《美国法典》对贿赂犯罪对价关系的设定

如前所述，贿赂犯罪中的“对价关系”，来自古老的拉丁法谚“*Quid pro quo*”，意指“建构一种给付与对待给付之关系”。权钱交易是对贿赂犯罪本质最朴素的认识，将之作为早期的立法根据便成为一种天然的立法观念。《美国法典》第 201 条（b）关于贿赂罪的规范，以公职人员违背法定职责实施职务行为为必要，属典型的背职贿赂，由此决定了

[1] United States v. Muntain, 610 F. 2d 964, 967 - 969 (D. C. Cir. 1979).

[2] 该案的基本事实为：被告 Valdes 是哥伦比亚城市警察局（MPD）的一名侦探，被指控通过华盛顿法律执行系统（WALES）的数据库为美国联邦调查局秘密线人 Blake 提供他所需的牌照和许可证信息，并于事后收受了对方给予的报酬。Valdes 因此以接受不法馈赠罪被起诉。一审判决中，Valdes 认为自己获取公共信息的行为并不构成“职务行为”，原因在于不存在联邦贿赂法中“职务行为”概念所要求的“任何决议或任何行动”（decision or action），也没有任何由自己决定的涉及公务职责的“问题、事项、主张、诉讼、活动、程序或争议”等。检察官却认为，Valdes 进入只对那些经过培训和资格认证的授权用户提供信息的 WALES 系统，就是“行为”（action），且 Valdes 利用 MPD 的资源去获取信息，实际上决定并实行了一个“因他的公共职权而面对的事情”，符合《美国法典》第 201 条规定的“职务行为”。然而，这一判决被上诉法院推翻。上诉法院认为，Valdes 的行为并不构成“职务行为”，因而不构成接受不法馈赠罪。

该罪不法性的实质是“职务行为”与“有价之物”之间的交换，表现为，一是行贿人与受贿人所进行的提供与接受有价之物的行为，受到“腐败目的”的支配。二是提供有价之物的目的在于，意图影响、诱使公职人员作出违背法定义务的职务行为，由此决定了对价关系是犯罪成立的必要要件。美国法典要求贿赂犯罪的成立需要具备收受财物与谋取职务行为之间的主客观联系，“收受有价物（things of value）和特定的公务行为”之间存在明确的对价关系。详言之，行贿者有以通过贿赂方式影响公务员特定公务行为的意图，受贿者确有实施特定公务行为时受影响的意图。联邦法院认为，如果只是对将来利益的模糊期待，则没有达到贿赂罪的主观意图所要求的程度，不构成贿赂罪。[1] 对价关系的成立，不以每个贿赂都有与之对应的公务行为为必要，只要这些贿赂在整体上是意图诱使公务员实施特定的公务行为即可。[2]

值得关注的是，对于不法馈赠罪是否也必须满足对价关系的要求？基于《美国法典》第 201 条(b)与(c)在罪刑规范表述上的差异，并不能直接推定不法馈赠罪也必须具备对价要求，由此导致美国法院在司法实践中的不同认识。早期的判例认为，只需证明是“为了或因为特定的公务行为”而给予馈赠，而无须证明腐败意图，即对价关系的存在，贿赂与职务行为间毋庸有对价关系，仅需有“关联性”(linking)。[3] 但是，这一观点在 1999 年联邦最高法院对 Sun – Diamond 案的决议中被修正，“要成立不法馈赠罪，必须证明赠与有价物与特定公务行为之间存在直接联系，即基于影响特定的公务行为的意图而给予馈赠。并认为那些仅仅基于公务员身份、地位而给予的馈赠，以及为与公务员建立亲善关系以影响今后不特定的公务行为的馈赠都没有达到第 201 条

---

〔1〕 See United States v. Jennings, 160 F. 3d 1006, 1013 (4th Cir. 1996).

〔2〕 See U. S. v. Massey, 89 F. 3d 1433, 1439 (11th Cir. 1996).

〔3〕 即条文中所谓之 because of，若连此关联性都没有，而只是单纯针对公务员之身份地位而送礼（例如，球队至白宫晋见总统时赠送球衣），即不成立馈赠罪。换言之，其须有因果关系，但不需要到对价关系之地步。

(c)不法馈赠罪中主观意图的要求,因而不成立该罪”。[1] 这样,联邦法院事实上承认了不法馈赠罪的成立也要有腐败意图,从而导致了前述的不法馈赠罪与贿赂罪之间的区别模糊以及不法馈赠罪是否有独立存在价值的争议,也使联邦贿赂法的立法科学性再次受到质疑。[2] 对此,本书认为,美国的理论与实践中对不法馈赠罪是否具有独立存在价值的争议,并没有全面把握不法馈赠罪在美国贿赂犯罪罪名体系中的功能,以及不法馈赠罪所应当承担的对犯罪行为评价的范围。美国在国内贿赂犯罪治理中所建立的“三驾马车”罪名体系,是一个由“利益冲突型贿赂—不法馈赠型贿赂—背职型贿赂”组成的梯级体系,其中,前两类罪名不具有背职性,不以公职人员违背公务职责为犯罪成立的本质,而在不法馈赠罪所评价行为的对象范围上,法规范本身即设定出两种行为模式:(1)在职务行为之后发生的不法馈赠行为,(2)在职务行为实施之前发生的不法馈赠行为。后者又存在两种情况,一是以腐败为目的实施不法馈赠行为,二是不以腐败为目的实施不法馈赠行为。

---

〔1〕 被告 Sun - Diamond 是加利福尼亚州一个大型的农业种植协会,涉嫌向前农业部部长 Espy 及其女友赠送包括网球公开赛的门票、水晶饰品和旅行费用等在内的价值 9100 美元的礼金。被告系通过 Espy 的多年好友 Richard Douglas 送出的礼物。案发后,Espy 宣称他认为 Richard Douglas 是基于私人友谊而赠与其礼物,但后来证实是 Sun - Diamond 在为礼物埋单。经讯问,Richard Douglas 证实他从未要求 Espy 为 Sun - Diamond 提供任何好处,而且 Espy 事实上也从未提供过任何好处。但后来经调查查明,被告在送礼时的确存在两项希望得到 Espy 支持或给予优惠的事情。因此,被告以不法馈赠罪被起诉。起初,被告试图采用“直接联系标准”来推翻指控,认为根据《美国法典》第 201 条(c)的规定,成立不法馈赠罪必须在礼物与特定的公务行为之间存在直接联系。他们所赠与的礼物与 Espy 的公务行为之间缺乏直接联系,因而不构成犯罪。但是,一审地方法院却采用了“身份标准”,即不法馈赠罪的成立并不需要在馈赠与公务行为之间存在直接联系,只要馈赠者是基于受馈赠者的职务或身份而给予馈赠即可,而不论馈赠者与受馈赠者是否具有影响特定公务行为的意图。上诉法院推翻了地方法院的决议,认为“身份标准”并不恰当,但上诉法院也没有采用“直接联系标准”,而是试图在二者之间寻找一条中间道路。最后,该案件被移送到联邦最高法院。See United State v. Sun - Diamond Growers(1999).

〔2〕 See Brendan Branon & David D. Fauvre, *Federal Criminal Conflict of Interest*, American Criminal Law Review Spring, 2002, p. 527.

很显然，在这三种类型的不法馈赠中，仅有一种情况是需要具备对价关系的，如此就否定不法馈赠罪存在的独立价值，其结果就是要求刑法只规制背职贿赂犯罪，而对于履职贿赂则不予规制，这显然是留下了一个巨大的犯罪治理漏洞。因此，这种质疑是不能成立的，不法馈赠罪确实应当基于其独立的犯罪要素设计而具有独特的犯罪治理价值，在美国严格意义上的“分层式”贿赂犯罪罪名体系中发挥着独立的功能。更值得思考的是，不法馈赠罪作为一种独立的犯罪而被规定于美国法之中，本身就是要面对与解决该类特殊的犯罪问题，其也确实具有独立的刑法价值。值得注意的是，对于“(《美国法典》第 18 编）第 1951 条所规定的索贿”：本罪之下之公务员职务行为与所收受财物之间，毋庸有对价关系，检方仅需证明公务员已应允将来有机会时在公务上会有所回报，即可成罪。[1]

2. 贿赂犯罪对价关系的成立要件

《美国法典》关于贿赂与职务行为之间的对价关系，取决于对二者关联性及关系的判断，包括：一是客观要素的判断。对价关系是一种形式性的判断还是实质性的判断？前者是指将公职人员实施的一切与公职相关的行为，作为对价关系符合性的判断根据。后者则是指将公职人员实施的直接将公共职权作为交易对象以换取利益的行为，作为对价关系符合性的判断根据。采用不同的判断根据，其所导致的犯罪评价结果存在差异。一方面，美国联邦法院通过典型判例明确了职务行为与有价之物须满足直接关联性要件的要求。联邦法院判例明确，并没有涉及政府公共职责的公务行为，如利用政府资源获取私人利益的行为，虽然是违法的（如违反《公务员道德法》），但并非《美国法典》第 201 条所规定的“公务行为”。[2] 在 United States v. Sun – Diamond Growers of California(1999)一案中采用了“直接联系标准”对《美国法典》第 201 条(c)所规定的不法馈赠罪作出了狭义解释，认为不法馈赠

[1] See United States v. Kincaid – Chauncey, 556 F. 3d 923 (9th Cir. 2009); United States v. Ganim, 510 F. 3d 134 (2d Cir. 2007).

[2] See U. S. v. Sun – Diamond Growers of galifornia, U. S. Dist. Col. (1999).

罪的成立，必须在馈赠与公务行为之间存在直接联系。[1] 另一方面，对于职务行为的职权属性，存在法定职权与实际职权的区分，美国联邦最高法院在一个古老的判例中即已指出，行收贿罪下之公务员之“职务”（official act）范围，并不以法令有明文者为限，尚包括“既定之惯例”（established usage）。这个见解基本上维持至今。[2] 此罪并不分是否违背职务。[3] 在著名的United State v. Sun – Diamond Growers 一案中，美国法院对“职务行为”则采用“实质影响力说”的判断标准。[4] 二是主观要素的判断。美国法院在实践中着力区分贿赂犯罪与不法馈赠罪主观故意的内容中的对价关系。联邦最高法院在 United States v. Brewster（1972）案的判决中围绕主观故意对两种犯罪的区别作出了清楚的说明。贿赂犯罪的规定以“作为回报，在贿赂的影响下”等措辞，表明是一个“明确的权钱交换”（explicit quid pro quo）的故意，因是明确同意以实施公务行为来交换个人利益，其罪责程度更高。作为贿赂的有价物所发挥的作用是促进公务人员实施背职行为，或让其实施本不应实施的公务行为。不法馈赠罪中，虽然非法馈赠也源于公务行为，但是，其差别在于，即使没有收受该不法馈赠，公务人员也可能会去实施公务行为或履行公职义务。[5] 判决中，联邦最高法院在收受狭义贿赂的案件中不仅要求“权钱交换”的故意，而且要求公务人员对权钱交

---

〔1〕 联邦最高法院的理由如下：（1）如果采用“身份标准”对该条作扩大解释会导致没有社会危害性的馈赠行为也被犯罪化。（2）为了预防礼物赠与可能导致的犯罪，国会早在联邦贿赂法的第 209 条（a）中规定了禁止在行政工资外获得任何补助、报酬，这比对第 201 条（c）作扩大解释更明确可行，因此，扩大解释似无必要。（3）第 201 条（c）的不法馈赠条款只是联邦众多规制公务员腐败行为的法律中的一条，因此，不应该对其寄予过高的期望，试图通过对其作扩大解释来达到反腐败的目的。See George D. Brown, *The Gratuities Debate and Campaign Reform: How Strong is the Link?* Wayne Law Review Winter, 2006, p. 1376.

〔2〕 See United States v. Birdsall, 233 U. S. 223 (1914).

〔3〕 参见联邦第二巡回上诉法院判决 United States v. Alfisi, 308 F. 3d 144 (2nd Cir. 2002)。

〔4〕 参见联邦第三巡回上诉法院判决 U. S. v. Bencivengo (3d Cir. 2014)（此案联邦最高法院拒绝受理上诉），以及同法院先前判决 U. S. v. Mazzei (3d Cir. 1957) 14。

〔5〕 See United States v. Brewster, 408 U. S. 501 (1972).

换“明确”表示同意。在收受非法馈赠的情况下，公务人员只是收受了“无权”得到的馈赠，主观上没有拿公务与之“交换”的故意，在从事公务时也不必然受馈赠的影响，只是公务人员的职务一般性地给予他人行贿的动机。在这种情况下，相比收受狭义贿赂，收受非法馈赠的罪责程度要低得多，这一点从法定刑上限的差别中可以看出。收受非法馈赠的罪责程度虽然低但也值得处罚，其根据在于，收受非法馈赠虽然不至于让公务人员腐败，但也仍然对其公务廉洁性产生了潜在影响。[1]在 United States v. Evans 案中，法院认为，正如美国联邦法院指出的那样，即使非法馈赠的提供者和收受者都意不在腐败，但由于公职的支付或礼物可能让收受者有意无意地给行贿者提供更为优惠的待遇，给其合理判断蒙上 层疑云，因此，刑法的介入仍有必要。[2]

三、犯罪治理的重点方面

（一）利益冲突型贿赂犯罪

从美国贿赂犯罪立法体系发展中高度重视对利益冲突型贿赂犯罪的立法规制的目的来看，美国还特别重视公众对公权力正当行使的信赖的保护，对此，美国通过多次颁布特别法对公职人员基于处于“利益冲突”的特定状态而实施的谋利行为性质的判断，进行三个层次的分析：

1. 利益冲突的法律界定

利益冲突是指公职人员在公共行政过程中，由于受到其私人利益因素的干扰，不采取相应的处理举措，以致价值判断和政策取向偏离公共利益要求，发生私人利益与其公职所代表的公共责任相冲突的情境和行为。简单地说，公职人员在执行某一公务或进行某一公共决策时，若该公务或公共决策与其私人利益有关联，就会发生利益冲突。利益冲突实际上是公共权力的非公共使用，其外在表现都是公职人员的私

---

〔1〕 参见于佳佳：《美国联邦法律对公务人员受贿犯罪的“多点打击”及启示》，载《苏州大学学报（法学版）》2018 年第 1 期。

〔2〕 See United States v. Evans，572 F. 2d 455，480（5th Cir.），cert. denied，439 U. S. 870（1978）.

人利益与公职所代表的公共利益之间的冲突。[1]

2. 利益冲突的法律属性

利益冲突的法律属性表现为：一方面，利益冲突发生在公共行政和执行公共政策的过程中，是一种现实的伦理困境状态。威廉姆斯认为，"利益冲突是一种'情形'。在这种'情形'中，官员的私人经济利益足够影响或者可能影响官员履行公共职责"。[2] 古泽塔认为，"利益冲突"指的是官员追求私人利益时与其有权力也有义务履行的公共利益相冲突的状况。[3] 这一伦理困境的合理解除方式，影响到公众对公共行政行为与政策选择公正性的认识与评价，从而对如何消除这一状态提出了明确要求。另一方面，利益冲突是处置公共利益与私人利益冲突，面对利益冲突的现实状态，若公职人员选择借助于所行使的公共权力而从利益冲突情境中获得私人利益，则属于违背公共伦理道德的行为，可能会受到法律乃至刑法的评价。

3. 利益冲突行为犯罪化的根据

行为具有不法性或者损害性，是犯罪化的根据与前提，利益冲突行为的不法性在于其对政府廉洁性的损害。西蒙斯等人认为，"腐败的一个重要根源在于利益冲突，当一个人或一个集团的自我利益与其受托的职责发生冲突时或其具有两个相互冲突的职责时，便会产生利益冲突。利益冲突是引起制度腐败的重要因素"[4]。贝托克(Janos Bertok)则认为："利益冲突本身并不是腐败，但人们应认识到，对于公职人员的私人利益与公共职责之间的冲突，如果不能得到妥善处理的话，就

---

〔1〕 参见庄德水：《利益冲突：一个廉政问题的分析框架》，载《上海行政学院学报》2010年第5期。

〔2〕 Williams. S. , *Conflict of interest*: *The Ethical Dilemma in Politics*, Aldershot, Hants: Gower, 1985, p. 6.

〔3〕 See Guzzetta, G. , *Legal Standards and Ethical Norms*: *Defining the Limits of Conflicts Regulations*, in C. Trost & A. L. Gash eds. , *Conflict of Interest and Public Life*: *Cross – national Perspectives*, Cambridge, Cambridge University Press, 2008, p. 23.

〔4〕 Seumas Miller, Peter Roberts, Edward Spence, *Corruption and Anti – Corruption*: *An Applied Philosophical Approach*, N. Y. Pearson Education Inc, 2005, p. 46 – 59.

会导致腐败。"[1]公职人员基于利益冲突状况下的自我谋利行为，削弱了公共委托人即社会公众对公共代理人即公职人员的信任，即使公职人员没有获得实实在在的私人利益，社会公众还是可以依据公共权力的委托依据，质疑公职人员在执行政策过程和行政过程中的公信力。一般意义上的利益冲突则没有涉及社会公众与公职人员之间的委托与代理关系，表现为两种不同利益形式之间的相互争夺和相互取代。

4. 利益冲突的不法性实质

行为所具有的不法性实质决定对犯罪行为的归类，利益冲突是腐败的制度性基础与风险，借助于利益冲突而实施的行为，在本质上是权钱交易、权权交易乃至权（力）利（其他利益形式）交易的行为，因而其实质符合贿赂犯罪的本质特征，这是《美国法典》将其归入第 18 编第 11 章，并与一般贿赂犯罪相并列的原因。利益冲突并不必然损及公共权力行使的实质正当性，但必然损害了公众对公权力正当行使的合理信赖，且由于公权力行使者基于利益冲突而获取个人利益时，通常并不具有明显的出售公权以换取利益的主观心理态度，这是其与典型的贿赂犯罪不法性实质相区别的地方，即典型的贿赂犯罪中，参与公共权力交易的各方当事人是基于明确的交易目的而进行的权与利的交换，作为交易标的的是公共权力的正当或者不正当行使，居于行贿一方的交易主体以支付对价的方式换取该权力行使行为。在利益冲突型贿赂犯罪中，则是基于从事实际的劳务、存在现实的交易而从相对方获得利益。

（二）商业贿赂犯罪

关注商业贿赂犯罪并不断加大对其的治理力度，是美国贿赂犯罪的又一重点。跨国商业贿赂、国内商业贿赂与公职贿赂的联动性治理，是其基本特色。为实现《反海外腐败法》的管辖权扩张，美国通过立法和司法的双向联动加快了法案的完善与推进。一是美国国会通过对管辖原则和法律制度表述的完善，根据"最低限度联系原则"，确立了有利于美国管辖权扩张的管辖规则，1998 年《反海外腐败法》修正案增加

[1] ADB/OECE, *Controlling Corruption in Asian and the Pacific*, Manila, 2005, p. 86.

了属人管辖原则，将美国公司或个人在美国境外实施的腐败行为纳入法案的管辖范围，而不管该发行人或其管理人员、董事、雇员、代理人或股东是否利用了邮件或州际商业的任何工具或手段实施了提供、赠与、支付、承诺或授权的行为。为扩大对外国企业或个人的管辖权，该法案对“美国境内”这一规范要素进行扩张性规定和解释，即无论任何主体是否在美国领土内，只要途经美国，利用了美国邮件或州际商业的任何工具实施腐败行为，都视为在美国境内实施了腐败行为。该法案通过制定属地管辖和属人管辖的双重原则，实现了管辖权的域外扩展。[1]二是世界上绝大部分的经济主体都加入了美国的反腐败标准体系，这部法律不仅直接影响了打击跨国腐败行为的国际公约和国家立法，还使美国有权约束外国企业。三是通过《反海外腐败法》所规定的执法主体的严格执法，推进法案的实施，使反海外贿赂成为行使对他国公司或者个人制裁权的工具。美国政府通过司法部和证监会开展执法行动，并且动员了美国联邦调查局、国土安全局、美国国税局刑事侦查处等多部门，通过窃听、卧底、搜查令、传票以及开设举报热线和奖励等多种手段协力打击海外腐败。[2]

第三节　德国“分体式”贿赂犯罪立法中的罪名体系

德国贿赂犯罪罪名体系自 1871 年刑法典创立之时，就形成了犯罪

---

〔1〕 参见肖扬宇：《美国〈反海外腐败法〉的新动向及我国国内法表述》，载《中国刑事法杂志》2020 年第 2 期。

〔2〕 根据美国司法部、证券交易委员会的网站统计，2010 年以后，由该两家执法机构所办理的海外腐败案件开始呈现逐年递增的趋势，2016 年起呈迅速增长之势，并稳定于年度 50 件以上。参见 https://www.justice.gov/criminal-fraud/related-enforcement-actions，https://www.sec.gov/spotlight/fcpa-cases.shtml。德国的西门子、戴姆勒公司，法国的道达尔、德希尼布、阿尔卡特公司，日本的松下公司等企业均受到美国的制裁和处罚，罚金至少 1 亿美元起，高的达到 8 亿美元。

主体与行为对法益损害程度的二元标准，以此建构出具有主体区分性与罪责层级性的罪名体系。伴随社会的发展，贿赂犯罪衍生至新的领域，单纯的公职与法官贿赂已经无法应对犯罪治理的需要，《德国刑法典》分别建构出专门适用于选举领域、商业领域、体育竞赛领域的贿赂犯罪，巩固发展"分体＋分层式"的罪名体系，形成了成文法国家贿赂犯罪罪名体系的德国特色。

一、基本罪名体系构成

（一）公务员与法官、仲裁员贿赂犯罪

《德国刑法典》第 30 章"公务活动中的犯罪"（Dreißigster Abschnitt Straftaten im Amt）[1]中第 331～334 条规定了 4 种具体贿赂犯罪，即接受利益罪（第 331 条）[2]、受贿罪（第 332 条）[3]、提供利益罪（第 333

〔1〕 根据 2019 年 3 月 22 日修正公告，《德国刑法典》第 30 章共涉及 27 个条文，其中，贿赂犯罪是被置于该章之首的 4 个条文，规定了 4 个罪名。

〔2〕 《德国刑法典》第 331 条规定："公务员、欧洲公务员或者对公共职务负有特别义务的人员，对于职务行为执行，为自己或者第三人要求、期约或者收受利益的，处三年以下监禁或者罚金。""法官、欧盟法院成员或者仲裁人，以其已经实施或者即将实施的裁判行为为对价，为自己或者第三人要求、期约或者收受利益的，处五年以下监禁或者罚金。本罪之未遂犯，处罚。""若行为人期约或者收受的利益，非本人所要求，且事先获得主管部门在其职权范围内的许可或者事后立即报告而为主管部门所追认的，不依照第一项惩罚。"

〔3〕 《德国刑法典》第 332 条规定："公务员、欧洲公务员或者对公共职务负有特别义务的人员，以其已经实施或者即将实施的职务行为，且因而导致已经违背或者即将违背其职务义务为对价，为自己或者第三人要求、期约或者收受利益的，处六个月以上五年以下监禁或者罚金。情节较轻的，处三年以下监禁或者罚金。本罪的未遂犯，处罚。""法官、欧盟法院成员或者仲裁人，以其已经实施或者即将实施的裁判行为，且因而导致已经违背或者即将违背其裁判义务为对价，为自己或者为第三人要求、期约或者收受利益的，处一年以上十年以下监禁。情节较轻的，处六个月以上五年以下监禁。""在行为人以将来的行为为对价，要求、期约或者收受利益的情形中，行为人向对方表示下列情形之一的，适用第一项、第二项的规定：（一）行为违背其义务，或（二）在行为人的裁量范围内，以利益影响其裁量。"

条)〔1〕、行贿罪(第334条)〔2〕。上述犯罪中的受贿人包括公务员、欧洲公务员、对公共职务负有特别义务的人员,以及法官和仲裁员。

1. 公务员贿赂犯罪

公务员贿赂犯罪包括:(1)接受利益罪(Vorteilsnahme),由《德国刑法典》第331条(1)所规定。其构成要件内容包括:一是犯罪主体,是公务员、欧洲公务员或者对公共职务负有特别义务的人员。二是行为内容,为履行其职务行为而为自己或者为他人要求、期约或者收受利益的行为。据此,本罪在对价关系的内容上,属于以履行职务行为的资格而进行利益的交换,包括因履行职务行为而接受利益,与为了接受利益而实施职务行为。(2)受贿罪(Bestechlichkeit),由《德国刑法典》第332条(1)所规定。其构成要件内容包括:一是犯罪主体,是公务员、欧洲公务员或者对公共职务负有特别义务的人员。二是行为内容,将已经实施或者将要实施的违反或可能违反职务义务的行为作为要求、期约或者收受利益的对待给付。据此,本罪属于"背职受贿罪"。德国现今通说将前者理解为受贿行为的一般规定,而将后者视为前者之加重

〔1〕《德国刑法典》第333条规定:"对于公务员、欧洲公务员、对公共职务负有特别义务的人员或者联邦国防军人之职务执行,向前列人员本人或者第三人索要、期约或交付利益者,处三年以下监禁或者罚金。""对法官、欧盟法院成员或者仲裁人,以其已经实施或者即将实施之裁判行为为对价,向前列人员或者第三人索要、期约或者交付利益者,处五年以下监禁或者罚金。""若主管部门事先在其职权范围内许可收受人接受利益,或是经收受人立即报告后追认的,不依照第一款惩罚。"

〔2〕《德国刑法典》第334条规定:"对于公务员、欧洲公务员、对公共职务负有特别义务的人员或者联邦国防军人,以其已经实施或者即将实施的职务行为,且因而导致已经违背或者即将违背其职务义务为对价,向前列人员本人或者第三人行求、期约或交付利益者,处三个月以上五年以下监禁。情节较轻者,处二年以下监禁或者罚金。""对法官、欧盟法院成员或者仲裁人,以其已经实施的裁判行为,且因而导致违反其裁判义务为对价,向前列人员本人或者第三人行求、期约或交付利益者,处三个月以上五年以下监禁;对于法官或者仲裁人,以其即将实施的裁判行为,且因而导致即将违反其裁判义务为对价,向前列人员本人或者第三人行求、期约或者交付利益者,处六个月以上五年以下监禁。本罪的未遂犯,处罚。""在行为人要求对方以将来的行为为对价,行求、期约或交付利益的情形中,行为人意图使对方为下列情形之一者,适用第一款、第二款的规定:(一)行为违背其义务,或(二)在对方的裁量范围内,以利益影响其裁量。"

规定(Qualifikationstatbestand);〔1〕有学者则认为,前者包含合乎义务与违背义务之职务执行;至于后者则限于违背义务之职务行为,且其加重要件系在于以违背义务之职务行为作为对待给付。〔2〕如此理解的另一重要意义在于,《德国刑法典》第331条(1)被视为受贿行为之“截堵构成要件”(Auffangtatbestnd),如果无法充分证明违背义务受贿罪所要求的不法约定(Unrechtsvereinbarung),便可适用该条。〔3〕故《德国刑法典》第331条(1)可称为普通受贿罪,第332条(1)则可称为加重受贿罪。(3)提供利益罪,由《德国刑法典》第333条第1款所规定,是与接受利益罪具有对合关系的犯罪。其行为内容为:对于公务员、欧洲公务员、对公共职务负有特别义务的人员或者联邦国防军人之职务执行,向其本人或者第三人行求、期约或交付利益。(4)行贿罪,是与受贿罪具有对合关系的犯罪,由《德国刑法典》第334条第1款所规定。其行为内容为:向公务员、欧洲公务员、对公共职务负有特别义务的人员或者联邦国防军人本人或者第三人行求、期约或交付利益,而其建立对价关系的原因在于,前列人员在已经实施或者即将实施的职务行为中,已经违背或者即将违背其职务义务。

2. 法官贿赂犯罪

法官贿赂犯罪包括:(1)接受利益罪,由《德国刑法典》第331条第2款规定。(2)受贿罪,由《德国刑法典》第332条第2款规定。(3)提供利益罪,由《德国刑法典》第333条第2款规定。(4)行贿罪,由《德国刑法典》第334条第2款规定。其行为内容与公务员贿赂犯罪具有一致性。

3. 仲裁员贿赂犯罪

仲裁员贿赂犯罪由《德国刑法典》第337条规定,包括仲裁受贿罪

---

〔1〕 Lackner/Kühl, StGB, § 332 Rn. 2; Fischer, StGB, § 332 Rn. 1; Rengier, BT/2, § 60 Rn. 2; Krey/Hellmann/Heinrich, BT/1, Rn. 902; Korte, in: MK, § 331, Rn. 187.

〔2〕 Frisch, StGB, § 331 Rn. 9; Lackner/Kühl, StGB, § 331, Rn. 8; Joecks, StGB, Vor § § 331ff. Rn. 4; Heine, in: S/S, StGB, § 332 Rn. 1; Rengier, BT/2, § 60, Rn. 32.

〔3〕 《德国刑法典》第331条(1)之所以被视为“截堵构成要件”,系因为于1997年修法时,放宽了有关“职务行为”与“对待给付”之要求。

和向仲裁员行贿罪。其行为内容为：仲裁员背着一方当事人向另一方索要、让其允诺或收受利益，或当事人一方背着他方向仲裁员提供、允诺或给予利益。

（二）选举贿赂犯罪

《德国刑法典》第4章“妨害宪法机关、选举与表决的犯罪”（Vieter Abschnitt Straftaten gegen Verfassungsorgane sowie bei Wahlen und Abstimmungen）规定了选举贿赂犯罪（Nebenfolgen）。此类犯罪并不具备贿赂犯罪所应具备的对价关系的实质内容，因为作为对价关系之一端的并非公共权力，而是选举权，故其在本质上应归属于破坏选举的犯罪。此类犯罪有以下罪名：

1. 选举人贿赂犯罪

选举人贿赂犯罪包括：（1）向选举人行贿罪，由《德国刑法典》第108条b〔1〕第1款规定。其行为内容为：行求、期约或者交付贿赂或者其他利益。其主观内容为：意图使他人不选举或者以特定方式选举。（2）选举人受贿罪，由《德国刑法典》第108条b第2款规定。其行为内容为：向他人要求、期约或者收受贿赂或其他利益。其主观内容为：为了不选举或者以特定方式选举。

2. 民意代表贿赂罪

民意代表贿赂罪包括：（1）民意代表受贿罪，由《德国刑法典》第108条e〔2〕第1款规定。其犯罪主体为“联邦或州民意代表机构的成员”。其行为内容为：为本人或第三人要求、期约或者收受不法利益。

〔1〕《德国刑法典》第108条b规定：“（1）意图使他人不选举或者以特定方式选举，而向其行求、期约或交付贿赂或者其他利益的，处五年以下监禁或者罚金。（2）为了不选举或者以特定方式选举，而向他人要求、期约、收受贿赂或者其他利益的，处与前款相同的刑罚。”

〔2〕《德国刑法典》第108条e规定：“（1）联邦或者邦代议机构成员在实施其代议职务时，意图为本人或者第三人的不法利益，以其不行使其职权或者为一定行为作为对价给付者，要求、期约、收受不法利益的，处五年以下监禁或者罚金。（2）意图为本人或者第三人的不法利益，对于联邦或者邦代议机构成员，于其受委托行使职务时，以其不行使其职权或者为一定的行为作为对待给付，对其行求、期约或者交付不法利益的，处与前款相同的刑罚。”

其主观内容为:在选举中为或者不为被委托或指示的行为。(2)向民意代表行贿罪,由第 108 条 e 第 2 款规定,其行为内容为:为本人或第三人行求、期约或交付不法利益。其主观内容为:在履行其代表职责时,为或者不为被委托或指示的行为。

(三)商业贿赂犯罪

《德国刑法典》第 26 章"妨碍竞争之犯罪"(Sechsundzwanzigster Abschnitt Straftaten gegen den Wettbewerb)中分别规定了商业往来中的贿赂犯罪、医疗事业中的贿赂犯罪。

1. 商业往来中的贿赂犯罪

商业往来中的贿赂犯罪包括:(1)商业受贿罪,由《德国刑法典》第 299 条第 1 款所规定。其犯罪主体为商业往来中的职员或企业代表。其构成要件行为类型涉及:一是为自己或第三人之利益,要求、期约或收受对待给付,使他人于国内或国外的竞争中,于承购商品或提供劳务时以不公正方式获取优惠。二是为自己或第三人的利益,未经企业同意而要求、期约或收受对待给付,于承购商品或提供劳务时,以作为或不作为方式违反其对企业应负的义务。(2)商业行贿罪,由《德国刑法典》第 299 条第 2 款所规定。作为行为对象的主体身份需满足商业往来中的职员或企业代表的要件。其构成要件行为类型涉及:一是为自己或第三人的利益,提供、期约或交付对待给付,使他人于国内或国外的竞争中,于承购商品或提供劳务时以不公正方式获取优惠。二是为自己或第三人的利益,未经企业同意而提供、期约或交付对待给付,于承购商品或提供劳务时,以作为或不作为方式违反其对企业应负的义务。

2. 医疗事业中的贿赂犯罪

医疗事业中的贿赂犯罪包括:(1)医疗受贿罪,由《德国刑法典》第 299 条 a 规定。其犯罪主体是"从事医疗的人员",即业务执行或职业名称使用根据国家规定的资格要件者。其构成要件行为内容为,在执行业务时,为自己或为第三人要求、期约或收受利益,作为在本国或外国的竞争中以不公正方式给予他人优惠之对价,包括:一是在开具药剂、医疗方式、辅助器械或医学产品时;二是订购指定由医疗人员或其业务辅助人直接使用的药剂、辅助服务器或医学产品时；三是病患及化验物质的分派时。(2)医疗行贿罪，由《德国刑法典》第299条b规定。其构成要件行为内容为，对于从事医疗业务的人员，在其执行业务时，为自己或第三人提供、期约或交付利益，作为其在本国或外国的竞争中以不公平的方式给予自己或他人优惠的对价，包括：一是在开具药剂、医疗方式、辅助器械或医学产品时；二是订购指定由医疗人员或其业务辅助人直接使用的药剂、辅助服务器或医学产品时；三是病患及化验物质的分派时。

(四)体育贿赂犯罪

《德国刑法典》第22章“诈欺与背信罪”(Zweiundzwanzigster Abschnitt Betrug und Untreue)中规定了体育贿赂犯罪。

体育贿赂犯罪包括：(1)体育博彩欺诈罪(Sportwettbetrug)，由《德国刑法典》第265条c规定。其涉及：一是体育欺诈受贿罪。其犯罪主体包括运动员、教练员；仲裁员、计分裁判员或裁判员。其行为内容为：向比赛对方索取、让其允诺或接受不法财产利益；向他人索取、让其允诺或接受不法财产利益。其主观内容为：为自己或第三人获利，对有组织的体育竞赛的过程或结果做有利于对方的影响，从而获得与有组织的体育竞赛有关的不法财产利益；为自己或第三人获利，作为回报，其以非法方式影响有组织的体育竞赛的过程或结果，从而获得与有组织的体育竞赛有关的不法财产利益。二是体育欺诈行贿罪。其犯罪主体为一般主体。其行为内容为：向运动员、教练员或第三人提供、承诺或保证利益；向仲裁员、计分裁判员、裁判员或第三人提供、承诺或保证利益。其主观内容为：对有组织的体育竞赛的过程或结果做有利于对方的影响，从而获得与有组织的体育竞赛有关的不法财产利益；以非法方式影响有组织的体育竞赛的过程或结果，从而获得与有组织的体育竞赛有关的不法财产利益。(2)操纵职业体育比赛罪(Manipulation von berufssportlichen Wettbewerben)，由《德国刑法典》第265条d规定。其涉及：一是操纵职业体育比赛受贿罪。其犯罪主体是运动员、教练员；仲裁员、计分裁判员或裁判员。其行为内容为：向他人索取、让其允诺或接受不法财产利益。其主观内容为：为自己或第三人获利，作为回报,其以违背竞赛精神的方式对职业体育竞赛的过程或结果做有利于竞赛对方的影响;或者为自己或第三人获利,作为回报,其以非法方式影响职业体育竞赛的过程或结果。二是操纵职业体育比赛行贿罪。其犯罪主体为一般主体。其行为内容为:向运动员、教练员或第三人提供、允诺或保证利益。其主观内容为:以违背竞赛精神的方式对职业体育竞赛的过程或结果做有利于竞赛对方的影响;或者以非法方式影响职业体育竞赛的过程或结果。本罪的法定刑为3年以下监禁或者罚金。

二、重要构成要素内容

(一)贿赂犯罪的法益属性与罪名体系构建

德国刑法学理界、立法机关与实务界对贿赂犯罪的法益,均给予过充分的关注,学理研讨活跃,期待为立法体系、罪名体系的建构提供有益的学说基础。

1. 公职贿赂犯罪的法益属性

德国理论学说对此存在单一法益说与复合法益说的分歧。代表性的单一法益说的观点包括,"为了避免国家机器的功能运作陷入危险"[1]、"国家行政的功能运作与机构"[2]、"保护职务执行的纯粹性或诚实信用"[3]、"保护的是公共职务的机能能力(die Funktionsfähigkeit des öffentlichen Dienstes)"[4]以及"阻止国家行为的权威性受到动摇"[5]、"违反对于国家的忠实义务,损害了针对吏治的一般信赖"[6]、"相互存在内外在机能条件的国家行政与司法"[7]等的观点分歧。代表性的复合法益说的观点包括,"保护职务执行所产生的公

---

〔1〕 Schönke/Schröder/Heine, a. a. O., § 331 Rn. 3.

〔2〕 Rudolphi/Stein, a. a. O., § 331 Rn. 4; Tröndle/Fischer, Strafgesetzbuch und Nebengesetze, 54. Aufl., 2007, § 331 Rn. 3.

〔3〕 BGHSt 10, 237, 241 f; 14, 123, 131; 15, 88, 96.

〔4〕 该能力是要通过职务伦理(Amtsethos)的提升来避免内外在的危险出现,参见NK-Kuhlen, 3. Aufl., 2010, § 331 Rn. 10。

〔5〕 Wentzell, Zur Tatbestandsproblematik der §§ 331, 332 StGB, 2004, S. 79.

〔6〕 H. Henkel (Fn, 16), 508.

〔7〕 Herzberg NJW 1990, S. 2525.

共信赖与确保职务行为的不可收买性或公共行政的纯洁性"[1]、"兼及对公务员的廉洁性与国家决策客观性的信赖"[2]、"贿赂犯罪确实损害了公务的正常进行,篡改了国家意志,也破坏了廉政制度与公务的无酬原则,因此也破坏了对以上所有这些的信赖。但在这些背后,是贿赂犯罪对国家与公民之间'契约'的破坏,换言之,公民将权利集中于国家是为了换取对个人自由的保障,但在贿赂犯罪中,国家的这一承诺被'背叛'了,所以贿赂犯罪归根结底还是侵犯了'通过宪法保障的个人权利(的许可条件)'"。[3]

德国《刑法施行法》(EGStGB)草案则明确将贿赂犯罪的法益解释为"公务的纯洁性",[4]且在该草案中并未严格区分"公务的纯洁性"与"公务的不可收买性",两个概念被任意混用,似乎保护了"公务的纯洁性"这一法益,也就等同于避免了职务行为的被收买性以及公职人员的偏私性。[5] Lackner/Kuehl 对刑法典条文所做的解释中,认为贿赂犯罪的法益既是对国家功能承担者不被收买的信赖,同时也是对国家决策的公正性的信赖,并以此来保障国家意志不受伪造,职务行为的纯洁性不受侵犯,使国家行为的权威性不受动摇。[6] 在德国的实务中,早期采纳的是腐败与贿赂犯罪(Bestechlichkeit und Bestechung)所侵害的法益是"职务义务的不可侵害性或公务执行的纯洁性"的观点。[7] 新近的联邦最高法院判决确认将职务行为的不可收买性与国家职务的纯洁性,而非法人的财产利益或国家意志的扭曲,作为贿赂犯

---

〔1〕 BGHSt 30,46,48; 47,295,303; 49,274,283.

〔2〕 Lackner/Kühl, a. a. O., § 331 Rn. 1. 并引用 BGHSt 15,88,96; 30,46,48; 47,295,309 等联邦最高法院判决为依据。

〔3〕 W. Kargl (Fn,93),789 - 790.

〔4〕 Vgl. M. Korte/Muechner Kommentar StGB(2014), § 331Rn. 3 - 4; siehe auch BT - Drucks,13/5584.

〔5〕 BT - Drucks,7/550 (S. 269).

〔6〕 K. Lackner/Lackner - Kuehl - Kommentar StGB(2014), § 331 Rn. 1.

〔7〕 公务的不可侵犯性或公务行为的纯洁性"die Unverletzlichkeit der Dienstpflicht od. die Reinheit der Amtsausübung" s. RGSt 72,174,176; BGHSt 10,237,241; Graupe, Die Systematik und das Rechtsgut der Bestechungsdelikte,1988,S. 76 ff. BGH。

罪(Bestechungsdelikte)的规范目的。[1] “贿赂犯罪的法益既是针对职务行为的公正性与不被收买性的信赖,也是针对职务行为纯洁性的信赖,但有时又直接认为职务行为的纯洁性本身就是保护法益。”[2]

德国刑法理论与实务界关于贿赂犯罪法益的研究,对于罪名体系建设与完善的意义在于,一是在罪名体系上,以违反公务的纯洁性的法益保护为罪名建构的起点,设立接受与提供利益的罪名。并基于背职性贿赂犯罪法益损害的复合性,设定独立的罪名,以对此类行为作出明确的评价,建构具有梯级性的刑罚体系。二是对贿赂犯罪设定较低的刑法评价端口,宽松刑法介入的条件,降低刑法保护的要求。《德国刑法典》设定的接受利益——背职受贿的罪名体系中的接受利益罪,单纯以违反公务的纯洁性为根据。三是罪名设定降低了司法适用中自由裁量权过大可能导致的风险。对于背职贿赂罪而言,其法益损害的复合性更为明确,其直接法益是职务执行之正确性,而这样的职务正确性之破坏的间接法益在于,丧失了人民对公共行政组织及其作为的信赖。一方面是公共行政组织要长期运作下去的前提条件——职务的正确性,另一方面则是社会公众对公共行政组织行使对社会利益分配关系的正当性与矛盾裁判结果的正当性的信赖。

2. 商业贿赂犯罪的法益属性

在商业贿赂犯罪的法益属性上,德国的理论学说明确采用了有别于公职贿赂犯罪法益定位的观点,以商业交往中发生于私营企业内的具有对价关系的行为作为刑法规制的对象,而并不触及对私营部门内基于非商业交往的利益交易行为的评价,在罪名体系与罪刑规范设计中,商业贿赂犯罪的构成要件要素并非对公职贿赂犯罪构成要件要素的简单复制,而是根据实现刑法规制犯罪目的的需要,进行独立的要素设计与配置,由此形成独立的商业贿赂犯罪的罪名体系。德国刑法学理界关于商业贿赂犯罪的法益,通常认为,在 2015 年立法修正前,是以

---

〔1〕 BGH NJW 2001, 2558, 2559; BGHSt 47, 22, 25; BGHSt 47, 295, 303; Korte, a. a. O., § 331 Rn. 5.

〔2〕 M. korte (Fn. 11), Rn, 5.

“自由及正当的竞争”(freier und lauterer Wettbeberb)作为其所保护的法益。[1] 而在2015年立法修正了商业贿赂犯罪的构成要件后,“业主财产利益”成为了商业贿赂犯罪保护的法益,其核心在于,认为商业贿赂犯罪的行为人是对业主忠诚义务的违反。

(二)职务行为

职务行为,是德国刑法贿赂犯罪成立的必要要件,且在早期被认为具有明确《德国刑法典》第331条与第332条适用的界分标准作用,原因在于,对于具有排斥关系的两个法条而言,不法期约只能针对职务行为的义务违反性,即公职人员的执行职务行为必须与行贿的利益形成所谓的对价关系(Gegenleistung)。其后,由于受到1974年德国《刑法施行法》的影响,对贿赂犯罪的构成要件作出了新的解释:“基本构成要件”——收受贿赂(Vorteilsannahme)以及“加重构成要件”——收买可能性(Bestechlichkeit)。1997年《德国反腐败法》在对刑法典所规定的贿赂犯罪进行立法修正中,以较广泛的“职务行使”(Dienstausübung)代替原来的“职务行为”(Diensthandlung),目的在于解决因具体职务行为判断标准狭隘而导致的问题,即对于职务执行行为也可以视为不法期约,从而将不法期约的对象客体加以宽松化、缓和化,使其从原本的职务义务违反性得以扩张适用在职务执行(非职务义务违反性)上。这些变化使这两个条文成为“非排斥性关系”,甚至类似于基本构成要件与加重构成要件关系,因此职务活动无须再具体确定到必须呈现义务违反性。[2] 在德国学理中,所谓职务行为,系指该行为系属于公务员职务上的职责且公务员系以公务的身份而进行,并非取决于具体的管辖权与内部的事务分配。[3] 职务行为与公务员所承担的公务上的任务范围至少须具有一种功能性的关联。[4] 相反地,如果公务活动与公务上

---

〔1〕 Dannecker, in: NK StGB 4. Aufl., § 299 Rn. 4; Fischer, Strafrecht und Nebengesetze Kommentar 63. Aufl., § 299 Rn. 1.

〔2〕 BGHSt 15, 217, 223.

〔3〕 Wessels/Hettinger, BT/1, Rn. 1111; Lackner/Kühl, StGB, § 331 Rn. 8; Rengier, BT/2, § 60, Rn. 16.

〔4〕 Heine, in: S/S, StGB, 331, Rn. 9.

的任务范围毫无关联，或者公务员虽然系利用职务活动之时机，但仍以私人身份进行，[1]则因欠缺职务行为的成立要件，而无法做出适格性的判断。基于此，德国刑法通说认为，《德国刑法典》第331条(1)普通受贿罪与第332条加重受贿罪主要区别之一在于，前者不以具体特定的职务行为为限，即使是一般抽象的职务上之任务范围，仍可成立，而后者则是以具体特定的职务行为为限。[2] 其根据在于，加重受贿罪所指涉的违背义务的情形，只有在具体的职务行为中才有可能。[3]

违背义务的具体职务行为系指职务行为本身违反职务上相关的法律、行政命令或个别指令之要求或禁止。例如，公务员违反保密义务、违法收集个人资料，精神病患收容机构之医护人员违法提供酒类饮料给被收容人等。[4] 当然，所谓具体的职务行为不需要在细节内容上完全确定，只要公务员于其特定的职务范围之内朝特定方向有所行动，而其所打算进行的行为依其实质内涵可以看得出来与确定其大致的轮廓，便已足矣。[5] 例如，提供金钱者向税务人员表示，"我那个案子就麻烦你多费心了"。相反地，如果连职务行为之大致轮廓都看不出来，则不属之。例如，市长向提供金钱者允诺，以后涉及各机关之各种疑难杂症的事，全包在我身上(或你的事就是我的事)。至于所谓职务行使，系指公务员履行其所承担的公共任务之一般性的职务活动，对应于公务员之任务，只要有一般的管辖权限即可，并不要求须有具体的事物或土地管辖权，其是否属于具体的职务行为，在所不问。此等职务行使连大致可看出其轮廓范围都不需要。[6] 职务行使此一概念不仅包括具有外部效果的行为，而且也包括准备性与支援性的职务活动，例如，

---

〔1〕 Lackner/Kühl, StGB, § 331 Rn. 9; Heine, in: S/S, StGB, § 331 Rn. 10.

〔2〕 Fischer, StGB, § 331 Rn. 6; Lackner/Kühl, StGB, § 331 Rn. 8; Hohmann/Sander, BT/2, § 28 Rn. 6.

〔3〕 Fischer, StGB, § 332 Rn. 6.

〔4〕 Lackner/Kühl, StGB, § 332 Rn. 3.

〔5〕 Fischer, StGB, § 332 Rn. 5; Lackner/Kühl, StGB, § 331 Rn. 10a; Rosenau, in: S/S/W, StGB, § 332 Rn. 5.

〔6〕 Rosenau, in: S/S/W, StGB, 331 Rn. 33; Fischer, StGB, § 331 Rn. 6; Lackner/Kühl, StGB, § 331 Rn. 8; Rengier, BT/2, § 331 Rn. 19.

其他公务员之商议或意见提供。[1] 提供利益者纯粹考量该公务员的行政职位或获取其好感,甚至只是为了要博取该公务员在行使其公务行为时的好意。[2]

《德国刑法典》第 331 条规定的受贿罪,有一个发展变化的过程:1997 年之前,受贿罪强调贿赂与特定职务行为的对价关系;而在 1997 年刑法修正后,对价关系得以弱化。"基本上只要行贿者与受贿者之间,对于公务员可能实施的职务活动有合意,即足以构成第 331 条刑责,在此原则上不要求职务行为的特定性,只要概括、一般性内容即足以构成本罪的对价关系。"[3] 或者说,"虽然仍要求必须有对价关系,但该对价关系存在于'不特定职务之执行'以及'贿赂'之间,只要受贿与行贿双方,对于'公务员收受贿赂而将为有利于私人或第三人之不特定职务行为'有所认知,就可以肯定个案中存在该弱化的对价关系"。[4]

三、犯罪治理的重点方面

"一个中心、三大领域、罪名分立",是德国贿赂犯罪刑法立法的重要特色,是立法发展的重点选择,其中,"一个中心",是指以公职人员的贿赂犯罪立法体系建构为中心,根据不同公职犯罪主体类型与履职、背职行为模式的组合,以此形成"分层式"的立法体系。"三大领域",是指贿赂犯罪立法分别就公职领域、选举领域与商业领域作为体系建构的重点,设定出不同的罪名体系。"罪名分立",则是指配置具有不同犯罪内容的构成要件要素,进而设定出不同的罪名,揭示出贿赂犯罪的治理重点。在现实的犯罪治理中,其重点领域主要涉及:

(一)公权力的贿赂犯罪

承担国家管理、司法职责与仲裁职责的人员的贿赂犯罪,是德国贿赂犯罪刑法立法的起点,也是刑法修正的重点领域,以公权力主体贿赂

---

〔1〕 Fischer, StGB, § 331 Rn. 7.

〔2〕 BGH NStZ – RR 2003, 171f; BGH wistra 2000, 97.

〔3〕 许恒达:《贪污犯罪的刑法抗制》,台北,元照出版有限公司 2016 年版,第 27 页。

〔4〕 许恒达:《贪污犯罪的刑法抗制》,台北,元照出版有限公司 2016 年版,第 76 页。

犯罪刑法立法为中心,回应国家贿赂犯罪治理需求,才能在社会发展中发挥其应有作用。基于准确评价公职贿赂犯罪法益损害性质与程度的需要,德国刑法针对基本犯与加重犯设定出不同的罪名,其核心是判断公权力被贿赂支配后的行权状况。公权力贿赂犯罪作为犯罪治理的重点,其构成要件内容得到不断地完善。

在加快国内法完善进程的同时,德国积极推进区域性国际公约在本国的立法化。1996 年与 1997 年欧盟委员会分别通过了《欧共体金融利益保障公约》和《遏制贿赂欧共体官员与欧盟成员国官员公约》,一致要求成员国修改国内刑法中贿赂犯罪的行为对象,从原来的本国官员拓展至欧共体、欧盟成员国官员。1998 年,德国颁布《欧盟反腐败法案》作为特别刑法将上述公约纳入国内刑法体系,不仅将向欧共体、欧盟成员国官员行贿的行为犯罪化,而且实现了对欧共体、欧盟成员国官员受贿行为的犯罪化。同年,德国联邦议会通过《遏制国际腐败犯罪法案》,全面贯彻经济合作与发展组织制定的《惩治国际商务交易中贿赂外国公职人员公约》的相关规定,将向外国公职人员行贿的行为犯罪化,根据该法案,全面禁止向任何外国公共机构的公职人员给付贿赂。2002 年德国立法机关制定的《国际刑事法庭法官与公职人员同等化处理法案》吸收了《国际刑事法庭罗马条例》第 70 条第 4 段的内容,明确规定贿赂国际刑事法庭法官与公职人员的行为与贿赂外国公职人员同等处理。

(二)商业贿赂犯罪

私营部门内的商业贿赂犯罪,于 1997 年 3 月 18 日通过《德国反腐败法》(Gesetz zur Bekämpfung der Korruption)引入《德国刑法典》,旨在对自由的商业竞争提供法益保护,此类犯罪在规制对象的范围上,有别于以决策的不透明性为规制对象的公权力贿赂犯罪,不仅如此,“根据修正草案的说明,立法者引进业主模式的主要目的,正是在于将处罚的范围由原本的‘竞争模式’扩张到‘雇员就商品或服务交易的范围内,应忠实或不受影响地履行自己对于业主的义务’的领域”。[1] 例

---

〔1〕 BT - Drucks. 25/15, S. 21.

如，对于商业交往中为竞争目的向商业企业的雇员或受托人或第三人提供、允诺、给予好处，作为回报，使其同意在有关商品或商业服务的竞争中，以不法方法优惠自己或他人。

2003 年，西门子公司的可疑账户以及资金流向引起审计部门注意，它设在数个国家和地区的子公司陆续接受美国和德国检察机关调查。调查显示，西门子公司 20 世纪 90 年代中期以来以支付回扣等贿赂方式赢取项目竞标，涉及联合国伊拉克“石油换食品”计划、委内瑞拉铁路、孟加拉国移动电话网络、以色列发电站、俄罗斯交通管制系统等项目。最终，西门子公司承认 2000 年至 2006 年海外行贿金额高达 16 亿美元。[1] 2006 年，西门子全球商业行贿案首次曝光令国际社会一片哗然。与此同时，德国汽车企业如宝马、戴姆勒—克莱斯勒、大众等公司也爆出商业腐败丑闻。德国的建筑行业、医药销售、设备购销和项目审批部门以及发放补贴、救济金等款物的部门，均是商业贿赂严重的领域。国际反腐败专业组织“透明国际”主席杰明・布鲁克斯曾对此分析说，商业贿赂在德国发生有传统方面的原因，因在 1999 年以前，德国法律并不禁止国内企业间的贿赂行为以及企业在国外的贿赂行为，使德国企业经营者认为要想做生意，行贿是必须付出的成本。近年来，德国从多方面加强了对商业贿赂的打击力度，其中最为要者是颁布了《腐败防治法》，德国国内企业间的贿赂所得以及企业在海外的贿赂所得要被一并没收，且当事人要被追究刑事责任。

值得关注的是，德国刑法所规定的商业贿赂犯罪，具有特定的指定对象，“只有与商业交往有关的私营部门的贿赂行为才纳入刑法的范围，而不存在对私营部门普遍适用的贿赂罪”。[2] 这一立法模式与《联合国反腐败公约》的规定具有一致性。该公约第 21 条规定了“私营部门内的贿赂”，是指：“各缔约国均应当考虑采取必要的立法和其

---

〔1〕 杨舒怡：《国际反腐面面观：德国行贿大案倒逼反腐改革》，载中国纪检监察网，https://www.ccdi.gov.cn/yaowen/201405/t20140522_131917.html。

〔2〕 余高能：《比较法视野下中国反贿赂犯罪刑事立法之完善》，中国社会科学出版社 2017 年版，第 46 页。

他措施,将经济、金融或者商业活动过程中下列故意实施的行为规定为犯罪:(1)直接或间接向以任何身份领导私营部门实体或者为该实体工作的任何人许诺给予、提议给予或者实际给予不正当好处,以使该人违背职责作为或者不作为;(2)以任何身份领导私营部门实体或者为该实体工作的任何人为其本人或者他人直接或间接索取或者收受不正当好处,以作为其违背职责作为或者不作为的条件。”显然,这一立法模式所规定的商业贿赂并不等同于私营部门贿赂。〔1〕

第四节　日本“复杂分层+分体式”贿赂犯罪立法中的罪名体系

日本通说一般是将贿赂犯罪区分为公务员、仲裁员以及其他人员的贿赂犯罪。〔2〕关于贿赂犯罪的规定来自《日本刑法典》和特别法,前者是关于公务员贿赂犯罪的规定,后者是其他特殊主体贿赂犯罪的规定,由此形成了贿赂犯罪罪名体系。

一、基本罪名体系构成

(一)公务员贿赂犯罪

公务员贿赂犯罪由《日本刑法典》规定,其犯罪主体(对象)是《日本刑法典》第7条所规定的公务员,即国家或者地方公共团体中的职员

〔1〕 值得注意的是,一些区域性及国际性公约对于商业贿赂犯罪,也普遍采取了限定性规定的模式。例如,欧洲理事会《反腐败刑法公约》仅是将私营部门在商业交往中发生的贿赂犯罪归入商业贿赂犯罪。经济合作与发展组织《禁止在国际商业交易中贿赂外国公职人员》专门针对国际商业活动中的行贿行为规定了行贿外国公职人员罪。在中国语境中,则将商业贿赂界定为发生在商业活动中的贿赂,既包括发生在私营部门的贿赂,也包括发生在公务部门的贿赂,属于广义的“商业贿赂”概念。广义的商业贿赂不是一个严格的法律概念。这种称谓的最大意义在于对商业贿赂专项斗争的指导、整合和协调作用。参见卢建平、张旭辉:《商业贿赂的刑法规制——以私营部门为例》,载《法学杂志》2007年第1期。

〔2〕 参见陈家林:《中日刑法中的商业贿赂犯罪之比较》,载《政法论丛》2006年第6期。

以及其他依照法令从事公务的议员、委员和其他职员。以受贿罪为中心建构的罪名体系，涉及8种具体的贿赂犯罪，[1]在罪名体系上采取了多元、交叉标准，核心在于不同受贿犯罪法益损害程度的实质差异。根据构成要件要素的不同，受贿犯罪罪名体系涉及以下标准：(1)根据公务员受贿是否以存在请托为必要，涉及单纯受贿罪与受托受贿罪，前者无须具备接受请托要件，本质上属于接受不法馈赠的行为，其他受贿犯罪均存在接受请托的要件。(2)根据公务员是否基于受贿而作出与职责相违背的行为，涉及履职受贿与背职受贿。其中，受托受贿罪、事前受贿罪和向第三者提供贿赂罪属于履职受贿，而加重受贿罪、事后受贿罪和斡旋受贿罪则属于背职受贿。(3)根据公务员收取贿赂与实施职务行为之间的时间序接关系，涉及事前受贿与事后受贿。(见表4-1)

表4-1　《日本刑法典》公务员受贿犯罪罪名体系概况[2]

类型	单纯受贿罪	受托受贿罪	事前受贿罪	向第三者提供贿赂罪	加重受贿罪	事后受贿罪	斡旋受贿罪
条文	第197条第1项1文	第197条第1项2文	第197条第2项	第197条之二	第197条之三第1、2项	第197条之三第3项	第197条之四

[1] 根据关哲夫教授的观点，包括：单纯受贿罪（第197条第1项1文）、受托受贿罪（第197条第1项2文）、事前受贿罪（第197条第2项）、向第三者提供贿赂罪（第197条之二）、加重受贿罪（第197条之三第1、2项）、事后受贿罪（第197条之三第3项）、斡旋受贿罪（第197条之四），以及行贿罪。参见[日]关哲夫：《日本刑法中的受贿罪》，王充译，载魏昌东、顾肖荣主编：《经济刑法》（第18辑），上海社会科学院出版社2018年版。与之相左的观点，是西田典之教授认为的10种，除上述8种外，还包括事后加重受贿罪（第197条之三第2项前段）和事后加重向第三者提供贿赂罪（第197条之三第2项后段）。参见[日]西田典之：《日本刑法各论》（第3版），刘明祥、王昭武译，中国人民大学出版社2007年版，第378页。

[2] 参见[日]关哲夫：《日本刑法中的受贿罪》，王充译，载魏昌东、顾肖荣主编：《经济刑法》（第18辑），上海社会科学院出版社2018年版。

续表

类型	单纯受贿罪	受托受贿罪	事前受贿罪	向第三者提供贿赂罪	加重受贿罪	事后受贿罪	斡旋受贿罪
主体	公务员	公务员	将成为公务员的人	公务员	公务员	前公务员	公务员
请托	不要	必要	必要	必要	不要、必要	必要	必要
不正当行为等	不要	不要	不要	不要	必要（实行）	必要（实行）	必要（斡旋）
法定刑	5 年以下惩役	7 年以下惩役	5 年以下惩役	5 年以下惩役	1 年以上惩役	5 年以下惩役	5 年以下惩役
加重类型	第 197 条之三第 1 项	第 197 条之三第 1 项	第 197 条之三第 1 项	第 197 条之三第 1 项			

尽管《日本刑法典》就受贿罪设定出 7 个罪名，但是，其行为内容具有同一性，均包括收受、要求或者约定贿赂 3 种方式。所谓“收受”，是指愿意接受并取得贿赂的财产或者利益。具体包括，贿赂为财物时，表现为对财物的转移占有；贿赂为利益时，表现为实际上已能享受该利益。根据不同罪名的要求，收受的时间可以在行使职务之前或者之后。所谓“要求”，是指由公务员提出。其提出要求的时间为既遂成立的时间，即使没有答应其要求，本罪亦成立。所谓“约定”，是指双方就收受贿赂的意思已达成一致。约定一经达成，即使后来一方要求解除约定，亦不影响本罪成立。受贿罪均为故意犯意，在主观故意上，需要对贿赂性质有认识，如果确信是“正当的要求而非贿赂”而加以收受，则受贿罪不能成立。《日本刑法典》第 197 条第 1 项前段规定了单纯受贿罪，其中与贿赂具有对价关系的仅是公务员“有关职务”的权限，而无须对该权限提出或者接受任何的请托要求。“这里所说的职务，不仅指其

职务自身,而且在其之外,与职务具有密切关系的场合也包括在内。作为职务的意义,只要是属于该公务员的一般职务权限即可,不需要是自己现在具体担当的事务。"[1]"构成要件行为设置受托受贿罪的目的:在接受请托的场合,贿赂与职务行为的对价关系更为明确,公务是否被贿赂所左右这种疑惑更深,对于公务之公正性的社会一般信赖的侵害程度更严重。"[2]

《日本刑法典》第198条规定的行贿罪,其行为内容为"交付、要求接受或约定贿赂",所谓"交付",是指使对方实际收受贿赂的行为,若对方不予收受,则属于要求接受。交付与收受是必要的共同犯罪,属对向犯。所谓"要求接受",是指提出对方接受本人提供利益请求的意向表明行为,其成立犯罪的条件则与对方收受的意向无关。所谓"约定",是指就贿赂的交付与受贿人达成合意。行贿的方式具有多样性,但交付、要求接受或约定的行为必须针对公务员、仲裁员的职务进行。事前受贿、第三者供贿、枉法受贿、事后受贿、斡旋受贿等罪所对应的行贿罪,还必须有请托这一必要条件。日本司法实践排除因被胁迫向公务员交付贿赂行为的行贿行为属性。[3]

(二)仲裁员受贿罪

《日本仲裁法》第50条规定了"受贿、受托受贿和事前受贿"罪,其基本内容为:"仲裁员就其职务收受贿赂、要求或约定收受贿赂的,处五年以下有期徒刑。前述情形,接受请托的,处七年以下有期徒刑。将要成为仲裁员的人,就其应负责的职务,接受请托收受贿赂、要求或约定收受贿赂的,成为仲裁员时,处五年以下有期徒刑。"显然,这一规

---

〔1〕李洁:《日本受贿罪立法及对我国的借鉴价值》,载《北方法学》2007年第1期。

〔2〕[日]西田典之:《日本刑法各论》,王昭武、刘明祥译,法律出版社2013年版,第511－512页。

〔3〕1964年日本最高法院的判例认为,由于行为人此时仍属根据自己自由意志而决定行为,因而仍然具备可罚性。但通说认为,就公务员来说,是把职务行为作为利益的对价,在胁迫基础上取得贿赂,既侵害国家法益,又侵害了国民的私人法益,系敲诈勒索罪与受贿罪的观念的竞合,实质上为一罪;就交付贿赂的人来说,同时其也是勒索行为的"被害人",一则造成国民对公务信赖损害的原因力较小,二则责任非难程度较低,因而缺乏作为行贿罪处罚的必要性。

定，仅是刑法典关于公务员贿赂犯罪的特别化。

（三）商业贿赂犯罪

"《日本刑法典》中无商业贿赂犯罪的规定"，"《日本刑法典》历次的修改主要是扩张行为的形态，但在特别法中，则对贿赂罪的主体作了扩大，规定了各种特殊主体的贿赂犯罪，由于这些犯罪多发生在经济活动之中，所以大致相当于我国所指的商业贿赂犯罪"。[1]《日本商法典》第493条曾有对私营部门贿赂犯罪的规定，但是，后来该条被立法删除，而由《公司法》加以规定。总体来看，行为模式实际与刑法典行为模式相当，但是刑法典行为模式更加多样，而日本商业贿赂则是在附属刑法中对刑法典行为模式的选取。

二、重要构成要素内容

（一）贿赂犯罪的法益属性与罪名体系构建

基于贿赂犯罪法益属性揭示在刑法准确适用中的重要地位，日本刑法理论历来重视对这一问题的研究，形成过众多的学说观点，[2]且在日本最高裁判所对重点案件的审判中也形成过不断更新的裁判意

---

[1] 陈家林：《中日刑法中的商业贿赂犯罪之比较》，载《政法论丛》2006年第6期。

[2] 我国台湾地区学者李锡栋教授对此进行了全面考察，总结为6种观点：（1）职务之公正及社会对职务公正之信赖。（代表性观点出自［日］泉二新熊：《日本刑法各论》，有斐阁1917年版，第469页。［日］宫本英雄：《刑法大纲》，成文堂1984年复刻版，第519页等。）（2）职务行为之不可收买性。（代表性观点出自［日］泷川幸辰：《贿赂罪の若干问题》，载《公法杂志》第2卷第1号，1936年1月，第57页。［日］木村龟二：《刑法各论》，法文社1959年复刊，第288页等。）（3）职务之不可收买性及职务之公正。（代表性观点出自［日］福田平：《全订刑法各论》，有斐阁2002年第3版增补版，第46页。［日］小暮得雄、［日］内田文昭等编：《刑法讲义各论》，有斐阁1988年版，第562页。）（4）公务员之清廉义务。（代表性观点出自［日］小野清一郎：《新订刑法讲义各论》，成文堂1996年版，第48页。）（5）国家机关之不可收买性及职务之公正性。（代表性观点出自［日］山中敬一："贿赂罪における职务关联性"，《现代刑事法》第4卷第7号，2002年7月，第28页。）（6）职务之公正（代表性观点出自［日］北野通世："收贿罪の一考察"，《刑法杂志》第27卷第2号，1986年9月，第259页。［日］神山敏雄著、［日］小暮得雄等编：《刑法讲义各论》，有斐阁1988年版，第562页）等见解。参见李锡栋：《日本法上贿赂罪职务行为之研究》，载《法学丛刊》2011年第7期。

见，对贿赂犯罪罪名体系构建带来直接的影响。

日本理论界对于贿赂罪保护法益主要的代表性观点，分别为“不可收买性说”[1]、“公正性说”[2]、“信赖保护说”和“综合说”[3]。“信赖保护说”，可谓日本的通说观点，“贿赂罪的保护法益最终只能是职务行为的公正性以及如此的社会一般信赖（信赖保护说），并且，单纯受贿罪是其基本类型，加重受贿罪为其加重类型（通说）”。[4] 综观上述观点分歧，其对贿赂犯罪的法益揭示所存在的实质性差异究竟是何种原因，对此，中国学者在研究时并没有引起足够的关注，国内学者在研究时仅是将不同观点加以列示，而并未深入探究其差异性的根源，进而对其合理性作出有效的分析。对此，本书认为，日本学界各观点对于贿赂犯罪法益的揭示，均是将贿赂犯罪作为类罪而进行的界定与揭示，然而，由于日本刑法在对贿赂犯罪进行立法时，本身就采用了世界上独树一帜的真正的罪名体系性建构的方法，突出表现为，刑法典根据不同受贿行为的行为内容在立法时即作出了细致地界分，进行了独立的罪名设定，进而形成了受贿罪的罪名体系，在犯罪本质上存在履职受贿与背职受贿的根本差异，这与其他国家通常是将受贿罪仅作为一个罪名加以规定，而使之包含对多种具体不法行为的评价的方式完全不同，由于《日本刑法典》所规定的受贿罪在行为的不法性本质、不法性程度上的差异，从而很难将对某一种具体个罪的法益作为类罪的法益加以设定，无论将何种具体受贿罪的法益放大为所有罪名体系的法益，均具有相当的困难，乃至不可能性，这是造成日本学术界对此问题无味争议的根源所在。对此，日本学者亦已有所关注。“现行刑法的规定，首先，

---

[1] 木村亀二『刑法各論』（有斐閣，1957 年）288 頁。中義勝『刑法各論』（有斐閣，1975 年）297 頁。平野龍一『刑法概説』（東京大学出版会，1977 年）294 頁。

[2] 林幹人『刑法各論』（東京大学出版会，2007 年）441 頁。山口厚『刑法各論』（有斐閣，2010 年）612 頁。

[3] 団藤重光『刑法綱要各論』（創文社，1990 年）129 頁。大塚仁『刑法概説（各論）』（有斐閣，2008 年）627 頁。福田平『全訂刑法各論』（有斐閣，2002 年）46 頁。

[4] [日]西田典之：《日本刑法各论》（第 3 版），刘明祥、王昭武译，中国人民大学出版社 2007 年版，第 380 页。

从第 197 条到第 197 条之三第 1 项，无论公务员职务行为的正当或不正当，只要是收受了针对职务行为的贿赂，就设计了单纯的受贿罪、受托受贿罪、事前受贿罪、向第三者提供贿赂罪的处罚规定；第 197 条之三第 1、2 项，第 197 条之四，收受了针对公务员的职务行为的贿赂并且考虑职务行为的正当或不正当而设计了加重受贿罪、事后受贿罪、斡旋受贿罪的处罚规定。其次，在刑法中不仅存在着先收受贿赂后实施职务行为的贿赂先行型，还存在着第 197 条之三第 2、3 项那样的，先实施职务行为，后收受贿赂的贿赂后行型的规定，如此能够对这些规定作出相互不矛盾的理论说明。"〔1〕日本学界对贿赂犯罪法益的诸多观点中，"职务之公正与一般社会对职务公正之信赖"成为通说，也获得了判例的支持，其基本观点是，即使"职务的公正"本身未受侵害，如果对职务公正之"社会信赖"有受到侵害也可以认为法益有受到侵害。〔2〕

日本理论界对商业贿赂犯罪的法益内容持独立类型说的观点，其与公务贿赂犯罪所保护的法益属性即信赖利益的观点有别，其根据在于，对于作为普通公民的职员，提出与作为公职人员同样的职务廉洁性的要求是不合适的。故此，通说理论认为，"商业贿赂犯罪的保护法益在于正常的市场经济秩序以及公司的财产权"。〔3〕以《日本商法典》中所规定的商业贿赂犯罪即公司的发起人、董事等的受贿罪以及对他们的行贿罪而言，其立法背景是："虽然以前并不处罚这些人员的贿赂行为，但就现在的社会状况而言，这些人的社会地位、责任十分重大……与公务员相比并不必然处于劣势。这些人借助企业的资金，利

---

〔1〕［日］关哲夫：《日本刑法中的受贿罪》，王充译，载魏昌东、顾肖荣主编：《经济刑法》（第 18 辑），上海社会科学院出版社 2018 年版。

〔2〕参见李锡栋：《日本法上贿赂罪职务行为之研究》，载《法学丛刊》2011 年第 7 期。然而，对于受贿罪保护法益之问题，日本理论界的信赖保护说在理论上并没有真正解决，而只是因为其抽象、形式，而在表现上求得一致见解而已。参见堀内捷三「贿赂罪における职务行为の意义——とくに"职务と密接な关系のある行为について」内藤謙＝松尾浩也＝田宮裕＝芝原邦爾編『平野龍一先生古稀祝賀論文集』［上］（有斐閣，1990 年）197 頁。

〔3〕平野龍一＝佐々木史朗＝藤永幸治編『注解特別刑法』［第 4 巻］（青林書院，1991 年）85 頁。

用其地位牟取不正当利益的情况屡见不鲜,其社会危害相当严重,因而设立这些规定。"[1]"此罪只有在行为人由于其职务行为给公司造成了财产上的损失,并作为其对价收受贿赂的情况下才能成立,即只适用于对公司造成现实损害的情况。"[2]

(二)职务的关联性及其判断

《日本刑法典》与司法实务重视"职务""职务相关事项"在受贿罪构成要件中的地位与作用,为了防止因对职务行为的认定标准进行过于宽泛或者过于限缩的界定所可能导致的对处罚范围的不当影响,衍生出对"职务关联性"进行判断的问题,是对职务行为研究的深化。

日本的学说与判例对"职务行为"均持"一般职务权限论"的观点,关于属于一般职务权限的行为,无论其有无具体的事务分配,只要在职务权限内就可以认为是职务行为。[3]"关于职务"只要是与职务权限有关系即可,不必是职务行为本身,虽然不属于职务行为本身,如果是与职务有密切关系的行为,也包含在"职务"范围内。[4]除非是对该职务完全没有影响的人,其即使关于该职务有收受金钱物品之情形,也不可能有侵害职务公正之可能性,所以此种情形,虽然有可能因使用诈术、恐吓而构成诈欺罪或恐吓取财罪,但不能构成受贿罪。[5]与职务有密切关联性的行为,它本不属于职务行为,但因为与职务具有密切关系,准以职务行为处理。该行为的类型有二:一是不是本来的职务行为,但惯常担当的行为;二是依自己的职务权限,事实上具有影响力的场合。[6]

判例对于职务的内容,认为,"公务员与其地位相随而应作为公务处理的一切工作"。对于公务员目前负责的,并在法令上有明确依据的实务属于"职务"的观点并无疑问。对于并非公务员目前负责,但属

---

〔1〕 佐々木良一＝奥野健一『株式会社法釈義』(嚴松堂,1939年)546頁。

〔2〕 大塚仁『刑法概説(各論)』(有斐閣,1996年)629頁。

〔3〕 大谷實『刑法講義各論』[新版第5版](成文堂,2000年)623頁参照。

〔4〕 内藤謙『賄賂の概念』[総合判例研究叢書 刑法14](有斐閣,1960年)80頁参照。

〔5〕 神山敏雄「日本における贿赂罪——政界・官界・业界の构造污职を中心に」刑法読書会編『犯罪と刑罚』[第10号](成文堂,1994年)22頁参照。

〔6〕 大谷實『刑法講義各論』[新版第5版](成文堂,2000年)625頁参照。

于其一般的职权范围内的事项，判例和通说则采用“一般的职务权限”理论，也认定其满足“职务关联性要件”。该理论认为，作为贿赂对价的职务即使并非公务员目前负责的职务，只要该公务员就属于自己一般职务范围内的事项收受了贿赂，即可成立受贿罪。该理论的依据在于：(1)未来负责的职务可能发生变动；(2)存在内部向具体负责人建议、要求帮助的可能。但是，正因如此，对于职务关联性的认定，该公务员对具体职务施加影响的可能性越来越受到重视。亦即，即使职务内容是共通的，但是属于不同组织所负责的事务时，若该公务员不存在能够对具体事务施加影响的可能性，则不能满足职务相关性要件。[1]

然而，当一般职务权限不能被承认时，有些情形下，判例会更进一步认为即使不是本来的职务行为，也是与职务有密切关系的行为，亦即即使不属于一般职务权限，也可能通过与职务有密切关联性的理论肯定其职务性。[2] 在这种观点下，关于地方议会议员在议会外的劝诱游说、意见之表明等行为，判例一向肯定其与职务有密切关联性。[3] 因此，后来的判例也有将这一见解评价为是有限度地理解“与职务有密切关系之行为”。[4] 后来的判例就“与职务有密切关系的行为”也肯定其具有职务性，乃是在“法令”的形式上根据以外的理由来判断其职务性，而已经超越过去判例所可以看到的职务性的范围，是更向外扩大了一步。[5] 在学说上，最根本的论点，是关于“与职务有密切关系的行

---

〔1〕［日］桥爪隆：《论贿赂犯罪的职务关联性》，王昭武译，载《法治现代化研究》2022年第2期。

〔2〕大正2年大审院在关于县议会议员动员其他议员将主张县费支出为适当之意见书提出于县议会并予以可决，而于可决后交付金钱的行贿案中，作出了对于本来职务行为的顺利进行是密切不可分的行为，可以视同本来的职务行为。参见大审院大正2年12月9日判决，刑事判决录第19辑，第1393页。

〔3〕例如，大审院昭和8年10月10日判决，刑事判例集第12号，第1801页。大审院昭和9年8月6日判决，刑事判例集第13号，第1068页等。

〔4〕例如，大审院大正13年1月29日判决，刑事判决录第3号，第31页。大审院昭和8年2月10日判决，刑事判例集第12号，第55页。

〔5〕堀内捷三「贿赂罪における职务行为の意义——とくに“职务と密接な关系のある行为について」内藤謙＝松尾浩也＝田宮裕＝芝原邦爾編『平野龍一先生古稀祝賀論文集』［上］（有斐閣，1990年）500－501頁参照。

为"在贿赂罪条文规定上究竟如何解读的问题,对此存在多种不同的见解。其核心在于,就信赖保护说而言,关于与职务有密切关系的行为虽然认为不是本来的职务行为而是事实上的职务行为或准职务行为,不过其可以很容易通过有害于社会信赖的观点来说明"与职务有密切关系的行为"被包含于"职务"中。[1] "即使不属于自己本来的职务权限,但若为与其职务权限具有密切关系的行为,也可满足该要件,具体包括如下类型:(1)为达成职务所必要的准备行为;(2)可能对本来职务内容产生影响的具有密切关联性的行为。"[2]日本刑法学理界对于"与职务有密切关联的判断标准"形成了理论争议。[3]

(三)对价关系的基本属性

在贿赂犯罪的判定中坚守对价关系判断的必要性,是日本刑法理论与实务的基本立场,"贿赂罪是因公务员职务行为与贿赂具有对价关系而成立,所以贿赂与职务行为之对价关系乃成为贿赂罪之核心要件,对贿赂罪构成要件之解释而言,对于什么样的行为收受贿赂可以认为成立贿赂罪,亦即应与贿赂具有对价关系之职务行为及其范围,在实际上就成为极重要的问题"。[4] 对于对价关系的认定,显现出以下基本特性:(1)对价关系的对当性。"正是因为,只要在收受了与职务具有对价关系的金钱之时,担心公务是否被贿赂所左右这种不信任感才

---

〔1〕 山中敬一『贿賂罪における職務関連性』現代刑事法 :その理論と実務4巻7号(2002年)31-32頁。

〔2〕 [日]西田典之:《日本刑法各论》,王昭武、刘明祥译,法律出版社2013年版,第504页。

〔3〕 我国台湾地区学者李锡栋教授提出,日本"与职务有密切关联性之判断基准,在学说上至少有如下几种基本想法:一是公务说,认为处罚贿赂罪之目的在于维持公务员之职务,亦即维持公务之公正及维持对公务公正之信赖,所有'与职务有密切关联之行为'当然与此本来的公务一样必须具有'公务的性质',亦即至少在形式上必须具有公务之性质始能承认其具有职务密切关联性。二是地位利用说,认为必须对职务行为之相对人有利用公务员之地位而行使其影响力承认其与职务有密切的关联性。三是影响力说:认为该行为只有在对本来的职务造成影响时才肯定其与职务有密切的关联性"。参见李锡栋:《日本法上贿赂罪职务行为之研究》,载《法学丛刊》2011年第7期。

〔4〕 李锡栋:《日本法上贿赂罪职务行为之研究》,载《法学丛刊》2011年第7期。

会更强烈。为此，其前提在于该公务员所拥有的职权必须能左右与贿赂处于对价关系的职务。"[1]（2）对价关系认定的非限缩性。贿赂"必须和职务行为或者与职务有密切关系的行为具有对价关系，但是，这并不是说，特定的贿赂和各个职务行为或者和与职务有密切关系的行为，具有一一对应的关系。也不是说，和贿赂相对应的职务行为或者与职务具有密切关系的行为的内容，必须是明确特定的"。[2] 日本"在认定与贿赂处于对价关系的职务行为的范围上，采取较为宽松的立场，只要一般人认为属于公务行为，由于会损害大众对于公务整体的信赖，即可认定属于职务行为，以周全地保护法益。[3] "就对价关系而言，首先，只要能够认定其具有对一定职务行为抽象的、包括反对给付的关联性即可，不必与各个具体的职务行为具有对价关系；其次，如果职务行为不能被具体地特定化，只要与职务行为具有某种对价即可。"[4]（3）对价关系判断的一般观念性。"只要在社会一般观念上，赠与限于社交礼仪的范围之内，则应该否定成立贿赂罪，其理由并不是可罚的违法性的阻却，而在于因其对价性性质稀薄而失去了贿赂性。""重要的是该赠与是否在社交礼仪的范围之内，在判断之时，应当以公务员与赠与人之间的人际关系、公务员以及赠与者的社会地位、赠与的金额、赠与时间与形态等作为标准。"[5] 所谓"一般职务权限"，系指虽非公务员现实上具体担当的事务，但只要仍属于其一般性职务权限的范围内，

---

〔1〕［日］西田典之：《日本刑法各论》（第3版），刘明祥、王昭武译，中国人民大学出版社2007年版，第382页。

〔2〕黎宏：《日本刑法精义》，中国检察出版社2004年版，第507页。

〔3〕参见萧宏宜：《贿赂罪的"职务上行为"概念》，载《东吴法律学报》第1期（2011年）。

〔4〕［日］关哲夫：《日本刑法中的受贿罪》，王充译，载魏昌东、顾肖荣主编：《经济刑法》（第18辑），上海社会科学院出版社2018年版。

〔5〕参见［日］西田典之：《日本刑法各论》（第3版），刘明祥、王昭武译，中国人民大学出版社2007年版，第382页。

均属之，至于机关内部的事务执掌划分，在职务行为的判断上并不重要。[1] 至于“职务密切关联行为”，系指除了公务员固有的职务行为外，与其职务密切关联的行为，也包含在内。就密切关联性的认定，日本学说有三个判断标准：一是行为在形式上是否具有公务的特征（公务说）；二是行为是否对职务存在事实上的影响（影响力说）；三是看是否对行为的相对人利用其自身地位施加影响力（地位利用说）。[2] 为了不无限扩大公务员之职务权限，减少其概念上之不明确性，尚须将其限制为“在社会通念上认为与其职务行为有关联性者”，且应考量下列三个基准：一是实质上是否会与该公务员职务权限相结合；二是该行为是否会左右公务之性质；三是是否有影响公务公正之虞。

三、犯罪治理的重点方面

立法积极回应社会治理需求，才能在社会发展中发挥应有作用，这一论断，在日本反腐败（贿赂）刑法立法发展中得到了较好地诠释，日本贿赂犯罪的立法依循“二元化”的发展道路，通过刑法典与特别法，对承担国家职能与社会职能的主体进行规制，由此形成了在公职贿赂犯罪罪名体系中的“复杂分层式”结构，与在特殊贿赂中的“分体式”结构，贿赂犯罪的治理有明确的重点与方向。

（一）公务员贿赂犯罪

《日本刑法典》中的贿赂犯罪以公务员、仲裁人为规制对象，形成了独特的罪名体系，多个罪名设定直接肇因于极端案件所揭示的罪刑衍生关系，腐败犯罪学成为促进刑法实现严密性的直接根据。《日本刑法典》关于贿赂犯罪罪名体系的规定在域外国家的立法中具有代表性，在针对贿赂犯罪治理重点的公务员贿赂犯罪的立法体系建构上，突出表现为，一是构成要件的个别化。《日本刑法典》对贿赂犯罪采取了

---

〔1〕 如何确定一般职务权限之具体内容？有学说指出：“解释上自不以法令有明文列举者为限，而应从其法令的宗旨及目的为解释，甚至基于其所担任职务之性质，依上级长官之命令、事实上之习惯等，均应认为属其职务权限范围。换言之，不拘泥于该公务员实际上具体职务权限为何。”山中敬一『賄賂罪における職務関連性』現代刑事法 ：その理論と実務 4 巻 7 号(2002 年)25 頁参照。

〔2〕 参见曾淑瑜：《贿赂与职务之关联性》，载《月旦法学杂志》第 12 期(2007 年)。

完全独立设定罪名的模式，以实现个罪构成要件内容的明确性与个别化，力图实现刑法的一般威慑功能。二是罪责程度的明晰化。贿赂犯罪的行为内容差异会产生罪责程度的不同，基于为不同类型的贿赂犯罪法益损害建立明确识别标准的目的，日本刑法明确了履职贿赂与背职贿赂、事前贿赂与事后贿赂、本人贿赂与向第三人行贿、直接贿赂与斡旋贿赂的罪名，以此作为区分罪责程度与行为模式的机制。三是罪名体系的严密性。在独立设定罪名的前提下，日本刑法设定单纯受贿罪作为整个罪名体系的基础罪名与堵截构成。不仅如此，日本刑法对于个罪构成要件的设定，采取“极简式”构成与减少主观要素配置模式，以减少构成要件要素的反复过滤与主观要素的证明困难。从日本实务查办贿赂犯罪的数据来看，公务员贿赂犯罪确为治理的重点内容。

值得特别关注的是，在日本贿赂犯罪的立法发展中，日本对于发生于政商关系中的犯罪给予了高度的重视，《日本刑法典》所规定的公职人员贿赂犯罪多次因这一领域发生的新类型犯罪行为模式，而启动修法进程。

（二）特殊职业的贿赂犯罪

在公务员贿赂犯罪的立法体系之外，针对在社会管理中承担一定职责的特殊职业人员设定独立罪名，建构庞大的特别法体系，以扩大刑法规制对象的范围，是日本贿赂犯罪刑法立法的又一重要特色。“日本的‘公民社会’不同于西方对立于国家的公民社会，并不能在制衡和约束国家、补充政党功能和训练未来领导人等层面开展活动、发挥作用，主要是在政府和企业力不从心的治理领域，提供自己的人力、物力、财力和智力上的帮助，或者在其中发挥桥梁和中介作用。”[1]“1998 年出台的《特定非营利活动促进法》降低了非营利组织成立的门槛，使众多促进社会进步和发展的非政府组织、非营利组织较容易获得合法身份。之后，非营利组织数量大规模增长，涉及环境保护、反对战争、妇女权益、社会福利、城市改造、社区建设、国际奉献、灾害救助、文化教育等众多领域。非营利组织在社区开展了多种多样富有创造性的活动，不

〔1〕 陈承新：《日本社会治理管窥》，载《国外社会科学》2012 年第 2 期。

仅满足了人们的需要，还密切了邻里关系，促进了人们情感交流，给地方社会带来了活力。"[1]参与社会治理的主体增多，进而产生了腐败的社会化风险问题，承担部分社会治理职能的主体将其所行使的社会权力作为交易工具以谋取利益的情况，会导致贿赂犯罪治理的"单边效应"，无法消除社会治理失灵的危险，基于此，日本根据参与社会治理的主体类型设定了独立的罪名体系，同时配置有别于公务员贿赂犯罪的构成要件内容，以适应不同权力类型贿赂犯罪的评价要求。

---

〔1〕胡澎：《从"中央集权"到"官民共治"日本社会治理的新走向》，载《国家治理》2014年第23期。

第五章　美国“利益冲突型”贿赂犯罪体系的理论逻辑

腐败是滥用公共权力以谋取私利的行为，各国基于历史文化传统的差异，存在对腐败犯罪内涵与外延的不同认识，进而创设出不同结构模式的腐败犯罪立法。美国利益冲突罪的罪名体系衍生于独特的政治经济文化背景，伴随19世纪中叶美国行政权力的扩张，违反公职义务的利益冲突行为大行其道，进而创生出“权力—利益”关系的新型模式。“利益冲突型”贿赂犯罪，以公职义务的违反为犯罪化根据，以公职人员和原公职人员作为规制对象，在行为规制上以权力的公信力为轴心涵摄职权的整个生命周期，优化了贿赂犯罪的立法体系。

第一节　罪名体系的治理根据：“全景式”治理

美国预防贿赂犯罪理念可以追溯到建国之时，《美国宪法》第1条第9款规定：“合众国不得颁发任何贵族爵位：凡是在合众国政府担任有俸给或有责任之职务者，未经国会许可，不得接受任何国王、王子或外国的任何礼物、薪酬、职务或爵位。”从该条款可知，自立国之初，美国就对公职人员的越轨行为存在高度的警惕与戒备，以至于将来自国外的礼物、薪酬等都视为能够影响公职人员公正性的贿赂予以禁止。这种宽泛的行为规制理念被贯彻在行政制度规则的构建过程中，而一些较为典型的利益冲突行为通过特殊案例得以揭示后，又通过美国所特有的经验主义立法模式而不断被犯罪化，进而在传统的“权钱交易型”贿赂犯罪罪名体系之外构建起独立的罪名子体系，成为独具美国特色的贿赂犯罪“三驾马车式”罪名体系之组成部分。

一、政府自我规训:权力内部的“全景式”治理结构

从历史上看,资产阶级在18世纪变成政治统治阶级的进程,是以一种明确的、法典化的、形式上平等的法律结构的确立为标志的,是由于组织起一种议会代表制才成为现实的。但是,规训机制的发展和普遍化构成了这些进程的另一方面。[1] 在工业革命的推动下,美国资产阶级登上政治舞台,资本主义得到进一步发展。工业化促使人员聚集,推动城市化发展,而人员积聚与资本积累也加剧了社会的不稳定,为了更好地迎合经济社会发展,社会规训作为维护稳定的重要手段被引入权力领域,政府通过调整权力功能与社会管理结构来更好地实现社会管理。具体来说,权力政策具有三条标准:第一,以最小的代价来行使权力;第二,使这种社会权力的效应达到最大强度并尽可能地扩大这些效应,同时既无失误又无间断;第三,把权力的这种“经济”增长同它在其中进行运作的机构的产品联系起来,同时增强该系统内一切因素的驯顺性和实用性。[2]

(一)“全景式”治理的基本内涵

“全景式”治理结构就是政府用于规训自身与规训社会的权力运行结构。18世纪末,英国功利主义伦理学家边沁提出了一种规训模式,即“全景式”监狱。它具有三个特点:(1)监督如影随形;(2)观察者无形且永远在场;(3)监控的制度化。[3] 全景敞视建筑的主要后果:在被囚禁者身上造成一种有意识的和持续的可见状态,从而确保权力自动地发挥作用。这样安排为的是,使监视具有持续的效果,即使监视在实际上是断断续续的;这种权力的完善应趋向于使其实际运用不再必要;这种建筑应该成为一个创造和维系一种独立于权力行使者的权

---

〔1〕 参见[法]米歇尔·福柯:《规训与惩罚》,刘北成、杨远婴译,生活·读书·新知三联书店2012年版,第248页。

〔2〕 参见[法]米歇尔·福柯:《规训与惩罚》,刘北成、杨远婴译,生活·读书·新知三联书店2012年版,第244-245页。

〔3〕 参见张国栋、赵松子:《国家治理的困境与路径选择——基于对“全景式”和“共景式”治理理论的分析》,载《探求》2016年第5期。

力关系的机制。总之,被囚禁者应该被一种权力局势(power situation)所制约,而他们本身就是这种权力局势的载体。[1] 全景敞视建筑可以被视为一种普遍化的功能运作模式,一种从人们日常生活的角度确定权力关系的方式,并且在任何一种应用中,它都能使权力的行使变得完善。它是通过几种途径做到这一点的。它能减少行使权力的人数,同时增加受权力支配的人数。它能使权力在任何时刻进行干预,甚至在过失、错误或罪行发生之前不断地施加压力。[2] 所以总体而言,“全景式”治理结构是政府管理社会的最优方案,其能够获得社会治理的边际效益。

(二)“全景式”治理的两个维度

“全景式”治理结构所营造的规训效果意在通过对精神和肉体的改造来消除人类犯罪心理和暴力行为,从而使其精神思想得以约束控制,使个体的生存与发展能够符合社会秩序。不仅如此,全景敞视建筑是一个对人进行实验并十分确定地分析对人可能进行改造的优越场所。全景敞视建筑甚至是个能够监督自身机制的结构。[3] 所以从整体来看,美国确立资产阶级的统治地位后,“全景式”治理结构作为权力运行模式被应用于政府自我规训与社会规训的两个维度。前者是对权力内部运行秩序的管控,即对公职部门、公职人员、权力配置关系等政府自身组成部分的规训;后者是对权力外部运行秩序的管控,即对社会关系、社会资源、公民与组织等社会基本组成部分的规训。

(三)美国政府的自我规训

资本主义的发展促使美国政府的转型,由最初的“轻负担、不扰民”的小政府发展为“全方位、多层次管理”的大政府。政府权力的迅速膨胀也给权力运行带来了一系列的难题。首先是权力制衡问题。三权分立是美国政府对权力作出最基本的划分,然而,由于行政权力的大

〔1〕 参见[法]米歇尔·福柯:《规训与惩罚》,刘北成、杨远婴译,生活·读书·新知三联书店2012年版,第226页。

〔2〕 参见[法]米歇尔·福柯:《规训与惩罚》,刘北成、杨远婴译,生活·读书·新知三联书店2012年版,第230-231页。

〔3〕 参见[法]米歇尔·福柯:《规训与惩罚》,刘北成、杨远婴译,生活·读书·新知三联书店2012年版,第229页。

幅扩张，打破了原有的“立法、司法、行政”权力制衡关系，行政权力的监督与制约出现紧张状态。其次是政党分肥制问题。政党轮流执政的竞选方式使关键公共职位与重要权力部门成为党政竞争最为激烈之处，相应权力运行也会受到干预与影响，而且政党主张与政策上的差异，会导致前后权力运行方式出现矛盾。最后是官员选任问题。官员恩典制的选拔官员方式使政党忠诚度取代了个人素养，由此导致权力处于不稳定、不安全的状态之中，权力难以稳定地依照设定的运行轨道发挥其社会管理与维护的功能。所以面对权力适用与运行的困境，以公职人员与政府雇员作为自我规训对象成为美国政府的首要选择。

二、利益冲突罪名体系：以权力人为“全景式”治理对象

以权力人为政府内部的自我规训对象，是基于美国政治行政体制特点而确立的。传统类型的腐败犯罪通常只聚焦于权力，权力异化程度与实害结果是腐败评价的核心，公职人员只有在滥用权力、以权谋私时才会被关注。简单而言，传统治理理念中，权力是监督管理的对象，确保权力不会异化、失控是政府治理的核心，对权力人的监管控制只是附随结果，权力人并不会因为拥有权力而被一同置于严密乃至透明的监控范围中。所以像贪污、受贿、挪用公款等行为，都是因为权力已经被滥用而构成犯罪。但是美国的利益冲突罪名体系并不是沿用“权力”治理中心主义，而是以“权力人”为治理中心，从而将“全景式”治理引入腐败治理之中。

（一）美国政府以“权力人”为治理对象的缘由

美国将“权力人”而非“权力”作为治理对象，具有其自身独特的缘由。也正是基于这些特殊缘由，美国确立了“以人为中心”的腐败治理方式与自我规训策略，使利益冲突行为被立法者所关注。首先是受美国建国以来的廉政文化影响。研究表明，制宪者“持续受到腐败的威胁”。[1] 对腐败的恐惧——对“腐败滋生出……针对自由的阴谋”的

〔1〕 See J. G. A. Pocock, *The Machiavellian Moment: Florentine Political Thought and the Atlantic Republican Tradition*, Princeton, NJ: Prince ton University Press, 1975, p. 507.

恐惧,“总是处在革命运动的内心深处”。[1] 对腐败的恐惧“几乎是一种共识”,人们都感到腐败必须“加以避免,否则它会导致政治体制的退化”。[2] 腐败虽然不是自由的对立面,但它妨碍自由。腐败不仅会侵蚀领袖,也会侵蚀整个社会。美国人担心“腐败的泛滥,会‘像大洪水一样吞噬一切’”。[3] 所以美国一直坚持宽泛的腐败概念,即人们在公共领域过度追求私人利益。[4] 这种宽泛的解释使美国一直将公职人员不合理、不恰当的利己行为作为行政管理规制的对象。其次是受美国三权分立的国家政权架构和权力资源配置影响。立法、司法、行政权力之间是相互制约制衡的关系,权力对权力的监督与钳制、权力间的冲突与博弈,使公共权力一直处于被约束与被制衡的环境中,公共权力自身难以出现异化、越轨与滥用。所以基于权力属性与权力结构的特点,美国腐败问题更多地体现在权力与权力之间的影响力上,因而公职人员成为腐败治理的关注对象,公职人员制造利益冲突被视为权力腐败的根源。最后是受政党分肥制的影响,公职人员在选任时以在政党竞选中的贡献与对政党的忠诚度为根据,严重忽视了个人品行与业务能力。这种官员任命方式无异于将权力置于危险环境中,大大增加了公共利益维护的不确定性。此外,政党交替执政意味着公职人员的调换周期较为短暂,一方面针对个体公职人员的职业道德培训难以有效展开,另一方面难以全程盯防公职人员以权谋私为离职后的发展做准备的情况。一言以蔽之,美国政治行政体制决定了“权力人”是腐败问题的主要因素,将“权力人”作为反腐败制度设计核心对遏制腐败蔓延、预防腐败发展起着决定性作用。

---

〔1〕 See Bernard Bailyn, *The Ideological Origins of the American Revolution*, MA: Belknap Press of Harvard University Press, 1992, xiii.

〔2〕 See James D. Savage, *Corruption and Virtue at the Constitutional Convention*, 56 Journal of Politics 181 (1994).

〔3〕 See Bernard Bailyn, *The Ideological Origins of the American Revolution*, MA: Belknap Press of Harvard University Press, 1992, p. 131.

〔4〕 参见[美]泽菲尔·提绍特:《美国的腐败——从富兰克林的鼻烟盒到联合公民胜诉案》,冯克利、苗晓枫译,中国方正出版社 2016 年版,第 10 页。

（二）美国利益冲突罪名体系的“全景式”治理

从利益冲突罪名体系的行为规制上看，以“权力人”为规训对象的立法意图较为明显，“全景式”治理理念也通过利益冲突罪名体系得以显现。从整体上看，美国利益冲突罪名体系的罪状条款共 7 条，由《美国法典》第 18 编第 11 章第 203 ~ 209 条组成，其中，第 203 条与第 205 条在主体范围、行为方式与行为对象上存在些许差别，但是，本质上都是用于约束公职人员以非公职身份参与相关事务。值得注意的是，公职人员只需承诺、答应实施代理活动即构成犯罪，因此时权力尚未被滥用、公共利益仅具有抽象危险，所以对该类行为的规制并不是为了规训可能会异化的权力，而是为了规训已经制造出利益冲突关系的权力人。《美国法典》第 207 条是“旋转门”条款，是用于规制离职后的公职人员从事能够影响公务活动的职业。从公职任期上看，公职人员从公职领域进入非公职领域是具有普遍性与周期性的，其在担任公职时不仅能够预想到任期与再就业问题，而且公司企业等社会组织同样会积极“围猎”这类人员，通过许诺职位来谋求公共利益，在其离职后，这些社会组织依然需要其利用影响力进行利益输送。所以对“旋转门”活动来说，离职的公职人员是否利用影响力谋得利益并不是重点，本罪核心在于阻遏“旋转门”通道，从机会层面隔绝在职或离职公职人员的利益冲突问题，其关注重点仍是“权力人”。《美国法典》第 208 条是对公职人员回避与自身及亲近关系人利益相关的公务活动的规定。尽管从权力角度看，不回避并不意味着权力必然会被滥用，二者之间尚不存在确定的因果关系，但是从权力人的角度看，不回避即意味着其具有以权谋私的可能性，预防权力人腐败就应当切断权力人以权谋私的途径，因而应当要求其严格履行回避义务。《美国法典》第 209 条要求公职人员拒绝来自政府之外的薪金。公职人员因正常履行公职，并未滥用权力、违反权力规则，而接受外部组织提供的薪酬不仅会损害行政独立性的公信力，而且会影响公职人员在相应公务活动中的选择与判断。

总体来看，美国利益冲突罪名体系涵盖了公职人员在职与离职后的各项行为活动，尽管这类行为尚未明确体现出权力的滥用、公共利益的侵害，但是对权力人而言，这些行为已然与其公职义务相违背，与政府自我规训的理念相违背。正是基于对公职人员的“全景式”治理,美国利益冲突罪名体系得以建立与发展,并成为行政伦理道德规范构建的依据与保障。以“权力人”为核心的腐败治理定位,也为美国提供了与传统职务犯罪治理不一样的切入点。

第二节 罪名体系的实践逻辑:系统化的预防性罪名

美国利益冲突罪发展史上有三座“里程碑”:1853 年,刑法首次介入对具有利益冲突关系的公权行为的评价,开启了在传统的交易型贿赂犯罪之外对违反公职义务行为实施刑法干预的探索,[1]其后不断拓展了利益冲突罪的行为类型;1948 年,实现罪名体系法典化,各类职务犯罪被汇集于《美国法典》第 18 编,犯罪规范与行政规范得以分体;1962 年,借助于利益冲突罪的实践探索、体系化立法基础搭建完成的契机,正式确立贿赂犯罪的立法体系。[2]

---

〔1〕 1825 年《犯罪法》中规定了“以职务名义勒索的犯罪”(the crime of extortion under of office),适用于总统根据《宪法》提名的政府官员利用职权受贿的犯罪。贿赂的本质是把公共权利出卖给个人利益(the sale of public authority to private interests)。在英美刑法中,贿赂罪(bribery)是一个古老的罪名,经历了处罚范围不断扩大的发展过程。起初,贿赂罪是指法官在刑事案件中收受金钱或者财物而作出有利于被告人的裁决。这时,贿赂罪只处罚受贿者(bribe - receiver),不处罚行贿者(bribe - giver)。后来,贿赂罪发展到也同时处罚行贿者。再后来,受贿的主体从法官扩大到所有的公职官员(public officials)。现代美国刑法中的贿赂罪,除了贿赂公职官员之外,还包括贿赂其他担负公共职责的人员,如体育裁判、陪审团成员、案件证人等。参见刘士心:《美国刑法各论原理》,人民出版社 2015 年版,第 297 页。

〔2〕 参见尤广宇、魏昌东:《从交易禁止到利益冲突:美国贿赂犯罪立法体系的建设路径》,载《国家检察官学院学报》2019 年第 1 期。

一、逻辑起点:“离散式”美国利益冲突罪(1853~1948 年)

(一)“离散式”美国利益冲突罪发展简史

19 世纪中叶,美墨战争给部分美国民众造成巨大的经济损失,战后,议会设立具有终裁效力的索赔委员会处理索赔事宜,由于索赔审查制度的不健全,索赔风逐渐演变成欺诈风。在这一欺诈风潮中,参议员托马斯·科文(Thomas Corwin)代理乔治·加德纳(George A. Gardiner)向委员会索赔,并获得 50 万美元的赔偿一案(又称为加德纳案)[1]的影响力最为突出。因为该案,美国国会于 1853 年通过《防止

〔1〕 美墨战争是1846 年至1848 年爆发的一场关于领土控制权的战争。战争结束后,遭受战争侵害的美国公民纷纷要求美国政府赔偿其在战争中遭受的损失。为此,美国专门设立了由 3 人组成的索赔委员会处理索赔事宜,并设定了委员会决定系终局性决定且不公开决定的规则。索赔委员会正式开始工作后,接到大批索赔者提出的申请,由此导致赔偿进程受阻,而许多提出索赔的公众因无法承受反复前往索赔委员会的麻烦,转而在索赔委员会所在地委托代理人,由此催生了国会议员代理索赔业务的“发展”。在此期间,许多国会议员趁机挂牌营业,代理诸多受害者进行索赔,为了揽客甚至会宣称自己有门路可以快速索赔。因该时期索赔程序简陋、监管宽松,越来越多的伪受害者混入索赔队伍中,而代理他们索赔的议员们常常因有利可图,对此情况置若罔闻。乔治·加德纳便是伪装者之一,而其代理人则是大名鼎鼎的参议员托马斯·科文,即后来的美国财政部部长。1848 年,乔治·加德纳声称自己在墨西哥内地的银矿遭受战争破坏要求政府赔偿,并聘请参议员托马斯·科文和他的侄子罗伯特· G. 科文担任其代理人。参议员托马斯·科文自然不必多说,罗伯特·G. 科文则是索赔委员会中一位委员的姐夫。两位又聘请了弗利奥特·松顿·拉利担任代理人,拉利虽无任何法律背景,却有特殊的身份——索赔委员会主席的女婿。就这样,3 人组成的委员会中至少有 2 人和这个代理团体关系密切。索赔过程中,参议员托马斯·科文购买了加德纳的部分诉权利益,而在收到菲尔莫总统邀请其担任财政部部长的消息后,参议员托马斯·科文开始全力摆脱身负的代理案件(加德纳案与其他 37 例小型索赔案),并将其手中持有的各类索赔案的债权纷纷转让出去。根据当时的法案与时任财政部部长的托马斯·科文的命令,加德纳总共获得了近 50 万美元的赔偿。事后媒体爆出该索赔案件是彻彻底底的欺诈后,加德纳受到调查并被认定构成诈骗罪。尽管托马斯·科文在案件爆出后备受质疑与指责,但基于当时议员从事代理活动是普遍现象,且欺诈案件的调查结果为“没有任何证据证明托马斯·科文知道索赔是虚假的”,故没有任何一部现存法律能够谴责其行为,从而使其顺利地从舆论的“旋涡”中脱身。参见魏昌东、尤广宇:《“加德纳案”与美国利益冲突罪的立法与发展》,载《上海法治报》2019 年 1 月 2 日,第 B3 版。

欺诈政府财政部法》，明令禁止政府人员代理或帮助索赔的行为，并首次对这种违背公共职责的代理行为规定了刑罚。[1] 该法第2条规定："官员、公职人员、在行政部门授权下或者协同下或在国会授权下履行公务的人员作为代理人或者律师起诉美国，或者在非履行公务的情况下帮助、支持起诉美国，或者从起诉美国的案件中收受酬金、案件中的利益，意图帮助起诉或者考虑帮助起诉的，构成轻罪，判处5000美元以下罚金，或者1年以下监禁，或者二者并罚。"这一立法，一改传统贿赂犯罪的交易性传统，将以利益冲突为基础而取得利益的行为以罪论之，成为此类行为犯罪化的"开山之作"。

美国于1853年首次介入对具有利益冲突关系的公权行为的评价的10年后，南北战争时期的动荡再次凸显了利益冲突行为的危害本性，战争物资的紧缺激发了商人的贪婪天性。为谋取军事合同而收买官员、为谋求利润而粗制滥造再次成为一种"风潮"，利益使部分官员成为了商人的掮客，或者"半官半商"。1863年，美国国会通过《预防和惩治对美国政府欺诈法》（An Act to Prevent and Punish Frauds Upon the Government of the United States，又称 False Claims Act），将影响官员公务的行为犯罪化。该法第8条规定："银行、商业组织的官员或者雇员，商业、贸易公司的人员，或者与上述银行、商业组织、公司有直接或者间接利益关系或者合同关系的人，不得雇为美国政府的官员，或者以美国官员的身份与上述组织或者公司进行商业往来，违者判处500-2000美元的罚金，并处2年以下监禁。"1864年，美国国会通过《与国会议员、部门负责人和政府其他官员有关的法案》（An Act Relating to Members of Congress，Heads of Departments，and Other Officers of the Government），将官员自我交易的行为规定为犯罪。该法案第1条规定："当选后以及在职期间的国会议员，政府部门、机构负责人，政府官员就本人或者通过他人实施或者将要实施的劳务，直接或者间接地收受或者同意收受酬金，该劳务事关在政府部门、军事法院、管理机构，以及民

---

〔1〕 See Robert N. Roberts, *White House Ethics: the History of the Policies of Conflict of Interest Regulation*, Greenwood Press, 1988, p. 9-12.

事、军事、海事委员会提起的诉讼、合同、声明、争议、控诉、控告、逮捕以及其他事项，且美国政府是一方当事人，或者有直接或者间接利益关系的，构成轻罪，判处10,000美元以下罚金，并处2年以下监禁，并且永久性剥夺从事美国政府公职的资格。”10年后，是工业与资本推动的镀金时代，“旋转门”(Revolving Door)带来的腐败成为民众关注的新焦点。在乔布宁案[1]的推动下，1872年，美国国会在制定邮政部门拨款法案时，明确了一项不具有强制力的公职义务——公职人员在离职后两年内不得再次参与原部门管辖的索赔案件。

20世纪后，资本经济催生了“一美元人”，即特殊公职人员一边为政府工作，一边从政府以外的地方获得报酬。最有代表性的是当时的通识教育委员会，其为多达157人提供薪酬。议员们质疑这种大肆“收买”公职人员的行为。1917年，国会制定教育部门拨款法案时，明确要求任何公职人员不得因服务于政府而接受政府以外的薪酬。[2]

(二)逻辑定位：行政伦理规范罚则

初期的美国利益冲突罪，是为因应国家某一时期政治、经济过程中的特殊社会问题，对特定公职行为而采取的立法应对措施。尽管美国资本主义早期的公职关系已然有别于殖民地时期，但是，行政伦理义务的观念尚未形成，除个别严重行为被规定为犯罪外，对公职行为的要求长期停留在道德伦理义务上，既无明确的立法规定，又无强制力保障，导致公职活动与个人活动的界限模糊，公职人员可否兼职、是否需要回避、能否接受额外资助等问题，因尚无明确的行政伦理规范明示，致使某些问题在特殊历史背景衬托下显现出来。由此可以认为，“离散式”美国利益冲突罪的发展进程，是美国社会构建基本行政伦理规范与行政管理秩序的缩影，是将含混不清、精神自束的道德义务明确于行政法

---

〔1〕 乔布宁案，是指原邮政部首席助理乔治·厄尔代理乔治·乔布宁对邮政部进行索赔，因其利用与原部门的关系帮助乔布宁获得赔偿，导致舆论哗然。See The Chorpenning Case, the cecil whig, 1877-7-14；魏昌东、尤广宇：《“旋转门型”利益冲突罪：美国经验、立法根据与借鉴路径》，载《法治社会》2019年第1期。

〔2〕 参见周琪、袁征：《美国的政治腐败与反腐败——对美国反腐败机制的研究》，中国社会科学出版社2009年版，第32页。

律规范中,成为具有实体意义的规范义务的发展过程。[1] 这一过程中所确立的相关犯罪,其本质意义在于确立行政伦理规范的独立法律价值,并建构严密的制度使其得到有效遵守,其被定位为规范义务的刑事罚则,是依附于行政伦理规范的附属刑法。

二、结构初成:"聚合式"美国利益冲突罪(1948~1962年)

1926年起美国开启法典编纂进程,所有生效法律按其性质与内容被分类编排。但是,不同于大陆法系以逻辑体系贯通为法典构建核心的模式,《美国法典》仅是将各类性质相同、内容相关的规范堆砌在一起,利益冲突罪在此阶段被聚合于法典同一编。

(一)"聚合式"美国利益冲突罪的格局纵览

《美国法典》的编纂,使依附于各类行政法律规范的刑事罚则得以脱离原有规范,被整编到法典第18编"犯罪及刑事程序"中,成为独立性的犯罪规定。"离散式"利益冲突罪在1948年《美国法典》编纂中被整编至第18编。原1853年法案被整编为第15章第283条"官员或雇员牵涉针对政府索赔诉讼";原1863年法案被整编为第23章第434条"利益相关人员担任政府人员";原1864年法案被整编为第15章第281条"国会议员、官员和其他人员为酬金而影响政府公务";原1872年法案被整编为第15章第284条"取消前官员和雇员参与和其原职务有关的事项的资格";原1917年法案被整编为第93章第1914条"政府官员和雇员的薪酬只能由美国提供"。

从罪名来看,行为主体具有普适性,行为方式均涉及政府事务,规范本质都来自行政伦理义务。[2] 从所隶属的章节来看,《美国法典》第15章"涉及政府事务的起诉和服务"(Claims and services in matters

---

〔1〕 行政伦理学学者认为,现代意义上的行政伦理出现在19世纪80年代,当时在实践上,以《彭德尔顿法》为标志,美国政府要求公务员在行政上保持政治中立,在伦理上保持对公益的关心。在理论上,则以威尔逊的《行政学研究》和古德诺的《政治与行政》为标志。参见庄德水:《利益冲突视角下的腐败与反腐败》,载《广东行政学院学报》2009年第6期。

〔2〕 See Davis R D, *The Federal Conflict of Interest Laws*, 54 Columbia Law Review 893 (1954).

affecting government)、第23章“合同类”(Contracts)和第93章“政府官员与雇员”(Public officers and employees),都是与公务或者职业义务相关联的犯罪类型,是对行政或者民商领域职业操守与义务遵守作出的刑事法规定。需要说明的是,上述罪名并未被编入《美国法典》第18编第11章“贿赂与不法馈赠罪”中,而是属于以公职义务的违反作为法益特征的行政伦理犯罪。其中,条文最多的第15章是以“涉及”作为该类犯罪的基本特点,而不是“干预”,突出了利益冲突罪在利用权力与谋取利益上的弱关联性。不仅如此,《美国法典》第18编在集中设定“贿赂与不法馈赠罪”、分散设定利益冲突罪的同时,还在第93章“政府官员与雇员”就其他职务犯罪作出规定。显然,利益冲突罪的立法格局仍是分散的,其共性在于违反公职义务,是对行政越轨行为的刑事矫正。

(二)逻辑定位:违反公职义务的犯罪

1948年《美国法典》将离散的利益冲突罪聚合于第18编,虽然各项罪名被分置于不同章节,但均属违反公职义务的犯罪,这一立法体系的形成,与美国近现代公职关系的建设存在内在联系。20世纪20年代,美国对公职人员设定了行政伦理义务,由此出现了道德义务与行政实体规范义务的分界,其所涵括的范围也初步形成了职前、职中与职后义务的类型。其中,职前义务在于缔结公职关系时应当遵守公序良俗、符合劳动服务的基本原则;职中义务要求公职人员在行使职权过程中不得掺杂个人因素、在非职务期间不得影响他人行使职权;职后义务是针对离职人员所设定的“假释期”,通过约束相关行为,达到剥离公职与个人联系的目的。在“离散式”利益冲突罪的立法发展阶段,道德上的公职义务被自发地提取到各类行政或者刑事规范中,成为具有实定法意义的规范义务,[1]无论是否同时设定

---

〔1〕 在政府实践中,西方国家在“二战”期间开始正式使用“利益冲突”这个用语并制定了相关伦理法规。“一般认为,利益冲突这个词起源于,或者说开始流行于第二次世界大战期间。1942年3月31日,代理司法部部长查尔斯·法希(Charles Fahy)给战争部部长写了一封信,对容许一位军官和他拥有股份的一家公司保持联系的建议提出了自己的看法。法希认为这样势必会导致美国政府、作为国家军队一员的军官,以及作为私人公司股东的军官,这三者之间的利益冲突。”参见[美]马国泉:《行政伦理:美国的理论与实践》,复旦大学出版社2006年版,第13页。

刑事罚则,都意味着该类义务不再属于道德范畴的自我评判,而是具有普遍适用性与明确约束力的实体法律义务。所以在利益冲突罪的聚合阶段,公职义务的违反便成为该类犯罪的本质。

三、系统建构:“体系式”美国利益冲突罪(1962 年至今)

1962 年,利益冲突罪迎来体系性变革的又一次重大机遇,各自独立运行的利益冲突罪被统筹到一起,凝聚为统一的利益冲突罪的罪名体系。[1] 该体系建立于将利益冲突作为独立法益加以刑法保护的前提下,形成了横跨公职全过程的规范义务,将“碎片化”的阻却违反公职义务的防护栏连接起来,构成了公职与个人之间全方位的“隔离网”。

(一)“体系式”美国利益冲突罪的时代呼应

“点式”立法是英美法系刑事立法与生俱来的特色,问题意识与实务思维使犯罪碎片化,罪名互不统涉、独立运行,体系性犯罪几乎不存在。这种模式虽然在应对传统的自然犯罪中尚具有一定的便捷适用性,但却难以应对现代化中复杂的法定犯罪。“二战”后,美国取得了世界霸主地位,经济“爆炸式”增长极大地促进了各领域的发展,也为职务犯罪提供了适宜的环境。较之于传统职务犯罪,现代职务犯罪更加隐蔽、非典型化和复杂化,最突出的特征在于,公职权力与个人利益的直接关联逐步转为间接关联或者多重分散性,以致以“权(力)—利(益)”结构作为犯罪设立模式的传统职务犯罪难以“由果溯因”地追究某项腐败行为,更难以处理多项职务违反行为复合于一体的腐败行为。面对新的治理难题, 1962 年,美国 87 – 849 号公法(Public Law 87 – 849)仿照大陆法系国家立法,将利益冲突罪整编为一套现代化的职务犯罪体系,而该类罪的公职义务违反共性被凝练为利益冲突的本质。

美国 87 – 849 号公法将利益冲突罪集中列为第 18 编第 11 章第 203 ~ 209 条,并将章名变更为“贿赂、不法馈赠和利益冲突”(Bribery, Graft, and Conflicts of Interest),美国现代贿赂犯罪立法体系的“三驾马

---

[1] See Perkins R B, *The New Federal Conflict – of – Interest Law*, 76 Harvard Law Review 1113(1963).

车”结构自此成型，该章规定了21个罪名，其中有6个利益冲突罪，[1]且均作了体系性调整，如该公法第205条（原第283条）的适用范围从法律事务扩大至整个政府事务，第207条（原第281条）将离职后的禁止范围，从索赔诉讼扩大至几乎所有可以由代理人参与的政府事务，使各罪名的衔接更为紧密，不同类型公职义务的配合更为协调。

（二）利益冲突型贿赂犯罪的行为模式类型

1962年《美国法典》规定的利益冲突罪涉及四类行为模式：（1）身份或职权型的利益冲突。具体包括：第203条的“一般事务身份冲突型”，行为内容为国会议员，行政、立法或者司法机构公职人员，接受私人委托担任其代理人或者律师，收受或者索要报偿的行为。第204条的“职权冲突型”，行为内容为国会议员（或当选但尚未就职的国会议员）在美国联邦国家赔偿法院、美国联邦巡回上诉法院执业。第205条的“特别事务身份冲突型”，行为内容为政府行政、立法或者司法部门的公职人员，担任国家赔偿诉讼起诉方的代理人或者律师，或者在美国是一方当事人或者在有直接重大利益的事项中，担任他人的代理人或者律师，无论是否收取或者要求提供报偿的行为。显然，此类利益冲突行为的构成要件，不要求“权—利”之间的交易关系，只要存在身份或者职权冲突的状态即成立犯罪。由此表明，一方面，利益冲突是违反义务的伴随状态，而非影响行为发展到一定阶段后的伴随结果。另一方面，出现利益冲突状态后，公务活动便会因个人因素不当进入公权运行环节造成秩序紊乱，动摇国民对公权信赖的基础。（2）职后型利益冲突。该冲突由第207条规定，行为内容为公职人员在离职后的权力冷

---

[1] 《美国法典》第18编第11章是关于贿赂犯罪立法体系的规定，共27个条文（第201～227条，其中，利益冲突罪，即因公职人员的公共职权行为而收取财物或者利益的行为。共设定六种具体罪名，即第203条的对国会议员、官员和其他政府事务人员的报偿的禁止，第204条的国会议员在美国联邦国家赔偿法院、联邦巡回上诉法院的执业禁止，第205条的在国家赔偿和其他影响政府的事务中的官员和雇员的行为禁止，第207条的行政和立法机构卸任官员、雇员及选任官员的行为禁止，第208条的影响个人经济利益的行为，第209条的仅可由美国政府向官员或者雇员支付薪水。此六罪设两档法定刑，基本犯的法定最高刑为1年，可判处贿赂之物3倍以下的罚金。第二档的法定最高刑为5年，可判处贿赂之物3倍以下的罚金。

却期内联系原公职岗位人员,或者实施其他与原职权相关的活动。根据职责类型,规定了不同权力冷却期和不同的禁止行为类型。[1] 以该犯罪作为刑事保障的“旋转门”规则,致力于健全完善的离职后再就业制度规范。[2] 此类行为造成的利益冲突,同样表现在个人因素干扰公权运行造成的公共利益危险,其与任职期间的损害的区别在于,离职后公民个人与公职之间的联系已被切断,公民个人完全以个人身份再次参与公务活动并施加影响,将动摇公权力的正当性与公信力,危及“委托—代理”关系的基础。(3)参与决策制定的利益冲突。该冲突由第208条规定,行为内容为政府行政部门、独立机构的公职人员,参与与其个人及家庭成员经济利益有关的事项的决定制定过程。此类行为是对于涉及自身或关系密切人利益的公务活动回避义务的违反,又称为自我代理行为。代理关系源于民事领域,其内置原理决定了“自我交易”(Self - dealing)与代理制度完全相悖。除造成与前两类相同的公共法益危险外,其利益冲突集中表现为,实体利益与主观意图极大地增加了公共法益的危险程度。[3] (4)职外取酬型的利益冲突。该冲突由第209条规定,行为内容为,政府行政部门、独立机构官员或者雇员在政府支付的薪水之外接受外来资助、补贴、捐款的行为。公务活动的公共性与公共利益的重要性决定了公权力应由政府垄断,公职人员的各项公务活动仅应依政府需求进行,并由政府支付其服务对价。任何非政府组织因公职人员履行公职而提供资助,打破了政府对公权力的

---

〔1〕《美国法典》第18编第11章第207条规定了四类职后利益冲突类型,包括:(1)代表特别事务的永久性禁止。(2)对帮助或者咨询的一年限制。(3)行政部门或者独立机构特定高级人员的一年行为禁止。(4)行政部门和独立机构中非常高级别人员的行为禁止。(5)国会议员和立法机构官员和雇员的行为禁止。(6)外国实体的行为禁止。(7)单独法定机构的行为禁止。参见左袖阳:《〈美国法典〉第18编 罪行和刑事诉讼 第11章贿赂、以权谋私和利益冲突(节选)》,载魏昌东、顾肖荣主编:《经济刑法》第18辑,上海社会科学院出版社2018年版。

〔2〕See Roberts & James S. Jr, *The "Revolving Door": Issues Related to the Hiring of Former Federal Government Employees*, 43 Alabama Law Review 343(1992).

〔3〕See Branon, Brendan & D. D. Fauvre, *Federal Criminal Conflict of Interest*, 39 American Criminal Law Review 527(2002).

垄断，会影响公共利益配置，危及整体公权力的运行秩序。

20 世纪 70 年代，针对利益冲突危害扩大的趋势，美国于 1978 年 10 月颁布了《政府道德法》，该法中限制“旋转门”的规定扩大了 1962 年《联邦利益冲突和贿赂法》中的规定，其最重要的限制是对GS－17 级以上的雇员设置 1 年的冷却期，禁止他们以私人主顾的名义同其前政府部门签订合同，并禁止前高级联邦官员在离开政府后的 1 年内为任何事务游说其以前工作过的部门。该法还规定，所有总统提名的官员的额外收入不得超过其正式收入的 15%，这一限制实际上防止了被提名者通过兼职来获得额外收入。

第三节　罪名体系立法原理与“分层式”罪名体系衔接

美国利益冲突型贿赂犯罪脱胎于早期的行政规范，以公职义务的违反作为理论基础，是现代职务犯罪法益更新的体现。19 世纪 50 年代，美国步入工业革命的准备期，政府在社会中的作用日渐强化，公共利益及其分配关系初成，利益冲突罪创新了犯罪化的根据，实现了贿赂犯罪立法理论基础的代际更新。

一、治理模式的理论更新：由“结构性预防”向“惩治性预防”的转型

（一）“结构性”预防制度的构建与失灵

较之于其他民族国家，美国因其新生国家特性享有制度人为设计与建构的“特权”。如何消除权力腐败，受到建国之初美国国父的高度关切，立基于共和主义的道德基础，选择以三权分立为基础的权力制衡与运行控制系统，力图通过结构性分权、控权与制衡系统，消除腐败的制度基础，是美国政治制度的一大特色。“美国的制宪者们秉持一种苛刻的腐败观来制定相关制度，相比于较为常见的需要证明腐败意图的法律，他们偏好一种结构性或预防性的反腐败规则，这些规则严格排斥暗中交易和其他一些并不入罪的行为，如不准政府成员随意收受外

国政府的礼物。这些结构性规则力图在腐败行为发生之前便着力塑造和影响政治行动者的动机。”[1]以其为导向，美国更加重视宪法性法律，并未将具体的腐败治理立法作为重点，仅有“英国式”的腐败惩治性法律，囿于观念的局限，[2]主张对法官与政府官员收取贿赂行为作差别化的处置。[3]“新成立的美国联邦政府没有通过反贿赂或反敲诈勒索的一般性法规，也没有针对立法者的任何反贿赂法规。作为替代，他们通过了一部反贿赂法，只禁止某些法官、海关官员和税务官员收受贿赂。处罚是罚款和监禁。缺乏一般性的联邦法定罪名。”[4]

1828 年是美国政治模式发展的转折点。这一年，杰克逊在总统大选中获胜，不仅给美国政治带来巨大变化，而且在他 1929 年入主白宫

---

〔1〕 褚向磊:《美国腐败问题的历史演变与制度根源》，载《南京政治学院学报》2017 年第 6 期。

〔2〕 按 17 世纪著名法学家爱德华·库克(Edward Coke)的说法:“‘贿赂’一词源自法语的 briber，意思是吞食或贪吃，用来描述腐败法官的贪婪。”原始的贿赂罪是指诉讼当事人收买法官的情形。

〔3〕 美国学者泽菲尔·提绍特教授提出，英国早期腐败犯罪包括两种基本类型:一是适用于所有政府大臣的敲诈勒索罪(索贿)。由 1275 年《威斯敏斯特条例》规定，该法禁止国王的官员借公职收取来自国王之外的任何报酬。二是适用于法官的贿赂罪。由 14 世纪 80 年代施行的反贿赂法规定，该法禁止法官“接受除国王之外的人赠予的礼服、酬金、津贴、礼物等任何形式的报酬，不太值钱的酒肉除外”。对此，库克作出总结，“贿赂罪与敲诈勒索罪的区别是，贿赂罪只发生在担任司法职务的人身上，敲诈勒索罪则可能发生在担任内阁职务的人身上。”参见[美]泽菲尔·提绍特:《美国的腐败——从富兰克林的鼻烟盒到联合公民胜诉案》，冯克利、苗晓枫译，中国方正出版社 2016 年版，第 76 - 77 页。根据笔者的检索，1275 年《威斯敏斯特条例》第 26 条“国王官员不得索贿”规定:“县治安官或者国王的官员除从国王处获得薪酬外，不得因其职务行为而收取任何报酬，违者，判处其所收取报酬两倍的罚款，及根据国王意愿的其他处罚。”该条例第 27 条“雇员或者官员不得索贿”规定:“任何法官、没收吏或询问者的办事员不得因其履职而收取任何报酬，巡回法庭大法官的办事员，每个小邑、区或镇有 12 人或 6 人，按照旧时的做法除外。违者，处以所收取报酬三倍的罚金，并处停止履职一年。”

〔4〕 [美]泽菲尔·提绍特:《美国的腐败——从富兰克林的鼻烟盒到联合公民胜诉案》，冯克利、苗晓枫译，中国方正出版社 2016 年版，第 78 页。

后，开启了美国政府模式从“绅士政府”向“大众政府”[1]的转变历程，并使政党分赃制为核心的政治权力分配模式成为主导形式，由此刺激了腐败的衍生。“杰克逊政府以后，美国官场乱象丛生。在‘政党分赃制’下，人们除了通过投靠政党和总统进入政府任职外，还可以花钱买到官职，一度导致美国‘卖官鬻爵’猖獗。特别是内战以后，出钱购买政府官职的事例比比皆是，甚至国会议员手中也有大量的联邦政府职务可以出售和馈赠。”“伴随杰克逊政府时期‘政党分赃制’的盛行，政府腐败也就成为美国不可避免的政治现实……并演变成19世纪中后期美国历史上一个严重的政治和社会问题。”[2]由此，结构性腐败预防制度在现实的腐败治理中失灵。

（二）“惩治性”预防制度的兴起与探索

19世纪50年代后，美国政府中的腐败开始呈现出有别于传统贿赂的形式，表现为政府公职人员从借助其公职身份而实施的与公共利益相背离的行为中获利，传统贿赂犯罪的立法短板被揭示出来，犯罪治理要求刑法较深入地介入对违反公职义务行为的评价，在传统贿赂犯罪立法之外建构更为有力的预防立法。“这些最初的关于利益冲突的法律反映出美国当时的一种公众舆论：政府雇员和前政府雇员不应在对美国政府的赔偿要求起诉中代表公民个人，他们在针对美国的行动中代表私方是对政府的不忠诚。公众担心，如果公共官员和雇员在与自己有直接或间接财政利益的问题上采取行动，就存在滥用公职或表现为滥用公职的可能性。”[3]利益冲突行为犯罪化根据的核心在于，以一种积极的立法姿态，防范公权行使中个人私利受到影响。在美国学者看来，利益冲突是“公务员的社会关系、金钱往来或个人信念有可能

---

[1] See Mosher Frederick C, *Democracy and the Public Service*, Oxford University Press, 1982.

[2] 石庆环：《杰克逊总统与美国联邦政府腐败之缘起》，载《贵州社会科学》2015年第4期。

[3] 周琪：《美国的政治腐败和反腐败》，载《美国研究》2004年第3期。

会妨碍他(她)从公众利益出发,依照法律秉公办事”。[1] 甚至认为,利益冲突与制度性腐败相关联,“腐败的一个重要根源在于利益冲突,当一个人或一个集团的自我利益与其受委托的职责发生冲突时或其具有两个相互冲突的职责时,便会产生利益冲突。利益冲突是引起制度性腐败的重要因素”。[2] 伴随利益冲突型贿赂犯罪立法的发展,惩治性预防制度成为结构性腐败预防制度的补充。

二、犯罪结构的理论更新:“权—职—利”新型职务犯罪结构

在美国利益冲突罪的犯罪化进程中,公职义务是解构“权—利”犯罪结构的工具,通过对公职义务的全新理解,重新确立了公职义务在“权”与“利”之间的地位,构建出以公职义务为纽带的新型职务犯罪结构:“权—职—利”犯罪结构模式。

(一)“权—利”关系的犯罪结构:传统贿赂犯罪的局限

传统贿赂犯罪的“权—利”关系犯罪结构,是指公职人员将公共权力作为与行贿人交易以为自己或他人谋取利益的媒介,“权力”与“利益”的直接关联是犯罪构成的基础。在这一犯罪结构关系下,贿赂犯罪立法的特点在于:(1)行为要件:将公职活动是否属于滥用权力的判断标准置于“谋取利益”上。因公共利益主体的不特定性与公共事务的复杂性,“委托—代理”关系中公职人员被赋予较大的自由裁量权,然而,这并不意味着公职人员在自由裁量范围上是完全“自由”的,其行为是否符合公职目的具有实质的标准。就传统立法的内容而言,尽管不具有充足强制力的行政伦理规范设置了更高的要求,但真正起到约束作用的仍是刑事规范,因而判断标准就被定位于“未为他人谋取利益”这一反向标准上。[3] 但实质上,该标准却是自由裁量的边界,是公职行为的及格线。(2)结果要件:对“利益”性质的判断,需要借助权

---

〔1〕［美］马国泉:《行政伦理:美国的理论与实践》,复旦大学出版社2006年版,第143页。

〔2〕See Seumas Miller & Peter Roberts & Edward Spence, *Corruption and Anti - Corruption: An Applied Philosophical Approach*, Pearson Education Inc, 2005, p. 46 - 59.

〔3〕参见魏昌东:《〈刑法修正案(九)〉贿赂犯罪立法修正评析》,载《华东政法大学学报》2016年第2期。

力的形式外观。一项公务活动,不仅调整关联主体之间的权利义务关系,而且是依照公共职能进行公共利益的再分配,所以行政相对人享有因公职活动而获取分配利益的权利。“分配利益”是否属于合理合法的应得利益,不能仅依据是否为“公权力部门作出”而确定,在传统立法中,只要该利益的分配属于职权范围内、满足了形式要件,就属应得利益,这其实是由“‘职权’性质由‘利益’判断、‘利益’性质又由‘职权’决定”的因果悖论造成的。(3)因果要件:公权使用与谋得个人利益之间具有直接关联性。传统职务犯罪中滥用权力的效果显现于客观实体利益时,其才被作犯罪成立的评价,这种结果本位的因果标准是对普通财产犯罪的不当借鉴,也是对现代职务犯罪本质的误读。财产犯罪的本质在于,破坏公私财物的原支配关系,并建立新的支配关系,因而其危害性需要根据所造成的公私财产损失加以判断,而职务犯罪的本质在于,侵犯非物质化的公共利益,公私财产损失仅是该类利益被侵犯后的附随情况,是个别法益被侵犯后的客观化表现。所以,在“滥用权力”与“财产利益”之间建立直接联系是不具有锚定本质功效的做法。[1]

(二)公职义务新视角:“权—利”犯罪结构下的利益冲突

公职义务是委托—代理关系的基础,是隔绝个人因素进入公权力运行环节的屏障。以公职义务作为审视“权—利”犯罪结构的工具,可以发现,腐败行为并非仅存在于权钱交易或以权谋私行为过程中。在这一犯罪结构关系下,贿赂犯罪立法的特点在于:(1)行为标准:及格线上的利益冲突。赋予公职人员自由裁量权是为了更好地实现行政效益,但并不意味着裁量范围内的任何决定均符合公职义务要求,这是因为长期以来裁量范围的边界被置于“未被滥用于谋利”,而非“符合公职的基本标准”。由于利益冲突以公职义务的违反与否作为评判标准,以标记公共法益进入危险状态的时点,所以当公职行为仅违反公职义务却未超出自由权限时,尽管存在利益冲突,但却不在传统犯罪结构的评价范围内,由此导致公信力降低、行政秩序混乱、资源配置误差等

〔1〕 参见钱小平:《创新中国贿赂犯罪刑法立法之选择——基于刑法预防功能的考察》,载《南京大学学报(哲学·人文科学·社会科学)》2017年第4期。

非物质性的法益侵害处于规范保护的空白地带。(2)结果标准:职权范围内的利益冲突。对社会公共利益再分配是公务活动的专属职能,而公共利益是资源再分配的质与量的集合,即使确保了分配的"质"符合职权的要求,但"量"上的不公正,依然能够造成利益冲突。例如,资不抵债的公司进入破产清算程序后,法官在职权范围内对清偿顺序的微调,使关系人得到全额补偿。尽管关系人具有受偿权,但多获得的"应得利益"则是利益冲突下的产物。(3)因果标准:间接关联下的利益冲突。谋取利益并非滥用权力的充要条件,二者之间的直接关联性往往阻碍犯罪的认定。例如,负责城市规划的官员向朋友透露城建规划,尔后,其朋友投资获利,该官员在离职后进入其朋友的公司任职高管。在这种间接性的"权—利"模式下,能够认定违反公职义务、存在利益冲突,但往往难以认定滥用权力与谋得利益之间的因果关系。

(三)"权—职—利"关系的犯罪结构:以公职义务为纽带的双结构

以公职义务为纽带、以利益冲突为立足点的"权—职—利"双结构,有效弥补了传统贿赂犯罪在腐败治理中的局限性。其表现为:(1)"权—职"子结构:公信力与行政秩序危机。公职义务既是公职人员对政府承诺正确行使权力的保证书,也是政府同意并授权个人代表其行使权力的前提。现代行政意义上的公职义务,是行政伦理在个人利益与公共利益之间设置的不得逾越的屏障,公职人员虽然是唯一能够直接接触到公权力背后公共利益的特殊群体,但他们并不是等级特权者,是因为这类群体的任何行为都处于公职义务的监控下,以确保他们接触公权力的全过程都是公开透明、公平公正的,这是由公民让渡权利的社会契约本质决定的。违反公职义务行使权力,侵犯了"委托—代理"关系的基础,动摇了公权的公信力与运行秩序。当权力行使脱离公职义务监管时,即表明个人因素已绕开公职义务混入公权力的运行环节,此时已对公权力的运行秩序和公信力造成影响,利益冲突已经产生。所以,"权—职"子结构的特点在于:实施公职义务违反行为即构成利益冲突罪,无须实际谋得利益,或证实其具有主观的谋利意图。(2)"职—利"子结构:分配秩序与公共利益危机。从美国立法史来看,公职义务的性质经历了从伦理道德义务到行政规范义务，再到刑事规范义务的转变，在这个愈加明确与严厉的过程中，其出发点在于，划清个人身份与公职身份的界限，避免个人利益接触到公权力背后的公共利益。公职义务既是对公职人员划定的规范公权的标准线，也是为公职人员设定的个人利益回避的警戒线，即公职人员的个人利益，应当被完全屏蔽在公权力运行环节之外，并非只有在意图谋取个人利益时才属于危及公共利益与分配秩序。因为当个人利益介入公权领域时就已出现利益冲突，即使尚未造成实害，但却对应然的利益分配秩序造成冲击，对公共利益造成严重威胁。易言之，并非将个人利益从公权力领域中输出才属于腐败，只要将个人利益输入公权力领域中即构成利益冲突。“职—利”子结构的特点在于：未履行公职义务而导致个人利益进入公权力运行环节，进而出现与公共利益的对立状态。

综上所述，“权—职—利”犯罪双结构以公职义务为核心，将传统贿赂犯罪的“权—利”结构进行拆解重组，形成“权—职”与“职—利”两类子结构。前者以主动违反公职义务为基本形态，后者以不积极履行公职义务为基本形态，从而将作为与不作为形式的行政越轨行为都纳入利益冲突罪立法体系的规制范围中。

三、犯罪化根据的理论更新：公职义务来源与利益冲突本质

公职义务并非泛泛的伦理道德义务，而是具有实体法意义的规范义务，是以维护行政“委托—代理”关系为目的而设立的行政法律规范义务。利益冲突既是公职义务违反的基本形态，也是公职义务违反的本质内涵。[1] 其基本形态表现为个人利益与公共利益的对立状态，本

---

〔1〕 西方学者对此亦存在争议，桑德拉·威廉姆斯（Sandra Williams）教授认为，利益冲突是一种“情形”。在这种“情形”中，官员的私人经济利益足够影响或者可能影响官员履行公共职责。See Sandra Williams, *Conflict of Interest: The Ethical Dilemma in Politics*, Aldershot, Hants: Gower, 1985, p. 6. 而意大利罗马第二大学乔瓦尼·古泽塔（Giovanni Guzzetta）教授则认为，“利益冲突”指的是官员追求私人利益时与其有权力也有义务履行的公共利益相冲突的状况。See Giovanni Guzzetta, *Legal Standards and Ethical Norms: Defining the limits of Conflicts Regulations*, in Christine Trost & Alison L. Gash eds., Conflict of interest and public life: Cross – national perspectives, Cambridge University Press, 2008, p. 23.

质在于,通过个人因素介入公权运行环节而侵蚀公共利益、降低行政公信力、破坏资源配置秩序。

(一)公职义务来源:"委托—代理"关系

政府与公职人员之间的权利义务关系基于"委托—代理"关系而产生,以确保委托与代理关系基础的有效性。(1)"委托—代理"关系的基础。符合现代劳动关系是担任公职的前提,表现在:一是先契约义务。政府的先契约义务为公职人员的劳动提供薪酬,公职人员的先契约义务遵守诚实信用原则要求仅为政府服务,并以满足政府需求作为出发点。二是后契约义务。政府的后契约义务在于,为离职人员办理离职手续,结清薪酬,确保离职人员顺利交接、脱离岗位等;而对于公职人员来说,后契约义务则是遵守诚实信用原则要求彻底脱离原职务,切断因"委托—代理"关系而建立的公职与个人之间的联系,对公职期间获得的内部信息、渠道、资源等保密或者封存等。(2)"委托—代理"中的委托关系。委托关系属内部关系,政府因行使公共权力需要而委托具体人员以其名义从事相应公务活动,公民接受委托后具有了公职身份,并代表政府从事相应公务活动。委托义务要求接受公职的个人应仅参与获得授权的公务活动,主动避免其他自己无权过问的公共事务,并约束不当的个人行为,以免侵害委托关系的正当性。(3)"委托—代理"中的代理关系。代理关系属外部关系,公职人员为政府利益而以政府名义对相对人作出具体行为,并由政府承担其后果与责任。代理义务要求实施代理行为的公职人员以被代理人的利益为根本,避免自我代理或双方代理等行为。

(二)利益冲突的本质:公职义务背后的公共法益

探究利益冲突的本质,既是在探究利益冲突罪及其立法体系的正当化根据,也是在探究具体利益冲突法益的差别。在国际理论界,安德鲁·斯达克(Andrew Stark)从客观的角度来研究主观的冲突,从主观意识形态角度来研究客观的利益。冲突包括自我交易、不正当影响、滥用职权、假公济私、以权谋私和"旋转门"等形式;利益一词包括意识形态的、组织和心理的内容,如影响、忠诚、情感、性情、偏见、关系、依附因素都可成为妨碍公务员判断的特殊利益。[1] 所有公职义务违反行为的共同点在于,存在公职者在行使职权、促进公共利益实现中与其个人利益的冲突,并进一步揭示了利益冲突的内涵,即在存在公私利益困境的情况下,使个人因素介入公权的运行环节中,造成个人利益与公共利益之间出现不应有的冲突或对立状态。这种状态导致的结果是,出现公权力秩序紊乱、公共资源配置失控与行政公信力丧失等法益侵害的现实危险,也即公共法益脆弱无助的危险状态。

利益冲突罪的“体系式”立法,是美国为加强行政伦理道德与职务犯罪治理而作出的时代回应。[2] 该体系以公职义务违反所可能造成的利益冲突为建构基础,通过这一相同本质将散见的罪名统一为一个整体,并拓展各种犯罪的适用范围。任何基于“委托—代理”关系而形成的公职服务都需要满足购买需求与购买价值,利益冲突是为个人利益降低甚至反向满足购买需求与购买价值,因而,其从根本上危及公职服务关系的存续。基于公职关系而产生的公职义务,其基本出发点都在于防止利益冲突。不难看出,传统贿赂犯罪同样侵害此类公共法益,二者的差异在于,传统贿赂犯罪以“权(力)—利(益)”结构作为犯罪化根据,以公共职权与不法利益的交换或者实际受损作为刑法介入的基础,重点在于,惩治造成公权实际损害的结果犯。利益冲突罪则以公职义务为中心,以防止法益出现危险状态为目的,刑法在公职行为尚未造成公权实际损害时介入,据以实现对违反公职义务行为的预防功能。

所以,利益冲突概念在不同层面具有不同的内涵。在形式层面,利

---

〔1〕 See Andrew Stark, *Conflict of Interest in American Public life*, Harvard University Press, 2000, p. 17 – 18.

〔2〕 “二战”后,公众对政府腐败问题的严厉批评,促使杜鲁门政府建立道德标准。1951 年参议院举行了对联邦公共服务道德状况的听证会,委员提出了《对改善联邦政府道德标准的建议》,包括建立道德委员会的报告,报告在指出滥用职权或利用权力最为严重的部门之后,为了维护公众对行政状况的信任,列举出一些联邦雇员应被解雇的行为。See John M. Dobson, *Politics in the Gilded Age: A New Perspective on Reform*, Praeger Press, 1972, p. 72.

益冲突是指公职义务违反后的个人利益与公共利益发生对立冲突的基本形态;在实质层面,利益冲突是公职义务违反后的所有被侵害法益的代称;在具体层面,利益冲突是各类具体法益的上位概念,因义务违反类型不同而有不同的表现形态。

第六章　腐败治理一体化与中国贿赂犯罪罪名体系更新

在现代国家的治理过程中，立法是创制与变动法律规则的专门活动，是法治体系作用于国家和社会生活的起点。只有良好的立法，才能发挥法治规范权力运行和引导社会行为的整体性功能，为国家善治源源不断地提供优质的法律产品。[1] 中华人民共和国成立以来，党和政府始终高度重视腐败治理体系建设，将其作为实现廉洁政治的重要基础，腐败治理体系的理论基础与实践效能均得到不断地优化，“党纪—国法”二元治理模式下的腐败犯罪治理体系建设得以不断健全。随着腐败治理的深入，贿赂犯罪治理的现代化逐步成为治理的焦点，长期以来以“分体式”为中心的贿赂犯罪立法体系的治理效能短板被揭示出来，优化立法理念、完善立法原理、调整立法技术，成为促进中国贿赂犯罪罪名体系代际更新的关键。

第一节　时代变迁中的中国贿赂犯罪立法理念转型

现代国家的立法是特定立法理念指导下的法治运动。立法理念是指导立法制度设计和立法活动的理论基础和主导的价值观。对于制定科学而良善的法律、发挥法律的作用，从而树立法律的权威具有积极意义。“立法理念是蕴涵于立法这一环节的法律内在精神和最高原理，

---

〔1〕 参见封丽霞：《引领科学立法的制度力量　写在立法法实施20周年》，载《中国纪检监察报》2020年7月2日，第7版。

它体现了立法者对立法的本质、原则及其运作规律的理性认识以及由此形成的一种价值取向。"[1]高其才教授提出,"随着市场经济体制的建立和发展,为适应现代社会的要求,我国需要转变立法理念,确立人本立法理念、客观立法理念、平衡立法理念、合法立法理念、民主立法理念、科学立法理念、全球视野立法理念等现代立法理念。"[2]中国特色社会主义法治体系的发展,揭示了社会需求与立法发展内在关系的基本原理,不断更新的立法供需观,深化了对科学立法重要意义的认识。中国贿赂犯罪立法体系建设是腐败治理理念的体现,以扩张主体类型为中心的立法发展是"粗放式"理念的表现,其治理效能已无法满足深化腐败治理的需要,只有转变立法理念,对贿赂犯罪立法进行重新整合、更新与升级,才能推进腐败治理现代化目标的实现。

一、粗放与集约:立法理念与技术选择的一般原理

(一)"粗放式"与"集约式"选择的问题由来

"粗放"与"集约"是关于经济增长方式的语词。马克思在其理论巨著《资本论》(第3卷)研究资本主义农业中的级差地租时即进行过大量分析,数十次提到过"粗放"和"集约"问题。[3] 20世纪60年代后期,关于实现增长方式从粗放到集约的转变的观念由苏联传入中国,引起了中国经济学家的讨论。[4] 改革开放以来,在马克思主义中国化的进程中,我国经济发展的理念得到不断优化。改革开放初期,邓小平就明确提出了科学技术是第一生产力,经济发展不只要讲速度,更要讲求效益,稳步协调地发展。党的十四大提出,努力提高科技进步在经济增长中的含量,促进整个经济由粗放经营向集约经营转变。党的十四届五中全会通过的《中共中央关于制定国民经济和社会发展"九五"计划和2010年远景目标的建议》明确提出,"经济增长方式从粗放型向集约型转变,促进国民经济持续、快速、健康发展和社会全面进步"。经

---

[1] 参见刘军平:《中国法治进程中的立法理念刍论》,载《政法论丛》2005年第3期。

[2] 高其才:《现代立法理念论》,载《南京社会科学》2006年第1期。

[3] 参见马克思:《资本论》(第3卷),人民出版社1978年版,第731-881页。

[4] 例如,孙冶方就曾根据他关于经济发展不应只讲速度、不求效率的主张,提出为了刺激技术进步,应当提高折旧率,机器不仅要算有形磨损,还要算无形磨损等。

济增长方式问题由此引起经济界和经济理论界的空前关注。[1] 学术话语中的“粗放型”增长方式，是指“产出的增长主要靠扩大资本、劳动的投入，而不主要靠技术的改进，从而产生的增长与投入增长比，是相对低下的一种增长方式；这意味着在这种增长方式下，资源消耗大、资金周转慢、损失浪费大、生产效率低、经济效益差”。在中华人民共和国成立后的经济发展的初级阶段，主要是依靠扩大资本、劳动的投入而获得发展，并以其为基础及时进行了发展模式的转型。

(二)“粗放型”贿赂犯罪立法模式的基本表征

从中华人民共和国法制建设的发展历程来看，直至改革开放前夜，我国仍处于建设的起步时期，国家基本法律缺失是其最突出的表现。1978年12月，党的十一届三中全会召开，全会作出两项重要决定：一是把党和国家工作的重心由以阶级斗争为纲转移到以经济建设为中心；二是发出了“加强社会主义法制”的号召，并提出了“有法可依、有法必依、执法必严、违法必究”的法制工作方针。其后，我国开始修改宪法和制定新法，法制建设步入恢复重建、持续发展时期。我国贿赂犯罪的立法体系正是从这一时期起开始建构的，以增加立法、增设罪名为中心以应对犯罪治理需要的修法定位，表明其属于“粗放型”的发展模式。具体表现为：

1.“宜粗不宜细”的立法指导思想

1949年以来，我国法制体系建设的立法运动兴起于改革开放后，面对法制不健全的现实，中国共产党领导了这场声势浩大的法制革命，即“大生产运动”，运动之初便产生了如何选择中国特色法制体系建设策略的问题。对此，邓小平同志在1978年12月13日中共中央工作会议闭幕会上所作的题为《解放思想，实事求是，团结一致向前看》的报告中提到，“现在立法的工作量很大，人力很不够，因此法律条文开始可以粗一点，逐步完善。有的法规地方可以先试搞，然后经过总结提高，制定全国通行的法律。修改补充法律，成熟一条就修改补充一条，

---

〔1〕 参见崔援民、武建奇：《“粗放”和“集约”：若干理论思考》，载《当代经济研究》1996年第1期。

不要等待‘成套设备’。总之,有比没有好,快搞比慢搞好”。由此产生了被学界称为“宜粗不宜细”的立法理念。以之为导向,1979 年 7 月 1 日,五届全国人大二次会议一天之内通过了 7 部法律,被法学界称为中国法治史上著名的“一日七法”。以“一日七法”为先导,我国陆续制定了《中华人民共和国民法通则》《中华人民共和国行政诉讼法》等一大批重要法律,形成了中国特色社会主义法律体系框架。事实证明,在百业待兴、法制作为经济与社会发展基础亟待建构的历史条件下,“宜粗不宜细”指导思想具有其正当性基础。这一指导思想,也成为了贿赂犯罪立法体系建设的原则。

2. 罪质结构趋同与刑法评价偏向

中国贿赂犯罪立法体系建设以首部刑法为起步,立法策略上固守于单一罪名的思路,尽管在法律框架上形成了罪名繁多、犯罪类型多元的罪名体系,然而,在罪质结构上,并未突破以现实的对价关系为中心、以权钱交易的实际结果计量为中心、以过量的构成要件要素为中心的特性。其基本问题在于,将贿赂犯罪治理效能的提升依附于扩大治理范围一个支点上,片面追求以罪名增立作为提高治理效能的手段,将不同类型的贿赂犯罪平面化处理,即通过排列组合使其适用范围相互补充,从而实现适用群体的全覆盖。罪质结构的趋同,造成刑法评价的偏向,犯罪构成要件要素设定背离刑法法益损害评价功能的结果,将贿赂犯罪立法体系牢牢地束缚在结果本位主义的评价基点上,以惩治为唯一功能的定位,制约了刑法预防功能的实现,使其具有典型的“粗放型”立法特征。总体而言,我国贿赂犯罪立法体系建设,以现实对价关系为立法体系建构基础,以将公权力作为交易筹码谋取个人利益对法益的实害作为犯罪化的根据。从犯罪治理的角度来看,立法体系的结构与功能过于单一,罪名之间仅是主体属性不同而构成要件要素同一,治理范围相互叠加,治理效能并未呈几何上升,是结果本位的交易型贿赂犯罪立法体系。

二、"集约型"贿赂犯罪立法体系建构的根据与目标定位

（一）"集约型"模式借喻的实质

如前文述，"集约"与"粗放"同为马克思在《资本论》中就经济增长方式提出的语词。在学术话语中，集约型的增长方式指的是产出的增长主要靠革新工艺、改进设备、挖掘企业内部潜力而不主要靠扩大资本和劳动的投入，从而产生的增长与投入增长相比，是相对高的一种增长方式；这意味着在这种增长方式下，资源消耗低、资金周转快、损失浪费小、生产效率高、经济效益好。[1] 中国经济向以"集约型"发展模式为导向的探索，是党的十四届五中全会作出的重大决策，也是始终被强调与坚持的原则。党的十六大以后，科学发展观的提出，更加强调要正确处理增长的数量和质量、速度和效益的关系，为世纪之交的经济发展方向深化转型奠定了政策基础。习近平总书记在党的十九大报告中指出，我国经济已由高速增长阶段转向高质量发展阶段，正处在转变发展方式、优化经济结构、转换增长动力的攻关期。继续加快和深化发展方式的转变，推进我国经济持续快速健康发展，是对我国经济现实的科学把握与判断。"集约型"发展模式的实质在于，以效益增长为中心，注重发展策略与目标选择的科学性。

（二）"集约型"贿赂犯罪立法建构模式的转型根据

1."科学立法"目标的确立

"有法可依、有法必依、执法必严、违法必究"，是党的十一届三中全会确立的法制建设方针，也是法制体系发展的原则。1997 年 9 月，江泽民同志在党的十五大报告中明确提出，要"进一步扩大社会主义民主，健全社会主义法制，依法治国，建设社会主义法治国家"。"依法治国，是党领导人民治理国家的基本方略，是发展社会主义市场经济的客观需要，是社会文明进步的重要标志，是国家长治久安的重要保障。"这是中国共产党首次将依法治国作为治国理政的基本方略，首次深刻阐述依法治国的本质特征和重大意义。"截至 2012 年底，中国已

---

〔1〕 宋则行：《论经济增长方式的转变与投入产出效益》，载《经济研究》1996 年第 5 期。

制定现行宪法和有效法律243部、行政法规721部、地方性法规9200部,涵盖社会关系各个方面的法律部门已经齐全,各个法律部门中基本的、主要的法律已经制定,相应的行政法规和地方性法规比较完备,法律体系内部总体做到科学和谐统一。"[1] 2012年12月4日,习近平总书记《在首都各界纪念现行宪法公布施行30周年大会上的讲话》中明确提出,"落实依法治国基本方略,加快建设社会主义法治国家,必须全面推进科学立法、严格执法、公正司法、全民守法进程"。法学界称为"法治新十六字方针"。党的十九届四中全会公报在论及"完善立法体制机制"时强调要"不断提高立法质量和效率。完善以宪法为核心的中国特色社会主义法律体系,加强重要领域立法,加快我国法域外适用的法律体系建设,以良法保障善治"。[2]

习近平总书记不仅高度重视科学立法,而且对科学立法的内涵作出了精辟论述,指出"科学立法的核心在于尊重和体现客观规律"。[3]坚持科学立法,首要的是把握经济社会发展和依法治国的客观规律,从实际出发,既不能罔顾国情、超越阶段,也不能因循守旧、墨守成规。[4]"科学立法理念要求立法重数量向重质量转变,注意总结立法现象背后的普遍联系,尊重社会发展的规律,揭示立法的内在规律,对社会行为进行抽象性的把握。""我国立法走过了一段'宜粗不宜细'的弯路,法律过于原则、含糊,给法律适用带来'可操作性'差的问题,我们需要认真反思和改变,处理好立法中原则性与具体性的关系、粗与细的关系。"[5]从"有法可依"到"科学立法",是法治体系的建设标准由"粗放型"向"集约型"转型的标志。

---

[1] 中华人民共和国国务院新闻办公室:《2012年中国人权事业的进展》,载《人民日报》2013年5月15日,第9版。

[2] 《中共中央关于坚持和完善中国特色社会主义制度 推进国家治理体系和治理能力现代化若干重大问题的决定》,载《人民日报》2019年11月6日,第1版。

[3] 本书编写组:《中国共产党第十八届中央委员会第四次会议全体文件汇编》,人民出版社2014年版,第84页。

[4] 张文显:《民法典的中国故事与中国法理》,载《法制与社会发展》2020年第5期。

[5] 高其才:《现代立法理念论》,载《法学研究》2006年第1期。

2. 腐败治理现代化的内在要求

我国贿赂犯罪立法逻辑存在一条贯穿整个立法过程的主线，即实现贿赂犯罪治理供需结构的动态平衡是立法体系建设的出发点与落脚点。在社会现代化的趋势下，社会生活各领域从粗放到精细的转变是其中一条重要的主线，而精细社会是指社会生活各领域注重细节、过程和形式等的一种状态，社会生活的各个领域都有标准、有规则、有章法并且认真执行规则的状态。[1] 这种平衡关系既是我国腐败与反腐败力量对比的显现，也是推进国家治理现代化的具体实践进程。供需结构的两大因素——治理需求与制度供给是决定与被决定、作用与反作用的关系。因为治理需求来自社会认知，而非纯粹的客观存在，所以供需结构平衡并不是指现实治理结果达致边际效益，而是指治理行动上的顺畅通达，即治理举措与阶段性治理目标相匹配。而贿赂犯罪治理供需结构及其动态平衡是地基与建筑的关系，供需结构是根据同时期社会治理格局而确立的基本治理框架，而供需平衡则是在此框架上具体填充的诸多对应举措，具体表现为契合国家治理需求的立法阶段性发展。

在腐败治理体系尚不健全的情况下，探索性地建立结果本位的贿赂犯罪立法体系是当代供需关系的要求，一方面，是因为立法机关的专业技能存在提升过程；另一方面，是因为社会中腐败问题未彻底暴露、腐败治理需求并不紧迫。此时的法律建设是以“有法可依”为核心理念，将社会中最常见的权钱交易及类似行为纳入刑法规制范围，是该时期立法的首要目标，因而粗放型立法体系建构理念是契合于时代特征的指导思想。然而，随着国家治理能力的进一步提升，国家治理现代化已经成为时代发展的主题，早期的供需关系已不再适应当下贿赂犯罪立法的更新与发展，犯罪治理的新型供需关系取代了早期的供需关系。具体来看，在国家治理现代化的大背景下，犯罪治理已在供给上突破了原有治理条件的局限。进入 21 世纪后，国家治理能力有了全面的提升：在治理条件上，党和国家的综合治理能力、技术、举措、战略已逐步

---

〔1〕 参见司汉武：《知识、技术与精细社会》，中国社会科学出版社 2014 年版，第 3 页。

走向成熟，立法机关的专业技能与评估能力已大为提升，具备了建立更细致、更科学、更具前瞻性的立法体系的主客观条件。在治理资源上，党的十八大以后政治生态环境越发好转，从严治党、依法治国成为维护政治生态环境的重要保障。改革开放以来，市场经济逐渐走入正轨，新型政商关系逐步建立，自由竞争的市场经济消减了权力寻租空间；政治经济的良性循环推动了社会多元化发展，公民的监督与维权意识大大增强，媒体与自媒体成为社会监督的重要组成部分。首先，从供给条件的变化上来看，当前贿赂犯罪治理需要摒弃粗放型立法体系建构理念，并依照集约型立法体系建构理念进行体系革新。其次，从新型供需关系中的需求部分来看，腐败治理由治标转向治本是治理能力现代化的标志。改革开放 40 余年来，惩治与预防始终是腐败治理工作的两大重心，并随着治理工作的有序推进，腐败蔓延现象得以遏制，严重腐败问题得以惩治，末端惩处规范体系已经建成。在此情况下，“预防腐败”成为腐败治理的首要需求，因而在贿赂犯罪立法体系建设过程中，增设诱因本位的贿赂犯罪立法是进一步提升腐败治理效能、巩固治理成果的重要战略举措。党的十八大以后，党中央提出“不敢腐、不能腐、不想腐”的腐败治理战略，正是对新型供需关系中需求内容的进一步阐释，而粗放型立法体系建构理念仅聚焦于结果本位的交易型贿赂犯罪，难以实现“不敢腐、不能腐、不想腐”的治理需求，应当积极转向集约型立法体系建构理念以满足现代化的治理需求。

（三）集约型立法体系建构理念的理论展开

集约型立法建构理念力图通过指导构建立体化的贿赂犯罪罪名体系，转变传统体系的单一结构，释放并提升贿赂犯罪的治理效能。其核心在于，在法益内涵不变的情况下，通过采用“分层式”犯罪化标准与多元化的犯罪基础构造，优化贿赂犯罪立法体系的结构，通过阻隔层设置实现犯罪预防与惩治的分工与分离，将治理范围叠加转化为治理效能的叠加，以全面提升贿赂犯罪治理效果的刑事立法价值指引。较之于粗放型立法模式采用的平面化犯罪认知模型，集约型立法模式采用立体化的犯罪认知模型，通过对犯罪基础结构的类型化设计，突破现实的对价关系的束缚，引入多元化的贿赂犯罪模型，将结果本位的立法体系转变为“行为—结果”双层本位的立法体系,使刑法对法益保护的时间点由末端延伸至前端,以更加积极有效地进行贿赂犯罪的治理。

集约型立法理念的基本特征:一是多类型的贿赂犯罪。粗放型立法模式下的贿赂犯罪仅是交易型犯罪,非典型的贿赂行为被忽视。集约型立法模式在现实的对价关系基础之外确立其他构造的贿赂犯罪,如利益冲突、不法馈赠型贿赂犯罪,实现刑法对贿赂犯罪评价标准、基点与罪刑结构关系的多元化。二是多层次的贿赂犯罪。粗放型立法模式下的贿赂犯罪以结果本位为中心,法益的抽象危险与具体危险一直未被纳入刑法的保护中。集约型立法模式注重法益的全方位保护,通过前置刑法保护的时点来转变结果本位导向,将抑制腐败诱因作为贿赂犯罪立法体系的核心功能。三是多角度的贿赂犯罪。粗放型立法模式仅将对向犯作为贿赂犯罪的本质,但对向犯只是共同犯罪中的一种类型,而集约型立法模式是从共同犯罪的角度来审视贿赂犯罪,行贿方与受贿方之间通常表现为分立、独立的主体关系,但是从法益侵害的角度来看,双方主体实质上是有共谋、有分工的共同犯罪,因而需要破除立法理念上的犯罪认知偏差,从多角度进行贿赂犯罪审视。

(四)集约型立法体系建构理念的路径设计

粗放型立法体系建构理念构建了“分体式”的贿赂犯罪立法体系,其既是纯粹的结果本位立法体系,也是以现实对价关系为根本构造的立法体系。经过 70 多年的演进与发展,该立法体系已趋近完善的极限,现实对价关系下的贿赂行为已得到充分关注,末端的法益保护规则已全面建立,可以将其视为“分层式”贿赂犯罪立法体系的基底。从集约型立法体系建构理念出发,法益侵害的紧迫程度与实害情况是阶段性、过程性的,所以从法益保护的彻底性来说,分阶段保护十分必要。一方面,阶段性是层次差异性的基础,贿赂犯罪在法益实害阶段的表现形式通常是现实的权钱交易,故在犯罪构造上采用了现实的对价关系结构。在法益危险阶段,贿赂犯罪的表现形式则体现为公职义务违反,其法益侵害性蕴含在公职人员的越轨行为中,不再体现为现实的、针对具体请托事项的交易关系,因而需要另寻新型犯罪构造。总体而言,集约型立法体系建构理念力图在原有罪名体系的基础上,通过划分法益侵害阶段,将平面化的结构转变为立体化的结构,从而实现贿赂犯罪积极治理的目的,具体表现在以下方面。

首先,在立法体系结构设计上,集约型立法体系更加注重以内涵修复方式对体系结构进行优化升级。粗放型立法体系建构理念意图通过扩大犯罪打击面来提升腐败治理效果,本质上是依靠增加犯罪处理的总量来推动治理效果的提升。尽管主体类型与行为方式不断扩张,但是犯罪打击面的扩张并不能有效改善犯罪的打击密度,如果将贿赂犯罪立法体系比作渔网,那么单一犯罪构造下的罪名体系在不断扩大渔网面积时,并未调整渔网网眼的大小,以至于长期存在"漏网之鱼"。集约型立法体系建构理念正是为了修补"网眼"漏洞而进行的立法体系革新。其次,在刑法介入时点上,集约型立法体系建构理念突出强调利益冲突在确立犯罪化标准中的作用。利益冲突既是对侵害现象的描述,也是对行为本质的概括。利益冲突的基本内涵,是指公职人员为了获取个人利益而违反公职义务,从而制造了公共利益与个人利益之间的冲突关系。因为利益冲突代表着法益侵害的紧迫危险,所以其要求的犯罪化标准在于行为创设危险时,而非行为造成实害之后。这种前置犯罪化时点意味着治理方式的转型,即从惩治转为预防,通过强化行为约束力以降低法益侵害危险性。最后,在犯罪治理方式上,集约型立法体系建构理念要求标本兼治,注重体系预防。结果本位的交易型贿赂犯罪本质上是对法益实害的报应,立法的目光只聚焦于罪责问题,并未关注犯罪治理的成效问题。与粗放型立法体系建构理念只注重刑法的基本机能不同,集约型立法体系建构理念更加注重刑事立法的能动性,在立法设计时,不仅考虑罪名体系之间的衔接性,而且考虑罪名体系的犯罪治理效果。集约型立法体系建构理念力图将犯罪治理对策与刑事政策相融合,使刑事立法承担更多的治理任务。

集约型立法体系建构理念下的具体路径分为两部分:一是增设危险犯层面。危险犯重在预防,其是对行为的前置性约束,是对公职活动全过程的监管。刑法在法益出现危险时即介入,能够有效遏制腐败的发展,而此时的腐败行为尚未完成利益输送,这就会对潜在腐败者形成心理强制,使其不愿轻易实施越轨行为,从而实现犯罪预防。从受贿行为的本质来看,其核心在于是否为本人或他人利益而滥用公共职权或公职身份,即是否因实施相关行为而创设了公私利益冲突。因为在公职"委托—代理"关系中,受国家委托行使公权力的人担负着法律明确的前契约义务、履职义务与后契约义务,其在实施代理行为时必须以符合这些公职义务的要求作为前提,任何为了私人利益而违反公职义务的行为都会创设利益冲突,其中部分冲突已经达到了法益紧迫危险的程度,因而需要予以犯罪化进行积极预防。二是将危险犯层面与实害犯层面相连接。危险犯层面是预防性立法,其针对的是具有法益紧迫危险但尚未造成实害的行为,对于造成严重侵害的犯罪,仍应当交由结果本位立法予以惩治,并不能通过提升量刑幅度来取代交易型贿赂犯罪,即诱因本位立法与结果本位立法是前后阶关系,前者作用于贿赂过程,后者作用于贿赂结果。通过构建诱因本位立法而实现"不能腐",通过强化完善结果本位立法而实现"不敢腐",通过二者合力共同实现腐败的根源性治理。[1]

第二节　腐败治理一体化与中国贿赂犯罪立法体系一体化

腐败治理是社会治理中关于权力管理的举措总和,包括了规范化治理与非规范化治理,其中,规范化治理又分为党内法规治理与国家法律治理,党内法规包括纪律条例与监督条例,国家法律包括行政法规范与刑事法规范,所以纵观中国腐败治理格局,总体上呈现出多层次、多领域、多部门的腐败治理格局。在这种分布式的治理格局下,不同区块的腐败治理在治理目标、方式、步骤等基本内容上存在诸多差异,这些差异在一定程度上阻碍了腐败治理效能的进一步释放,因而需要实现向腐败治理一体化格局的转变,推动腐败治理现代化进程。作为腐败

---

〔1〕 参见刘志伟、尤广宇:《超越"回应性"立法——中国腐败犯罪刑法立法体系发展70年之检视与完善》,载《华南师范大学学报(社会科学版)》2020年第1期。

治理的重要组成部分,中国贿赂犯罪立法应当与腐败治理保持一致性,确保一体化思想的有效贯彻。

一、腐败治理一体化思想在贿赂犯罪治理中的贯彻

(一)腐败治理一体化思想的基本内涵

我国腐败治理历经70余年的建设与发展,已经与先现代化国家相比肩,在治理路径上也已从局部走向整体、从治标走向治本。与其他国家不同的是,我国自主探索出了腐败治理一体化的战略,这一重大战略思想是由我国“以党建国、以党治国”的政权特点决定的,与我国基本国情相契合。腐败治理一体化是腐败治理理论的重大创新,是基于中国反腐败情况而作出的战略性研判。一般来说,腐败治理被定义为一种旨在制约腐败现象、维护国家治理有效性、实现国家治理体系与治理能力现代化的政治行为。[1] 该定义意在揭示腐败治理的基本目标,并以目标为导向对腐败治理的范围进行宏观把握。通过这一基本定义,我们可以了解到腐败治理与国家治理密切相关,但是无法进一步得知二者关系,而腐败治理一体化正是对这一根本命题的理论回答。换句话说,腐败治理的基本内涵是在腐败的逻辑范畴内展开的讨论,腐败治理一体化的基本内涵是在国家治理的逻辑范畴内展开的讨论。在国家治理这一更加宏观复杂的层面上,腐败治理不再限于腐败的现象、原因与机理和反腐败的对策、步骤与手段等内容的探索,而是从更根本性的内容出发,即权力的生成、演进与发展,权力的运行、管理与监督,权力与政治、经济、文化的关系等。概言之,腐败治理一体化不仅关注腐败的本体,而且关注国家治理范畴中与腐败相关的内容,并基于中国治理特色而选择采用一体化方式加以推进。所以从国家治理这一大背景出发,腐败治理一体化是指以清廉行权为目标,在党的领导下,由国家与社会协作,统筹政治、经济、文化等领域的治理资源,通过构建综合性、系统化的权力控制、监督与惩戒机制以及相应法律体系,将治理力量与规则下沉到行政体制内部,渗透到与行政相关联的政治、经济等外部环

[1] 参见王希鹏、胡扬:《中国特色腐败治理体系现代化:内在逻辑与实践探索》,载《经济社会体制比较》2014年第4期。

境，进行全面彻底的腐败治理的国家治理战略。

（二）腐败治理一体化思想的基本内容

从腐败治理一体化的基本定义出发，应当从治理主体一体化、治理方针一体化与治理路径一体化三个方面进行具体内涵的理解。

就腐败治理主体一体化而言，我国逐步探索出了一条适合中国腐败治理的道路，即“政党—国家”一体化治理模式。该治理模式立基于中国国情，满足了国家与社会发展的现实需要。中华人民共和国成立前，中国社会经历了长期的“大一统”、全能化治理时期，20 世纪初，中国社会的不稳定导致社会系统整体紊乱，需要一个深刻的社会系统化治理过程。“中国在社会主义制度建立后，一度模仿了苏联的高度集中的模式，将社会生活的各个方面统统置于国家的调控和管制下。在这种模式下，可以说社会各类大的活动方面，如政治、经济、文化、艺术、体育、军事等均在国家的管制下。国家不仅无所不包地管理各个方面，而且在管理手段上也采用了直接、微观的方式。”[1]在国家治理中，中国共产党承担全面领导职责，从社会发展现实来看，“政党—国家”一体化治理模式顺应了社会发展的需要，而 1949 年则开启了“政党—国家”模式的创立与探索。从政治治理模式而言，中华人民共和国作为古老中华发展的崭新阶段，意味着国家组织模式的系统更新与全面进化，立基于“政党—国家”一体化治理模式，我国各项事业得以系统推进。“政党—国家”一体化模式决定了腐败治理的最大成效，表现为：一是将反腐败作为各级党委的“一把手”工程，由主要负责人亲自抓、负总责。从中共中央到各级地方党的领导，都亲自负责反腐败工作，深入推进腐败治理各项工程。二是党的政策直接决定国家进行腐败治理的对象、方式、步骤和效果评估、后续措施。我国历次反腐运动都由党亲自发动，对于运动的对象、领域、重点和整治目标、方向等，都是由党中央确定后向社会推行。[2] 反腐败立法工作也是在党的直接发起、领导和推动下进行的。三是将一切国家机关、军队和工商界、文艺界、科

---

〔1〕王沪宁：《反腐败：中国的实验》，三环出版社 1990 年版，第 10 页。

〔2〕有部分运动发起于地方，后被党中央在全国推广。

技界的单位、个人都纳入党领导的反腐败专项斗争中。党政军民无一例外地一致参加到斗争中,[1]反腐败斗争党内外一盘棋,步调一致。四是腐败治理与党领导下的其他工作紧密结合、相辅相成。如“三反”运动与增产节约运动紧密相连,“五反”与党的经济管理活动紧密相连。腐败治理运动的开启往往受其他领域暴露出的问题的启发。[2]

就腐败治理方针一体化而言,具体表现在:一是腐败治理的理念一体化。我国长期采用以惩治为中心的腐败治理方式,通过严刑峻法与外在威慑遏制腐败。随着治理经验的丰富,党内法规率先采用预防为主的理念,通过党规党纪与检查监督共同推动腐败预防工作,而国家法律如《中华人民共和国公职人员政务处分法》(以下简称《政务处分法》)与《刑法》在腐败治理中仍侧重于惩治,但目前已有所转向,“惩防并举、注重预防”已经成为腐败治理的共同理念。因而需要确立积极治理主义对中国特色腐败治理立法体系建设的基础与导向地位,将其作为国家腐败预防法、惩治法的共同理念,并以其作为规范体系建构的观念基础,从而贯彻腐败治理理念一体化。二是腐败治理的目标一体化。腐败治理是在主体目的支配下的具体活动,不同治理主体因权利义务不同,而在治理目标上存在较大差异。例如,党组织将清廉作为腐败治理的最终目标,因而在党内法规制定与监督机制设置时,采用更为严厉与深入的手段措施,对党员和党组织的各项活动均进行了细致规定。但是在国家层面,政府将权力正常运行作为腐败治理的主要目标,所以在规范制定上,只注重权力有无滥用、腐败结果的严重程度。由此可知,腐败治理目标会因主体不同而存在差异,而目标一体化是解决治理进度不一致、治理节奏不协调的关键所在。三是腐败治理的战略一体化。腐败治理主体不同,决定了治理目标上的差异,也影响了治理战略的制定。例如,中国共产党在腐败治理上是以党员为中心,全面规范

[1] 参见薄一波:《为深入地普遍地开展反贪污、反浪费、反官僚主义运动而斗争》,载《山西政报》1952 年第 1 期。

[2] 参见魏昌东:《腐败治理“中国模式”的立法发展与理论探索》,上海人民出版社 2019 年版,第 53 页。

党员的各项行为活动,所以在战略上是以从根本上消除腐败机会作为落脚点。国家在腐败治理上是以权力为中心,将公职人员以权谋私的结果作为腐败治理的依据,因而在治理战略上就是以制止权力侵害作为落脚点。这种战略上的不一致也使腐败治理难以走向现代化。

就腐败治理路径一体化而言,具体表现在:一是腐败治理的体制一体化。中国共产党领导的多党合作和政治协商制度是国家基本政治制度,在这一基本国情背景下,党和政府通过将党的政策、纪律转化为立法的方式,将行之有效的腐败治理领导体制、组织体制、管理体制进行法定化,实现了腐败治理的体制一体化。二是腐败治理的规范一体化。依法治国是中国特色社会主义国家制度和国家治理体系的显著优势,党和国家通过立法完善,在法律的渊源类型上,构建基本法、行政法、经济法、行政程序法、监督法、组织法、保障法、处置法的体系,在法律的功能定位上,强化预防法与惩治法一体发展,在法律的协同上,建构"党内制度—监督制度—管理制度"的一体系统。[1] 三是腐败治理的机制一体化。国家监察体制改革是我国腐败治理机制一体化的重大突破,转变了党内纪律检查与行政监察、反贪调查的分立局面,既确保了监督调查无死角,也确保了监察监管落于实处。腐败治理的机制一体化是治理路径一体化的关键一环,制度上的一致性往往在执行环节容易出现走形,只有确保机制的一体化,才能将腐败治理方针贯穿始终,真正实现腐败治理一体化。

(三)贿赂治理立法体系的一体化发展

腐败的核心是以权谋私,根据"谋"的方式不同,可以将其分为直接谋私与间接谋私两大类。直接谋私是利用职权直接获取利益,即公职人员是在公职活动与利益获取之间架构直接利益输送渠道,公共利益直接转化为个人利益,如贪污罪、挪用公款罪等。间接谋私是利用职权间接获取利益,即公职人员在公职活动、他人利益与自己利益之间搭建起三角关系,此时公共利益先被输送到他人,再由他人转回于公职人

〔1〕 参见林尚立:《以政党为中心:中国反腐败体系的建构及其基本框架》,载《中共中央党校学报》2009年第4期。

员，是一种间接性获取，如贿赂犯罪。直接谋私的特点在于，基本结构单一，牵涉主体较少，利益转化率高，结构稳定，隐蔽性较弱；间接谋私的特点在于，基本结构复杂，牵涉主体较多，利益转化率低，隐蔽性随着主体增加而增强，但结构稳定性则相反。由此而知，贿赂犯罪作为间接谋私的代表，是腐败犯罪中最为复杂且难以根治的犯罪类型。因而推动腐败治理一体化的首要任务就是推动贿赂治理立法体系的一体化。

贿赂治理立法体系的一体化具体包括：一是党纪与国法有效衔接，二是国法内部诸项部门法之间相协调。换句话说，我国贿赂治理立法体系需要将软法与硬法相统一，将前置法与后盾法相衔接，将实体法与程序法相配套，因而实现一体化的前提是治理理念的统一，即需要从最宏观的层面对贿赂治理进行总体把握。一方面，立法体系中的"法"应当从广义上进行理解，既包括由国家强制力保障实施的法律法规，也包括由社会团体组织自行商定的规章守则；另一方面，立法体系中的"体系"应当从动态上进行理解，体系并不仅是衔接有度的治理结构或制度组合，还是"全景式"的治理环境。因此，贿赂治理立法体系一体化的逻辑结构应当是层次性与连贯性的统一。其特点具体表现为，首先，在治理对象上，一体化不仅考虑贿赂犯罪的治理问题，同样考虑一般违法的贿赂甚至违反道德的贿赂的治理，所以在层次性与连贯性上表现为"违纪—违法—犯罪"。其次，在治理方式上，一体化不仅以现实的损害作为治理对象，同时不放任潜在贿赂机会或早期贿赂苗头的存在，将贿赂诱因与结果都作为立法体系的重要关注点，所以在层次性与连贯性上表现为"意图—行为—结果"。最后，在治理步骤上，一体化是综合性治理过程，集"不敢腐、不能腐、不想腐"为一体，因而在体系设计上应当以行为人为中心，不仅在实体法上建立从思想到行为的约束机制与惩戒规则，而且在程序法上建立申报、检查、监督、侦查、调查、审查、审核等一系列程序规则，所以在层次性与连贯性上表现为"警觉—怀疑—确定"。

二、中国贿赂犯罪立法体系一体化的逻辑框架

中国贿赂犯罪立法体系是对间接性以权谋私行为的总体治理规范，而一体化的逻辑结构特点在于层次性与连贯性的统一，所以中国贿

赂治理立法体系一体化的逻辑框架应当包括两部分:一是治理形式的连贯性,即软法与硬法的衔接、党纪与国法的衔接、前置法与后盾法的衔接。二是治理内容的连贯性,即从贿赂及其关联活动的酝酿、产生、发展、完成予以全方位的关注。

(一)纪法衔接:“党纪—政纪—刑法”三位一体

“纪法衔接”是我国“以党建国、以党治国”政治体制下实践探索出来的特色腐败治理方式,是我国腐败治理的制度优势所在。纪法衔接,是指中国共产党的党内法规与国家法律在内容和形式上的连贯性和一致性,其核心内容体现为党纪与国法在行为规范、程序规则上衔接得当、协调一致。贿赂治理立法体系一体化作为国家治理现代化的阶段性标志,对纪法衔接关系作出了进一步要求,即实现“党纪—政纪—刑法”三位一体的规范化建设。之所以强调纪法衔接在贿赂治理立法体系一体化中的重要地位,一方面是因为我国贿赂治理工作是在党的领导下有序展开的国家治理活动,作为中国特色社会主义事业的领导核心,党的方针政策决定了国家在贿赂治理问题上的工作方向与重点,党对贿赂的治理策略规划也是国家治理工作具体开展的重要依据。另一方面是因为我国贿赂治理对象是国家公权力的承担者,而“以党治国”的执政方式意味着我国公权力的设置、分配、承担、负责等内容都由党组织决定,即公权力的行使规则是党的任命先于行政部门的授权。所以综合来看,“纪在法前”是一体化格局形成的重要前提,这也决定了党纪与国法相互依存、不可或缺的特殊关系。“纪法衔接”的实现与发展,既是贿赂治理贯彻落实的基本保障,也是贿赂治理转入一体化的突破口。

“纪法衔接”是国家治理的基本路径,其治理对象不同,且对纪法衔接的依赖程度也存在差异。腐败作为权力运行的负面问题,与党纪和国法中最本质的内容相联系,对纪法衔接的顺畅程度存在高度依赖。纪法衔接直接关系治理效果,因而贿赂治理现代化要求纪法之间既要无缝衔接,更要功效叠加。具体而言,纪法衔接应当包括两方面内容:一是“党纪”与“国法”之间的衔接。党纪作为党内部的自治性规范,其适用范围特定,且其强制约束力限于组织层面,因而在规章制度的设计上更加注重思想教育、行为监督和生活指导等非强制性规范，其设计核心在于改变成员思想，通过组织帮助与监督来提升党员的抗腐拒腐能力。但是国法是由国家强制力保障实施、具有普遍约束力的法律规范，其核心在于，维护权力运行秩序，对公职人员的约束并不是全方位的，而是最低限度的权力无害标准。因此，纪法衔接实际上是将不同性质的治理方式整合在一起。国家监察体制改革是纪法衔接的最好体现，纪律检查委员会与行政监察部门隶属于不同的治理系统，二者之间存在治理对象、目标、手段、效果等多方面差异，而监察委员会在最大程度上弥合了治理系统上的差异，将“纪法衔接”推上新高度。[1] 二是国法中的“政纪”与“刑法”之间的衔接。在《政务处分法》颁布以前，政纪规范一直处于严重缺位的状态，尽管《中华人民共和国公务员法》（以下简称《公务员法》）对公职人员的权利义务作出了原则性规定，并明确了公职人员相应的法律责任，但是其并不是以治理为目标进行的制度设计，因而无法起到承上启下的作用，既无法与“党纪”相连接，也无法回应“犯罪”治理问题。《政务处分法》的颁布有效填补了“政纪”空白，一方面保持了与党纪规定的统一，使软法获得了硬法的支撑，从而进一步提升了“党纪”的治理效果；另一方面加深了与刑法规范的连接，将违法与犯罪相衔接，促使法秩序更加完备，贿赂问题不再仅被作为犯罪问题予以治理。

（二）层次衔接：“机会风险—危害行为—实害结果”三层连接

贿赂治理立法体系一体化是全方位的贿赂治理，其治理对象不仅包括贿赂犯罪结果，也包括贿赂的机会、促成、达成等违纪违法行为。治理对象的全面性决定了治理方式需要根据对象性质进行阶层的划分。根据治理对象性质与严重程度，可以分为贿赂的机会风险、贿赂行为与贿赂结果，而传统治理格局将这三类治理对象进行区分治理，分别对应违纪、违法与犯罪。但是对贿赂治理立法体系一体化而言，层次上的衔接不应当是治理对象与治理规范的一一对应，而应当是治理对象

---

〔1〕 参见魏昌东：《〈监察法〉与中国特色腐败治理体制更新的理论逻辑》，载《华东政法大学学报》2018 年第 3 期。

与治理规范的全面对应,即将原来的“机会风险—违纪”、“行为—违法(违纪)”与“结果—犯罪(违纪)”转变为“机会风险、行为、结果—违纪/违法/犯罪”。这实际上是将原来的三层治理转为九层治理,将条块化的治理结构转为网络化的治理结构。

按照一体化的设计思路,无论是党规党纪,还是国家法律,每项行为规范都应当涵盖“机会风险—危害行为—实害结果”三个层次,即在纪法衔接的基础上,对原有立法体系治理范围进行扩充,将“贿赂机会风险”由党纪规制扩展为“党纪—政纪—刑法”共治,将“贿赂行为”由政纪规制扩展为“党纪—政纪—刑法”共治,将“贿赂实害”由犯罪规制扩展为“党纪—政纪—刑法”共治,从而建立起“有层次、无断层”“有分工、无隔隙”的现代化治理结构。该结构力图改变治理主体“各自为政”的治理格局分化的状态,通过治理对象与治理目标的统一,促使不同治理主体之间互相配合、互相制约,健全衔接顺畅、权威高效的工作机制,推动贿赂问题治理的高质量发展。将治理对象统一为“机会风险—危害行为—实害结果”,使治理主体的职责相互覆盖,从而促进党纪监督、监察执法与刑事司法的贯通融合,进而形成贿赂治理协同机制,共同治理贿赂的机会风险、贿赂行为与贿赂实害等问题。

第三节　贿赂犯罪刑法立法原理调整

从犯罪学的角度来看,贿赂犯罪的完整形态是权钱交易,而权钱交易的基本要素包括三部分:交易双方、具体请托事项与贿赂款项。因传统治理理念是遵循法律属性进行的行为犯罪化,所以只有具有严重社会危害性的完整形态才能作为贿赂犯罪以规制,此时社会治理政策并未被作为刑事政策的犯罪化依据。随着国家治理现代化的推进,刑法被赋予更多的治理责任,刑法功能上的扩张也使犯罪化标准得以转变,因而应当借助犯罪学以及积极治理的理论进行贿赂犯罪刑法立法原理的调整和更新。

一、立法原理揭示：以交易禁止为核心的犯罪治理结构

我国贿赂犯罪立法体系的组成罪名，均是以现实的对价关系为立法基础的犯罪，无论是受贿罪还是行贿罪，财物与职务行为之间存在对价关系是构成犯罪必不可少的要件，所以我国也一直将贿赂行为等同于权钱交易。[1] 在将“禁止权钱交易”作为供需结构建构根基的情况下，犯罪结构、追责对象、量刑基准等基本内容难以改变与突破这一范畴，所有立法上的更新与发展均是在既定构造下的修补与完善。

（一）以现实对价关系作为贿赂犯罪立法的基本根据

权钱交易作为贿赂犯罪的典型样态，其核心在于交易关系，也即对价关系。然而从立法与司法规定中，可以发现对价关系的存在形式较为特别。以受贿罪为例，最早出现在 1952 年《惩治贪污条例》中的贿赂行为仅表述为“收受贿赂”，此时其作为贪污罪的一种形式，并不需要完整的对价关系。1979 年《刑法》将受贿罪的表述修改为“利用职务上的便利，收受贿赂”，该表述点明了对价关系的两方要素——职务与贿赂，并且对价关系侧重于“收取”，也即无论是否为他人谋利、是否真正实施职权行为，均不影响受贿罪的成立。1985 年的司法解释将受贿罪表述为“利用职务上的便利，为他人谋取利益，而索取或者非法收受他人财物”，[2] 则是将权钱交易的整体环节作为对价关系成立条件，既要权为他人所用，也要钱为具体活动所付，所以对价关系重在“合意”。1988 年《关于惩治贪污贿赂犯罪的补充规定》将受贿罪表述为“利用职务上的便利，索取他人财物的，或者非法收受他人财物为他人谋取利益的”，这里涉及两类受贿，对索贿型受贿而言，对价关系侧重于“收取”，对收受型贿赂而言，对价关系则侧重于“谋利”。1997 年《刑法》最终将受贿罪的表述调整为“利用职务上的便利，索取他人财物的，或者非法收受他人财物，为他人谋取利益的”，其将收受型贿赂的对价关系重

---

〔1〕 参见车浩：《贿赂犯罪中“感情投资”与“人情往来”的教义学形塑》，载《法学评论》2019 年第 4 期。

〔2〕 1985 年最高人民法院、最高人民检察院《关于当前办理经济犯罪案件中具体应用法律的若干问题的解答（试行）》（已失效）。

点放在了“合意”。由此可知，对价关系认定由先到后存在三个阶段：收取贿赂阶段、达成合意阶段、用权谋利阶段，而贿赂犯罪立法的入罪标准均是来自于此。概言之，贿赂犯罪是以存在对价关系为入罪前提的对向犯罪，其将权钱交易作为犯罪的本质，所以无交易也就无犯罪。

（二）以交易双方作为贿赂犯罪的追责对象

在我国贿赂犯罪立法体系中，除介绍交易罪外其他罪名都是根据两面对向犯来设计的，具体表现为受贿主体与行贿主体的一一对应。[1] 这种既处罚受贿方又处罚行贿方的立法方式，看似是对所有参与主体追责，但实际上却并未跳出个体性责任理论。[2] 必要共犯指刑法预设构成要件的实现以两人以上的行为的参与为必要的犯罪形态，其可分为对向犯和平行犯（多众犯）两类。其中，对向犯是指以存在两人以上的对向性参与行为为要件的必要共犯形态。[3] 在理论中，根据双方参与人的行为是否都需要处罚，可以将对向犯分为两面对向犯和片面对向犯。[4] 两面对向犯的立法逻辑在于：贿赂犯罪本质在于“权钱交易”，公职人员一方为了经济利益而出卖公权力，获利一方为了相应利益而提供对应价款，两方必须有通谋才能各取所需，所以要实现利益输送与回转（先由支配者将公共利益输送到私人利益处，再从私人利益处流转回公共利益支配者）就需要至少两方主体的存在，因而贿赂犯罪是必要共犯。又因为受贿方是对公权力的直接侵害者，行贿方

---

〔1〕 参见张勇：《“行贿与受贿并重惩治”刑事政策的根据及模式》，载《法学》2017 年第 12 期。

〔2〕 参见钱小平：《“积极治理主义”与匈牙利贿赂犯罪刑法立法转型——兼论中国贿赂犯罪刑法立法改革之方向抉择》，载《首都师范大学学报（社会科学版）》2014 年第 6 期。

〔3〕 必要共犯是与任意共犯相对应的概念，任意共犯指刑法预设构成要件行为由单个人实行（如故意杀人罪、抢劫罪等）而事实上由二人以上共同参与实施的犯罪形态。任意共犯由刑法总则加以规定，具体包括共同正犯、教唆犯和帮助犯等犯罪形态。与对向犯相对应，平行犯指在构成要件上以朝向同一方向的多数人的共同行为为必要的犯罪形态。参见钱叶六：《对向犯若干问题研究》，载《法商研究》2011 年第 6 期。

〔4〕 豊田兼彦『共犯の処罰根拠と客观的归属』（成文堂，2009 年）46 – 47，132，140 頁。

起到教唆或帮助的作用,因而两方均具有处罚必要性,并且从犯罪预防角度看,只有当双方都存在犯罪成本时,贿赂犯罪才能起到有效的心理强制,腐败问题才能得到遏制。正因如此,《刑法修正案(九)》将行贿罪从宽处罚的条件与幅度做了严格处理,以打击行贿方的低成本犯罪。但是两面对向犯的设置无疑是制造出了贿赂领域的"囚徒困境",[1]受贿方与行贿方本来就是沆瀣一气共同侵害公权力及公共利益,加上双方都需承担刑事责任,因而常常形成"攻守同盟"共同隐瞒犯罪事实、对抗组织调查的困境。在这种情况下,只能调整入罪门槛、量刑尺度与宽宥规则以解决"囚徒困境"所带来的治理难题。[2]

(三)以权力交易的计价作为贿赂犯罪的量刑基准

权钱交易是对贿赂犯罪基本特征的高度概括,是用于区分贪污罪、滥用职权罪等职务犯罪的关键所在。从公职的不可交易性属性来看,只要公职人员进行权力交易行为,即已构成对公权义务的直接违反,交易价格并不具有揭示义务违反与否的能力,因而不应对贿赂犯罪的成立产生影响,而贿赂犯罪的交易金额仅有判断法益损害轻重程度的功能,从这一角度理解,犯罪交易金额仅是决定刑罚量定的依据,而非决定犯罪成立与否的依据。然而,现行贿赂犯罪立法体系之下,权力交易的价格即意味着法益侵害程度,受贿金额与刑事责任大小成正比例关系。贿赂犯罪在量刑标准制定上长期以来采用数额中心主义,而未曾考虑受贿方的身份属性与特点。尽管《刑法修正案(九)》将受贿罪量刑标准的"唯数额论"改为"数额+情节",但是一方面这里的情节主要是指特殊的犯罪情形,而非个人身份、权力类型与属性,另一方面从2016年最高人民法院、最高人民检察院发布的《关于办理贪污贿赂刑事案件适用法律若干问题的解释》来看,"数额+情节"的量刑模式实际是"数额为主、情节为辅"的罪量关系,同时司法解释将数额要素作

---

[1] 参见张勇:《"行贿与受贿并重惩治"刑事政策的根据及模式》,载《法学》2017年第12期。

[2] 参见叶良芳:《行贿受贿惩治模式的博弈分析与实践检验——兼评〈刑法修正案(九)〉第44条和第45条》,载《法学评论》2016年第1期。

为具体情节的组成部分，再次弱化了情节的独立地位。[1]

二、立法原理反思：以对向犯为贿赂罪名根据的定位偏差

贿赂犯罪作为传统犯罪已经存续了上千年，然而在奴隶社会与封建社会中，官吏受贿腐败被理解为对领主、君主的背叛，是侵害所有者个人的利益，所以在责任追究上采用的是个体责任原则。随着社会制度的发展，行政管理由统治者私有转变为社会共有，权力不再归属于个人，而是以委托代理的方式，由国家交由代理人执行。这种转变造成的直接影响是权钱交易从行为本质变成了行为样态，而对职责义务的违反才是行为本质，所以贿赂犯罪应当是多种多样的以权谋私犯罪，而非单一的权钱交易。因为交易双方是共同窃取社会利益，所以责任主体不应仅限于直接实施者。此外，作为身份犯罪，受贿方的职责性质、范围、作用、受约束力程度等都是与侵害社会利益息息相关的要素，应当在刑罚量定过程中予以考虑。

（一）单一犯罪构造的治理滞后

贿赂犯罪将对价关系作为犯罪构造的核心，实际上是要求以权谋私的认定需要明确存在与主观目的相对应的客观事实。贿赂犯罪与滥用职权犯罪之间的区别主要在于主观目的，一般的渎职行为如滥用职权、徇私舞弊等行为虽然具有渎职的主观故意与特殊动机，但是其不具有超出认识因素与意志因素之外、更为复杂深远的心理态度。[2] 对贿赂犯罪而言，以谋取个人利益为目的是驱动行为人渎职的根本因素，公职人员是在腐败目的支配下进行相应的职务活动。权钱交易的整体流程，固然是由两方或两方以上的主体共同完成，但是当行为人违反公职义务时，就已经创设了公权力法益的侵害风险，并且该风险也将合规律地被实现。至于权钱是否已交易、如何交易，皆是主观超过要素的具体内容，所以从现代犯罪角度看，权钱交易的判断环节显然滞后于法益侵害的时点。因而对于“以权谋私”与“权钱交易”应当理解为：贿赂犯罪

---

〔1〕 参见张金钢：《受贿罪罪刑配置问题之反思与消解》，载《政治与法律》2019 年第 9 期。

〔2〕 参见张明楷：《刑法学》（第 5 版），法律出版社 2016 年版，第 299 页。

是行为人以“权钱交易”为目的而进行的“以权谋私”，在其实施相应职务行为时即侵害了公权力法益，交易目的是否实现与如何实现均不影响犯罪认定。

（二）个体责任标准的治理局限

贿赂犯罪仅处罚交易双方与促成交易的介绍方，从罪责自负与刑法谦抑性来看，将犯罪主体限定为作为犯是具有合理性的。然而从法益保护的有效性上看，仅处罚谋利者是难以满足法益保护目的的。一方面，贿赂犯罪的发生是特定公共权力组织体内部权力运行与监督不均衡的突出表现，单独的权力者如果受到来自权力组织体的有效监督，是能够有效避免贿赂犯罪发生的。[1] 另一方面，贿赂犯罪是对公共利益的侵犯，是受贿方对代理义务的违背，而委托方也并非公共利益的所有者，而是社会大众的代言人，同样负有代理义务。所以委托方以及代理委托方进行义务监管的人员应当负有监督管理职责，同样，公司企业等单位的相关人员进行行贿时，该单位也应当承担监督过失责任。总体来说，从组织责任原理来看，行为监管者应当承担对权力组织体中相关人员的监督责任，怠于行使这一责任者必须承担刑事责任。

（三）数额中心主义的量定偏差

从法益侵害性上看，受贿罪实质是以谋取个人利益为目的的职务犯罪，是对公职义务的严重违反，其罪质核心在于对公权力与公共利益的损害，其罪量大小应当根据其输送出去的利益多少进行综合判断，而非根据个人得利数额来判断。易言之，对受贿方而言，无论权力能够换取多少利益都是“赚”，那么罪量判断就不应根据“赚”多少来认定。相反，行贿罪实质是以利换利，其虽然干扰或影响了公职活动的正常运行，但是其本身并不能支配或决定滥用职权的进程，而是需要依托于权力支配者的具体行为，所以其侵害的法益是公权力管理下的具体公私利益与行政秩序，而非公职的不可收买、不可交易、公正廉洁性等公职

---

〔1〕 参见钱小平：《“积极治理主义”与匈牙利贿赂犯罪刑法立法转型——兼论中国贿赂犯罪刑法立法改革之方向抉择》，载《首都师范大学学报（社会科学版）》2014 年第 6 期。

义务的衍生内容。并且行贿方是需要进行“成本—收益”考虑的，只有产出大于投入，才值得其铤而走险。所以总体来说，受贿罪与行贿罪的侵害法益并不相同，且其入罪基准并不应当统一到贿赂数额上，以贿赂数额作为受贿罪的主要量刑依据，忽视权力属性、职务特征等能够影响量刑的身份因素，不符合规范保护目的。

三、立法原理调整：公权伦理的法益化及其保护

（一）公权伦理的基本内涵

行政伦理是公职人员在使用公共权力过程中应当遵守的行为准则，是公职人员的从政道德，是伦理在公共领域的体现，也是公职人员伦理道德的根本规范。它包括公职人员的个人道德、职业道德、行政机构的组织伦理及行政过程中的政策伦理等在内的整个政府管理的价值观念体系。[1] 我国《公务员法》及其相关法律法规对行政伦理作出了较为明确的规定，使行政伦理进一步完成了道德化向法定化的转变，从而构建了现代化的行政运行结构。行政伦理中与权力行使相关联的部分就是公权伦理，所以公权伦理是指公职人员在承担公共权力运行职责时应当遵守的行为准则以及应当具备的个人道德标准。从本质上看，公权伦理指涉的是政府与公职人员之间的权利义务关系，即关于公共权力行使的“委托—代理”关系。随着社会管理需求的进一步增加，公共权力渗透到各个层面，在急需权力维护社会运行秩序的同时又担心权力滥用会加大秩序的紊乱，所以公权伦理的法定化成为时代发展的重要前提和必然要求，以确保行政委托与行政代理以及基础关系的合理有效性。

（二）公权伦理的法益化发展

公权伦理的法定化是道德法律化的一个特殊而重要的领域，在理论上并没有需要特别论证之处，只是由于从政者的特殊性而要对其规

---

〔1〕 参见蒲志强：《公职人员财产申报制度的行政伦理研究》，载《政治学研究》2010 年第 5 期。

定有别于常人的更加严格的职业道德行为标准或道德义务要求。〔1〕然而，随着现代化步伐的进一步加快，社会结构愈加复杂、社会关系更加脆弱，社会治理与维护需要更多的公共权力介入，在这种情况下，任何细微的权力滥用都可能激化社会矛盾，最终导致社会分配关系的严重失调、社会秩序被严重破坏。长此以往，不仅损害了国家公信力，而且损害了社会道德评价标准与基础。公共权力是把“双刃剑”，其在定分止争的同时，也可能会因不当行使而加剧矛盾、制造纷争，所以将公权伦理法定化只是社会治理走向现代化的第一步，真正能够完成现代化转型的重要举措在于，公权伦理的法益化。公权伦理的法益化作为国家治理现代化的重要举措具有其内在逻辑性，这种逻辑性必然体现在国家治理的供需关系上。在治理需求上，社会维持自身的高速发展，主要是依靠对旧生产关系的调整和对新生产关系的创造，这种生产关系上的更新与变化需要公共权力的支持与保障，所以公共权力与社会关系越发紧密，公共权力对社会关系的调整方式越发细致全面，符合新旧生产关系调整规律的公权行使能够极大地推动社会发展，但不符合相应规律的公权行使则会严重抑制社会发展，因而在需求上，不仅需要更多的公共权力介入，而且需要更优质的公共权力进行秩序管理，所以提高公权伦理标准是满足治理需求的重要条件。在治理供给上，国家面对越发复杂的社会关系与越发庞大的利益群体，强化公共权力的执行力与强制力是必然的选择，因而需要不断扩张行政机构，雇用更多的公职人员来承担相应的职权，在这个过程中，拥有专业技能与知识成为雇用公职人员的首要标准，因而形形色色的人员都借此机会成为公共权力的承担者。这种快速扩张起来的公权主体队伍很难保障全体人员都具备与公共权力相匹配的道德水准，所以公权伦理法定化就在于，努力维持队伍扩充后的治理效果是正向的，但是应当明确的是，尽管法定化的公权伦理能够起到一定的约束作用，但是职能部门及其队伍的不断调整与扩张也在不断稀释该效果，所以提升公权伦理的法律价值具

〔1〕参见蔡宝刚：《经由政府道德法反腐败的法理求解——美国经验与中国借鉴》，载《政法论坛》2011 年第 4 期。

有重大意义。基于国家治理的供需关系可知，公权伦理的法定化并不能够满足现代化治理需求，公权伦理的法益化发展呼之欲出。

（三）公权伦理的刑法保护

公权伦理的法益化是在公职义务法定化的基础上进一步上升为刑法义务。法律规定的权利义务是最基础、最低级别的道德标准，未被法律化的伦理道德只存在于个人自我评价之中，并不具有任何的约束效果，职业伦理道德就是如此。从民法、行政法等部门法可知，越重要的职业，其职业伦理道德的标准就越严格，并且相当一部分职业伦理已经从道德义务上升为法定义务，如金融行业离职后的竞业禁止、企业高管离职后的保密义务等。公共权力是最具决定性与强制性的社会力量，而代表国家行使公共权力的公职人员所承担的义务只在行政法律法规中有所体现，显然是严重忽视了公权伦理的重要价值。在《政务处分法》通过之前，虽然公权伦理被《公务员法》规定为法定义务，但是其原则性规定多于具体性规定、无处罚的义务条款多于有处罚的义务条款。所以在很长一段时间内，公权伦理的保护是完全依赖于刑法中的贪污贿赂罪与渎职罪来实现的，这种保护依赖性也促使相关犯罪立法长期处于活跃状态。尽管《政务处分法》的颁布使公权伦理的法定义务具备强制力，但从保护力度上看，行政处分难以有效确保义务得到普遍遵守。值得注意的是，正因为前置法未对公权伦理进行全面有效的保护，所以倒逼刑法积极发展贪污贿赂犯罪的立法，通过刑法的威慑力加强公职人员的廉洁性与公权行使的公正性，来完成对公权伦理的保护。但是这种依靠抓住局部来照顾全面的方式显然过于片面，虽然公权伦理已经全面法定化，但也只有与权力的公正性、不可交易性相关的公权伦理规范被重视。权力行使并不是只需要公职人员符合某一两项伦理标准，而是需要与公权行使全面匹配的伦理素质，即实现公权伦理的法益化，才能最大限度地保障公共权力不被滥用，才能满足国家治理体系与治理能力现代化的基本需求。

如上文所述，贿赂犯罪因被等同于现实性的“权钱交易”，其犯罪结构从未脱离现实对价关系的范围，一直将贿赂犯罪定位为两面对向犯。但是，从犯罪学的角度看，贿赂活动是动态发展的过程，其必先建立联系,而后由一方提出具体的请托事项,经双方达成合意、形成共谋,最后实施交易活动。显然我国贿赂犯罪立法的重点是仅注重对最后交易环节的否定评价,并未将之前的环节作为犯罪化的依据。通过对比可以发现,交易环节是由行贿方与受贿方分别实施相应行为进行利益交换,也即相互之间的利益输送。但是,在交易前环节,行贿方与受贿方并不是各自独立实施相应活动,而是进行共谋。在交易之前,贿赂犯罪并不是对向犯,而是共同犯罪,只是在共谋之后,在具体实施的过程中基于身份进行了相应分工。因而前置化犯罪时点应当从共同犯罪角度考虑犯罪构造,即贿赂犯罪立法原理应当从狭义的对向犯扩张为共同犯罪,从而建立分层式的立法体系。

第四节　贿赂犯罪罪名体系修正的基本原则

国家治理现代化的精神理念,要求贿赂犯罪罪名体系的修正应当确立"分层式"的改造方向。"分体式"贿赂犯罪立法体系是在消极治理主义指导下构建的结果本位的立法体系,尽管犯罪主体范围不断扩张提高了犯罪治理的总量,但是从犯罪结构上看,现实的对价关系是立法体系的核心,故治理结构较为单一,治理数量的提升无法促进治理质量的提高。针对"分体式"贿赂犯罪立法体系的消极性,"分层式"立法体系应当通过对立法原理的调整,积极发挥刑法的预防与惩治功能,将社会治理政策引入刑事政策,使刑事立法承担更多的治理职责。"分层式"贿赂犯罪立法体系是从平面化的治理结构升级为立体化的治理结构,因而治理系统与治理重心都将发生重大变化,罪名体系修正的基本原则应当进行相应调整。

一、系统性原则:构建"高级全景式"治理系统

(一)系统性原则的基本内涵

"分层式"贿赂犯罪立法体系的首要特点在于,在一体化体系下进行的职能分工,即层面与层面之间虽然存在结构性差异,但这种差异又是在现代化治理理念下进行统筹的结果,因而实质上是治理策略的统

一、治理职能的分化与治理功效的叠加。在平面化的立法体系转为立体化的立法体系时，应当首先确保体系完整，确保不同层面被有机地连接在一起，因而在修正罪名体系时应当遵循系统性原则。系统性原则也称为整体性原则，它要求把立法体系视为一个系统，以系统整体目标的优化为准绳，协调系统中各分系统的相互关系，使系统完整、平衡。在立法构建时，应当将各个立法层面的特性放到大系统的整体中去权衡，以整体系统的总目标来协调各个立法层面的目标。

就“分层式”贿赂犯罪立法体系而言，其应当根据治理对象特性分为机会风险、法益危险与法益实害层面，并依照法益的保护需求大小与犯罪治理目标进行结构上的衔接设计。系统性原则作为贿赂犯罪立法体系修正的首要原则，其重要性体现为：一是每个层面的立法内容应当与体系结构保持一致，能够充分体现总体上的治理目标；二是层面与层面之间的立法内容应当衔接得当，能够相互补充、互相依存，从而实现治理范围与治理效果的双重叠加。但是，形式与结构上的系统化并不是系统性原则的全部，更重要的是将系统性与治理理念相结合，从而实现系统化治理。由上文可知，一体推进“不敢腐、不能腐、不想腐”是我国贿赂犯罪立法体系转型的风向标，也是贿赂治理现代化的基本要求，所以综合来看，贯彻系统性原则的核心就在于构建“高级全景式”治理系统。

（二）系统性原则的贯彻路径

“高级全景式”治理系统与传统的“初级全景式”治理系统都属于“全景式”治理，但二者处于不同的治理阶段。初级阶段是以贿赂问题的严重程度为依据进行治理区域的划分，不同性质的法律规范采用不同的治理理念，从而“各自为政”；而高级阶段是以贿赂治理手段的差异性为依据进行治理工作的分工，不同性质的法律规范在统一的治理理念下进行“相互补充”。

“高级全景式”治理系统的构建重在实现“全景结构的共景化”，因而需要明确“共景化”的基本内涵。“共景式”治理是受我国学者喻国明的启发，其在阐述媒体变革时，指出传统社会的建立在信息资源垄断基础上的社会治理模式发生了根本性转变。具体而言，“共景式治理”

是一种围观结构,是众人对个人展开的凝视和控制。他们之间信息的分配已经比较对称了,管理者在信息资源把控方面的优势已经不复存在,试图通过信息的不对称所实现的社会管理遭遇到前所未有的危机。人们不再一如既往地凝神聆听管理者和传媒的声音,人们在"交头接耳"中沟通着彼此的信息,设置着社会的公共议程,监督甚至质询处于公共视野之中的领导者或者媒体。[1] 但是"共景式"理论是用于解释管理者与被管理者之间管理关系与状态的变化情况的,其能够反映出管理关系会因信息交流而出现的变化,但不能反映出治理结构的本质。因为社会治理本质是"管理—服从"的不对等关系,"共景式"治理意味着不再具有强制力与约束力的参与,这显然与治理的基本逻辑不相符,所以"共景式"理论只应当理解为管理关系中反馈机制的提升与改善,不能视为与"全景式"治理结构相等同的新型治理结构。

从社会治理的基本逻辑出发,采用"全景式"治理结构应当是唯一有效的治理途径,只是在该结构基础上存在不同的治理方向。传统的贿赂治理立法体系是"全景结构的分散化",但是这种分散化的治理方式不利于治理能力提升与治理效果推进,因而需要提升治理系统,即转为"全景结构的共景化"。简单来说,"全景结构的共景化"是指在统一的治理理念与策略的指导下,统筹不同治理主体治理职能,有步骤、有分工地进行贿赂问题综合治理,确保"党纪—政纪—刑法"互联互通、协调一致,将区块化治理、圈地式治理转变为规模化治理、集体式治理,从而实现贿赂治理体系的评价能力与处置能力的全面提升。

二、功能性原则:发挥刑法的积极治理功能

(一)功能性原则的基本内涵

功能性原则是指在治理体系建设过程中,不同性质以及不同层面的制度规范应当根据治理目标与治理策略进行功能设计,将发挥规则的治理功效作为体系建构基本目标的基本原则。功能性原则的重要性在于,通过系统化的制度设计进一步释放不同类型规范的治理功效,促

---

〔1〕 参见喻国明:《媒体变革:从"全景监狱"到"共景监狱"》,载《人民论坛》2009 年第 15 期。

使消极治理转为积极治理。以刑法规范为例,当下刑法规范具有两大基本功能——社会保护功能与人权保障功能,传统贿赂犯罪立法体系是以结果犯为处罚对象,采用消极被动的方式进行惩治与预防。从功能实现的角度上说,传统贿赂犯罪立法体系并不是有目的地进行治理,而是有目的地进行事后的惩罚。二者的区别在于:治理是为了保护未受损的法益、降低受侵害的风险;惩罚是为了报应已经造成侵害的责任人、修复已经造成破坏的社会关系。所以受传统刑法功能定位的限制,传统贿赂治理立法体系中贿赂犯罪立法体系承担的治理职能极为有限。但是,从"分层式"立法体系的基本理念出发,刑法规范应当具备多种功能,即在传统的惩治功能以外,释放刑法的治理功能、矫治功能、预防功能等。之所以传统贿赂犯罪立法未能充分发挥惩治以外的其他功能,关键因素在于传统刑法秉持谦抑主义,将刑法作为纯粹的保障性法律规范,所以由调整性法律规范承担的治理、矫治、预防等功能都不被作为刑法的基本功能。但是无论从机能主义刑法观看,还是从国家治理现代化的基本理念上看,刑法都应当更加积极地参与社会治理,其通过犯罪化与罪刑关系设置能够取得的治理功效不应被忽视。所以在贿赂犯罪立法体系建设过程中,应当注重对功能性原则的贯彻,以实现"分层式"立法体系的建设目标。

(二)功能性原则的贯彻路径

贿赂犯罪立法体系的更新与完善是对其犯罪治理能力的提升与完善。长期以来,贿赂犯罪立法体系以"分体式"为核心,但从本质上看,这种效果的优化并不是因为功能增添而产生的质变,而是治理总量提升所带来的附随效果,增加的犯罪主体类型在短期内增加了受追惩的犯罪的数量,但是,难以对贿赂犯罪的治理结构优化以及预防功能的实现提供有益的帮助。所以我国一直未能通过提升治理能力的方式来完善贿赂犯罪的立法体系,严重忽视了刑法的治理功能、矫治功能、预防功能等的利用与开发。从"分体式"发展为"分层式"立法体系的第二个基本原则是功能性原则,即通过制度设计来调动刑法的治理功能,使刑法规范不再游离在治理体系之外,使刑法与前置法一同承担社会问题的治理职责。功能性原则的贯彻实质上是刑法观的转变,即转变传统消极谦抑的刑法定位,建立起以积极治理主义为指导思想的功能主义刑法观,借助积极治理理论对传统贿赂犯罪立法体系进行功能性改造,从而实现罪名体系的重构。具体来说,积极治理主义以腐败所赖以生存的本原性要素、内生性环境改造为治理重点,降低社会对腐败的容忍限度,增加权力滥用障碍。它意在构建提高腐败追究的可能与增加预防机会的机制,以健全腐败犯罪责任追究根据与机理为理论支撑,以多元化法律体系构建为制度框架,针对腐败犯罪形成更具主动性、进攻性、策略性的治理理念与机制。[1] 从积极治理主义出发,功能性原则的贯彻路径应当从三个方面展开:一是提升刑法对贿赂行为的评价功能,包括构建"对称性"治理结构,删除贿赂犯罪的"谋取利益"要素;合理借鉴"囚徒困境"理论,取消行贿罪责任阻却事由,设置受贿罪特别自首制度;拓展刑法干预的犯罪场域,增设预防行贿失职罪和怠于报告贿赂罪;采取"严中从严"策略,增加高级公职人员身份为量刑要素。二是强化刑法对贿赂关联行为的评价功能,贿赂问题不仅是个体问题,更是群体问题、制度问题,对贿赂犯罪的治理不应仅关注贿赂双方,同样应当关注漠视或疏忽贿赂问题发展的主管人员或监管人员的刑事责任,即通过明确贿赂监管过失、预防失职等具体刑事责任使贿赂问题成为行政领域共同关注的问题,而非仅是公职人员个人注意的问题。三是释放刑法对贿赂犯罪的预防功能,虽然传统犯罪在刑罚目的中同样强调了特殊预防与一般预防,但是这种借助刑罚轻重来实现的预防并非刑法预防功能的具体体现,而是刑罚的预设目的与附带效果。从积极治理主义的基本立场来看,发挥刑法的预防功能应当前置刑法介入时点,从出现贿赂的机会风险时,即开始进行规则设计。

三、比例原则:确立罪刑标准与治理全局的对应关系

(一)比例原则的基本内涵

基于刑法的谦抑性与严厉性,刑事规范一直与国家治理政策保持一定距离,刑法也不主动承担社会治理任务,只是通过犯罪与刑罚进行

---

[1] 参见魏昌东:《积极治理主义提升立法规制腐败的能力》,载《中国社会科学报》2014 年 10 月 31 日,第 6 版。

最严厉的谴责与惩罚。传统治理体系对刑法的消极定位使其一直被作为惩戒与威慑的力量,这也进一步限制了刑法立法的发展,迫使刑法一直处于有限性治理的状态,其基本功能的发挥一直受到严重约束。易言之,传统刑法的消极定位使刑法的治理功能不受关注,又因为刑法的治理功能不彰而导致刑法游离在治理体系之外,所以刑法立法与治理策略一直未能建立起合理的对应关系,以至于刑法立法仅从法益侵害严重性进行犯罪化的考量。比例原则的提出正是为了扭转这一立法误区,一方面是因为刑法的犯罪化也有轻重之别,不加区分地认为所有被犯罪化的行为都是治理的最末端,在束缚刑法管辖范围的同时严重削弱了治理能力;另一方面是因为刑法受治理体系的约束,在立法构建上秉持末端惩治与威慑的态度进行罪名体系构建,极大程度地忽视了前端问题的犯罪化。基于此,比例原则应当理解为:刑法在立法过程中,将法益侵害性与分层治理目标作为犯罪化根据,并在犯罪构造与罪刑关系上予以体现,从而实现罪刑标准与治理全局比例化的基本原则。比例原则的基本思想在于刑法立法应当考虑罪刑设置的合比例与适度,一方面使不同罪名处于阶段性位置而构建连续性的制约规则,另一方面使刑罚幅度呈现阶梯状而进一步细化释放刑罚效果。所以,比例原则是“分层式”贿赂犯罪立法体系落实“犯罪分层”的关键所在。

(二)比例原则的贯彻路径

比例原则是“分层式”贿赂犯罪立法体系的建构核心,是因为分层与比例具有内在的一致性:罪名体系如果采用相同的犯罪构造与罪刑幅度,就无法体现出层次差异,如果不依照法益衡量进行罪刑比例设置,则无法体现轻重缓急的治理层次,所以比例原则是“分层式”立法体系层次化建设的关键。从“分层式”的基本理念上理解,首先,在阶段划分上,贿赂犯罪立法体系的比例性应当是由轻到重,由法益侵害程度较轻的犯罪层面向法益侵害程度较重的犯罪层面拓展,即将危险犯向实害犯的演变过程划分为若干阶段。其次,在犯罪构造上,高度抽象的构成要件虽然具有普遍适用性,但无法有效体现出权力属性与贿赂风险的比例关系,因而在同一层面的犯罪设计上,应当根据犯罪主体特点进行相对具体的要件设定,从而将不同领域的贿赂危险性在构成要件差异中直接表达出来。最后,在罪刑结构上,贿赂犯罪立法体系的比例性同样应当是由轻到重,通过对法益侵害程度的区分,将贿赂犯罪划分为微罪、轻罪与重罪。尽管由此可知“分层式”贿赂犯罪立法体系的基本建设方向,但是,如何划分层次、设定比例,是贯彻比例原则的关键所在,也是判断分层标准是否合理、科学的重要依据。因为比例原则需要实现罪名层次、犯罪构造与罪刑结构上的比例化,所以要使其具备适当性、满足现代化治理需求,同样需要借助积极治理主义进行实质标准的设计。

具体来说,积极治理主义力图转变刑法在贿赂治理体系中的功能定位,使刑法承担更多的治理职能,发挥自身的治理功效。积极治理主义是集教化、监督、警戒、惩处为一体的预惩结合的治理理念,因而,刑法应当在原有基础上向前延伸,在弱化刑罚强度的同时适度增加刑法的干预与监督功能,通过适度扩大刑法圈来换取更有效的治理。根据积极治理主义的基本精神,刑法前置化程度与其自身的严厉性应当呈负相关关系,并与贿赂犯罪治理态势呈正相关关系。因为贿赂问题是腐败治理的最后一个堡垒,所以贿赂犯罪治理至关重要,“分层式”立法体系应当根据法益危险程度划分出警戒层、防御层与惩治层,合比例地进行刑法干预度的设定,用刑罚的否定评价强化社会对贿赂治理的认同。

第七章　中国贿赂犯罪“分层式”模式与罪名体系改造方案

“分层式”贿赂犯罪罪名体系作为立法体系完善的新方向，能够实现积极治理主义导向下全面推进腐败治理现代化的要求，全面改造“分体式”罪名体系所存在的犯罪评价与治理效能的短板，重新定位贿赂犯罪的法益本质，通过细化法益保护的层次，实现重点罪名由单一罪名向罪名群模式的转化，前置刑法的评价基点，建构“微罪—轻罪—重罪”的罪名系列，立基于刑法评价确当性与精细化的要求，以揭示法益损害为中心准确设定构成要件要素，建构法益损害程度的评价体系，优化罪刑结构关系，建构预惩协同的罪名体系。

第一节　“分层式”罪名体系的基础架构

“分层式”罪名体系是指以腐败治理一体化为基本建设理念，将公权伦理及其衍生利益作为罪名体系“微—轻—重”层次划分的形式依据，将积极治理主义作为罪名体系“前—中—后”治理阶段划分的实质依据，从而实现贿赂犯罪集约式治理的罪名体系。

一、“分层式”罪名体系的基本内涵：“法益—行为—罪责”

由上文可知，由“分体式”罪名体系转向“分层式”罪名体系本质上是治理理念的转变，即刑法不再游离于腐败治理体系之外，而是积极调动自身治理功能，主动承担相应治理职责，通过治理政策与刑事政策的进一步结合，使刑事立法在惩治与预防的基础上具备犯罪治理功效。由谦抑刑法向功能刑法的重大转向，既表明贿赂犯罪的法益需要功能性扩张，也表明贿赂犯罪的罪责刑需要功能性调整。

(一)“分层式”罪名体系法益的功能性扩张

根据传统刑法理论,“法益是在以个人及其自由发展为目标进行建设的社会整体制度范围之内,有益于个人及其自由发展的,或者有益于这个制度本身功能的一种现实或者目标设定”。[1] 在传统语境下,法益是具体、现实的生活利益,所以贿赂犯罪所侵害的法益,尽管存在理论分歧,但通常被理解为公职的廉洁性、公正性、不可交易性,从该类法益出发,权力滥用、个人获利、他人受益是法益被侵害的三大要件,任何一个要件的缺失都不能构成法益侵害的既遂。所以在传统刑法谦抑主义的影响下,法益范围被严格限缩在实体化的利益之上,以至于贿赂犯罪一直局限于现实交易型的贿赂,是否存在现实的对价关系成为刑法判断是否存在法益侵害的必要前提。但是,通过对“分体式”贿赂犯罪立法体系的反思可知,法益限缩在局部利益上,并恪守刑法谦抑主义的消极治理,不仅无法起到根源性治理的效果,而且无法有效回应腐败治理一体化的战略需求。所以从实践与发展两个层面看,传统刑法确立的贿赂犯罪法益范围较为狭窄,应当跟随刑法的治理体系定位转变而进行功能性扩张。

法益的功能性扩张,是指在治理理念影响下,罪名体系的治理功能需进一步开发,罪名体系的基本结构需进一步调整,因而需要根据治理体系定位重新划定刑法法益保护的范围。如上文所述,传统刑法一直将贿赂犯罪严格局限于现实的“权钱交易”之上,只关注到了最后的交易环节,并未将之前的环节作为犯罪化的依据。而且,将交易型贿赂的核心抽离后可以发现,公权与私利之间建立交易关系同样只是一种表象,并不能代表贿赂的本质。因为无论是互利互惠,还是单方受益,抑或感情投资,都涉及公权与私利的不当关系,这种不当关系其实都是建立在违反公权伦理的基础上。因而当刑法在治理体系中的定位发生转变时,应当积极扩张法益范围,用更周延的法益范畴涵盖所有需要治理的贿赂犯罪。

---

〔1〕［德］克劳斯·罗克辛:《德国刑法学(总论)》(第1卷),王世洲译,法律出版社2005年版,第15页。

(二)“分层式”罪名体系罪体的功能性构建

“分层式”罪名体系应当是超越纯粹惩治性规范而具备治理功效的罪名体系,因而在层次划分上,应当依照法益侵害阶段进行设计。根据贿赂活动的发展路径,第一阶段应当是行为创设法益的抽象危险,第二阶段应当是行为创设法益的具体危险,第三阶段应当是行为造成了法益的实害。由上文可知,罪名体系的法益应当是以公权伦理为根本、以公职廉洁性、公正性、不可交易性等核心价值为附加的法益群概念,这类法益在不同阶段存在一定差异,这也决定了行为方式的不同,因而在犯罪构成要件的设置上,应当根据法益侵害阶段进行具体化。首先,在第一阶段,法益的抽象危险通常相对缓和、不具有即刻向现实转化的危险,具体表现为贿赂的倾向、征兆与较大可能性,所以此时的行为应当体现为公职义务违反。又因为公职义务违反的根源在于个人利益倾向,所以公职义务应当是与利益相关联的行为准则。因而第一阶段的行为应当是违反具体利益合规义务的作为与不作为,如不履行财产申报义务、不履行职务回避义务等。其次,在第二阶段,法益的具体危险是较为紧迫、具有现实转化的危险,具体表现为贿赂发生的盖然性,此时的行为并非仅仅是义务违反,而是已经与具体权力行使或具体利益关联起来,即利益合规义务已经和具体职务活动、具体利益建立起了必然联系,利益冲突的局面已经形成,此时权力公信力已经被侵害,所以第二阶段的行为应当是具体活动导致利益冲突的行为,如接受超出常规范围的款物、为亲属等关系密切人办理“人情案”、离职后在原权力管辖区域内的从业行为等。最后,在第三阶段,法益的实际侵害表明已经出现了客观可量化的结果,具体表现为贿赂活动已经终了,而行为已造成了法益的二次侵害。其中,第一次侵害体现为公权伦理及信任关系的侵害,第二次侵害体现为公共权力所指涉利益的侵害,因而此时的行为同时体现出了公权行使和利益获取,最为典型的就是权钱交易、权权交易与权色交易。

(三)“分层式”罪名体系罪责的功能性调整

“分层式”罪名体系在传统“分体式”罪名体系的基础上进行了功能性调整,凭借积极治理主义克服了惩治与预防的末尾治理弊端。治理层次的划分将笼统单一的罪刑关系进一步细化,随之而来的是每一层次的罪责问题。

如上文所述,"分层式"罪名体系可根据法益侵害过程大致分为三个层次,即法益侵害的抽象危险、法益侵害的具体危险和法益的实害。相对应的三层次的行为方式是利益合规义务违反、行为创设利益冲突和对价关系形成。由传统贿赂犯罪可知,现实的对价关系是该类型罪责的基础,其核心则在于,贿赂与具体请托事项的交换,因而该类型的罪责大小的衡量标准取决于两大因素:一是达到对价合意的行为,二是贿赂金额大小、请托事项的性质。传统刑法恪守谦抑主义,必须符合罪责刑相适应原则,而后再审视罪责大小问题。但是对"分层式"罪名体系而言,刑法谦抑主义被刑法功能主义取代,罪责刑相适应原则在一定程度上并不适用于前两个层次。对法益的抽象危险与具体危险而言,罪责问题应当从积极治理主义中寻找根据,即贿赂犯罪本质是对公权伦理的违反,而公权伦理的法益化是当前国家治理现代化的基本要求,故前两个层次的罪责根源不在于"自体恶",而在于公权治理规则,犯罪化的正当性也因此而充足。就前两个层次的罪责基础与标准而言,应当从对应的法益侵害情况进行分析:就第一层次而言,利益合规义务的违反是行为本质,法益侵害大小应当根据义务重要性与违反的严重程度进行判断,同样这两大因素也决定了罪责大小;就第二层次而言,行为创设利益冲突是行为本质,而法益侵害程度应当根据冲突的偶然性大小与冲突的严重程度进行判断,而这两大因素则决定了罪责的大小。

二、"分层式"罪名体系的逻辑结构:"微罪—轻罪—重罪"

(一)"分层式"罪名体系的纵向逻辑结构

由上文的分析可知,"分层式"罪名体系应当是立体结构,并不仅仅是层次之间的叠加,而且层次之间存在极为密切的联系,即"分层式"罪名体系是一个整体,而非不同类型罪名体系的堆叠。"分层式"罪名体系的整体性表现为其具备坚实的纵向逻辑结构,贯通并连接着不同层次,使得层次与层次之间衔接有序、协调一致。具体来说,这种纵向逻辑结构体现为两根支柱,正是由这两根支柱撑起了立体治理结构。第一根是法益支柱。“分层式”罪名体系是由本质相同的贿赂犯罪法益串联起来的，尽管不同层次在法益保护对象和法益保护方式上存在一定差异，但是法益的核心必然具有一致性，否则不应当属于贿赂犯罪的范畴。上文对“分层式”罪名体系依据法益侵害阶段进行了层次划分，需要明确的是，抽象危险阶段、具体危险阶段、实际侵害阶段的法益各有侧重，但是，其具备共同的上位法益，就如同树枝与树干的关系。从交易型贿赂犯罪可知，其保护的法益为公职的不可交易性、公正性，保护的方式为禁止交易。但从逻辑上可推知，公职的不可交易性、公正性是公共职权的部分属性，且该部分属性与公权伦理中个人利益合规义务相关联，因而保护公职的不可交易性、公正性，必然包含了对利益合规义务的维护。因为在交易型贿赂犯罪的实际侵害阶段之前，公职的不可交易性、公正性还未受到侵害，实际被侵害的对象应当是利益合规义务，即交易型贿赂犯罪是在利益合规义务这一法益脉络上构建起来的。所以从总体上看，贿赂犯罪整体上是在公权伦理这一法益根基上建构起来的，而后衍生出来诸如利益合规义务等法益分支。第二根是功能支柱。“分层式”罪名体系是在积极治理主义指导下构建的功能性罪名体系，其与传统罪名体系最根本的区别在于犯罪化的根据与目的具有二元性。传统罪名体系的犯罪化根据在于法益侵害、规范违反、限制自由等，而犯罪化的目的在于报应、一般预防、特殊预防，这种传统刑法理念下形成的一元犯罪化根据与目的并不涉及社会治理效果问题。功能性罪名体系则是在传统的犯罪化根据与目的中融入了社会治理的根据与目的，使罪名范围在治理根据补足犯罪化根据的情况下进一步扩张，使罪名体系在社会治理目标的统筹协调下更具功能性，从而发挥更积极的治理效果。所以从整体来看，刑法的治理功能同样是贯穿不同层次，用于支撑立体结构的重要支柱。

（二）“分层式”罪名体系的横向逻辑结构

在明确“分层式”罪名体系的纵向逻辑结构后，“微罪—轻罪—重罪”三个层次如何架设与排列是罪名体系的另一大问题，也即横向逻辑结构的具体设计。由上文可知，法益支柱与功能支柱是支撑立体结构的两大支柱，从而使得不同层次的罪名体系能够堆叠起来。需要明确的是,不同层次的罪名并不能够一一对应,因为随着法益保护的前置,犯罪化的正当性也在减弱,即使有社会治理根据进行相应补足,但是刑法并不能无限扩展,从而僭越自身的后盾法属性,所以从横向逻辑结构来看,微罪层次的治理范围应当最小,其次是轻罪层次,最后是重罪层次。具体来说,微罪层次对应的是法益的抽象危险,行为方式是对公权伦理中相应义务的违反,然而这类义务已经全面法定化,在一般性规范与特殊性规范中均明确了权利义务与惩处措施,将其中部分义务的违反上升到犯罪层次必须极为慎重。尽管功能性刑法观在入罪正当性上进行了一定突破,使穷尽前置法救济途径不再是犯罪化的必要条件,但是这种让步必须由社会治理供需关系进行正当性补足,即对公权伦理义务的违反必须具备充分的社会治理需要才能入罪,否则单纯的义务违反只能由前置法调整。就此而言,公权伦理义务违反的微罪化应当以治理功效为判断依据,将符合治理供需条件的义务违反行为入罪,如财产虚假申报、个人利益不回避等利益合规义务,而其他的违反职业操守的行为,如违反作息规定、提供虚假个人信息等都不应当被微罪化。对于轻罪层次,其对应的是具体危险,是在义务违反的基础上进一步创设了实害危险,因而该类行为的社会危害性更大,其犯罪化正当性也更加充分,因而在罪名适用范围上应当大于微罪范围。由贿赂犯罪的基本构造可知,权力与利益是不可或缺的两部分,也只有当二者之间存在不合理关系时才会导致贿赂问题的出现。这种不合理就表现为信赖感的缺失,即公职人员因违反公权伦理而导致信赖感丧失,此时即达到轻罪的犯罪化标准。例如,公职人员接受他人高额馈赠或者长期宴请等,这类行为虽然无法表明公职人员以权谋私,但是其违规接受该类利益的行为已经造成了公众信赖感的丧失,尽管在为他人谋私利的环节上无法证明,但是该行为已经创设了具体危险,足以构成轻罪。对于重罪层次,传统“分体式”立法体系已经对交易型贿赂进行了全面规制,但是在组织体责任方面有较大缺失。具体来说,重罪层次应当包括两部分,一部分是追究直接贿赂人员的刑事责任,另一部分是追究监督管理人员的渎职责任,关于组织体责任的具体设计,将在下文详细叙述。所以综合“分层式”罪名体系的纵向逻辑结构与横向逻辑结构看,

“分层式”罪名体系应当是金字塔式的立体结构。

三、“分层式”罪名体系的治理结构:“分体—分段—分权”

(一)“分层式”罪名体系的宏观治理结构

“分层式”罪名体系较之“分体式”罪名体系的最大区别在于,将治理理念融入罪名体系之中,使罪名体系具备犯罪的治理功能,因而“分层式”罪名体系具有相应的治理结构,而“分体式”罪名体系不具备。从宏观上看,“分层式”罪名体系是贿赂犯罪罪名的大扩张,其既突破了谦抑主义的末端惩治定位的限制,也突破了传统刑法的粗放式治理定位的约束,所以在治理结构上体现为分阶段治理。分阶段治理与“分层式”结构密切相关,一方面是因为阶段的划分与法益的阶段性保护关系密切,另一方面是因为治理效果的实现离不开前后层次的衔接配合。具体来说,分阶段治理应当分为三个阶段:预警性治理阶段、纠正性治理阶段与惩戒性治理阶段。首先,在预警性治理阶段,贿赂犯罪体现为法益的抽象危险,相应行为的本质在于对利益合规义务的违反,此时仅有违规行为而尚未造成危害结果,其法益侵害性较弱,应当将其作为警示、告诫对象予以治理。在这个阶段更多的是以预防为目的进行微罪化处理,通过否定性评价使公职人员对公权伦理产生敬畏心理,自觉遵守公职义务,防患于未然。其次,在纠正性治理阶段,贿赂犯罪体现为法益的具体危险,相应行为的本质在于造成了权力公信力的损害,此时行为人不仅实施了义务违反行为,而且已经达到了令人质疑的状态,虽然未造成明显实害结果,但是法益侵害已经达到了紧迫状态,因而应当将其作为纠正对象,以拨乱反正、修复公信力为目标进行治理。在这个阶段问题尚未严重恶化,违规行为虽有发展的趋势,但易于遏制与纠正,此时进行对应治理可以消除法益危险、避免可能造成的损失。最后,在惩戒性治理阶段,贿赂犯罪体现为法益的实害,相应行为的本质在于对以权谋私活动达到完成状态,此时权力已经被私人利益所侵蚀,丧失的公信力与侵害结果也难以恢复,因而应当将其作为惩戒对象进行治理,通过严刑峻法来提高犯罪成本、提升刑法威慑力,从而实现相应治理效果。

（二）“分层式”罪名体系的微观治理结构

“分层式”罪名体系的宏观治理结构体现在阶段性治理上，而在具体阶段内如何展开治理，则需要在微观层面上予以明确。因为传统的“分体式”罪名体系在罪刑设计上只注重报应与预防，无法突出治理效果，因而在构成要件的设置上更多的是以普遍适用性与普遍约束力为核心。然而这种高度抽象化的构成要件，尽管最大限度地保持了惩治力度的一致性，但是也严重忽略了行为类型的差异性。从法益侵害的报应与预防上看，行为类型只是方式或手段的不同，其本质都是公权力的异化与滥用，所以权力属性与谋私方式在构成要件设置上可以被抽象化。但是，从犯罪治理的角度看，权力属性与谋私方式的不同，意味着治理的供需要求不同，治理现代化所要求的精准治理、个别化治理突出强调了权力区分的重要意义，所以依据权力属性进行治理结构的划分是“分层式”罪名体系的微观治理结构特点。具体而言，我国公权力在功能上划分为立法权、监察权、行政权与司法权，但是这并不意味着微观治理结构也需要按照这种分类方式进行划分，我国不同属性的权力之间并非分散、对立的状态，而是在党的领导下进行的职能分工，所以权力划分标准应当以中国国情为基础，根据我国权力运行结构进行具体化治理。由我国的权力运行模式可知，以党为主体的政治权力起到领导、决策、统筹的作用，因而应当作为独立的治理对象；以政府为主体的国家权力是集立法权、行政权、司法权为一体的法定权力，是直接用于调整社会关系的力量，同样应当作为独立的治理对象；对权力进行监督的主体所具备的是第三种权力，即监督制约权力的权力，这种权力的特殊性在于不直接调整社会关系，而是通过作用于政治权力与法定权力来实现社会调整，所以其应当作为独立的治理对象。通过对政治权力、法定权力与监管权力进行区分治理，可以更加精准地实现权力规范化，取得更好的治理效果。

第二节　“分层式”罪名体系的重点环节

“分层式”罪名体系在积极治理主义的指导下进行的罪刑关系革新与体系结构创新是开创性的，因而在构建“微罪—轻罪—重罪”立体结构时，除了传统的交易型贿赂犯罪罪名体系有迹可循，其他罪名体系与相关治理结构都需从零建设，这就意味着在提供具体设计方案前，需要对重要环节与重点内容进行内核的论证。

一、中国模式下的利益冲突治理

（一）利益冲突的基本内涵与中国模式展开

“分层式”罪名体系的中后端部分在传统“分体式”罪名体系的长期发展下已经较为完备，但是在前端部分，即微罪罪名体系构建上需要更加审慎、细致地进行论证与设计。在此情况下，前端治理的核心理论是利益冲突理论。由上文可知，“利益冲突”概念源自西方，是对公职者所处的公私困境状态，以及该状态下实施公职行为的指称，以期对公职者提出明确的规范义务要求。西方立法层面上的“利益冲突”是指公职人员为了个人利益而实施违背公职义务的行为，从而造成其个人利益与其所代表的公职利益之间的冲突。[1] 而利益冲突罪作为独具特色的一种犯罪类型，滥觞于美国政府早期的运行过程，由刑法偶然介入公职义务违反的评价而引发的犯罪化进程，[2] 历经150余年的积累，完成了公职义务根据从伦理道德义务到行政规范义务，再到刑事规范义务的历史嬗变。在《美国法典》贿赂犯罪立法体系的“三驾马车”结构中，利益冲突罪因对贿赂行为的特殊规制定位，简化了犯罪成立要件的内容，强化了对公职义务违反行为的评价能力，实现了公职义务范

〔1〕 参见魏昌东：《〈刑法修正案（九）〉贿赂犯罪立法修正评析》，载《华东政法大学学报》2016年第2期。

〔2〕 See Davis, Ross D., *The Federal Conflict of Interest Laws*, 54 Columbia Law Review 893(1954).

围刑法评价的立体化，促进了以积极治理主义为导向的现代职务犯罪治理体系的代际更新。[1] 美国利益冲突罪共有6项罪名，其涵摄范围既包括在职期间的公务活动，也包括离职后的常规活动。然而，“利益冲突”的判断，受到文化传统与权力属性的影响，一方面，西方个人主义倾向决定了利益冲突关系相对简单，而东方集体主义倾向可能造成家庭与家族关系对公职者的影响，进而决定了利益冲突关系判断的复杂性。另一方面，在中国，由于公共权力在国家、社会关系中具有较高的影响力，由此决定了利益冲突的层次与范围相较于西方更为广泛，据此，就利益冲突的概念与范围不能简单移植西方，对于利益关系的界定有必要提出“中国版本”。中国模式下的利益冲突，需界定的基本要素有：(1)利益的范围与类型。利益冲突中的利益包括物质性和非物质性利益，包括直接利益和间接利益，甚至包括党派利益。[2] (2)冲突的范围与类型。冲突关系的主体，不仅包括公职者本人，也包括公职者的家庭乃至家族成员，即“国家工作人员因其公职身份所代表或维护的公共利益与其个人利益及特定关系人(其近亲属、拟制血亲、近姻亲和其他共同利益关系人等)利益之间可能发生的矛盾和冲突”。[3]

(二)中国模式下的利益冲突立法探索

防止利益冲突作为廉洁用权的重要举措，早在改革开放时期就已经被应用于各项实践活动中。据有关专家统计，1979年至2011年这32年间，共有58次中央纪委全会、110余项法律法规及政策涉及防止

[1] 参见魏昌东：《积极治理主义提升立法规制腐败的能力》，载《中国社会科学报》2014年10月31日，第6版；魏昌东：《〈监察法〉与中国特色腐败治理体制更新的理论逻辑》，载《华东政法大学学报》2018年第3期。

[2] 经济合作与发展组织将“利益冲突”中的“利益”定义为：不仅限于个人的经济或者其他物质利益。私人的社会关系、债务或其他义务、宗教或类似团体、专业和党派政治组织、家庭利益都可能影响官员公正履行他们的职责。See OECD, *Managing Conflict of Interest in the Public Service: OECD Guidelines and Country Experiences*, Organization for Economic Cooperation and Development, 2003, p. 59.

[3] 聂资鲁：《防止公职人员利益冲突立法的理论与实践》，载《中国法学》2013年第6期。

利益冲突内容。[1] 改革开放时期，利益冲突的防范主要体现在三个方面：一是反对公费旅游；二是反对突击花钱、请客送礼、收受钱物；三是禁止党员干部兼职和经商办企业。随着社会经济发展与社会结构更新，权力对社会的渗透愈加深入，利益冲突的领域愈加多样，党和国家对此高度重视，形成了较为完备的防止利益冲突的管理规范。党的十七届四中全会第一次明确提出“防止利益冲突”这一概念。党的十八大报告重申“坚定不移反对腐败，永葆共产党人清正廉洁的政治本色”，再次指出“防控廉政风险，防止利益冲突，更加科学有效地防治腐败”。

2018 年颁布的《中国共产党纪律处分条例》的分则对不同纪律类型进行了区分，即政治纪律、组织纪律、廉洁纪律、群众纪律、工作纪律和生活纪律。其中，关于廉洁纪律的规定也就是在防止利益冲突，该部分共 27 条，主要规定了以下 9 种不廉洁的行为类型：(1)收受可能影响公正执行公务的礼品、礼金、消费卡和有价证券、股权、其他金融产品等财物；(2)借用管理和服务对象的钱款、住房、车辆等，影响公正执行公务；(3)利用职权或者职务上的影响操办婚丧喜庆事宜；(4)违反有关规定从事营利活动，经商办企业的，拥有非上市公司(企业)的股份或者证券的，买卖股票或者进行其他证券投资的，从事有偿中介活动的，在国(境)外注册公司或者投资入股的，有其他违反有关规定从事营利活动的；(5)利用参与企业重组改制、定向增发、兼并投资、土地使用权出让等决策、审批过程中掌握的信息买卖股票，利用职权或者职务上的影响通过购买信托产品、基金等方式非正常获利的；(6)违反有关规定在经济组织、社会组织等单位中兼职，或者经批准兼职但获取薪酬、奖金、津贴等额外利益的；(7)利用职权或者职务上的影响，为配偶、子女及其配偶等亲属和其他特定关系人在审批监管、资源开发、金融信贷、大宗采购、土地使用权出让、房地产开发、工程招投标以及公共财政支出等方面谋取利益；(8)党员领导干部离职或者退(离)休后违反有关

---

[1] 参见中央纪委监察部廉政理论研究中心：《关于防止利益冲突工作的调研》，载《中国纪检监察报》2012 年 4 月 16 日，第 3 版。

规定接受原任职务管辖的地区和业务范围内的企业和中介机构的聘任，或者个人从事与原任职务管辖业务相关的营利活动；(9)党员领导干部的配偶、子女及其配偶，违反有关规定在该党员领导干部管辖的地区和业务范围内从事可能影响其公正执行公务的经营活动，或者在该党员领导干部管辖的地区和业务范围内的外商独资企业、中外合资企业中担任由外方委派、聘任的高级职务或者违规任职、兼职取酬的。2020年6月通过的《政务处分法》在第三章“违法行为及其适用的政务处分”中也对相关利益冲突行为进行了规定。

（三）中国模式下的利益冲突规制

从党纪与国法的具体规定可知，我国在防止利益冲突问题上一直积极探索，并在立法与实践中已经取得了较为丰硕的成果，但是同样值得反思的是，防止利益冲突理念仍然只停留在调整性规范上，在刑法中并未得到相应体现，所以从整体上看，我国在利益冲突的治理上并不够彻底，防止利益冲突的规则体系存在保障力不足的缺陷。从党纪国法来看，我国利益冲突行为类型可以概括为三类：一是利用职权或其影响力而获取不正当的机会、便利乃至利益；二是放任、忽视或回避职责义务要求，任由自己或近亲属等关系密切人处于优势地位；三是利用在职时所掌握的信息与资源，从事兼职或再就业，或帮助近亲属等关系密切人。这三种利益冲突类型各不相同，既是因为存在利益类型上的差异，也是因为存在冲突方式上的差异。具体来说，中国模式下的利益类型可以分为物质利益与非物质利益，其中，物质利益较为容易确定，如金钱、商品、宴请、旅行、升职等可在客观现实中被观测到的利益；而非物质利益则是因为缺乏足够的量化标准与判断规则而难以定性的利益，大致包括了获益机会、便利条件、竞争优势、优势地位、信息渠道等。中国模式下的冲突方式也可以分为直接冲突与间接冲突，直接冲突是指通过积极寻求获利获益机会与可能性而主动违反公权伦理，在这种情况下，公共利益与私人利益之间存在必然的冲突，且冲突结果倾向于个人受益。间接冲突是指当公共利益与私人利益存在关联可能性时，忽视或放任关联性的发展从而引发冲突，在这种情况下，冲突具有继续发展的可能性。所以综合来看，对于中国模式下的利益冲突问题应当考虑从四种类型入手进行犯罪化处理,以提升前置法的约束力和治理效果,这四种类型即物质利益下的直接冲突、物质利益下的间接冲突、非物质利益下的直接冲突、非物质利益下的间接冲突。

二、公权合规计划与贿赂犯罪治理

(一)公权合规计划的基本内涵

公权合规计划是笔者针对腐败代际更新问题提出的中国特色腐败治理策略,其具体是指"公权组织或者其他依法行使法定公共职权的组织,在法定框架内,结合组织性质、公权性质与组织规模等因素,设立有效运行法定职权的规范系统,以达到有效运行公权、确保公权合规行使的机制系统"。[1] 公权合规计划实质上是以自我规制为手段将国家承担的部分监管职责转嫁给具体职能部门,确保其能够合理有效地进行自我管理与监督,从而保障公权运行的规范化。其基本逻辑在于,将"国家—行为人"模式转换为"国家—管理人—行为人"模式,即通过增设监督管理义务来向下传导监管责任,通过分级管理来缓解国家内外部治理压力和负担。这一制度理念既受到合规制度的深刻影响与启发,也受到监察体制改革的强力推动与激发。但从本质上说,公权合规计划不同于刑事合规制度,其具有创新性与独特性的重大理论突破,其核心内容需要在差异性分析中予以把握。公权合规计划与刑事合规制度的差异性体现在三个方面:首先,在合规主动性上,刑事合规制度所倡导的利益安全、规避风险,无法对公职部门形成很大激励,因为公职部门之间本身不是合作竞争关系,不存在直接的利益冲突与纠纷,而且公职部门的待遇、绩效都是来自国家财政,不依赖本部门的权力运行状况,所以仅依靠合规体系建设自带的制度优势来诱导公职部门积极主动地进行合规建设难以奏效。其次,在合规诱导性上,刑事合规制度力

[1] 魏昌东:《监督职能是国家监察委员会的第一职能:理论逻辑与实现路径——兼论中国特色监察监督系统的规范性创建》,载《法学论坛》2019 年第 1 期。

图通过引入缓起诉制度[1]、合规抗辩制度[2]、量刑优待政策等,[3]来激励公司企业进行合规体系建设,这种刑事政策倾斜确实具有足够的诱惑力。但是对公职部门来说,单位为国家所有,一方面国家内部追责通常不会达到单位负刑事责任的程度,另一方面单位是否承担刑事责任、如何承担刑事责任,只与主管人员与直接责任人员有关,并不会动摇单位根基,所以要求有国家背书的公职部门再为自身上份"合规保险"不具有足够的诱导力。最后,在合规威慑性上,刑事合规制度通过强调组织体责任[4]、扩大法人保证义务等,[5]来倒逼公司企业进行合规体系建设。这种刑事政策最关键的功能在于刑事责任风险与相应后果具有强大威慑力,但是对公职部门来说,罚金刑带来的经济损失最终会转嫁于国家财政,于部门本身而言威慑意义不大,同时公职部门不会像公司企业一般,在受到刑事处罚后会受到次生伤害,如停业、破产等,所以威慑力得不到足够的传导。所以总体来说,公权合规计划的核心内涵涉及三个方面:(1)公权合规计划应当以强制力推动实施;(2)公权合规计划应当同时侧重权力运行的自我约束性规则与违规行权惩戒规则配置;(3)公权合规计划应当明确责任主体。

(二)公权合规计划的刑法展开

公权合规计划是由公权运行系统清单组成规制系统,不以减轻刑罚为目的和不作为制裁减免的依据。[6] 因为公权合规计划是针对国家内部权力配置结构与权力人义务分配的调整和强化,是由国家主导、

---

[1] 参见陈瑞华:《美国〈反海外腐败法〉与刑事合规问题》,载《中国律师》2019 年第 2 期。

[2] 参见[日]佐伯仁志:《制裁论》,丁胜明译,北京大学出版社 2018 年版,第 47 页。

[3] 参见李勇:《"合规计划"中须有刑法担当》,载《检察日报》2018 年 5 月 24 日,第 3 版。

[4] 参见黎宏:《合规计划与企业刑事责任》,载《法学杂志》2019 年第 9 期。

[5] 参见[日]西田典之:《日本的法人处罚》,李海东等译,载[日]西原春夫主编:《日本刑事法的形成与特色——日本法学家论日本刑事法》,法律出版社、成文堂 1997 年联合出版,第 399 页。

[6] 魏昌东:《监督职能是国家监察委员会的第一职能:理论逻辑与实现路径——兼论中国特色监察监督系统的规范性创建》,载《法学论坛》2019 年第 1 期。

面向内部机构的制度性调整，所以在路径选择与内容设计上，公权合规计划并不需要采用刑事合规制度中的量刑激励等温和的刑事政策，而且也不能将合规目标仅定位于规避刑事风险。合规制度的基本组成部分有三项：合规主体、合规义务、合规责任。因为合规主体具有法定性，所以真正需要明确的是合规义务与合规责任。合规义务应当明确包括两部分：“权力合规”与“权力人合规”，[1]公权合规计划中的“权力清单”应当是广义上的清单，即包括了权力种属明细与权力运行流程的清单。其中权力种属明细主要是指权力行使要件、权力行使程序要件、权力裁量范围与标准、负面权力清单等；[2]权力运行流程主要是指在明确权力种属明细的情况下，进一步研究制定各项行政权力的运行程序、办理期限和责任机构，编制相应的流程图，确保权力运行过程可监督、结果可评估和责任可追溯。[3]“权力人合规”的关键在于建立利益申报制度，其具体包括财产申报制度与利益回避制度。关于财产申报制度的重要性，有学者指出：官员财产申报—防止利益冲突—抑制官员腐败，是腐败治理制度体系的基本逻辑。[4]需要明确的是，合规义务应当根据权力人的职务状态而划分为初任申报、日常申报、离职申报，通过这三个阶段的财产申报，以确定权力与权力人的关联度，从而遏制“权力私有化”趋势、降低个人影响力。就合规责任承担而言，虽然公权合规计划是以公职部门为对象进行的制度设计，并且合规义务的落实与监督也是由具体单位负责，但是在刑事责任承担上，并不能由单位作为责任主体。通过上文的对比分析可知，公权合规计划与刑事

---

〔1〕 有学者指出“‘对人监察’与‘对事监察’是监察权对象指向的两层维度”。笔者认为这一标准同样可以用于公权合规计划的具体内容设计。参见周乐军：《“对人监察”抑或“对事监察”——论我国监察委员会监察权的边界》，载《时代法学》2018年第4期。

〔2〕 参见魏昌东：《国家监察委员会改革方案之辨正：属性、职能与职责定位》，载《法学》2017年第3期。

〔3〕 参见胡税根、徐靖芮：《我国政府权力清单制度的建设与完善》，载《中共天津市委党校学报》2015年第1期。

〔4〕 参见肖金明：《通过完善官员财产申报制度治理腐败——兼论利益冲突、财产申报、官员伦理的关联及其意义》，载《甘肃社会科学》2014年第5期。

合规制度存在诸多不同之处，其中最关键的区别在于公职部门是以个人为中心的组织结构，公司企业是以法人为中心的组织结构。所以对公职部门而言，合规制度能否顺利推进和有效落实，关键在于单位的即时掌权者而非单位决策组织。所以虽然从形式上看，公权合规计划以公职部门这类组织体为对象进行合规义务的制定，但是从实质上看，单位负责人是主导合规制度建设、确保合规义务有效履行的关键所在，因而应当承认单位负责人的保证人地位，即负有监督合规制度建设与遵守的义务。[1]

三、集约式治理与贿赂犯罪治理

(一)集约式治理的基本内涵

集约式反腐败是指依据法律和党的规章，同时惩处受贿犯罪、行贿犯罪并追究领导廉政责任的组合措施，以此遏制和惩罚腐败。[2] 集约式反腐败，是一种在不增加投入成本的前提下提高我国廉政治理效率的重要路径。集约式反腐败通过单个案件的查处对腐败犯罪的三类责任主体进行追究，有利于发挥反腐败更大的震慑作用，不仅打击了行贿之风，有利于营造健康的市场环境，同时提高了领导的廉政责任意识，从而使其主动防范组织内部的廉政风险。[3] 从这一基本概念可知，集约式治理是以优化治理结构、提高治理效率为核心目标的综合性治理方式。具有三大特征：一是源头化治理。集约式的最终目的是彻底地治理，现有的腐败治理多集中于现象性治理，以消灭腐败现象、惩治严重行为为目的，往往治标而不治本，但是集约式治理直接将腐败源头作为治理的终点，这也决定了根治腐败是治理资源与手段措施的最终方向。二是高效化治理。集约式的治理路径在于提高效率，国家在腐败治理中投入的资源总量必然是有限的，最大化地利用该资源、取得腐败

---

〔1〕 参见孙国祥：《刑事合规的理念、机能和中国的构建》，载《中国刑事法杂志》2019年第2期。

〔2〕 参见陈国权、陈晓伟：《集约式反腐败助推法治中国建设》，载《学习时报》2016年7月28日，第A4版。

〔3〕 参见陈国权：《集约式反腐败有助于提高廉政治理效率》，载《领导科学》2017年第1期。

治理的边际效益是集约式治理的重要任务，也是实现集约式转向的重要标志。三是综合化治理。集约式的治理方式是将多种治理资源有规律有秩序地整合在一起，通过多角度多层面的手段配合与衔接实现全方位的治理，集中体现为一体推进“不敢腐、不能腐、不想腐”，将综合性治理作为实现治本目标的重要路径。

（二）集约式治理的刑法展开

集约式治理对于贿赂犯罪的具体展开同样应当实现源头化、高效化和综合化，即源头化治理应当体现为从权力制度上消除贿赂机会与发展可能性；高效化治理应当体现为更加科学、经济地进行贿赂治理资源配置，更效率、更彻底、更准确、更及时地推动治理深化；综合化治理应当体现为摒弃“头痛医头、脚痛医脚”的粗放式做法，将参与贿赂、介绍贿赂、监督用权、经手经办等环节的人员都予以关注。从集约式治理出发，“分层式”贿赂犯罪立法体系应当采用对称治理结构。即以“前后”“内外”“直接与间接”等相对应的关系为治理结构的基本特征。首先，“行贿”与“受贿”的对称。传统“分体式”立法体系以对价关系为犯罪构造根基，“行贿”与“受贿”都被犯罪化，只是二者的处罚程度有差异，但是从治理角度看，行贿先于受贿存在，犯罪体系对行贿的关注程度低于受贿，二者并非对称关系，因而需要调整。其次，“贿赂”与“渎职”的对称。传统“分体式”立法体系只关注对贿赂问题的惩治，但是贿赂问题的发展，不仅是因为权力的异化，而且涉及监管人员的不作为，权力的监督与被监督是维持用权公正与平衡的关键，需要对称治理，在约束和惩治贿赂人员的同时，应将监管职责严格落实，通过犯罪化使“用权”与“监督”回归平衡。最后，“冲突”与“获利”的对称。贿赂犯罪具有阶段性，利益冲突是最初阶段，公职人员需要先违背公职义务、制造利益冲突，尔后才存在滥用职权为他人谋利和利用职务便利获取贿赂，所以对于贿赂犯罪的前端和后端都应当予以治理。通过在治理对象、治理角度、治理阶段上进行对称结构设计，来实现集约式治理的源头化、高效化和综合化。

第三节　“分层式”罪名体系的配置方案

贿赂犯罪立法体系由“分体式”向“分层式”的转型既涉及犯罪化根据的调整,也涉及罪刑结构的更新,体现为犯罪治理理念的代际更新。整体来说,“分层式”罪名体系的重构是研究范式的转换,其配置方案需要以积极治理主义为指导,以构建“高级全景式”治理结构为体系目标,将公权伦理保护与国家治理现代化的基本精神贯彻在“微罪—轻罪—重罪”的立体化罪名体系之中。

一、“微罪”罪名体系的具体设计

(一)对利益报告义务的违反

由上文可知,“分层式”罪名体系的微罪层次是贿赂犯罪的治理开端,其代表法益侵害的抽象危险,其行为方式是对公权伦理中相应义务的违反。尽管在传统立法范式下,仅有义务违反行为而尚未造成任何后果的情况不具有可罚的违法性或者说犯罪化的正当性,但是,在积极主义刑法观的范式下,贿赂治理现代化补足了必要性与正当性缺失的部分,“微罪”的设立,具有法益保护和腐败治理的重要意义。所以,就义务违反行为犯罪化而言,其需要同时满足法益与治理的双向需求,才能具备微罪化的标准。就此而言,首先,需要犯罪化的是利益报告义务违反行为。公职人员在入职前、任职中、调动前后与离职后都需要进行财产申报,而任何恶意隐瞒、虚报、故意转移财产、虚构财物关系的行为都是对利益报告义务的违反。从行为本质上看,履行利益报告义务是公职人员廉洁性的最基本表现,公职人员入职前如实进行利益报告,即表明其主观上意图将个人财物与公共职权区分开来,为入职后的工作范围划定合理的界限,使个人利益与公共利益保持合理距离,避免利益冲突的发生;在任职过程中定期进行财产申报、财务公开,能够有效证明其个人财物具有合法来源,且与公共职权无直接关联性;离职后的一定期限内,是事后受贿取财或者利用影响力受贿的高峰期,此时进行财产申报有利于防范权力余热对公共利益的侵害。所以从法益侵害的角度，固定时间段与特定时间点进行利益报告有助于公职人员厘清个人利益与公共权力之间的关系，而故意隐瞒、虚构利益报告的行为无疑是存在廉洁性问题，此时进行犯罪化意味着“打早打小”，促使公职人员在处理与个人利益相关的事务时更加审慎，有利于形成心理强制，实现源头治理。微罪罪名体系中的第一种犯罪应当是对利益报告义务的违反。因此，本罪可以拟定为：“国家工作人员在入职前、调动或离职后未按照规定进行财产申报的，或在任职期间未按照规定进行年度财产申报的，处拘役或者管制，并处或单处罚金。”

（二）对利益回避义务的违反

利益报告义务是公权伦理中的常规性义务，即定期进行财产申报、对特定财务事项报告、入职与离职的财务公开等，其本质上是预防性的，对于任何公职人员来说，都需要履行利益报告义务，这是其廉洁性的表现。如果说利益报告义务是公权伦理中最为基础、普遍的一项法定义务，那么利益回避义务则是公权伦理中最能表明态度的一项义务。与利益报告义务不同，履行利益回避义务是公职人员维护自身廉洁性的重要表现，前者具有周期性和一般性，后者则具有突发性和特殊性。利益回避义务是指当公职人员在处理公务过程中，遇到与自身或者近亲属利益相关的事务时，应当主动申请回避。所以当公职人员需要履行利益回避义务时，即意味着已经存在了与其利益相关的公务活动有待处理，其所面临的其实是利益是否会出现冲突的问题。如果其选择回避，即表明其意图维护权力运行秩序，力图避免个人利益对权力运行秩序的冲击和影响；相反，如果其刻意忽视、放任公职活动的继续进行，则意味着其意图将影响其个人利益的公务活动置于自己的掌控范围中，在这种情况下，即表明追求或放任利益冲突状态的出现，即使并不积极主动地追求其个人利益最大化，但也会有意识地降低自己遭受的损失。所以在牵涉个人利益的公务处理上，积极履行回避义务是保障自身廉洁性、维护权力公信力的关键一步，该义务的履行与否是法益侵害危险存在与否的判断标准，是贿赂犯罪由轻到重的发展逻辑起点，应当将利益回避义务的违反予以微罪化。因此，本罪可以拟定为：“国家工作人员在履行职务过程中，违反国家职务回避的规定，对于涉及国家重要事项的处置，应当回避而不回避，可能影响职务公正履行的，处拘役或者管制，并处或单处罚金。”

（三）对利益禁止义务的违反

公权伦理的法益化是“分层式”立法体系的建构基础，而从法定化到法益化的突破，关键在于满足贿赂犯罪的治理需求。利益报告义务与利益回避义务分别对应的是中迹性迹象与报警性迹象，[1]从治理角度看，利益报告义务起到了积极预防与心理强制的治理作用，利益回避义务起到了防止利益出现冲突的积极治理作用，所以将对这两项义务违反的行为犯罪化、将这两项义务法益化，具有重要的治理价值。从权力与个人利益的关系朝贿赂方向发展的过程来看，利益报告义务是为了证明权力与个人利益之间无纠葛，利益回避义务是为了防止权力与个人利益之间的关系因特别事项的出现而异化，再进一步发展，就是权力与个人利益之间的关系因私人活动而出现异化，这一阶段即利益禁止义务所强调的内容。简单来说，利益禁止义务是指公职人员在职期间，不能从事兼职、投资、经商等活动，也不能任由其近亲属进行与其辖区或职务相关的商业经营活动。这种利益禁止义务本质上同样是利益冲突的禁止，这种冲突，并不是因为公职人员会借此机会以权谋私，借兼职或经商之名，收受贿赂或馈赠，而是因为公职人员在从事相应活动后，会影响其在担任公职时所保持的中立地位、损害其廉洁性、降低权力的公信力。对于利益禁止义务的法益化，其重要性体现在：一是从法益侵害角度看，尽管兼职、经商、投资等私人活动是以公民身份进行的，但是公职人员身份并不能与其相剥离，因为公民身份和公职身份是同时存在于同一主体上的，该主体尽管只意图以公民身份从事营利活动，但是在客观上必然会使公共职权被暴露在市场经济环境中，这无疑是创设了一种抽象危险。二是从贿赂治理角度看，虽然公职人员意图将自身劳动力作为商品来获取个人利益，但是相对方并不一定意图购买劳动力，更可能的是通过劳务、分红、工资等形式对公职人员进行感情

[1] 参见聂资鲁等：《域外防止公职人员利益冲突理论与实践研究》，世界图书出版有限公司2017年版，第19页。

投资，为进一步的交易型贿赂做铺垫，所以从治理的角度来看，兼职、经商、投资等活动是贿赂犯罪治理的“豁口”，因而需要予以修补。因此，本罪可以拟定为：“国家工作人员在履行职务之外，违反国家职务回避的规定，从事与其职务相关的兼职、投资、经商等营利性活动的，处拘役或者管制，并处或单处罚金。”

二、“轻罪”罪名体系的具体设计

微罪罪名体系是以公权伦理中重要法益的抽象危险作为保护对象，而轻罪罪名体系是以公权伦理中重要法益的具体危险作为保护对象。在轻罪罪名体系构建中，既应当贯彻积极治理主义在具体危险上的治理策略，也应当保持与微罪罪名体系之间的呼应与连续。

（一）感情投资禁止：接受不法馈赠罪

由上文可知，在微罪罪名体系中，首先需要进行规制的行为是对利益报告义务的违反，是通过定期核对公职人员的家庭收支情况以筛查出不符合常理的收支情况，从而进一步调查其不合理的收入来源。尽管我国有巨额财产来源不明罪，但是该罪的适用范围较为狭窄，需要以存在巨额财产为前提，难以与利益报告义务相衔接。从利益报告义务履行情况来看，存在三种情况：一是个人收支无异常；二是个人收支不匹配；三是个人收支严重不符。其中第二、三种情况意味着公职人员存在个人利益问题，可能涉及贪污、受贿、挪用公款等问题，在第三种情况下，不能说明来源时，可能触犯巨额财产来源不明罪，能够查明的分别适用贪污罪、受贿罪等。在第二种情况下，现有的贿赂犯罪体系并不具有相对应的罪名予以制约，这种治理阶段空白显然与“高级全景式”治理结构相背离。如果在发现收支不匹配后，不及时予以处理处置、任由其继续发展，无疑是又回到了末端治理状态，所以补全治理漏洞是积极治理主义的题中之义。从贿赂犯罪发展过程来看，收支不匹配的情况主要是由于接受礼金、物品、礼券等馈赠而出现的收支差距，这类不法馈赠活动形式上是第三方的赠与行为、情谊行为，实质上是在进行感情投资，即先通过财物馈赠建立起信任关系，而后实施贿赂活动。从公职人员的角度看，接受不法馈赠是其廉洁性丧失的开端，也是交易型贿赂犯罪的发展起点。当公职人员开始接受不法馈赠时，公权力的公信力就已遭到质疑,公权伦理中的相应法益也出现了具体危险,所以将收受不法馈赠的行为入罪有利于对贿赂犯罪进行源头治理。因此,本罪可以拟定为:“国家工作人员就其职务收受、要求或约定贿赂的,处二年以下有期徒刑或者拘役,并处罚金。”

(二)感情投资禁止:提供不法馈赠罪

基于对合犯的基本原理,增设提供不法馈赠罪。本罪可以拟定为:“因国家工作人员的职务,而给予、提议或者许诺贿赂的,处二年以下有期徒刑或者拘役,并处罚金。”

(三)监察不作为:贿赂监管渎职罪

中国特色权力结构关系的特点是统一政治权力下的职能分工,是以政治权力、法定权力与监管权力的方式进行职能分工,所以从适用角度上说,政治权力和法定权力是直接作用于社会关系的第一性权力,而监管权力是作用于第一性权力的第二性权力。监管权力作为权力背后的权力,是对政治权力与法定权力进行监督制约的最终力量,是维持权力运行秩序、保障权力公正行使的关键所在。无论是微罪罪名体系中的三类公职义务违反,还是轻罪罪名体系中的不法馈赠,都属于第一性的权力越轨,都是意图利用第一性权力来调整社会关系而使自己获益。为保障第一性权力不被滥用而创设的第二性权力,其存在的全部意义在于监督管理,如果不认真履行该义务,甚至放任、纵容该权力异化情况的存在与发展,无异于起到了帮助贿赂的作用。徒法不足以自行,对权力的监督如果没有落于实处,则意味着对权力的常规性约束不复存在,施加在权力主体身上的枷锁也被打开,会使权力结构营造的制约处于瘫痪状态。从危害性上看,对贿赂犯罪的监管渎职是对国家权力运行规则的深度破坏,这种破坏是根源性与不可控的。但是从法益侵害性上看,他人构成微罪、轻罪时,法益尚处于危险之中,所以监管失职还未造成严重的法益侵害,只有当他人构成重罪时,贿赂监管渎职行为才具备严重的法益侵害性,此时的渎职才能构成犯罪。因此,本罪可以拟定为:“负有权力监督管理职责的国家机关工作人员,违反国家规定,严重不负责任,导致他人实施贿赂活动造成严重后果的,处二年以下有期徒刑或者拘役,并处罚金。”

三、“重罪”罪名体系的具体设计

受贿罪的“重罪”以实施贿赂犯罪的行为双方存在明确的职务行为与具体的“请托”内容作为设立犯罪的根据，是以现实的对价关系作为立法基础的罪名序列，以此二要件为前提，根据行为人的履职模式、职权属性以及责任后果而作出的子类型设定，总体上涉及普通受贿罪与加重受贿罪两类。

（一）普通受贿罪

本罪处罚的是因受托而实施与贿赂处于对价关系的职务行为，因具体请托事项的存在，贿赂与职务行为的对价关系已经明确化，职务行为被贿赂所支配的具体危害已经现实化，公职人员的职务廉洁性已经受到现实的损害。基于“请托”在“重罪型”贿赂犯罪中的基础地位，在此需要加以明确，本书认为，“请托”，是指请求国家工作人员实施一定的职务行为，其内容具有特定性，请托不以明示作出为必要，但是，国家工作人员必须以明示或者默示方式作出对请托事项的承诺，国家工作人员明知所委托的事项内容而予以收受贿赂的，即可根据推定的原则，认定满足了请托的要件。因此，可将普通受贿罪拟定为：“国家工作人员就其职务行为，要求、约定、收受贿赂的，处五年以下有期徒刑或者拘役，并处罚金。”

（二）加重受贿罪

加重受贿罪针对国家工作人员以其职务行为及具体请托事项的存在为前提，以行使权力的背职性、借助特殊属性权力，以及因受贿造成严重损害后果，作为普通受贿罪的加重犯罪构成而设定。具体涉及：一是国家工作人员因受贿而背职实施其职务行为，或者故意不实施其法定职责；二是司法工作人员因受贿而实施其职务行为，或者故意不实施其法定职责；三是国家工作人员因受贿而实施其职务行为，致使国家或者公民利益遭受严重损失，或者，犯罪数额巨大的。因此，可将加重受贿罪拟定为：“国家工作人员就其职务行为，实施不正当行为，或者不实施适当行为，而要求、约定、收受贿赂的，处五年以上有期徒刑或者拘役，并处罚金。特定级别以上国家工作人员符合前款行为的，从重处罚。”“司法工作人员、行政执法人员、监察人员就其职务行为，要求、约定、收受贿赂的，处三年以上有期徒刑或者拘役，并处罚金。就其职务行为，实施不正当行为，或者不实施适当行为，而要求、约定、收受贿赂的，处七年以上有期徒刑或者拘役，并处罚金。特定级别以上国家工作人员符合前款行为的，从重处罚。”“国家工作人员就其职务行为，实施不正当行为，或者不实施适当行为，就此要求、约定、收受贿赂，致使国家或者公民利益遭受严重损失的，或者犯罪数额巨大的，处七年以上有期徒刑、无期徒刑或者死刑，并处没收财产。特定级别以上国家工作人员符合前款行为的，从重处罚。”

（三）斡旋受贿罪

斡旋受贿罪基于对价关系模式的差异，有罪名独立化的必要，对此，可采取对现行刑法第 388 条之一修正的方式进行，减少现行刑法规范中的构成要素，取消“不正当利益”的限制，并增加加重条款的规定。因此，可将其拟定为：“国家工作人员通过其他国家工作人员职务上的行为，为请托人谋取利益，而要求、约定、收受贿赂的，处五年以上有期徒刑或者拘役，并处罚金。特定级别以上国家工作人员符合前款行为的，从重处罚。”“国家工作人员通过其他国家工作人员职务上的行为，为他人谋取不正当利益，而要求、约定、收受贿赂，致使国家或者公民利益遭受严重损失的，或者犯罪数额巨大的，处七年以上有期徒刑或者无期徒刑，并处没收财产。特定级别以上国家工作人员符合前款行为的，从重处罚。”

（四）违反贿赂犯罪监管职责罪

我国以职能分工作为权力划分的根据，对权力进行监督管理的权力是维护整体权力结构与秩序的关键力量。监管权力并非无处不在，并不能实现“一对一”的盯防式监管，相反在权力资源分配模式下，监管权力只能占据总体的小半部分，所以需要尽可能高效地实现“一对多”的监督管理。在这种情境下，监管权力是借助权力制度规则实现“以少治多”“以少管多”的，这也意味着监管权力的渎职、越轨、滥用不仅仅是个体问题，还是制度规则整体的问题。因为监管权力是在制度结构的辅助下实现的“一对多”治理，当监管权力不作为或乱作为时，支撑其存在的制度结构也将遭到严重侵害，被监管的权力将失去对监管权力的敬畏与顺从,此时即便监管权力失范现象得以纠正,被破坏的监管制度结构却难以修复,监管效果将被大大削弱,所以在轻罪罪名体系设计中追究监管人员渎职行为是基于维护治理功效与保护重大法益的双重目的。同样,在重罪罪名体系中也应当将贿赂监管问题纳入治理范围中,根据轻罪与重罪层面的划分方式,法益侵害程度决定了规制层次,贿赂监管渎职行为相较于徇私枉法行为较轻,因而二者应当分别归入轻罪层面与重罪层面。对于违反贿赂犯罪监管职责的行为,其严重性体现在两个方面:一是严重背离公权伦理、严重损害监管结构,体现了严重法益侵害性;二是对贿赂治理工作的严重损害,监管权力本身就是治理力量,其自身的损害直接关系治理效果的丧失。所以综合来看,应当对之犯罪化。因此,本罪可以拟定为:“负有监督管理职责的国家工作人员,违反国家规定,应当履行而拒不履行腐败监管职责,情节严重的,处五年以下有期徒刑,并处罚金;情节特别严重的,处五年以上有期徒刑或者无期徒刑,并处罚金。”

四、对现行刑法基本贿赂犯罪规定的修正

(一)保留利用影响力贿赂犯罪

利用影响力贿赂犯罪是中国国情下的一类特殊贿赂犯罪形式,其有存在的现实价值与必要性,应当予以保留。但是,基于强化刑法规制能力的需要,应对现行的犯罪构成要件要素作出全面的调整:一是设定该基本犯与加重犯类型,对于基本犯,取消“谋取正当利益”的要件;二是将谋取不正当利益的行为,设定为加重犯。

(二)完善私营部门工作人员贿赂犯罪

尽管我国已经进入市场经济快速发展的时期,经济利益关系结构已经发生了重大的变化,但是,相对于市场经济高度发展的阶段而言,公私权力的界限依然显著,其所承担的社会公共职能,仍有明显的界分,尚不具备《英国贿赂法》所采取的“一元化”贿赂犯罪立法的现实条件,故应当完善私营部门工作人员贿赂犯罪独立设立的模式,另外,要对其犯罪构成作出两项修正:一是在基本犯中,取消关于行贿罪谋取不正当利益的设定;二是对背职履行权力、造成严重后果的贿赂犯罪,设定加重犯的犯罪构成。值得关注的是,我国刑法并未对狭义的商业贿

赂犯罪作出独立规定,[1]本书认为,鉴于《联合国反腐败公约》等一系列国际公约中均将发生于商业交往过程中的贿赂犯罪进行独立的评价,因而存在对商业贿赂犯罪独立设罪的必要。

(三)完善外向型贿赂犯罪

对外国公职人员、国际公共组织官员行贿罪是我国《刑法修正案(八)》增设的罪名,然而,其对外国公职人员、国际公共组织官员受贿罪则未进行规定。对于这一立法方案,其可能基于刑事管辖权上的考虑。仔细研析《联合国反腐败公约》的规定,可以发现,该公约对于二者也是采取了不同的规定模式,公约对于对外国公职人员、国际公共组织官员行贿罪采取了强制性规范的形式,而对于外国公职人员、国际公共组织官员受贿罪则采取了倡导性规定的形式。本书认为,伴随中国经济走向世界的步伐,以及日益深化的世界性清廉运动,我国应在其中发挥更加重要的作用,完全有必要对外国公职人员、国际公共组织官员受贿罪作出明确规定。

(四)取消单位贿赂犯罪

单独设定单位贿赂犯罪、配置有别于公职自然人犯罪主体的责任,是我国贿赂犯罪立法中"分体式"的显著特征,然而,这一立法设定模式存在显著的缺陷,表现为:一是在犯罪构成上仅简单移植了自然人犯罪的规定;二是设定出高于自然人承担刑事责任的标准。既不符合构成要件个别化的要求,也不满足治理平等的要求,不具有现实的治理意义与价值,应当予以取消。

五、"分层式"罪名体系的刑罚设计

"分层式"罪名体系的本质是由一元的法益保护体系转变为二元的法益保护与犯罪治理体系。这种转变意味着传统刑罚结构不再符合

[1] 余高能教授提出:"公务贿赂与商业贿赂的划分和公共部门与私营部门的划分颇为相似但不完全相同……商业贿赂不等于私营部门贿赂。商业贿赂与私营部门贿赂多有重叠之处,但是商业贿赂不全都发生在私营部门,而私营部门贿赂不仅涉及商业贿赂,也可能涉及商业活动之外的事务如内部管理活动。"参见余高能:《比较法视野下中国反贿赂犯罪刑事立法之完善》,中国社会科学出版社 2017 年版,第 48 页。

该体系的治理要求,应当在原有的基础上增加与治理元素相关联的刑罚措施。

（一）分级理念:量刑身份的阶梯化

“分层式”罪名体系的“微罪”“轻罪”“重罪”分别是依据法益侵害性程度的轻重缓急来划分的,这也决定了对应的刑罚轻重。但与传统“分体式”罪名体系不同的是,由于治理理念的融入,刑罚轻重并不仅仅与法益侵害程度相匹配,而是在罪刑相适应的基础上,将行为人因素融入进来,从而在犯罪治理层面上进行刑罚适用。换言之,传统贿赂犯罪的罪刑关系以权力滥用程度与利益获取多寡为刑罚量定依据,是以行为刑法为主、辅之以行为人刑法的罪刑关系,但是“分层式”罪名体系的罪刑关系在融入治理元素后,应当在行为人刑法的基础上考虑具体罪责程度。这种结构性转变的关键在于治理的对象只能是权力人而非权力,权力是被约束、管理的对象,权力人才是能够治理并逐步完成改变的对象,所以在“分层式”罪名体系中,权力人的公职身份是罪刑关系的出发点。因此,公职人员应当根据具体职能部门与职务高低进行量刑身份划分。首先,应当根据公职人员所属部门进行划分,即政治权力部门、法定权力部门和监管权力部门,因为法定权力部门是国家管理社会的直接职能部门,其与各类社会阶层关系密切,是以调整社会关系为核心职责的部门,所以在权力运行过程中既容易被社会环境侵蚀腐化,也容易给社会秩序造成严重破坏。从积极治理的基本逻辑出发,对重点领域进行重点治理,不仅能够遏制腐败风气蔓延,而且能够尽可能地维护社会信赖度,从而起到事半功倍的效果,所以从治理角度看,应当对法定权力部门予以更高的关注度,体现在刑罚上就是应当更为严格地量刑。其次,应当根据公职人员的职务高低进行划分,鉴于我国的权力组织形式,所以在职能部门中采用领导负责制,部门高职务人员在其部门内具有绝对权威,这也造成权力向上集中的情况,即随着职务等级的提高,公职人员所掌握的权力与其自由度成正比例关系,所以对高级别的公职人员应当适用更严格的量刑规则。因此,应当在罪名体系中加入一条“对政府机关工作人员的犯罪认定标准可酌量降低,对担任领导职务的国家工作人员从重处罚”。

(二)防治一体理念:保安处分的扩大化

“分层式”罪名体系是以积极治理主义为指导的贿赂犯罪治理体系,其在传统“分体式”罪名体系的基础上开拓性地进行轻微罪名体系构建,并重新构建重罪罪名体系,所以整体来说,“分层式”罪名体系是集“报应、预防、治理”为一体的综合性贿赂犯罪治理体系。在法律后果设定上,仅依靠刑罚进行报应与预防难以充分满足治理需求,因而应当积极引入保安处分,将行为人作为法律后果的适用对象,而不是仅仅作为法律后果的承受对象。保安处分是着眼于行为人所具有的危险性格,为了保持社会治安,同时以改善行为人为目的,而施行的一种国家处分。[1] 之所以需要在刑罚之外加入保安处分,一是因为刑罚是以责任为根据的,贿赂犯罪的危害性是刑种与刑期的上限,行为人的危险性没有得到足够考虑,在刑罚执行完毕后,行为人仍然可以进行利用影响力受贿等活动,所以应当以其人身危险性为根据附加一定活动限制,以完成贿赂犯罪的根源性治理。二是因为刑罚是对行为的制裁,预防、治理、改善等目的已经超出了刑罚功能,对于微罪与轻罪而言,隔离、改善才是其意图实现的治理效果,单纯的制裁并无任何积极治理意义。三是刑罚重在一般预防,对于微罪与轻罪而言,相应的刑罚主要以非监禁刑为主,这也决定了该类刑罚更多的作用在于威慑与修复社会信赖,而非特殊预防,对于违反规范的公职人员而言,这类刑罚缺乏矫治、改善的效果。具体而言,“分层式”罪名体系应当全面引入保安处分,首先,从业禁止的适用,即因违背公权伦理而实施贿赂犯罪的公职人员,在刑罚执行完毕之后,应当在一定期限内被禁止从事与原辖区、原职权相关联的职业。其次,禁止令的适用,即因为贿赂犯罪通常是两人以上共谋实施的犯罪活动,且在交易型贿赂中更是分化出典型的行贿方与受贿方,所以在刑罚执行过程中或执行完毕之后,应当禁止其在一定期限内与相关人员接触。最后,财产申报的适用。这种保安处分主要针对公职人员的事后受贿现象,在交易型受贿中其往往约定离职后再收取贿赂,所以当刑罚执行完毕后,在一定期限内要求其进行财产申报,

---

〔1〕 参见张明楷:《刑法学》(第5版),法律出版社2016年版,第638页。

能够打消其继续受贿与权钱交易的意图。因此,可以在罪名体系最后加入一条“构成贿赂犯罪的,人民法院可以根据犯罪情况和预防再犯罪的需要,对其附加适用从业禁止、禁止令和财产申报等保安处分措施”。

参考文献

一、中文类

（一）中文著作

1.《马克思恩格斯全集》（第 1 卷），人民出版社 1995 年版。

2.《马克思恩格斯全集》（第 6 卷），人民出版社 1961 年版。

3.《毛泽东选集》（第 1 卷），人民出版社 1991 年版。

4.《毛泽东选集》（第 2 卷），人民出版社 1991 年版。

5.《毛泽东选集》（第 3 卷），人民出版社 1991 年版。

6.《毛泽东选集》（第 4 卷），人民出版社 1991 年版。

7.《毛泽东选集》（第 5 卷），人民出版社 1977 年版。

8.《邓小平文选》（第 2 卷），人民出版社 1994 年版。

9.《邓小平文选》（第 3 卷），人民出版社 1994 年版。

10.《习近平谈治国理政》（第 1 卷），外文出版社 2018 年版。

11.《习近平谈治国理政》（第 2 卷），外文出版社 2018 年版。

12.《十一届三中全会以来历次党代会、中央全会报告公报决议决定》（上、下），中国方正出版社 2008 年版。

13. 卜宪群主编：《中国历史上的腐败与反腐败》（上、下），鹭江出版社 2014 年版。

14. 李雪勤主编：《新中国反腐败通鉴》，天津人民出版社 1993 年版。

15. 高铭暄：《中华人民共和国刑法的孕育诞生和发展完善》，北京大学出版社 2012 年版。

16. 高铭暄、马克昌主编：《刑法学》，北京大学出版社、高等教育出版社 2011 年版。

17. 高铭暄主编：《中国刑法学》，中国人民大学出版社 1989 年版。

18. 陈兴良：《刑法的价值构造》，中国人民大学出版社 1998 年版。

19. 储槐植等：《刑法机制》，法律出版社 2004 年版。

20. 储槐植、江溯：《美国刑法》（第 4 版），北京大学出版社 2012 年版。

21. 蔡墩铭:《中国刑法精义》,台北,汉林出版社 1986 年版。
22. 曾坚:《信赖保护:以法律文化与制度构建为视角》,法律出版社 2010 年版。
23. 陈金钊、谢晖主编:《法律方法》(第 16 卷),山东人民出版社 2014 年版。
24. 高鸿钧主编:《清华法治论衡》(第 3 辑),清华大学出版社 2002 年版。
25. 何勤华主编:《英国法律发达史》,法律出版社 1999 年版。
26. 胡康生、李福成主编:《中华人民共和国刑法释义》,法律出版社 1997 年版。
27. 黎宏:《日本刑法精义》,中国检察出版社 2004 年版。
28. 黎宏:《刑法学各论》(第 2 版),法律出版社 2016 年版。
29. 李洁、张军、贾宇主编:《和谐社会的刑法现实问题》,中国人民公安大学出版社 2007 年版。
30. 梁根林:《刑事政策:立场与范畴》,法律出版社 2005 年版。
31. 林山田:《刑法各罪论》,北京大学出版社 2012 年版。
32. 刘士心:《美国刑法各论原理》,人民出版社 2015 年版。
33. 刘艳红:《实质刑法观》,中国人民大学出版社 2009 年版。
34. 卢建平:《刑事政策与刑法》,中国人民公安大学出版社 2004 年版。
35. 聂资鲁等:《域外防止公职人员利益冲突理论与实践研究》,世界图书出版有限公司 2017 年版。
36. 苏惠渔主编:《刑法学》,中国政法大学出版社 1997 年版。
37. 孙国祥、魏昌东:《反腐败国际公约与贪污贿赂犯罪立法研究》,法律出版社 2011 年版。
38. 孙国祥、魏昌东:《经济刑法研究》,法律出版社 2005 年版。
39. 孙国祥:《贿赂犯罪的学说与案解》,法律出版社 2012 年版。
40. 王沪宁:《反腐败:中国的实验》,三环出版社 1990 年版。
41. 王觉非主编:《近代英国史》,南京大学出版社 1997 年版。
42. 王牧:《犯罪学》,吉林大学出版社 1992 年版。
43. 王云海:《美国的贿赂罪——实体法与程序法》,中国政法大学出版社 2002 年版。
44. 魏昌东、顾肖荣主编:《经济刑法》(第 17 辑),上海社会科学院出版社 2017 年版。
45. 魏昌东、顾肖荣主编:《经济刑法》(第 18 辑),上海社会科学院出版社 2018 年版。
46. 魏昌东:《腐败治理"中国模式"的立法发展与理论探索》,上海人民出版社

2019 年版。
47. 肖扬主编:《贿赂犯罪研究》,法律出版社 1994 年版。
48. 肖扬主编:《中国新刑法学》,中国人民公安大学出版社 1997 年版。
49. 严励:《中国刑事政策的建构理性》,中国政法大学出版社 2010 年版。
50. 杨春洗主编:《刑事政策论》,北京大学出版社 1994 年版。
51. 杨敦先等编:《廉政建设与刑法功能》,法律出版社 1991 年版。
52. 杨兴培:《犯罪构成原论》,北京大学出版社 2014 年版。
53. 杨永华主编:《中国共产党廉政法制史研究》,人民出版社 2005 年版。
54. 余高能:《比较法视野下中国反贿赂犯罪刑事立法之完善》,中国社会科学出版社 2017 年版。
55. 张明楷:《法益初论》,中国政法大学出版社 2000 年版。
56. 张明楷:《外国刑法纲要》,清华大学出版社 2007 年版。
57. 张明楷:《刑法学》(第 5 版),法律出版社 2016 年版。
58. 张明楷:《刑法学》(下),法律出版社 1997 年版。
59. 赵秉志主编:《刑法基础理论探索》,法律出版社 2003 年版。
60. 赵秉志主编:《刑法论丛》(第 1 卷),法律出版社 2016 年版。
61. 中共中央文献编辑委员会:《彭真文选(1941—1990 年)》,人民出版社 1991 年版。
62. 中共中央文献研究室、中央档案馆编:《建党以来重要文献选编》(第 14 册),中央文献出版社 2011 年版。
63. 中共中央党史和文献研究院编:《习近平关于依规治党论述摘编》,中央文献出版社 2022 年版。
64. 中共中央文献研究室编:《三中全会以来重要文献选编》,中央文献出版社 2011 年版。
65. 周光权:《刑法各论》(第 3 版),中国人民大学出版社 2016 年版。
66. 周密:《中国刑法史》,群众出版社 1985 年版。
67. 周琪、袁征:《美国的政治腐败与反腐败——对美国反腐败机制的研究》,中国社会科学出版社 2009 年版。
68. 宗剑峰:《中西文化与贪污贿赂犯罪学研究》,中国检察出版社 2003 年版。

(二)中文论文

1. 鲍永红:《受贿罪法定刑之评析与探讨》,载《黑龙江省政法管理干部学院学报》2004 年第 4 期。

2. 北顾:《英国如何把权力关进制度的笼子》,载《决策探索》2013 年第 9 期。
3. 蔡宝刚:《经由政府道德法反腐败的法理求解——美国经验与中国借鉴》,载《政法论坛》2011 年第 4 期。
4. 曹子丹:《我国刑法中贪污罪贿赂罪法定刑的立法发展及其完善》,载《政法论坛》1996 年第 2 期。
5. 曾淑瑜:《贿赂与职务之关联性》,载《月旦法学杂志》第 12 期(2007 年)。
6. 柴观珍、关九乐:《中央苏区反腐败斗争中的典型案例》,载《党史博览》2016 年第 6 期。
7. 车浩:《贿赂犯罪中"感情投资"与"人情往来"的教义学形塑》,载《法学评论》2019 年第 4 期。
8. 车浩:《行贿罪之"谋取不正当利益"的法理内涵》,载《法学研究》2017 年第 2 期。
9. 陈国权、陈晓伟:《集约式反腐败助推法治中国建设》,载《学习时报》2016 年 7 月 28 日,第 A4 版。
10. 陈国权:《集约式反腐败有助于提高廉政治理效率》,载《领导科学》2017 年第 1 期。
11. 陈家林:《中日刑法中的商业贿赂犯罪之比较》,载《政法论丛》2006 年第 6 期。
12. 陈瑞华:《美国〈反海外腐败法〉与刑事合规问题》,载《中国律师》2019 年第 2 期。
13. 陈兴良、王玉珏:《建立受贿罪罪名体系的构想》,载《法学》1991 年第 6 期。
14. 陈兴良:《宽严相济刑事政策研究》,载《法学杂志》2006 年第 1 期。
15. 陈兴良:《为他人谋取利益的性质与认定——以两高贪污贿赂司法解释为中心》,载《法学评论》2016 年第 4 期。
16. 陈兴良:《刑法的刑事政策化及其限度》,载《华东政法大学学报》2013 年第 4 期。
17. 陈志军:《我国贿赂犯罪罪名体系完善之建议》,载《中国人民公安大学学报(社会科学版)》2016 年第 2 期。
18. 程西筠:《由恩赐官职到择优录士——十九世纪中叶英国文官制度的改革》,载《世界历史》1980 年第 5 期。
19. 储槐植、闫雨:《当代中国腐败犯罪的刑事法治理——以〈联合国反腐败公约〉为视角》,载《中南民族大学学报(人文社会科学版)》2013 年第 3 期。

20. 储槐植:《完善贿赂罪立法——兼论“罪刑系列”的立法方法》,载《中国法学》1992 年第 5 期。
21. 储槐植:《刑事政策的概念、结构和功能》,载《法学研究》1993 年第 3 期。
22. 储槐植:《再说刑事一体化》,载《法学》2004 年第 3 期。
23. 储槐植:《罪刑矛盾与刑法改革》,载《中国法学》1994 年第 5 期。
24. 褚向磊:《美国腐败问题的历史演变与制度根源》,载《南京政治学院学报》2017 年第 6 期。
25. 邓若迅:《英国贿赂罪改革研究》,载《中国刑事法杂志》2012 年第 3 期。
26. 杜强:《论国际刑法中的贿赂外国官员罪》,载《国家检察官学院学报》2003 年第 6 期。
27. 付立庆:《论积极主义刑法观》,载《政法论坛》2019 年第 1 期。
28. 高铭暄、张慧:《贿赂犯罪司法解释的功能与瑕疵分析》,载《法治研究》2014 年第 11 期。
29. 关仕新、汤维骏、陈录宁:《细化弹性规定　指导司法实践》,载《检察日报》2015 年 9 月 3 日,第 3 版。
30. 郭立军、阮建华:《论我国反腐败刑事政策》,载《北京政法职业学院学报》2015 年第 4 期。
31. 郝力挥、刘杰:《对受贿罪客体的再认识》,载《法学研究》1987 年第 6 期。
32. 何承斌:《论我国贿赂犯罪体系的重构——以〈联合国反腐败公约〉为中心》,载《现代法学》2006 年第 6 期。
33. 何家弘:《中国反腐治标论》,载《法学杂志》2015 年第 10 期。
34. 何勤华、裴仕彬:《19 世纪美国检法关系考——兼论国家治理体系中检察机关之定位》,载《河南师范大学学报(哲学社会科学版)》2019 年第 4 期。
35. 何显兵、刘超:《商业贿赂罪客体探析》,载《人民检察》2007 年第 15 期。
36. 胡税根、徐靖芮:《我国政府权力清单制度的建设与完善》,载《中共天津市委党校学报》2015 年第 1 期。
37. 黄伟明:《刑事政策与刑事立法关系的动态分析》,载《法学论坛》2003 年第 3 期。
38. 黄禹康:《中共历史上第一部反腐法令的诞生和实施》,载《人民法院报》2019 年 6 月 28 日,第 7 版。
39. 姜涛:《刑法中国家工作人员定义的个别化解释》,载《清华法学》2019 年第 1 期。

40. 姜涛:《需罚性在犯罪论体系中的功能与定位》,载《政治与法律》2021 年第 5 期。
41. 靳涛、踪家峰:《中国转型期粗放式经济增长模式探讨》,载《改革》2005 年第 8 期。
42. 劳东燕:《受贿犯罪的保护法益:公职的不可谋私利性》,载《法学研究》2019 年第 5 期。
43. 劳东燕:《刑事政策与刑法体系关系之考察》,载《比较法研究》2012 年第 2 期。
44. 黎宏:《合规计划与企业刑事责任》,载《法学杂志》2019 年第 9 期。
45. 黎宏:《贿赂犯罪的保护法益与事后受财行为的定性》,载《中国法学》2017 年第 4 期。
46. 黎宏:《论"刑法的刑事政策化"思想及其实现》,载《清华大学学报(哲学社会科学版)》2004 年第 5 期。
47. 黎宏:《受贿犯罪保护法益与刑法第 388 条的解释》,载《法学研究》2017 年第 1 期。
48. 李本灿:《对非国家工作人员行贿罪的立法论思考》,载《国家检察官学院学报》2021 年第 3 期。
49. 李春珍:《日本特别法中的贿赂罪规定及对我国的启示》,载《东方论坛》2015 年第 1 期。
50. 李广民、秦汉:《战后日本反腐败司法措施探析》,载《太平洋学报》2007 年第 7 期。
51. 李锡栋:《日本法上贿赂罪职务行为之研究》,载《法学丛刊》2011 年第 7 期。
52. 李学斌、薛静:《论我国刑事政策与刑法的关系》,载《青海社会科学》1992 年第 2 期。
53. 李勇:《"合规计划"中须有刑法担当》,载《检察日报》2018 年 5 月 24 日,第 3 版。
54. 李仲民:《美国联邦刑法法典化述评》,载《西南政法大学学报》2014 年第 4 期。
55. 梁根林:《受贿罪法网的漏洞及其补救——兼论刑法的适用解释》,载《中国法学》2001 年第 6 期。
56. 梁根林:《刑法修正:维度、策略、评价与反思》,载《法学研究》2017 年第 1 期。

57. 廖晓明、罗文剑:《"零容忍"反腐败:内涵、特征与进路》,载《中国行政管理》2012 年第 1 期。
58. 林尚立:《以政党为中心:中国反腐败体系的建构及其基本框架》,载《中共中央党校学报》2009 年第 4 期。
59. 林志洁:《美国贪污犯罪之立法与预防:以联邦法规为中心》,载《月旦法学杂志》第 4 期(2007 年)。
60. 刘士心:《论刑法中的对合行为》,载《国家检察官学院学报》2004 年第 6 期。
61. 刘艳红:《以科学立法促进刑法话语体系发展》,载《学术月刊》2019 年第 4 期。
62. 刘远:《商业贿赂犯罪的概念与立法》,载《华东政法学院学报》2006 年第 5 期。
63. 刘志伟、尤广宇:《超越"回应性"立法——中国腐败犯罪刑法立法体系发展 70 年之检视与完善》,载《华南师范大学学报(社会科学版)》2020 年第 1 期。
64. 卢建平、刘春花:《我国刑事政策的演进及其立法影响》,载《人民检察》2011 年第 9 期。
65. 卢建平:《刑事政策与刑法关系的应然追求》,载《法学论坛》2007 年第 3 期。
66. 罗猛:《论反腐败的刑事政策体系》,载《中国刑事法杂志》2013 年第 6 期。
67. 罗文剑、吕华:《"零容忍"反腐败的问题基模构建及实施对策》,载《廉政文化研究》2014 年第 5 期。
68. 马春晓:《廉洁性不是贪污贿赂犯罪的法益》,载《政治与法律》2018 年第 2 期。
69. 苗生明:《顺应新时代要求 深化落实宽严相济刑事政策》,载《人民检察》2021 年第 Z1 期。
70. 聂资鲁:《防止公职人员利益冲突立法的理论与实践》,载《中国法学》2013 年第 6 期。
71. 逄春雪:《从腐败大案看日本的反腐败举措》,载《人民法院报》2018 年 1 月 26 日,第 8 版。
72. 吴官正:《拓宽从源头上防治腐败工作领域》,载《求是》2006 年第 18 期。
73. 钱小平:《"积极治理主义"与匈牙利贿赂犯罪刑法立法转型——兼论中国贿赂犯罪刑法立法改革之方向抉择》,载《首都师范大学学报(社会科学版)》2014 年第 6 期。

74. 钱小平:《创新中国贿赂犯罪刑法立法之选择——基于刑法预防功能的考察》,载《南京大学学报(哲学·人文科学·社会科学)》2017 年第 4 期。
75. 钱小平:《贿赂犯罪情节与数额配置关系矫正之辨析》,载《法学》2016 年第 11 期。
76. 钱叶六、魏昌东:《商业贿赂犯罪刑罚立法之检讨与完善》,载《南京财经大学学报》2008 年第 3 期。
77. 钱叶六:《对向犯若干问题研究》,载《法商研究》2011 年第 6 期。
78. 乔洪武:《经济伦理变革与公共行政伦理的构建》,载《光明日报》2010 年 7 月 20 日,第 11 版。
79. 尚虎平:《传统行政文化的政府绩效作用与绩效评价应对》,载《南京大学学报(哲学·人文科学·社会科学)》2018 年第 6 期。
80. 石庆环:《杰克逊总统与美国联邦政府腐败之缘起》,载《贵州社会科学》2015 年第 4 期。
81. 石庆环:《美国联邦政府治理腐败研究:从 1883 年〈彭德尔顿法〉的视角观察》,载《求是学刊》2015 年第 3 期。
82. 石泰峰:《社会需求与立法发展——兼析有法不依的立法原因》,载《中国法学》1991 年第 1 期。
83. 苏惠渔、游伟:《完善罪名体系 重构犯罪要件——对我国贿赂犯罪立法的若干思考》,载《政治与法律》1996 年第 1 期。
84. 孙道萃:《论"零容忍"反腐作为具体刑事政策及其展开》,载《河南师范大学学报(哲学社会科学版)》2015 年第 5 期。
85. 孙国祥:《反腐败刑事政策时代转型的逻辑与法治化思考》,载《社会科学辑刊》2021 年第 5 期。
86. 孙国祥:《受贿罪的保护法益及其实践意义》,载《法律科学(西北政法大学学报)》2018 年第 2 期。
87. 孙国祥:《贪污贿赂犯罪刑法修正的得与失》,载《东南大学学报(哲学社会科学版)》2016 年第 3 期。
88. 孙国祥:《我国惩治贪污贿赂犯罪刑事政策模式的应然选择》,载《法商研究》2010 年第 5 期。
89. 孙国祥:《刑事合规的理念、机能和中国的构建》,载《中国刑事法杂志》2019 年第 2 期。
90. 孙庆和、刘成安:《试析唐代立法中关于受贿罪的规定》,载《青岛海洋大学学报(社会科学版)》1998 年第 2 期。
91. 唐晋伟:《德国商业贿赂的经济法规制及其对我国的启示》,载《南京工业大学学报(社会科学版)》2007 年第 3 期。
92. 唐朗诗、李佳佳:《英国腐败治理经验:制度变迁的特征与时序》,载《天府新论》2015 年第 2 期。
93. 陶青德:《党规纳入国法体系后的党、法关系新格局、新问题》,载《甘肃理论学刊》2015 年第 6 期。
94. 田宏杰:《刑法法益:现代刑法的正当根基和规制边界》,载《法商研究》2020 年第 6 期。
95. 王钢:《德国近五十年刑事立法述评》,载《政治与法律》2020 年第 3 期。
96. 王牧、赵宝成:《"刑事政策"应当是什么?——刑事政策概念解析》,载《中国刑事法杂志》2006 年第 2 期。
97. 王牧:《职务犯罪预防的刑事政策意义》,载《国家检察官学院学报》2007 年第 1 期。
98. 王世洲:《联邦德国刑法改革研究》,载《外国法译评》1997 年第 2 期。
99. 王希鹏、胡扬:《中国特色腐败治理体系现代化:内在逻辑与实践探索》,载《经济社会体制比较》2014 年第 4 期。
100. 韦宝平:《论邓小平关于严厉打击刑事、经济犯罪和惩治腐败的思想》,载《求实》2001 年第 S1 期。
101. 魏昌东、周亦杨:《论交易性本质对受贿罪构成的影响》,载《南京大学学报(哲学·人文科学·社会科学)》2002 年第 6 期。
102. 魏昌东:《积极治理主义提升立法规制腐败的能力》,载《中国社会科学报》2014 年 10 月 31 日,第 6 版。
103. 魏昌东:《〈监察法〉与中国特色腐败治理体制更新的理论逻辑》,载《华东政法大学学报》2018 年第 3 期。
104. 魏昌东:《〈刑法修正案(九)〉贿赂犯罪立法修正评析》,载《华东政法大学学报》2016 年第 2 期。
105. 魏昌东:《腐败治理模式与中国反腐立法选择》,载《社会科学战线》2016 年第 6 期。
106. 魏昌东:《国家监察委员会改革方案之辨正:属性、职能与职责定位》,载《法学》2017 年第 3 期。
107. 魏昌东:《监督职能是国家监察委员会的第一职能:理论逻辑与实现路

径——兼论中国特色监察监督系统的规范性创建》，载《法学论坛》2019年第1期。

108. 魏昌东：《美国利益冲突罪立法体系的发展逻辑及其启示》，载《环球法律评论》2021年第3期。

109. 魏昌东：《刑法立法“反向运动”中的象征主义倾向及其规避》，载《环球法律评论》2018年第6期。

110. 魏昌东：《英国贿赂犯罪刑法治理：立法发展与制度创新》，载《学习与探索》2013年第2期。

111. 魏东：《对腐败犯罪“老虎苍蝇一起打”的刑事政策考量——兼议“特别重大贿赂犯罪案件”的政策性限缩解释》，载《甘肃政法学院学报》2014年第2期。

112. 吴官正：《拓宽从源头上防治腐败工作领域》，载《求是》2006年第18期。

113. 吴官正：《要从源头上防治腐败》，载《求是》2006年第6期。

114. 吴建雄：《新中国反腐的历史轨迹和实践经验》，载《国家检察官学院学报》2020年第2期。

115. 吴耀宗：《贿赂罪“对价关系”要件之松动?》(上)，载《裁判时报》第7期(2015年)。

116. 吴耀宗：《贿赂罪“对价关系”要件之松动?》(下)，载《裁判时报》第8期(2015年)。

117. 武建奇：《粗放、集约及其衡量——应准确理解经济增长方式的转变》，载《河北学刊》1996年第4期。

118. 萧宏宜：《贿赂罪的“职务上行为”概念》，载《东吴法律学报》第1期(2011年)。

119. 肖金明：《通过完善官员财产申报制度治理腐败——兼论利益冲突、财产申报、官员伦理的关联及其意义》，载《甘肃社会科学》2014年第5期。

120. 肖中华：《犯罪构成中的要件要素及犯罪形态》，载《法学》2005年第4期。

121. 谢锡美：《“为他人谋取利益”在受贿罪中的定位思考》，载《中国刑事法杂志》2001年第4期。

122. 熊琦：《刑法教义学视阈内外的贿赂犯罪法益——基于中德比较研究与跨学科视角的综合分析》，载《法学评论》2015年第6期。

123. 徐雷、王乐：《企业腐败动机与“最优”腐败程度实证研究》，载《商业经济与管理》2014年第9期。

124. 许恒达:《贿赂罪之对价关系及证明难题》,载《军法专刊》第 2 期(2014 年)。
125. 严励:《"严打"刑事政策的理性审读》,载《上海大学学报(社会科学版)》2004 年第 4 期。
126. 严励:《问题意识与立场方法——中国刑事政策研究之反思》,载《中国法学》2010 年第 1 期。
127. 严励:《刑事政策功能的科学界定和运行》,载《华东政法大学学报》2010 年第 6 期。
128. 杨万东:《政府管制的根本:突出的公共性与利益中性》,载《浙江工商大学学报》2013 年第 1 期。
129. 杨兴培、董翠、王强之:《论犯罪构成的结构要件及其基本要素》,载《华东政法学院学报》2002 年第 2 期。
130. 叶良芳:《行贿受贿惩治模式的博弈分析与实践检验——兼评〈刑法修正案(九)〉第 44 条和第 45 条》,载《法学评论》2016 年第 1 期。
131. 叶竹盛:《反腐败的"制度大爆炸"》,载《南风窗》2015 年第 11 期。
132. 尤广宇、魏昌东:《从交易禁止到利益冲突:美国贿赂犯罪立法体系的建设路径》,载《国家检察官学院学报》2019 年第 1 期。
133. 余高能:《各国贿赂犯罪立法分类比较研究》,载《西北大学学报(哲学社会科学版)》2014 年第 4 期。
134. 余高能:《整合还是细分:贿赂犯罪两部门立法模式探究》,载《河北法学》2013 年第 12 期。
135. 喻国明:《媒体变革:从"全景监狱"到"共景监狱"》,载《人民论坛》2009 年第 15 期。
136. 张国栋、赵松子:《国家治理的困境与路径选择——基于对"全景式"和"共景式"治理理论的分析》,载《探求》2016 年第 5 期。
137. 张恒:《英国监察制度:在漫长曲折的道路上逐步形成》,载《中国监察》2004 年第 15 期。
138. 张金钢:《受贿罪罪刑配置问题之反思与消解》,载《政治与法律》2019 年第 9 期。
139. 张明楷:《论受贿罪的客观要件》,载《中国法学》1995 年第 1 期。
140. 张明楷:《论受贿罪中的"为他人谋取利益"》,载《政法论坛》2004 年第 5 期。

141. 张明楷:《受贿犯罪的保护法益》,载《法学研究》2018 年第 1 期。
142. 张天一:《论商业贿赂之可罚性基础及入罪化必要性》,载《月旦法学杂志》第 7 期(2015 年)。
143. 张旭:《反腐败视域下的"零容忍":内涵、价值与实现》,载《当代法学》2018 年第 5 期。
144. 张永红:《刑法的刑事政策化论纲》,载《法律科学(西北政法学院学报)》2004 年第 6 期。
145. 张勇:《"行贿与受贿并重惩治"刑事政策的根据及模式》,载《法学》2017 年第 12 期。
146. 张雨燕:《美国历史上的腐败与反腐败》,载《学习与实践》2006 年第 3 期。
147. 张兆松:《我国贪污贿赂犯罪立法:历程、反思与前瞻》,载《法治研究》2020 年第 3 期。
148. 张振高:《试论贿赂罪的罪名体系及其分类》,载《北京市政法管理干部学院学报》1996 年第 2 期。
149. 赵秉志:《贪污受贿犯罪定罪量刑标准问题研究》,载《中国法学》2015 年第 1 期。
150. 赵廷光:《罪刑均衡论的兴衰与罪责刑均衡论的确立》,载《山东公安专科学校学报》2003 年第 4 期。
151. 郑秦:《清律惩贪条款辨析》,载《政法论坛》1992 年第 2 期。
152. 周乐军:《"对人监察"抑或"对事监察"——论我国监察委员会监察权的边界》,载《时代法学》2018 年第 4 期。
153. 周琪:《美国的政治腐败和反腐败》,载《美国研究》2004 年第 3 期。
154. 祝彦、王兰洁:《新民主主义革命时期中国共产党反腐倡廉的思想与实践》,载《中共中央党校学报》2009 年第 5 期。
155. 庄德水:《利益冲突:一个廉政问题的分析框架》,载《上海行政学院学报》2010 年第 5 期。
156. 庄德水:《利益冲突视角下的腐败与反腐败》,载《广东行政学院学报》2009 年第 6 期。

二、译作、外文类

1. [德]阿耳宾·埃斯尔:《二十世纪最后十年里德国刑法的发展》,冯军译,载《法学家》1998 年第 6 期。

2. [德]安塞尔姆·里特尔·冯·费尔巴哈:《德国刑法教科书》,徐久生译,中国方正出版社 2010 年版。
3. [德]弗兰茨·冯·李斯特:《德国刑法教科书》,徐久生译,法律出版社 2006 年版。
4. [德]汉斯·海茵里希·耶赛克:《为德意志联邦共和国刑法典序》,载《德国刑法典》,徐久生、庄敬华译,中国方正出版社 2004 年版。
5. [德]汉斯·海因里希·耶赛克、[德]托马斯·魏根特:《德国刑法教科书(总论)》,徐久生译,中国法制出版社 2001 年版。
6. [德]凯·安博思:《国际刑法的一般功能:法益原则与损害原则的妥当平衡——再论国际刑法的基础理论》,张志钢译,载《苏州大学学报(法学版)》2019 年第 4 期。
7. [德]克劳斯·罗克辛:《德国刑法学总论》(第 1 卷),王世洲译,法律出版社 2005 年版。
8. [德]克劳斯·罗克辛:《刑事政策与刑法体系》,蔡桂生译,中国人民大学出版社 2011 年版。
9. [德]李斯特:《德国刑法教科书》(修订译本),徐久生译,法律出版社 2006 年版。
10. [德]萨班斯蒂安·沃尔夫:《德国反腐败刑事立法的发展路径》,谢杰译,载《检察日报》2009 年 1 月 8 日,第 3 版。
11. [法]马克·安赛尔:《新刑法理论》,卢建平译,天地图书公司 1990 年版。
12. [法]米海依尔·戴尔玛斯 - 马蒂:《刑事政策的主要体系》,卢建平译,法律出版社 2000 年版。
13. [法]米歇尔·福柯:《规训与惩罚》,刘北成、杨远婴译,生活·读书·新知三联书店 2012 年版。
14. [美]埃尔曼:《比较法律文化》,高鸿钧等译,生活·读书·新知三联书店 1990 年版。
15. [美]爱德华·L. 格莱泽、[美]克劳迪娅·戈尔丁主编:《腐败与改革:美国历史上的经验教训》,胡家勇等译,商务印书馆 2012 年版。
16. [美]马国泉:《行政伦理:美国的理论与实践》,复旦大学出版社 2006 年版。
17. [美]泽菲尔·提绍特:《美国的腐败——从富兰克林的鼻烟盒到联合公民胜诉案》,冯克利、苗晓枫译,中国方正出版社 2016 年版。
18. 曾根威彦『刑法各論』[第 5 版](2012 年、弘文堂)。

19. [日]大谷实:《刑法讲义各论》(新版第2版),黎宏译,中国人民大学出版社2008年版。
20. 大谷實『刑法講義各論』[新版第5版](成文堂,2000年)。
21. [日]大谷实:《刑事政策学》,黎宏译,中国人民大学出版社2009年版。
22. 大塚仁『刑法概説(各論)』(有斐閣,2008年)。
23. 大塚仁『刑法概説(各論)』(有斐閣,1996年)。
24. 豊田兼彦『共犯の処罚根据と客观的归属』(成文堂,2009年)。
25. 福田平『全訂刑法各論』(有斐閣,2002年)。
26. 堀内捷三「贿赂罪における职务行为の意义——とくに"职务と密接な关系のある行为について」内藤謙=松尾浩也=田宫裕=芝原邦爾編『平野龍一先生古稀祝賀論文集』[上](有斐閣,1990年)。
27. 幹人『刑法各論』(東京大学出版会,2007年)。
28. 木村亀二『刑法各論』(有斐閣,1957年)。
29. 内藤謙『賄賂の概念』[総合判例研究叢書 刑法14](有斐閣,1960年)。
30. 平野龍一『刑法概説』(東京大学出版会,1977年)。
31. [日]桥爪隆:《论贿赂犯罪的职务关联性》,王昭武译,载《法治现代化研究》2022年第2期。
32. 山口厚『刑法各論』[第2版](有斐閣,2010年)。
33. 山口厚『刑法各論』[第2版](有斐閣,2010年)。
34. 山中敬一『賄賂罪における職務関連性』現代刑事法:その理論と実務4巻7号(2002年)。
35. 神山敏雄「日本における贿赂罪——政界・官界・业界の构造污职を中心に」刑法読書会編『犯罪と刑罚』[第10号](成文堂,1994年)。
36. [日]松泽伸:《国际刑法与腐败防止——以日本的"外国公务员受贿罪"为例》,李立丰译,载《警学研究》2019年第1期。
37. 团藤重光『刑法綱要各論』(創文社,1990年)。
38. [日]西田典之:《日本的法人处罚》,李海东等译,载[日]西原春夫主编:《日本刑事法的形成与特色——日本法学家论日本刑事法》,中国法律出版社、日本成文堂1997年联合出版。
39. [日]西田典之:《日本刑法各论》,刘明祥、王昭武译,武汉大学出版社2005年版。
40. [日]西田典之:《日本刑法各论》(第3版),刘明祥、王昭武译,中国人民大学出版社 2007 年版。

41. [日]西田典之:《日本刑法各论》,王昭武、刘明祥译,法律出版社 2013 年版。

42. [日]佐伯仁志:《制裁论》,丁胜明译,北京大学出版社 2018 年版。

43. [意]切萨雷·贝卡里亚:《论犯罪与刑罚》,黄风译,北京大学出版社 2008 年版。

44. [英]J. W. 塞西尔·特纳:《肯尼刑法原理》,王国庆、李启家等译,华夏出版社 1989 年版。

45. [英]吉米·边沁:《立法理论》,李贵方等译,中国人民公安大学出版社 2004 年版。

46. A. T. Martin, *The Development of International Bribery Law*, Natural Resources & Environment Vol. 14:2, p. 95 - 102(1999).

47. Andrew Stark, *Conflict of Interest in American Public life*, Harvard University Press, 2000.

48. Bernard Bailyn, *The Ideological Origins of the American Revolution Cambridge*, Belknap Press of Harvard University Press, 1992.

49. *Blackstone's Guide To: The Bribery Act* 2010, Oxford University Press, 2011.

50. Branon, Brendan & D. D. Fauvre, *Federal Criminal Conflict of Interest*, 39 American Criminal Law Review 527(2002).

51. Brendan Branon & David D. Fauvre, *Federal Criminal Conflict of Interest*, American Criminal Law Review Spring, 2002.

52. Davis R. D. , *The Federal Conflict of Interest Laws*, 54 Columbia Law Review 893(1954).

53. George D. Brown, *The Gratuities Debate and Campaign Reform: How Strong is the Link?*, Wayne Law Review Winter, 2006.

54. J. G. A. Pocock, *The Machiavellian Moment: Florentine Political Thought and the Atlantic Republican Tradition Princeton*, Princeton University Press 1975.

55. J. R. O' Sullivan, *Federal White Collar Crime*, *Cases and Materials*, 2nd eds. , Thomson West, 2003.

56. James D. Savage, *Corruption and Virtueat the Constitutional Convention*, 56 Journal of Politics 181(1994).

57. Jens. C. Andvig, *Remark son Privater - to - Private Corruption*, Norwegian In-

stitute of International Affairs Paper 635,2002.

58. John C. Coffee, *Modern Mail Fraud: the Restoration of the Public/Private Distinction*, 35 American Criminal Law Review 427(1998).

59. John M. Dobson, *Politics in the Gilded Age: A New Perspective on Reform*, Praeger Press, 1972.

60. Kermit L. Hall, *The Magic Mirror: Law of American History*, Oxford University Press, 1989.

61. Mosher Frederick C., *Democracy and the Public Service*, Part Contents, Oxford University Press, 1982.

62. Perkins R. B., *The New Federal Conflict – of – Interest Law*, 76 Harvard Law Review 1113(1963).

63. Robert N. Roberts, *White House Ethics: the History of the Policies of Conflict of Interest Regulation*, Green wood Press, 1988.

64. Seumas Miller et al., *the "Revolving Door": Issues Related to the Hiring of Former Federal Government Employees*, 43 Alabama Law Review 343 (1992).

65. Seumas Miller, Peter Roberts & Edward Spence, *Corruption and Anti – Corruption: An Applied Philosophical Approach*, Pearson Education Inc., 2005.

66. Vgl. M. Korte/Muechner Kommentar StGB (2014), § 331 Rn. 3 – 4; Sieheauch BT – Drucks, 13/5584.

67. Vgl. Roaland Hefendhl, *Kollektive Rechtsguterim Strafrecht*, 2002, S. 315f.

68. Vgl. Winfried Hassemer, *Theorie und Soziologie des Verbrechens*, Anstze zu einer praxisorientierten Rechtsgutslehre, S. 19, 27, 41.

69. Williams S., *Conflict of interest: The Ethical Dilemmain Politics*, Aldershot, Hants: Gower, 1985.